# FUNDAMENTOS PARA IMPLEMENTAÇÃO DA ARBITRAGEM TRIBUTÁRIA NO BRASIL E A EXPERIÊNCIA PORTUGUESA

**REGINALDO ANGELO DOS SANTOS**

Copyright © 2024 by Editora Letramento

**Diretor Editorial** Gustavo Abreu
**Diretor Administrativo** Júnior Gaudereto
**Diretor Financeiro** Cláudio Macedo
**Logística** Daniel Abreu e Vinícius Santiago
**Comunicação e Marketing** Carol Pires
**Assistente Editorial** Matteos Moreno e Maria Eduarda Paixão
**Designer Editorial** Gustavo Zeferino e Luís Otávio Ferreira

**Conselho Editorial Jurídico**
Alessandra Mara de Freitas Silva
Alexandre Morais da Rosa
Bruno Miragem
Carlos María Cárcova
Cássio Augusto de Barros Brant
Cristian Kiefer da Silva
Cristiane Dupret
Edson Nakata Jr
Georges Abboud
Henderson Fürst
Henrique Garbellini Carnio
Henrique Júdice Magalhães
Leonardo Isaac Yarochewsky
Lucas Moraes Martins
Luiz F. do Vale de Almeida Guilherme
Marcelo Hugo da Rocha
Nuno Miguel B. de Sá Viana Rebelo
Onofre Alves Batista Júnior
Renata de Lima Rodrigues
Salah H. Khaled Jr
Willis Santiago Guerra Filho

Todos os direitos reservados. Não é permitida a reprodução desta obra sem aprovação do Grupo Editorial Letramento.

Dados Internacionais de Catalogação na Publicação (CIP)
Bibliotecária Juliana da Silva Mauro - CRB6/3684

S237 Santos, Reginaldo Angelo dos
Fundamentos para implementação da arbitragem tributária no Brasil e a experiência portuguesa / Reginaldo Angelo dos Santos. - Belo Horizonte : Casa do Direito, 2024.
308 p. il. ; 23 cm.
Inclui bibliografia.
ISBN 978-65-5932-481-1
1. Arbitragem tributária - Brasil. 2. Arbitragem tributária - Portugal. 3. Receita tributária. 4. Poder público. I. Título.

CDU: 34:336.2
CDD: 343.05

Índices para catálogo sistemático:
1. Direito tributário 34:336.2
2. Direito tributário 343.05

**LETRAMENTO EDITORA E LIVRARIA**
Caixa Postal 3242 – CEP 30.130-972
r. José Maria Rosemburg,
n. 75, b. Ouro Preto
CEP 31.340-080 – Belo Horizonte / MG
Telefone 31 3327-5771

É O SELO JURÍDICO DO
GRUPO EDITORIAL LETRAMENTO

À fé que impulsiona meus dias.

À minha esposa Nice, amor inexplicável,
como são os amores.

Aos meus filhos, Paula, Marcela e Murilo,
pela dádiva infindável da paternidade.

Aos meus pais, Judite e Gersonias (*in memorian*), que
na simplicidade me ensinaram o sentido de integridade.

# AGRADECIMENTOS

Escrever requer paixão, esforço, dedicação, perseverança e superação. Somente aquele que se coloca diante de uma folha em branco, com a intenção de produzir um texto, é capaz de entender. Contudo, senti ao longo dessa jornada que não escrevi sozinho, e que essa etapa, que agora finalizo, teve início muito antes das pesquisas, das leituras preparatórias e das primeiras palavras inseridas.

Deixo no texto a marca das experiências vividas, e me recordo das pessoas que delas fizeram parte. Inicialmente, agradeço à professora de Metodologia de Pesquisa e do Ensino em Direito, e também minha orientadora, doutora Eveline Denardi. Logo no começo tive a certeza de que ela teria que dirigir esse estudo. Decisão unilateral tomada, faltaria o aceite, por conta da demanda por seu trabalho, mas para a minha sorte, veio o sim. Sou muito grato a essa mestra e doutora em Direito, jornalista, editora, revisora e professora, reconhecida pelo STF por sua contribuição ao Direito e, como se não bastasse, dedicada e comprometida com sua responsabilidade docente. Obrigado por tanto, professora Eveline.

Quero destacar também a contribuição da professora doutora Tathiane Piscitelli, fonte de inspiração para tantos e tantas. É um privilégio ter acesso aos seus ensinamentos e contribuições prestadas ao estudo do Direito, especialmente o tributário. Tê-la como professora no curso em Lisboa, ler suas obras e artigos, presenciar seus seminários, palestras, grupos de estudo, suas falas desafiadoras e a coragem e independência ao expressar seus pontos de vista, têm sido fonte de inspiração sempre que penso em escrever ou compartilhar minhas próprias ideias. Obrigado por tudo, professora Tathiane.

À professora doutora Márcia Walquíria, tão prestigiada como profissional do direito e professora, sinônimo de conhecimento em Direito Público, tão cordial em aceitar o convite para integrar a banca avaliadora desta obra É inegável o quanto fiquei feliz em contar com sua experiência nesta etapa, dedicando parte do seu tempo para ler o texto e acrescentar valiosos comentários e sugestões. Grato pelas contribuições, professora Márcia.

Menção especial à professora Tânia Carvalhais Pereira, da Universidade Católica de Lisboa e um dos expoentes do CAAD, que contribuiu com seu conhecimento sobre o tema desde Portugal. Agradeço a receptividade em Lisboa, em 2019, como professora da parte portuguesa no curso de Arbitragem Tributária, e a sua disponibilidade em esclarecer dúvidas por meio de simples mensagens de texto. Muito obrigado, professora Tânia.

Nesse momento também me recordo dos meus primeiros professores que, de alguma forma, também fizeram parte dessa caminhada. Não poderia chegar até aqui sem esse misto de alfabetização e educação exercido por eles, tão comum nos docentes da minha geração. Agradeço a todos por ajudarem a moldar o homem que sou hoje.

Ao escrever estas linhas, percebo também que meus pais, Judite e Gersonias, iniciaram comigo esse percurso, décadas atrás, assim como meus cinco irmãos, Regina, Reginalda, Regivaldo (*in memorian*), Regimarcos e Gerson. Minha família foi o primeiro modelo de vida em sociedade que conheci. Sou grato por essa referência.

Aos meus filhos, Paula, Marcela e Murilo, agradeço o incentivo, tanto aquele direto, comemorando comigo cada conquista, quanto o indireto, sempre que me alegro ao presenciar suas próprias trajetórias. Vê-los praticar seus valores, tão caros para nós, pais, e tão raros nas novas gerações, não me deixa esquecer o quanto sou privilegiado em tê-los como filhos. Agradeço aos três por me proporcionarem viver a paternidade plena.

E para a maior de todas na minha vida e no meu mundo, minha mulher, Nice, que esteve sempre por perto. Sua compreensão, paciência, cuidado, carinho, companheirismo e atitude positiva diante dos obstáculos fizeram toda a diferença nessa jornada. Os momentos mais difíceis se tornaram menos dolorosos e foram mais rapidamente superados ao lado dela. Obrigado por ser meus olhos onde eu não conseguia enxergar o óbvio, ser minha voz quando eu me calei por medo ou insegurança, ser meu porto seguro sempre que foi necessário aportar nessa viagem. Sou grato por ter você durante todo o caminho, meu amor.

*Justiça atrasada não é Justiça,*
*senão injustiça qualificada e manifesta.*

**(Ruy Barbosa. Oração aos moços, 1921)**

# PREFÁCIO

O presente estudo demonstra sob os aspectos formais e materiais os fundamentos para implementação da arbitragem como método adequado de solução de conflitos em matéria tributária no Brasil. Para tanto, utiliza como base empírica o regime português, além de pesquisa de legislação, doutrina, jurisprudência, trabalhos acadêmicos, artigos científicos, publicações periódicas e matérias jornalísticas, tanto no país europeu como no Brasil, estando fundamentado, além do Direito Tributário, no Direito Constitucional e no Direito Administrativo. A introdução, esclarece a linha de pesquisa e estabelece o recorte e o conteúdo do estudo. No segundo capítulo, é tratada a suposta indisponibilidade da receita tributária, tema que já foi superado em Portugal, mas que continua presente em debates no Brasil. Em seguida se faz uma abordagem histórica da arbitragem tributária em Portugal, pioneiro na implementação do regime, e o papel do Centro de Arbitragem Administrativa (CAAD), única instituição qualificada para solução de disputas com o poder público em Portugal, além de destacar questões práticas relativas ao regime naquele país. A partir do quarto capítulo, o estudo inicia a abordagem sobre a possibilidade de implementação da arbitragem tributária no Brasil, enfatizando as normas que desde 2010 têm incentivado a adoção de métodos extrajudiciais de solução de disputas, inclusive com a administração pública, destacando também a arbitragem tributária como medida de amplo acesso à justiça e de interesse público. Já no capítulo cinco aponta quais seriam os aspectos formais a serem superados para instituição do regime no país, passando por uma visão crítica do sistema estatal, os desafios normativos para a utilização da arbitragem tributária em território brasileiro, a vinculação da administração pública ao regime, a quem caberia a regulação dos tribunais arbitrais tributários e como esses tribunais seriam compostos. O sexto capítulo trata dos desafios materiais e processuais a serem vencidos, dentre os quais as matérias arbitráveis, a definitividade da decisão arbitral tributária, o tema da apreciação de matéria constitucional, a vinculação do tribunal arbitral tributário ao sistema de precedentes, o momento da opção pela arbitragem tributária e os custos do regime. São abordados os principais projetos de lei em tramitação no Congresso Nacional visando a implementação do instituto no capítulo sete, antes de concluir no último capítulo pela viabilidade da arbitragem tributária como método adequado de solução de conflitos tributários no Brasil.

# LISTA DE FIGURAS

# LISTA DE TABELAS

# LISTA DE SIGLAS

| | |
|---|---|
| ABJ | Associação Brasileira de Jurimetria |
| ADI | Ação Direta de Inconstitucionalidade |
| DATAJUD | Banco Nacional de Dados do Poder Judiciário |
| BID | Banco Interamericano de Desenvolvimento |
| CAAD | Centro Administrativo de Arbitragem Tributária |
| CARF | Conselho Administrativo de Recursos Fiscais |
| CF | Constituição Federal |
| CFP | Conselho das Finanças Públicas de Portugal |
| CJF | Conselho da Justiça Federal |
| CN | Congresso Nacional |
| CNJ | Conselho Nacional de Justiça |
| COFINS | Contribuição para Financiamento da Seguridade Social |
| CONFAZ | Conselho Nacional de Política Fazendária |
| COSIT | Coordenação-Geral de Tributação |
| CPC | Código de Processo Civil |
| CPPT | Código de Procedimento e Processo Tributário |
| CPTA | Código de Processo nos Tribunais Administrativos |
| CRP | Constituição da República Portuguesa |
| CSM | Conselho Superior da Magistratura |
| CSRF | Câmara Superior de Recursos Fiscais |
| CSTAF | Conselho Superior dos Tribunais Administrativos e Fiscais |
| CTN | Código Tributário Nacional |
| DGAIEC | *Direcção-Geral* das Alfândegas e dos Impostos Especiais sobre o Consumo |
| DGCI | *Direcção-Geral* dos Impostos |

| | |
|---|---|
| DGPJ | *Direcção-Geral* da Política da Justiça |
| DL | Decreto-Lei |
| DRJ | Delegacia da Receita Federal de Julgamento |
| EC | Emenda Constitucional |
| ECF | Escrituração Contábil Fiscal |
| FGV/SP | Escola de Direito da Fundação Getúlio Vargas de São Paulo |
| FMI | Fundo Monetário Internacional |
| IBA | *International Bar Association* |
| ICMS | Imposto Sobre Circulação de Mercadorias e Prestação de Serviço de Transporte Interestadual e Intermunicipal e de Comunicação |
| IPEA | Instituto de Pesquisa Econômica Aplicada |
| IPTU | Imposto sobre a Propriedade Territorial Urbana |
| ISSQN | Imposto Sobre Serviços de Qualquer Natureza |
| JDT | Jornada de Direito Tributário |
| LA | Lei de Arbitragem |
| LAV | Lei da Arbitragem Voluntária |
| LC | Lei Complementar |
| LEF | Lei de Execução Fiscal |
| LGT | Lei Geral Tributária |
| LINDB | Lei de Introdução às Normas do Direito Brasileiro |
| LO | Lei Ordinária |
| MASCs | Métodos Adequados de Solução de Conflitos |
| MFAP | Ministérios das Finanças e da Administração Pública |
| ME | Ministério da Economia |
| MJ | Ministério da Justiça |
| MP | Medida Provisória |
| OA | Ordem dos Advogados |
| PARR | Procedimento Administrativo de Reconhecimento de Responsabilidade Tributária |
| PIB | Produto Interno Bruto |
| PIS | Programa de Integração Social |
| PGFN | Procuradoria Geral da Fazenda Nacional |
| PL | Projeto de Lei |
| PLP | Projeto de Lei Complementar |
| PRDI | Pedido de Revisão de Dívida Inscrita |
| RDCC | Regime Diferenciado de Cobrança de Créditos |
| RE | Recurso Extraordinário |
| REsp | Recurso Especial |
| RICARF | Regimento Interno do CARF |

| | |
|---|---|
| RJAT | Regime Jurídico de Arbitragem Tributária |
| SF | Senado Federal |
| SIESPJ | Sistema de Estatística do Poder Judiciário |
| SPED | Sistema Público de Escrituração Digital |
| STA | Supremo Tribunal Administrativo |
| STF | Supremo Tribunal Federal |
| STJ | Superior Tribunal de Justiça |
| STN | Sistema Tributário Nacional |
| TAF | Tribunais Administrativos e Fiscais |
| TC | Tribunal Constitucional |
| TCA | Tribunal Central Administrativo |
| TCU | Tribunal de Contas da União |
| TFUE | Tratado sobre o Funcionamento da União Europeia |
| TJAL | Tribunal de Justiça do Estado de Alagoas |
| TJDFT | Tribunal de Justiça do Distrito Federal e dos Territórios |
| TJPE | Tribunal de Justiça do Estado de Pernambuco |
| TJRR | Tribunal de Justiça de Roraima |
| TJUE | Tribunal de Justiça da União Europeia |

# 1. INTRODUÇÃO

Nesta obra, o tema a ser desenvolvido é a viabilidade de implementação da arbitragem tributária no Brasil como integrante dos Métodos Adequados de Solução de Conflitos (MASCs) em matéria tributária. A questão que esse estudo propõe solucionar, é: existe a possibilidade concreta de instituição da arbitragem tributária no Brasil, considerando os aspectos legais, a rigidez da Constituição Federal (CF/1988), a forma federativa do Estado, o regime que regulamenta a utilização de bens públicos no Direito Administrativo, a suposta indisponibilidade do crédito tributário e a relação de desconfiança entre fisco e contribuinte?

Tendo como base empírica a arbitragem tributária implementada em Portugal em 2011, que vem servindo como base para estudos, pesquisas e debates acerca da instituição do regime em outras jurisdições, o estudo também aborda o pioneirismo daquele país na implementação da arbitragem com o poder público. Sendo assim, o Portugal guiará boa parte desse trabalho, que reservou um capítulo específico para destacar os principais aspectos do regime no país, e o utiliza também nos capítulos e sessões dedicadas ao Brasil, para fins de referência e desenvolvimento da pesquisa, sem deixar de considerar as diferenças geográficas, constitucionais, tributárias e econômicas entre as duas nações.

A terminologia adotada nesse estudo será a de Métodos Adequados de Solução de Conflitos (MASCs) para se referir aos métodos extrajudiciais de solução de disputas, exceto nas transcrições e referências, cujas redações originais serão mantidas. A razão para fixarmos essa nomenclatura é que a terminologia tradicional, que se refere a meios, ou métodos alternativos, vem sendo superada, enquanto uma visão mais contemporânea do tema aponta para métodos adequados (ou mais adequados), de solução de conflitos.

Ao contextualizar a arbitragem tributária, antes de tudo, como um direito ao amplo acesso à tutela jurisdicional, mais do que uma solução para a sobrecarga do Poder Judiciário e dos órgãos julgadores da Administração Tributária, ressalta-se ser dessa forma que devemos lançar luzes sobre os MASCs, independentemente do esgotamento dos atuais sistemas de solução de litígios. Defende-se que a arbitragem tributária deve ser considerada, também, medida de legítimo interesse público primário, o da coletividade, que não deve ser confundido com o interesse público secundário, a arrecadação em si, que representa apenas interesse público secundário, da administração tributária.

O trabalho demonstra que a implementação da arbitragem tributária no Brasil exige a superação de diversos desafios formais e materiais: a via normativa adequada para implementação do regime, a matéria arbitrável, os tribunais e/ou instituições habilitadas ao processo arbitral, a figura do árbitro, os possíveis custos da arbitragem e a definitividade da sentença arbitral são alguns dos obstáculos a serem superados para implementação do instituto no país.

Quanto à estrutura, o trabalho é dividido em 8 capítulos, sendo o primeiro dedicado a introdução; o segundo trata da suposta indisponibilidade da receita tributária, abrangendo: (*i*) mito da indisponibilidade da receita tributária em Portugal e; (*ii*) dogma da indisponibilidade da receita tributária no Brasil; o terceiro é dedicado ao regime de arbitragem tributária em Portugal, abordando os seguintes temas: (*i*) Portugal como pioneiro na implementação da arbitragem tributária; (*ii*) papel do Centro de Arbitragem Administrativa – CAAD e; (*iii*) aspectos materiais e processuais do regime de arbitragem tributária português; o quarto inaugura a possibilidade de aplicação da arbitragem tributária no Brasil, dividindo-se em: (*i*) iniciativas no Brasil visando a adoção de métodos adequados de solução de conflitos (*ii*) arbitragem tributária no Brasil como medida de amplo acesso à justiça e; (*iii*) arbitragem tributária no Brasil como medida de interesse público; o quinto trata dos aspectos formais da implementação da arbitragem tributária no nosso país, destacando os seguintes temas: (*i*) uma visão crítica do sistema estatal de solução de conflitos tributários no Brasil; (*ii*) desafios normativos para a implementação da arbitragem tributária no Brasil; (*iii*) vinculação da administração pública no Brasil à arbitragem tributária e; (*iv*) Tribunais arbitrais tributários no Brasil e sua composição; o sexto capítulo, por sua vez, explora os desafios materiais e processuais a serem superados, trazendo os seguintes assuntos: (*i*) arbitrabilidade tributária objetiva no Brasil; (*ii*) vedação à análise de matéria constitucional e vinculação ao sistema de precedentes pelos tribunais arbitrais no Brasil; (*iii*) definitividade da decisão arbitral tributária no Brasil; (*iv*) quando optar pela arbitragem tributária no Brasil e; (*v*) ponderações acerca dos custos da arbitragem tributária no Brasil; o capítulo sete destaca os principais Projetos de Lei (PL) e Projetos de Lei Complementar (PLP) em tramitação até a apresentação desse estudo: (*i*) PL 4.257/2019: arbitragem tributária em execução fiscal; (*ii*) PL 4.468/2020: arbitragem tributária especial; (*iii*) PLP 17/2022: propõe a instituição do Código de Defesa do Contribuinte, e altera o Código Tributário Nacional para prever a arbitragem e; (*iv*) PL 2486/2022: dispõe sobre a arbitragem tributária e aduaneira.

Diante das definições que se permitiu extrair do presente trabalho, o capítulo 8 apresenta a conclusão, no sentido de se implementar ou não a arbitragem tributária no Brasil. Em suma, por trazer argumentações *de lege ferenda*, uma vez que não há norma específica a autorizar a arbitragem tributária no Brasil, o estudo pretende apresentar resposta à questão proposta no início da presente introdução, afirmando ser legalmente possível e processualmente viável a implementação da arbitragem tributária no país, como método adequado de solução de conflitos tributários.

# 2. SUPOSTA INDISPONIBILIDADE DA RECEITA TRIBUTÁRIA

Esse estudo demonstrará que, embora não haja disposição de direito na arbitragem tributária, a indisponibilidade da receita tributária não é absoluta. Pela importância do tema, dedicaremos a ele todo esse capítulo, abordando a questão em Portugal, país onde a arbitragem tributária já está consolidada, e em seguida no Brasil, cujos debates prosseguem, apesar dos avanços da doutrina no sentido de se concluir pela inexistência de indisponibilidade da receita tributária.

Antes de avançarmos no assunto, entendemos oportuno tecer breve explanação acerca dos termos *receita tributária* e *crédito tributário*, uma vez que é comum nos depararmos com obras, estudos e artigos abordando o tema da suposta indisponibilidade, ora da *receita tributária*, ora do *crédito tributário*.

Em Portugal, encontramos referência à receita tributária no art. 254, n.º 2, da Constituição da República Portuguesa (CRP), que prevê que "os municípios dispõem de receitas tributárias próprias, nos termos da lei." Já o artigo 105.º, n.º 1, "a", ao tratar do orçamento público, determina que ele "contém a discriminação das receitas e despesas do Estado, incluindo as dos fundos e serviços *autónomos*." O n.º 1 do art. 106.º, por sua vez, prevê que "a lei do Orçamento é elaborada, organizada, votada e executada, anualmente".[1]

Para o orçamento do ano de 2023, a Lei n.º 24-D/2022, de 30 de setembro, estabelece em seu art. 1º, n.º 2, que "o Governo é autorizado a cobrar as contribuições e os impostos constantes dos códigos e demais legislação (sic) tributária em vigor, de acordo com as alterações previstas na presente lei."[2] Já o Decreto-Lei (DL) n.º 398/1998, de 17 de dezembro, que aprova a Lei Geral Tributária (LGT) e define os princípios gerais que regem o direito fiscal português, os poderes da administração tributária e garantias dos contribuintes, dispõe em seu art. 30, n.º 1, "a", que integram a relação jurídica tributária "o crédito e a dívida tributários".[3]

Talvez por essa razão, autores portugueses como Jorge Lopes de Sousa, Nuno de Villa-Lobos, Tânia Carvalhais Pereira e Francisco Nicolau Domingos, como se verá nesse estudo, preferem adotar o termo *crédito tributário*, ao se referirem à indisponibilidade de que trata esse capítulo. O Conselho das Finanças Públicas de Portugal (CFP), por sua vez, adota o termo *receita fiscal* ao se referir àquela decorrente de impostos, conforme abaixo:

> A receita fiscal corresponde ao total das prestações pecuniárias de natureza corrente, definitivas, com caráter coercivo e unilateral, de que são beneficiários o Estado, uma Autarquia Local ou outro ente público. Constituem exemplos as receitas obtidas dos impostos sobre o rendimento, dos impostos sobre os bens e serviços, sobre o *património* e outros impostos.[4]

No Brasil, a CF/1988 abarca o Sistema Tributário Nacional (STN) no Título VI, que trata da tributação e do orçamento. O Capítulo II deste Título, ao dispor sobre as finanças públicas, estabelece no art. 163, I, que Lei Com-

---

1 PORTUGAL. Diário da República *Electrónico*– DRE. Constituição da República Portuguesa. Decreto de Aprovação da Constituição. *Diário da República n.º 86/1976, Série I de 1976-04-10*. Disponível em: https://dre.pt/dre/legislacao-consolidada/decreto-aprovacao-constituicao/1976-34520775. Acesso em: 26 jan. 2023

2 PORTUGAL. Diário da República *Electrónico*– DRE. Assembleia da República. Lei n.º 24-D/2022, de 30 de dezembro. Data de Publicação: 2022-12-30. *Diário da República n.º 251/2022, 2º Suplemento, Série I de 2022-12-30, páginas 90 - 377*. Orçamento do Estado para 2023. Disponível em: https://diariodarepublica.pt/dr/detalhe/lei/24-d-2022-205557192. Acesso em: 09 set. 2023.

3 PORTUGAL. Diário da República *Electrónico*– DRE. Decreto-Lei n.º 398/98. *Diário da República n.º 290/1998, Série I-A de 1998-12-17. Lei Geral Tributária*. Disponível em: https://dre.pt/dre/legislacao-consolidada/decreto-lei/1998-34438775. Acesso em: 29 jan. 2023

4 PORTUGAL. *Conselho das Finanças Públicas* (CFP). Glossário. Receita Fiscal. Disponível em: https://www.cfp.pt/pt/glossario/receita-fiscal. Acesso em: 09 set. 2023.

plementar disporá sobre essas finanças. Gilmar Ferreira Mendes aborda o tema nos seguintes termos:

> A Constituição Federal 1988 previu a edição de lei complementar para dispor sobre finanças públicas (art. 163, I). [...]. À falta dela, permanece em vigor a Lei n. 4.320, de 1964, que faz as vezes de norma geral de Direito Financeiro para elaboração e controle dos orçamentos e balanços de todos os entes federados. [...].[5]

Tathiane Piscitelli ensina que "**receita pública é a entrada de dinheiro nos cofres públicos de forma definitiva.**" (Destaque do original).[6] Quanto à receita tributária, que interessa especificamente a esse estudo, a autora esclarece tratar-se de receitas derivadas, posicionando-se da seguinte forma:

> As **receitas derivadas**, de outro lado, são aquelas cuja origem está no poder de imposição do Estado em face do particular. Decorrem, portanto, de uma relação de subordinação (ou vertical) que se estabelece entre a Administração e o administrado, a qual obriga este último à entrega de recursos ao Estado, sem que isso decorra do exercício da autonomia. Há, ao contrário, constrangimento do patrimônio do particular. O exemplo clássico é o dos tributos, mas, ao lado destes, encontram-se, também, as penalidades, tributárias ou não. Vale lembrar que a definição de tributo constante do artigo 9º da Lei n.º 4.320/1964 faz referência direta à classificação dos tributos como receitas derivadas – fórmula posteriormente abandonada pelo CTN, o que corrobora o progressivo distanciamento entre direito tributário e direito financeiro.[7] (Destaque do original)

Na acepção do §1º do art. 11 da Lei brasileira n.º 4.320/1964, a receita tributária é classificada como receita corrente, aquelas resultantes de atividades próprias do Estado, tal como a obtenção de recursos pelas vias da tributação, que ingressam nos cofres do ente político de forma definitiva. Relativamente ao crédito tributário, a definição jurídica vem insculpida nos artigos 140, 141 e 113, todos do Código Tributário Nacional (CTN), assim sintetizada por Hugo de Britto Machado:

> [...] crédito tributário é o vínculo jurídico, oriundo do lançamento tributário, de natureza obrigacional, por força do qual o Estado (sujeito ativo) pode exigir do particular, contribuinte ou responsável (sujeito passivo), o pagamento do

5 MENDES, Gilmar Ferreira. *Curso de direito constitucional* / Gilmar Ferreira Mendes, Paulo Gustavo Gonet Branco. – 14. ed. rev. e atual. – São Paulo : Saraiva Educação, 2019, p. 2540. ISBN 9788553606177

6 PISCITELLI, Tathiane. *Direito financeiro*. 6. ed. rev. e atual. – Rio de Janeiro: Forense, São Paulo: MÉTODO, 2018, p. 98. ISBN 978-85-309-7740-5

7 PISCITELLI, Tathiane. *Direito financeiro*. 6. ed. rev. e atual. – Rio de Janeiro: Forense, São Paulo: MÉTODO, 2018, p. 99. ISBN 978-85-309-7740-5

> tributo ou da penalidade pecuniária (objeto da relação jurídica), tornando o tributo exigível por sua liquidez e certeza.[8]

Sendo assim, o crédito tributário é a constituição, ou a materialização do tributo, que por sua vez, constitui receita derivada do Estado. Pela indubitável ligação entre crédito tributário e receita tributária, trataremos as expressões, para fins desse estudo, como sinônimas, preferindo adotar, entretanto, a expressão "receita tributária", exceto em citações, onde manteremos a expressão original.

## 2.1. MITO DA INDISPONIBILIDADE DA RECEITA TRIBUTÁRIA EM PORTUGAL

Em Portugal, autores como Jorge Lopes de Sousa,[9] reconhecem que os princípios que regem a indisponibilidade da receita tributária não são absolutos, denotando que o conceito pode ser relativizado. De nossa parte, defendemos a ideia da inexistência dessa indisponibilidade e demonstraremos, para fins desse estudo, que mesmo que existisse, ela não impediria a submissão de questões fiscais à arbitragem.

Francisco Nicolau Domingos[10], ao se referir à indisponibilidade da receita tributária em Portugal, enfatiza que as "premissas do princípio assentam no reconhecimento da natureza *ex lege*, de caráter público, indisponível e irrenunciável da obrigação" e que tanto o credor, como o devedor, "devem estrita obediência aos elementos vertidos na lei". Segundo o autor:

> [...] o interesse público das normas que estabelecem a obrigação tributária afastaria qualquer possibilidade de disposição desta e a Administração vincular-se-ia não só à realização do interesse público consagrado na norma, como ao seu cumprimento segundo o modelo previsto na lei.[11]

---

8 BRITTO MACHADO, Hugo. In: Tópico 7. *Crédito tributário.* eDisciplinas USP. Disponível em: https://edisciplinas.usp.br/pluginfile.php/1392242/mod_resource/content/1/T%C3%93PICO%207.pdf. acesso em: 27 ago. 2023.

9 SOUSA, Jorge Lopes de. *Comentário ao Regime Jurídico da Arbitragem Tributária. In:* VILLA-LOBOS, Nuno de; PEREIRA, Tânia Carvalhais (coord.). Guia de Arbitragem Tributária, 2. ed. Coimbra, Portugal: Almedina, 2017, p. 81. ISBN 978-972-40-7172-5.

10 DOMINGOS, Francisco Nicolau. *A Superação do dogma da incompatibilidade da Arbitragem com os*
*princípios da legalidade, tutela jurisdicional efetiva e indisponibilidade do crédito tributário.* Economic Analysis of Law Review. EALR, V. 9, nº 1, Jan-Abr. Brasília, DF, 2018, p. 341. Disponível em: https://repositorio.ipl.pt/bitstream/10400.21/9742/1/ealr.pdf. Acesso em: 31 jan. 2023.

11 DOMINGOS, Francisco Nicolau. *A Superação do dogma da incompatibilidade da Arbitragem com os*

Jorge Lopes de Sousa[12] aponta que as maiores dúvidas de constitucionalidade quanto a possibilidade de matérias tributárias serem submetidas à jurisdição de tribunais arbitrais eram relativas à sua compatibilidade com o princípio da indisponibilidade da receita tributária.

O autor[13] relata também que, em Portugal, a arbitragem tributária foi durante muito tempo questionada em razão de interpretação restritiva da CRP e da LGT daquele país, que prevê a indisponibilidade da receita tributária. Ensina que tal princípio não está expresso na Constituição Portuguesa, embora corolário dos princípios da igualdade e da legalidade.

Esclarecendo a base legal da indisponibilidade da receita tributária em Portugal[14], Jorge Lopes de Sousa destaca que o princípio vem expresso no art. 30.º, n.º 2, da LGT, que dispõe que "o crédito tributário é indisponível, só podendo fixar-se condições para sua redução ou extinção com respeito pelo princípio da igualdade e da legalidade tributária".

Ou seja, percebe-se, pelo dispositivo legal citado, que a lei tributária portuguesa, apesar de assegurar a indisponibilidade da receita tributária, autoriza sua redução ou extinção desde que respeitados os princípios da igualdade e da legalidade tributários. Nesse sentido, o autor admite a possibilidade de alteração da receita tributária ao exprimir que:

> [...] sempre tem se admitido a possibilidade de a legalidade de atos de liquidação já praticados (isto é, créditos tributários já definidos) serem objeto de meios impugnatórios a apreciar pela própria Administração Tributária (reclamações graciosas, reclamação da fixação da matéria tributável, recursos hierárquicos e revisões e revogação na fase inicial do processo de impugnação judicial, nos termos do artigo 112º do Código de Procedimento e de Processo Tributário, doravante CPPT), podendo deles resultar a anulação total ou parcial dos créditos cuja existência tinha sido previamente declara-

---

*princípios da legalidade, tutela jurisdicional efetiva e indisponibilidade do crédito tributário.* Economic Analysis of Law Review. EALR, V. 9, nº 1, Jan-Abr. Brasília, DF, 2018, p. 341. Disponível em: https://repositorio.ipl.pt/bitstream/10400.21/9742/1/ealr.pdf. Acesso em: 31 jan. 2023.

12 SOUSA, Jorge Lopes de. *Comentário ao Regime Jurídico da Arbitragem Tributária. In:* VILLA-LOBOS, Nuno de; PEREIRA, Tânia Carvalhais (coord.). Guia de Arbitragem Tributária, 2. ed. Coimbra, Portugal: Almedina, 2017, p. 75-76 ISBN 978-972-40-7172-5.

13 Adaptado de: SANTOS, Reginaldo Angelo dos. Instituição da arbitragem tributária no Brasil como método adequado de solução de conflitos. *Revista Acadêmica da Faculdade de Direito do Recife. v. 94, n. 2* (2022). p. 148-168. Recife: PPGD/UFPE. ISSN(eletrônico): 2448-2307. DOI: 10.51359/2448-2307.2022.254657. Disponível em: https://periodicos.ufpe.br/revistas/ACADEMICA/article/view/254657. Acesso em: 28 jan. 2023.

14 SOUSA, Jorge Lopes de. *Comentário ao Regime Jurídico da Arbitragem Tributária. In:* VILLA-LOBOS, Nuno de; PEREIRA, Tânia Carvalhais (coord.). Guia de Arbitragem Tributária, 2. ed. Coimbra, Portugal: Almedina, 2017, p. 76. ISBN 978-972-40-7172-5.

da, o que tem ínsito que esses poderes não contendem com o princípio da indisponibilidade.[15]

Articula não haver obstáculos, diante da sua formação, para que "sejam emitidos juízos sobre a existência e legalidade dos créditos tributários por parte de órgãos diferentes dos tribunais tributários [...]."[16] Jorge Lopes de Sousa ainda acrescenta que os tribunais arbitrais decidem consoante o direito posto, sendo vedado o recurso à equidade, razão pela qual não são atribuídos a esses tribunais poderes para dispor de qualquer receita no âmbito tributário.[17]

Nuno de Villa-Lobos e Tânia Carvalhais Pereira reforçam esse entendimento ao destacar que a Assembleia da República determinou que o julgamento efetuado pelo tribunal arbitral obedeça ao direito constituído, vedando expressamente o recurso à equidade.[18] Jorge Lopes de Sousa, entretanto, referindo-se à indisponibilidade da receita tributária, ressalta o seguinte:

> [...] o princípio da indisponibilidade dos créditos tributários só poderá reportar-se a créditos consolidados, cuja existência esteja assente, depois de esgotados os meios normais de impugnação: até aí não haverá certeza de haver direitos de crédito e, por isso, os atos que declaram a eliminação jurídica dos atos que definiram créditos tributários não implicam redução ou extinção desses créditos cuja existência na ordem jurídica ainda não está assente.[19]

---

15 SOUSA, Jorge Lopes de. *Comentário ao Regime Jurídico da Arbitragem Tributária. In:* VILLA-LOBOS, Nuno de; PEREIRA, Tânia Carvalhais (coord.). Guia de Arbitragem Tributária, 2. ed. Coimbra, Portugal: Almedina, 2017, p. 77. ISBN 978-972-40-7172-5.

16 SOUSA, Jorge Lopes de. *Comentário ao Regime Jurídico da Arbitragem Tributária. In:* VILLA-LOBOS, Nuno de; PEREIRA, Tânia Carvalhais (coord.). Guia de Arbitragem Tributária, 2. ed. Coimbra, Portugal: Almedina, 2017, p. 77. ISBN 978-972-40-7172-5.

17 SOUSA, Jorge Lopes de. *Comentário ao Regime Jurídico da Arbitragem Tributária. In:* VILLA-LOBOS, Nuno de; PEREIRA, Tânia Carvalhais (coord.). Guia de Arbitragem Tributária, 2. ed. Coimbra, Portugal: Almedina, 2017, p. 80. ISBN 978-972-40-7172-5.

18 VILLA-LOBOS, Nuno de. PEREIRA; Tânia Carvalhais. *A Implementação da Arbitragem Tributária em Portugal: origens e resultados. In*: PISCITELLI, Tathiane; MASCITTO, Andréa; MENDONÇA, Priscila Faricelli de. (coord). Arbitragem Tributária. Desafios institucionais brasileiros e a experiência portuguesa, 2. ed. São Paulo: Revista dos Tribunais, 2019, p. 27. ISBN 978-85-5321-920-9

19 SOUSA, Jorge Lopes de. *Comentário ao Regime Jurídico da Arbitragem Tributária. In:* VILLA-LOBOS, Nuno de; PEREIRA, Tânia Carvalhais (coord.). Guia de Arbitragem Tributária, 2. ed. Coimbra, Portugal: Almedina, 2017, p. 77. ISBN 978-972-40-7172-5.

Em que pese ser o passo inicial para admitir a discussão da exigência do tributo no âmbito da arbitragem, o autor defende que a receita tributária em Portugal se torna definitiva após esgotados os meios normais de impugnação da exigência fiscal, o que não inclui a arbitragem.

Em abordagem mais direta, Samuel Almeida[20], ao se referir à arbitragem tributária no país, sustenta que, decidindo os árbitros conforme o direito o direito positivo, o princípio da indisponibilidade da receita tributária não é posto em causa pelo tribunal arbitral, tal como não o é por qualquer órgão jurisdicional.

Como resultado Nuno de Villa-Lobos e Tânia Carvalhais Pereira,[21] demarcam que esse entendimento se consolidou na doutrina portuguesa, abrindo as portas para a superação do dogma da indisponibilidade da receita tributária e a consequente aprovação do regime de arbitragem tributária naquele país.

Já Francisco Nicolau Domingos e Carlos Henrique Machado[22], ao explicarem as razões daqueles que defendem o afastamento da arbitragem do campo das relações tributárias, apontam como justificativa o fato de a arbitragem constituir um método heterocompositivo de resolução de controvérsias, fundamentado na autonomia da vontade das partes, que decidem submeter um litígio à decisão de árbitros fora do sistema estatal.

Por essa razão, segundo os autores, para os defensores desse afastamento, "submeter essa questão controvertida à arbitragem significaria dispor de elementos da obrigação tributária." Ou seja, a natureza da obrigação tri-

20 Adaptado de: SANTOS, Reginaldo Angelo dos. Instituição da arbitragem tributária no Brasil como método adequado de solução de conflitos. *Revista Acadêmica da Faculdade de Direito do Recife. v. 94, n.* 2 (2022). p. 148-168. Recife: PPGD/UFPE. ISSN(eletrônico): 2448-2307. DOI: 10.51359/2448-2307.2022.254657. Disponível em: https://periodicos.ufpe.br/revistas/ACADEMICA/article/view/254657. Acesso em: 28 jan. 2023.

21 Adaptado de: SANTOS, Reginaldo Angelo dos. Instituição da arbitragem tributária no Brasil como método adequado de solução de conflitos. *Revista Acadêmica da Faculdade de Direito do Recife. v. 94, n.* 2 (2022). p. 148-168. Recife: PPGD/UFPE. ISSN(eletrônico): 2448-2307. DOI: 10.51359/2448-2307.2022.254657. Disponível em: https://periodicos.ufpe.br/revistas/ACADEMICA/article/view/254657. Acesso em: 28 jan. 2023.

22 DOMINGOS, Francisco Nicolau; MACHADO, Carlos Henrique. *A indisponibilidade do crédito tributário: obstáculo à arbitragem no Brasil? uma análise luso-brasileira* = The unavailability of the tax credit: an obstacle to arbitration in Brazil? a portuguese-brazilian analysis. *In*: STUDI SUI DIRITTI EMERGENTI (Estudos sobre os Direitos Emergentes). GONÇALVES, Rubén Miranda; VEIGA, Fábio da Silva (coord.). Reggio Calabria, Italia: Mediterranea International Centre for Human Rights Research (Università degli Studi Mediterranea) & Instituto Iberoamericano de Estudos Jurídicos, 2019, p. 287. ISBN: 978-84-09-04894-6.

butária levaria à conclusão ser vedado às partes dispor sobre os elementos essenciais da obrigação tributária.[23]

Nesse sentido, ponderam que a possibilidade de as partes da relação tributária decidirem de forma voluntária submeter a apreciação da legalidade de atos tributários à decisão de árbitros externos à estrutura do Estado vedaria, para alguns, o recurso à arbitragem tributária.[24]

Afastando, entretanto, os argumentos dos doutrinadores que negam a legitimidade da arbitragem tributária, os autores apresentam o seguinte argumento: "se as partes não têm poder de disposição sobre a obrigação material, também o não têm processualmente".[25]

Concluem que, apesar de o princípio da indisponibilidade da receita tributária ser, para os que negam a sua implementação, um obstáculo intransponível à positivação do instituto, ainda assim ele foi instituído pelo DL n.º 10/2011, acrescentando que esta solução supera o mito recorrente nesta matéria, sendo o da indisponibilidade da receita tributária.

Embora o argumento tenha sido superado em Portugal, para que se começasse a desvendar o dogma do afastamento da receita tributária do instituto da arbitragem foi preciso demonstrar que dispor de receita e submetê-la ao crivo da arbitragem são ações que não se confundem.

A sujeição de disputas tributárias à decisão de um tribunal arbitral não retira da receita tributária suas garantias e privilégios, apenas desloca a solução do litígio de juízes togados para árbitros com especialização na ma-

---

**23** Vale destacar a citação de Calvo Ortega pelos autores: «... *arbitraje se presentaría, así como una figura arriesgada para algo tan sagrado como la Hacienda Pública y sería visto con un cierto temor*»

**24** DOMINGOS, Francisco Nicolau; MACHADO, Carlos Henrique. *A indisponibilidade do crédito tributário: obstáculo à arbitragem no Brasil? uma análise luso-brasileira = The unavailability of the tax credit: an obstacle to arbitration in Brazil? a portuguese-brazilian analysis*. In: STUDI SUI DIRITTI EMERGENTI (Estudos sobre os Direitos Emergentes). GONÇALVES, Rubén Miranda; VEIGA, Fábio da Silva (coord.). Reggio Calabria, Italia: Mediterranea International Centre for Human Rights Research (Università degli Studi Mediterranea) & Instituto Iberoamericano de Estudos Jurídicos, 2019, p. 288. ISBN: 978-84-09-04894-6.

**25** DOMINGOS, Francisco Nicolau; MACHADO, Carlos Henrique. *A indisponibilidade do crédito tributário: obstáculo à arbitragem no Brasil? uma análise luso-brasileira = The unavailability of the tax credit: an obstacle to arbitration in Brazil? a portuguese-brazilian analysis*. In: STUDI SUI DIRITTI EMERGENTI (Estudos sobre os Direitos Emergentes). GONÇALVES, Rubén Miranda; VEIGA, Fábio da Silva (coord.). Reggio Calabria, Italia: Mediterranea International Centre for Human Rights Research (Università degli Studi Mediterranea) & Instituto Iberoamericano de Estudos Jurídicos, 2019, p. 289. ISBN: 978-84-09-04894-6.

téria, que exercem função pública e não detém nenhum poder para dispor de direitos em nome das partes, assim como ocorre nos tribunais estatais.

Desse modo, o princípio da legalidade impede que a arbitragem envolva qualquer disposição da receita tributária por parte do árbitro, pois o tribunal arbitral conhecerá o mérito do litígio no plano da legalidade tributária. Tânia Carvalhais Pereira ilustra bem essa questão ao lembrar argumentação do advogado geral Maciej Spunar no âmbito do Processo Ascendi:

> [...] importa observar que, em matéria fiscal, uma das partes no litígio é sempre uma autoridade do Estado que age no exercício de funções de autoridade pública, sendo atualmente a tributação e a cobrança de impostos uma prerrogativa reservada ao Estado. Tal basta para demonstrar que um órgão encarregado de decidir litígios na matéria, como o Tribunal Arbitral Tributário, não é uma jurisdição privada.[26]

Em outras palavras, como ensinam Francisco Nicolau Domingos e Carlos Henrique Machado[27], ao utilizar a arbitragem, as partes não dispõem de nenhum direito. O seu objeto não é outro senão resolver definitivamente o conflito, através da decisão arbitral.

A partir desse raciocínio, concordamos com o entendimento que, respeitando o princípio da legalidade, é possível a utilização da arbitragem para resolver disputas tributárias, desde que haja previsão em lei que contenha todos os elementos que essa via legislativa requer para a solução de conflitos em matéria fiscal, além de outros, quando necessários, em relação aos quais haja previsão legal para poderem ser introduzidos por normas infralegais.

Francisco Nicolau Domingos[28] articula que a previsão legislativa, respeitando princípios, prazos e garantias, reforça a legitimidade da arbitragem

---

26 PEREIRA, Tânia Carvalhais. *Arbitragem tributária em Portugal: subsídios para criação da arbitragem tributária no Brasil. In:* PISCITELLI, Tathiane; MASCITO, Andréa; FERNANDES, André Luiz Fonseca. Arbitragem Tributária no Brasil e em Portugal. Visões do Grupo de Pesquisa "Métodos Alternativos de Resolução de Disputa em Matéria Tributária" do Núcleo de Direito Tributário da FGV DIREITO SP. São Paulo: Blucher, 2022, p. 193. ISBN: 978-65-5506-516-9.

27 DOMINGOS, Francisco Nicolau; MACHADO, Carlos Henrique. *A indisponibilidade do crédito tributário: obstáculo à arbitragem no Brasil? uma análise luso-brasileira = The unavailability of the tax credit: an obstacle to arbitration in Brazil? a portuguese-brazilian analysis*. In: STUDI SUI DIRITTI EMERGENTI (Estudos sobre os Direitos Emergentes). GONÇALVES, Rubén Miranda; VEIGA, Fábio da Silva (coord.). Reggio Calabria, Italia: Mediterranea International Centre for Human Rights Research (Università degli Studi Mediterranea) & Instituto Iberoamericano de Estudos Jurídicos, 2019, p. 289. ISBN: 978-84-09-04894-6.

28 DOMINGOS, Francisco Nicolau. p. 343. *A Superação do dogma da incompatibilidade da Arbitragem com os*

em matéria tributária, introduzindo uma nova etapa na justiça fiscal, marcada pela igualdade entre o Estado e o contribuinte.

Foi o que ocorreu em Portugal, como explica Tânia Carvalhais Pereira[29], ao explanar que a sensibilidade do tema, a falta de um modelo de comparação e a inexistência de uma experiência prática de superação do dogma da indisponibilidade da receita tributária levou o país a optar por uma regulação específica da arbitragem tributária, com norma própria, autônoma e especialmente detalhada.

Lídia Maria Ribas[30], ao comentar sobre a arbitragem fiscal no ambiente do Centro Administrativo de Arbitragem Tributária (CAAD), assinala que, considerando a natureza, a credibilidade, a transparência e a eficiência, a utilização da arbitragem não coloca em questão a indisponibilidade da receita tributária.

Concordamos com o posicionamento da autora, acrescentando que a arbitragem tributária não ofende a indisponibilidade dessa receita, uma vez que a característica do citado método extrajudicial de solução de conflitos é a heterocomposição, da mesma forma que no Poder Judiciário.

Sendo o método heterocompositivo fundamentado na decisão, por terceiro imparcial, do conflito instaurado, ao julgador não é conferido poder, competência ou permissão para dispor acerca do direito em discussão.

António Sampaio Caramelo[31] vai além, ao afirmar ser preciso abandonar "a desconfiança quanto à capacidade e a vontade dos árbitros de aplica-

---

*princípios da legalidade, tutela jurisdicional efetiva e indisponibilidade do crédito tributário.* Economic Analysis of Law Review. EALR, V. 9, nº 1, Jan-Abr. Brasília, DF, 2018, p. 343. Disponível em: https://repositorio.ipl.pt/bitstream/10400.21/9742/1/ealr.pdf. Acesso em: 31 jan. 2023.

29 PEREIRA, Tania Carvalhais. *1º Congresso Internacional de Arbitragem Tributária. Faculdade de Direito de Lisboa.* Terceiro Painel, p. 14. 7 de Novembro de 2016. Disponível em: https://www.ideff.pt/xms/files/Iniciativas/2016/I_Congresso_Internacional_de_Arbitragem_Tributaria/Artigo_Congresso_Internacional_Arbitragem_Tributaria.pdf. Acesso em: 31 jan. 2023.

30 RIBAS, Lídia Maria. Arbitragem Fiscal no Ambiente do CAAD – Uma proposta para o Brasil. RIBAS, Lídia Maria. Arbitragem Fiscal no Ambiente do CAAD – Uma proposta para o Brasil. *Revista Arbitragem Tributária nº 3 CAAD.* VILLA-LOBOS, Nuno. PEREIRA, Tania Carvalhais (coord). Lisboa, Portugal Lisboa, Portugal, 2015. Lisboa, Portugal, 2015, p. 33

31 CARAMELO, António Sampaio. A disponibilidade do direito como critério de arbitrabilidade do litígio. *Revista da Ordem dos Advogados* (ROA) *Ano 2006 Ano 66 - Vol. III - Dez. 2006.* Disponível em: https://portal.oa.pt/publicacoes/revista-da-ordem-dos-advogados-roa/ano-2006/ano-66-vol-iii-dez-2006/doutrina/antonio-sampaio-caramelo-a-disponibilidade-do-direito-como-criterio-de-arbitrabilidade-do-litigio/#:~:text=arbitrabilidade%20do%20lit%C3%ADgio-,Ant%C3%B3nio%20Sampaio%20Caramelo%20%2D%20

rem normas de interesse e ordem pública e de fazerem valer direitos que a lei configura como indisponíveis." Para além do direito como critério definidor da arbitrabilidade dos litígios, o autor, ao criticar a falta de confiança nos árbitros em relação à arbitragem com a administração pública, elucida que:

> Independentemente das insuficiências apontadas ao critério de disponibilidade do direito como definidor da arbitrabilidade dos litígios, parece-me que o recurso a tal critério para este efeito, à semelhança da utilização que, durante muito tempo, a jurisprudência francesa fez do critério da ligação do litígio com a ordem pública, assenta numa desconfiança (ainda que inconfessada) do Estado-legislador (quando é a lei que estabelece o critério da arbitrabilidade) ou dos tribunais estaduais (quando esse critério é definido por via jurisprudencial) relativamente à capacidade e/ou à vontade dos árbitros de respeitarem e fazerem respeitar normas ou princípios considerados como particularmente importantes e, por isso, como obrigatoriamente aplicáveis em quaisquer circunstâncias. Ora, é esta desconfiança que, a meu ver, não tem justificação. Os árbitros exercem a jurisdição e, tal como os juízes, têm o dever de aplicar normas imperativas, assim como o de fazer valer direitos indisponíveis. Se não o fizerem e, consequentemente, se a sua decisão ferir princípios ou valores que a ordem jurídica não possa consentir que sejam postos em causa, tal decisão poderá ser anulada pelos tribunais estaduais, com esse fundamento.[32]

António Sampaio Caramelo reafirma sua posição ao argumentar não ver uma justificação lógica para a adoção do critério da indisponibilidade na arbitragem, a não ser talvez a de, por essa via, excluir-se a possibilidade de "conferir a árbitros a competência para validarem atos que atinjam direitos que a ordem jurídica não pode tolerar que sejam lesados, em virtude do acentuado interesse público [...]", ou "profiram árbitros decisão que os possa ofender."[33]

---

A%20disponibilidade%20do%20direito,crit%C3%A9rio%20de%20arbitrabilidade%20do%20lit%C3%ADgio&text=1.,de%20Arbitragem%20Volunt%C3%A1ria%20(Lei%20n. Acesso em: 31 jan. 2023.

32 CARAMELO, António Sampaio. A disponibilidade do direito como critério de arbitrabilidade do litígio. *Revista da Ordem dos Advogados* (ROA) *Ano 2006 Ano 66 - Vol. III - Dez. 2006*. Disponível em: https://portal.oa.pt/publicacoes/revista-da-ordem-dos-advogados-roa/ano-2006/ano-66-vol-iii-dez-2006/doutrina/antonio-sampaio-caramelo-a-disponibilidade-do-direito-como-criterio-de-arbitrabilidade-do-litigio/#:~:text=arbitrabilidade%20do%20lit%C3%ADgio-,Ant%C3%B3nio%20Sampaio%20Caramelo%20%2D%20A%20disponibilidade%20do%20direito,crit%C3%A9rio%20de%20arbitrabilidade%20do%20lit%C3%ADgio&text=1.,de%20Arbitragem%20Volunt%C3%A1ria%20(Lei%20n. Acesso em: 31 jan. 2023.

33 CARAMELO, António Sampaio. *Critérios de arbitrabilidade dos litígios. Revisitando o tema*, p. 144. Disponível em: https://edisciplinas.usp.br/pluginfile.php/5702935/mod_re-

O autor não é o único a mencionar uma possível falta de confiança nos árbitros para tratar de temas relativos à administração pública através da arbitragem. Francisco Nicolau Domingos e Carlos Henrique Machado, dispondo expressamente sobre a arbitragem tributária, acentuam:

> Em resumo, a nosso ver, a utilização da arbitragem não ofende o princípio da indisponibilidade do crédito tributário, na medida em que só após a atuação unilateral da administração, através de ato, é que o contribuinte, que considera que o conteúdo deste contende com os seus direitos, opta por resolver tal litígio através da arbitragem. Isto é, a decisão do conflito tributário pelos tribunais do Estado, de acordo com o direito constituído, não coloca em causa o princípio da indisponibilidade do crédito tributário, pelo que também o julgamento do dissídio com os mesmos parâmetros de legalidade nos tribunais arbitrais não o coloca. Aliás, este argumento tem implícita uma desconfiança quanto à possibilidade dos tribunais arbitrais *puderem* contornar os imperativos legais, receio esse que deve ser afastado pela obrigação de decisão com base no direito constituído e nas garantias de independência dos árbitros.[34]

António Sampaio Caramelo [35] contrapõe, entretanto, que essa preocupação não precisa estar desprotegida, bastando que a lei estabeleça que as decisões dos árbitros que infrinjam valores, princípios e regras de ordem pública possam ser anuladas pelos tribunais competentes.

Entendemos que a indisponibilidade da receita tributária não encontra ameaça no instituto da arbitragem, sendo protegida pelo princípio da legalidade, que embora não esteja expresso na constituição portuguesa, está previsto na lei geral tributária daquele país, como consequência daquele princípio.

Sendo assim, considerando a característica da arbitragem como método heterocompositivo de solução de conflitos, não cabe ao árbitro nenhuma ação no sentido de dispor do objeto do litígio, tendo em vista, especialmen-

---

source/content/1/Caramelo%20-%20Crite%CC%81rios%20de%20arbitrabilidade%20dos%20liti%CC%81gios.pdf, p. 7/22, 8/22. Acesso em: 31 jan. 2023.

34 DOMINGOS, Francisco Nicolau; MACHADO, Carlos Henrique. *A indisponibilidade do crédito tributário: obstáculo à arbitragem no Brasil? uma análise luso-brasileira = The unavailability of the tax credit: an obstacle to arbitration in Brazil? a portuguese-brazilian analysis*. In: STUDI SUI DIRITTI EMERGENTI (Estudos sobre os Direitos Emergentes). GONÇALVES, Rubén Miranda; VEIGA, Fábio da Silva (coord.). Reggio Calabria, Italia: Mediterranea International Centre for Human Rights Research (Università degli Studi Mediterranea) & Instituto Iberoamericano de Estudos Jurídicos, 2019, p. 289. ISBN: 978-84-09-04894-6.

35 CARAMELO, António Sampaio. *Critérios de arbitrabilidade dos litígios. Revisitando o tema*, p. 144. Disponível em: https://edisciplinas.usp.br/pluginfile.php/5223937/mod_resource/content/3/ANTONIO%20CARAMELO%20-%20Crite%CC%81rio%20de%20arbitrabilidade%20dos%20liti%CC%81gios.%20Revisitando%20o%20tema..pdf. Acesso em: 31 jan. 2023.

te, sua imparcialidade e neutralidade, assim como ocorre no âmbito estatal. A decisão arbitral será pautada, única e exclusivamente, no direito posto.

Francisco Nicolau Domingos[36] segue esclarecendo o tema, ao ponderar que, com a resolução da controvérsia pela arbitragem, o Estado não dispõe da receita tributária, mas encarrega os jurisdicionados da solução do conflito, com responsabilidade em produzir uma decisão final, de acordo com o conjunto de normas do sistema tributário, com a mesma obrigação que qualquer juiz tem em administrar a justiça.

Complementa seu raciocínio assinalando que, se o problema não se coloca quando o conflito é resolvido pelos tribunais estatais, se a CRP equipara os tribunais arbitrais aos estaduais, a consistência do argumento quanto à indisponibilidade da receita tributária é abalada.

José Casalta Nabais[37] não afasta a constitucionalidade e legalidade da submissão de questões tributárias ao tribunal arbitral, mas faz ressalvas quanto à abrangência da sujeição de matéria tributária à arbitragem. Segundo seu entendimento, a base constitucional é cristalina, pois o item 2 do art. 209.º da CRP limita-se a prescrever que podem existir tribunais arbitrais, não estabelecendo nenhum limite à sua instituição.

José Casalta Nabais ressalta que apenas deverá ser excluída a possibilidade de instituição de tribunais arbitrais para resolver conflitos que a constituição submete aos tribunais em geral, que não os arbitrais, ou que se relacionem a direitos de caráter indisponível.

Em outras palavras, o autor explica que não poderá ser utilizada a arbitragem para a solução de litígios para os quais a CRP imponha a atuação dos tribunais não arbitrais se refiram a matérias para as quais a lei estabeleça solução estritamente vinculada.

O professor português ainda defende que a constituição daquele país não contém disposição vedando a implementação de tribunais arbitrais no direito tributário ou, de forma mais abrangente, no domínio das relações

36 DOMINGOS, Francisco Nicolau. p. 343. *A Superação do dogma da incompatibilidade da Arbitragem com os princípios da legalidade, tutela jurisdicional efetiva e indisponibilidade do crédito tributário*. Economic Analysis of Law Review. EALR, V. 9, nº 1, Jan-Abr. Brasília, DF, 2018, p. 343. Disponível em: https://repositorio.ipl.pt/bitstream/10400.21/9742/1/ealr.pdf. Acesso em: 31 jan. 2023

37 NABAIS, José Casalta. Reflexão sobre a Instituição da Arbitragem Tributária = *Thoughts on the Introduction of Tax Arbitration. Revista da PGFN / Procuradoria-Geral da Fazenda Nacional - v. 1, n. 1 (jan./jun. 2011)*. – Brasília, DF: PGFN, 2011. p. 32-33. ISSN 2179-8036. Disponível em: https://www.gov.br/pgfn/pt-br/central-de-conteudo/publicacoes/revista-pgfn/ano-i-numero-i/integral.pdf . Acesso em: 26 jan. 2023.

jurídicas tributárias. Acentua que os limites constitucionais à arbitragem num tal domínio são os mesmos que valem, em geral.

No entanto, embora admita que a constituição não proíbe a existência de tribunais arbitrais para a solução de litígios de natureza tributária, de forma geral, observa que, para se recorrer à arbitragem em matéria tributária, é necessário que a solução do litígio não disponha de uma solução inteiramente ditada pela lei.

José Casalta Nabais reforça sua abordagem ao afirmar que, na hipótese em que esteja presente solução inteiramente regulada pela lei, admitir que um litígio, que tenha essa solução, possa ser levado ao tribunal arbitral, significaria possibilitar a substituição da solução legal por uma solução arbitral.

Embora discordemos dessa posição, reconhecemos que a interpretação do autor encontra respaldo naqueles que entendem que questões legais não podem ser submetidas a arbitragem tributária, que se restringiria apenas a situações de fato.

Ainda quanto à submissão à arbitragem tributária de questões cuja solução esteja presente na lei, José Casalta Nabais justifica que essa situação atentaria contra a divisão e a interdependência de poderes estabelecidos pela Constituição, o que lhe parece de todo inadmissível. Para o autor, uma vez que o legislador possibilita a solução arbitral relativa à matéria que apenas comporta uma solução estritamente legal, então que o faça especificamente, alterando a lei que contém essa solução legal vinculada.

Conclui, neste ponto, que a arbitragem apenas poderá ser admitida relativamente a matérias nas quais a administração tributária goze de uma discricionariedade na decisão. Neste aspecto, pondera que no direito tributário há múltiplas e diversificadas manifestações, destacando que naquelas matérias de evidente complexidade técnica, o legislador poderia ficar impossibilitado de estabelecer soluções totalmente descritas na lei. Para estes casos, onde não se encontra uma solução vinculada, seria possível a arbitragem tributária.

Entendemos de forma diferente. O instituto da arbitragem se afigura como método heterocompositivo extrajudicial de solução de conflitos, que pode decorrer, inclusive, de questões interpretativas, ainda que a solução esteja expressamente prevista em lei.

Além disso, a instauração de tribunais arbitrais é assegurada pela Constituição Portuguesa, que não traz qualquer restrição quanto à apreciação da legalidade de questões expressas em lei.

A única ressalva que fazemos é que o Regime Jurídico de Arbitragem Tributária (RJAT) em Portugal poderia não ter limitado o alcance das matérias arbitráveis, tema que será explorado em seção específica. Mesmo assim, o processo arbitral admite o julgamento de conflitos relativos à legalidade, tema de extrema importância no Direito Tributário.

Contrapondo o entendimento de José Casalta Nabais, o Conselheiro do CAAD Jorge Lopes de Sousa assinala que resulta do artigo 1º do RJAT que os tribunais arbitrais são um meio adequado de resolução jurisdicional de conflitos em matéria tributária, tendo natureza jurisdicional. Evidencia ainda que compete ao Estado "definir legislativamente os órgãos que considera adequados para exercer funções jurisdicionais, podendo constitucionalmente atribuir essas funções a tribunais arbitrais sem qualquer limitação."[38]

Esclarecimento mais direto, no entanto, é encontrado quando Jorge Lopes de Sousa se refere ao âmbito de competência dos tribunais arbitrários, ao afirmar que:

> Indicam-se no n.º 1 do artigo 2º do RJAT os tipos de pretensões que podem ser apreciadas por tribunais arbitrais em matéria tributária. (...) É de notar, porém, que desde que as questões de legalidade, inclusive atinentes a benefícios fiscais, se repercutam num ato dos tipos indicados no artigo 2º, nº 1, do RJAT, não haverá obstáculo a que os tribunais arbitrais que funcionam no CAAD as apreciem, pois a competência é definida pelo tipo de ato impugnado e abrange todas as questões de legalidade que sejam relevantes declarar ou não sua legalidade.[39]

Vale ainda transcrever parte do parecer do Conselho Superior da Magistratura de Portugal (CSM), ao se referir à possibilidade de compromisso arbitral celebrado entre o interessado e a administração pública em Portugal, não impondo qualquer restrição quanto à discussão de matérias legais:

> Prevê-se que o interessado que pretenda recorrer à arbitragem no âmbito dos litígios previstos no artigo 180.º do CPTA pode exigir da Administração a celebração de compromisso arbitral (artigo 182.º do CPTA, no *projecto* de Decreto-Lei autorizado anexo). É com alguma reserva que se vê a possibilidade de afastar a competência dos tribunais administrativos e fiscais em determinadas matérias, o que pode causar dificuldades em face da previsão do n.º 3 do artigo 212.º da Constituição da República Portuguesa. Acima de tudo, a alteração não parece ditada pelo resultado de uma reflexão profunda sobre o âmbito

38 SOUSA, Jorge Lopes de. *Comentário ao Regime Jurídico da Arbitragem Tributária.* In: VILLA-LOBOS, Nuno de; PEREIRA, Tânia Carvalhais (coord.). Guia de Arbitragem Tributária, 2. ed. Coimbra, Portugal: Almedina, 2017, p. 81. ISBN 978-972-40-7172-5.

39 SOUSA, Jorge Lopes de. *Comentário ao Regime Jurídico da Arbitragem Tributária. In:* VILLA-LOBOS, Nuno de; PEREIRA, Tânia Carvalhais (coord.). Guia de Arbitragem Tributária, 2. ed. Coimbra, Portugal: Almedina, 2017, p. 85-86. ISBN 978-972-40-7172-5.

> da jurisdição administrativa, como deveria ser, mas antes por um critério de oportunidade que não leva em consideração a função material dos tribunais administrativos e fiscais, tanto mais que uma das matérias que passam a poder ser sujeitas a arbitragem, sem restrição, é a da "validade de *actos* administrativos" (alínea c) do n.º 1 do artigo 180.º, no *projecto* de Decreto-Lei autorizado anexo). [...][40]

Denota-se que o CSM, para além de admitir a celebração de compromisso arbitral perante a administração pública, assegura que uma das matérias autorizadas a submissão à arbitragem, sem restrição, é a da validade de atos administrativos. O termo *validade*, segundo o parecer, abrange a análise quanto à aferição da sua legalidade.

Da mesma forma, entendemos de forma diversa de José Casalta Nabais, quanto à afirmação que, admitindo-se a submissão à arbitragem de questões cuja solução está prevista em lei, atentaria contra a divisão e a interdependência de poderes estabelecidos na Constituição.

Mesmo os conflitos tributários submetidos ao judiciário podem ter solução supostamente expressa em lei, podendo, entretanto, haver divergência de interpretação entre o contribuinte e a autoridade fiscal.

Além disso, é da natureza dos métodos heterocompositivos a submissão do conflito tributário a um terceiro neutro e imparcial, que decidirá a questão com base no direito posto, seja no âmbito estatal ou na arbitragem, nem por isso implicando ameaça à repartição de poderes.

Com relação à arbitrabilidade objetiva em Portugal, pontuada por José Casalta Nabais, o tema será objeto de seção específica deste estudo, oportunidade em que discutiremos a questão da limitação das matérias que poderão ser submetidas à arbitragem tributária, nos termos da lei portuguesa.

Sendo assim, no que se refere a suposta indisponibilidade da receita tributária, entendemos ser questão superada em território português, não havendo qualquer óbice em submeter matéria fiscal aos tribunais arbitrais. Na sequência, veremos como o tema vem sendo tratado no Brasil, objetivando demonstrar que, no país, a indisponibilidade da receita tributária não é absoluta, não havendo razão para que seja excluída do campo de abrangência da arbitragem com a administração pública.

---

40 PORTUGAL. Conselho Superior da Magistratura. Gabinete de Apoio ao Vice-Presidente e Membros do CSM. Registo GAVPM: *Pareceres externos Sumário: Parecer sobre a Proposta de Lei n.º 331/XII/4.ª* (GOV), *que procede à revisão do Estatuto dos Tribunais Administrativos e Fiscais* (ETAF), *do Código de Processo nos Tribunais Administrativos* (CPTA) *e de legislação conexa em matéria de contencioso administrativo*. Lisboa, 11 de junho de 2015, p. 12. Disponível em: 2015_06_11_parecer_revisao_etaf_cpta.pdf (csm.org.pt). Acesso em: 01 fev. 2023.

## 2.2. DOGMA DA INDISPONIBILIDADE DA RECEITA TRIBUTÁRIA NO BRASIL

No que se refere ao Brasil, onde não há lei autorizando a arbitragem tributária como em Portugal, esse estudo pretende afastar dois equívocos: (i) o da indisponibilidade da receita tributária e (ii) o de que há renúncia à receita proveniente de tributos, no regime de arbitragem. Na linha de pesquisa adotada neste trabalho, tal renúncia, ainda que ocorra, deve ser exclusivamente em prol do interesse público primário, e sempre nos termos da lei.

Durante muito tempo, um dos maiores obstáculos ao reconhecimento da possibilidade de implementação da arbitragem tributária no Brasil foi a suposta indisponibilidade da receita tributária, dada sua característica de direito patrimonial público.

A discussão se acentuou especialmente após a publicação da Lei n.º 13.129/2015, que acrescentou o § 1º ao art. 1º da Lei n.º 9.307/1996, denominada Lei de Arbitragem (LA), para estabelecer que "a administração pública direta e indireta poderá utilizar-se da arbitragem para dirimir conflitos relativos a direitos patrimoniais disponíveis".[41]

Como mencionado na seção anterior, Portugal enfrentou questão semelhante, onde a arbitragem tributária foi bastante questionada em razão de interpretação restritiva da CRP e da LGT, esta última prevendo a indisponibilidade da receita tributária. Prevaleceu, contudo, o entendimento de que a mencionada Lei autoriza a redução ou a extinção da receita tributária desde que respeitados os primados da igualdade e legalidade.

Embora superada em Portugal, cujo regime de arbitragem tributária tem sido utilizado como referência para o desenvolvimento desse estudo, a indisponibilidade da receita tributária segue pautando as discussões no Brasil quando o debate tem como objeto os MASCs em matéria tributária. Para explorar esse assunto no âmbito dessa pesquisa, é necessário dividi-lo sob dois aspectos: o primeiro, relativo à indisponibilidade do interesse público propriamente dito, e o segundo envolvendo diretamente o instituto da arbitragem, avaliando se este método de resolução de conflitos, de caráter heterocompositivo, em algum momento implica na disposição do direito levado à discussão perante o tribunal arbitral.

---

41 BRASIL. Presidência da República. *Lei nº 9.307, de 23 de setembro de 1996*. Dispõe sobre a arbitragem. Diário Oficial. Brasília: 24 set. 1996.Disponível em: https://www.planalto.gov.br/ccivil_03/leis/l9307.htm. Acesso em: 08 jul. 2023.

Odete Medauar afirma que o princípio da indisponibilidade do interesse público não é encontrado na atual doutrina estrangeira e vem sendo contestado por parte da doutrina brasileira, que estaria mais afinada às atuais concepções do direito administrativo. Segundo a autora, essa indisponibilidade é fórmula vaga, carente de sentido preciso, havendo apenas a repetição da afirmação de que "na atividade administrativa os bens e os interesses não estão à livre disposição dos agentes públicos".[42]

Da mesma forma, Priscila Faricelli de Mendonça, em que pese reconhecer que a questão é controversa, propõe uma releitura da noção tradicional da indisponibilidade do interesse público, seja em virtude da nova ordem e das novas funções atribuídas ao Estado, seja diante da atuação que a população requer dos entes estatais. É esperado que o Estado não deixe de implantar determinada solução em razão da "vazia alegação de que o interesse público seria indisponível".[43]

Marçal Justen Filho aponta para a impertinência da indisponibilidade do interesse público, ao destacar:

> [...] não há pertinência em cogitar da indisponibilidade do interesse público (abstrato ou concreto), eis que estão em jogo direitos subjetivos de titularidade pública e privada. Ao invés de se questionar um atributo intrínseco do interesse público, cabe-se avaliar o regime jurídico concreto adotado relativamente aos direitos subjetivos envolvidos. A ordem jurídica, mesmo de modo implícito, pode autorizar a Administração Pública a entabular negociações e acordos com os particulares, versando sobre os direitos subjetivos públicos, admitindo que tal solução é um meio para a realização mais adequada e satisfatória dos interesses públicos abstratos e concretos, que se constituem no fim buscado pela atividade estatal. [44]

---

**42** MEDAUAR, Odete. *Obsoletismos. Indisponibilidade do interesse público.* Disponível em: https://edisciplinas.usp.br/pluginfile.php/2614863/mod_resource/content/0/MEDAUAR%2C%20Odete.%20O%20direito%20administrativo%20em%20evolu%C3%A7%C3%A3o.pdf. p. 378. Acesso em: 12 mar. 2023.

**43** MENDONÇA, Priscila Faricelli de. *Transação e Arbitragem nas Controvérsias Tributárias.* Dissertação de Mestrado. São Paulo. Faculdade de Direito da Universidade de São Paulo, 2013, f. 36 e 38. Disponível em: https://www.teses.usp.br/teses/disponiveis/2/2137/tde-12022014-135619/publico/dissertacao_mestrado_final_Priscila_Faricelli_de_Mendonca.pdf. Acesso em 13 mar. 2023.

**44** JUSTEN FILHO, Marçal. *A indisponibilidade do interesse público e a disponibilidade dos direitos subjetivos da Administração Pública.* Cadernos Jurídicos, São Paulo, ano 22, nº 58, p. 79-99, Abril-Junho/2021.

Disponível em: https://www.tjsp.jus.br/download/EPM/Publicacoes/CadernosJuridicos/cj_n58_06_a%20indisponibilidade%20do%20interesse%20p%C3%BAblico_3p.pdf?d=637605061347184367. Acesso em: 12 mar. 2022.

É reconhecido que a doutrina de direito público evoluiu e, embora os princípios da supremacia do interesse público sobre o privado e da indisponibilidade do interesse público não tenham sido abandonados, o que existe hoje é uma interpretação mais moderna que afasta a rigidez dessas normas. Atualmente, é pacífico o entendimento que permite "manifestações de consensualidade na Administração Pública".[45]

Odete Medauar, aliás, lança a questão sobre como cogitar da indisponibilidade dos bens públicos, diante da existência de diversas práticas extrajudiciais na atividade administrativa, como acordos, negociação, conciliação, mediação, arbitragem, e até mesmo na esfera sancionadora, caso dos termos de ajustamento de conduta.[46]

Celso Antônio Bandeira de Mello lança luzes à discussão ao esclarecer que a indisponibilidade dos interesses públicos se fundamenta na afirmação que, sendo interesses da coletividade, ainda que internos ao setor público, não estão à livre disposição de quem quer que seja, pois são inapropriáveis. O próprio órgão administrativo que os representa não tem disponibilidade sobre eles, incumbindo-lhe apenas curá-los, um dever legal.[47]

Para Maria Sylvia Zanella Di Pietro, é correto afirmar que o interesse público é indisponível, mas isso não significa que todos os direitos patrimoniais, no direito público, sejam indisponíveis. O interesse da coletividade, quando confrontado com a disponibilidade de um determinado patrimônio público, pode justificar que ele não seja preservado. Segundo a autora,

---

45 NUNES, Tatiana Mesquita Nunes. GOMES, Cristiane Cardoso Avolio. *Autonomia da vontade e arbitragem: o caso da administração pública. Freedom of will and arbitration: the case of public administration. In:* Desafios da arbitragem com a administração pública. ALENCAR, Aristhéa Totti Silva Castelo Branco de. SACRAMENTO, Júlia Thiebaut. FÉRES, Marcelo Andrade. MARASCHIN, Márcia Uggeri. NUNES, Tatiana Mesquita (coord.). Publicações da Escola da AGU / Escola da Advocacia-Geral da União Ministro Victor Nunes Leal. - Brasília : EAGU, 2009, p. 95. ISSN 2236-4374.

46 MEDAUAR, Odete. *Obsoletismos. Indisponibilidade do interesse público.* Disponível em: https://edisciplinas.usp.br/pluginfile.php/2614863/mod_resource/content/0/MEDAUAR%2C%20Odete.%20O%20direito%20administrativo%20em%20evolu%C3%A7%C3%A3o.pdf. p. 378. Acesso em: 12 mar. 2023.

47 BANDEIRA DE MELLO, Celso Antônio. *Conceito jurídico de interesse público.* Disponível em: https://edisciplinas.usp.br/pluginfile.php/5686359/mod_resource/content/1/BANDEIRA%20DE%20MELLO%2C%20Celso%20Ant%C3%B4nio%20-%20Curso%20de%20direito%20administrativo%2C%20cap%C3%ADtulo%20I%2C%20t%C3%B3picos%20VIII%20e%20IX.pdf. p. 76. Acesso em: 12 mar. 2023.

"confunde-se o princípio da indisponibilidade do interesse público com o conceito de patrimônio indisponível".[48]

No mesmo sentido ensina Carlos Alberto Carmona, quando afirma que não se pode confundir disponibilidade ou indisponibilidade de direitos patrimoniais com indisponibilidade do interesse público.[49]

Já Tatiana Mesquita Nunes e Cristiane Cardoso Avolio Gomes pontuam que o "princípio da indisponibilidade do interesse público só exaspera o nó dogmático que embaraça o tratamento do tema". Isso porque, é com base nesse princípio que alguns autores sustentam a indisponibilidade e, consequentemente, a inarbitrabilidade de todos os direitos de que a Administração é titular.[50]

Trazendo clareza ao tema, o Tribunal de Contas da União (TCU), ao tratar da arbitrabilidade administrativa no Acórdão TC 000.723/2020-7, destaca que "não há relação entre disponibilidade ou indisponibilidade de direitos patrimoniais e disponibilidade ou indisponibilidade de interesse público".[51] De acordo com o TCU, se a Administração Pública pode dispor de determinado interesse, via transação ou contrato, também pode submetê-lo ao juízo arbitral.

Cabe aqui uma breve explanação acerca do posicionamento do TCU sobre a arbitragem com a Administração Pública. Gustavo Leonardo Maia Pereira, Natália Resende Andrade Ávila e Gustavo Carneiro De Albuquerque afirmam que o órgão evoluiu de forma lenta, "de uma posição totalmente refratária à arbitragem, em 1995, para passar a admitir o uso do instru-

---

48 DI PIETRO, Maria Sylvia Zanella. *Direito administrativo*. 33. ed. Rio de Janeiro: Forense, 2020, p. 1924, 1925. ISBN 978-85-309-8972-9.

49 CARMONA, Carlos Alberto. *Arbitragem e processo. Um comentário à Lei n. 9.307/96*. 3 ed. São Paulo: Atlas, 2009, p. 50. ISBN 978-85-224-5584-3.

50 NUNES, Tatiana Mesquita Nunes. GOMES, Cristiane Cardoso Avolio. *Autonomia da vontade e arbitragem: o caso da administração pública. Freedom of will and arbitration: the case of public administration. In:* Desafios da arbitragem com a administração pública. ALENCAR, Aristhéa Totti Silva Castelo Branco de. SACRAMENTO, Júlia Thiebaut. FÉRES, Marcelo Andrade. MARASCHIN, Márcia Uggeri. NUNES, Tatiana Mesquita (coord.). Publicações da Escola da AGU / Escola da Advocacia-Geral da União Ministro Victor Nunes Leal. - Brasília: EAGU, 2009, p. 95. ISSN 2236-4374.

51 BRASIL. Tribunal de Contas da União. *TC 000.723/2020-7*. 25 nov. 2020. Disponível em: https://www.conjur.com.br/dl/tcu-arbitragem-camara-privada-setor.pdf. f. 7. Acesso em: 27 fev. 2023.

mento para lidar com contratos de PPPs a partir de 2007, e, de forma mais ampla, a partir de 2012".[52]

Citam, como caso que reflete a posição inicial do TCU, contrário à arbitragem com o Poder Público, a Decisão n.º 188/1995, na qual o Tribunal, "de forma unânime, determinou ao DNER retirar, na parte da arbitragem, as cláusulas que não observassem estritamente o princípio da legalidade e da indisponibilidade do interesse público. [...]".[53]

Outro Acórdão citado é o de n.º 1.330/2007, aprovando a Instrução Normativa TCU n.º 52/2004, após a edição da lei n.º 11.079/2004 (lei das parcerias público-privadas - PPP). Nessa norma, o TCU disciplinou que a entidade, ao firmar parceria, deveria manter a guarda de documentos que poderiam ser solicitados pela corte de contas, "sendo um deles que trata da adoção de métodos privados de solução de controvérsias, inclusive a arbitragem. O ministro Marcos Bemquerer comentou ser a arbitragem prevista na referida lei da PPP".[54]

Por fim, são citados o Acórdão n.º AC-1573/12-P, que analisou a concessão dos aeroportos de Guarulhos, Viracopos e Brasília; e o acórdão n.º 2.145/2013, referente à Petrobrás, já como favoráveis à adoção da arbitragem pelo TCU.[55]

Importa ressaltar, como pontua Thiago Pimenta Nascimento Fadigas, que mesmo após a edição da Lei n.º 13.129/2015, o TCU, em que pese aceitar a arbitragem com a Administração Pública, tem colocado algumas restrições à utilização do regime. Vejamos como se pronuncia o autor, resumin-

---

52 PEREIRA, Gustavo Leonardo Maia; ÁVILA, Natália Resende Andrade; ALBUQUERQUE, Gustavo Carneiro. *Arbitragem e a desconfiança do TCU*. Portal Jota, 23/02/2022. Disponível em: https://www.jota.info/opiniao-e-analise/colunas/controle-publico/arbitragem-e-a-desconfianca-do-tcu-23022022#_ftn1. Acesso em: 29 ago. 2023.

53 FADIGAS, Thiago Pimenta Nascimento. *Arbitragem e TCU: Uma análise da segurança jurídica sob a perspectiva da Análise Econômica do Direito.* Artigo Científico de conclusão de curso submetida ao Instituto Serzedello Corrêa do Tribunal de Contas da União como requisito parcial para a obtenção do grau de especialista. Orientador: Prof. Dr. Luciano Benetti Timm. Brasília, 2022, p 45.

54 FADIGAS, Thiago Pimenta Nascimento. *Arbitragem e TCU: Uma análise da segurança jurídica sob a perspectiva da Análise Econômica do Direito.* Artigo Científico de conclusão de curso submetida ao Instituto Serzedello Corrêa do Tribunal de Contas da União como requisito parcial para a obtenção do grau de especialista. Orientador: Prof. Dr. Luciano Benetti Timm. Brasília, 2022, p 45, 46.

55 PEREIRA, Gustavo Leonardo Maia; ÁVILA, Natália Resende Andrade; ALBUQUERQUE, Gustavo Carneiro. *Arbitragem e a desconfiança do TCU*. Portal Jota, 23/02/2022. Disponível em: https://www.jota.info/opiniao-e-analise/colunas/controle-publico/arbitragem-e-a-desconfianca-do-tcu-23022022#_ftn1. Acesso em: 29 ago. 2023.

do a mudança de entendimento e os diferentes posicionamentos do Tribunal de Contas da União:

> Constata-se uma mudança no entendimento do TCU sobre a utilização da arbitragem pela administração pública. No início da vigência da CR/88, entendia que não poderia porque não havia autorização legal. Depois, porque ia contra o princípio da indisponibilidade do interesse público. Em seguida, porque nem tudo era direito patrimonial disponível. Após, alguns itens que seriam ou pareciam ser direito patrimonial disponível, na verdade, não poderiam ser inclusos nos contratos como suscetíveis ao juízo arbitral.[56]

De qualquer forma, no acórdão do TCU, de 2020, já mencionado,[57] o órgão enfatiza que somente os interesses públicos primários obtêm proteção do princípio da indisponibilidade do interesse público. Pelo contrário, no que diz respeito aos interesses secundários, estes podem ser disponibilizados.

Nesse sentido, o Superior Tribunal de Justiça (STJ) apreciou o tema no julgamento do Mandado de Segurança 11.308/DF e do Agravo Regimental AgRg 11.308/DF, nos quais foi alegada a impossibilidade de se levar determinada discussão para a arbitragem, sob o fundamento da indisponibilidade do bem público sobre o qual versava o contrato.[58]

O voto condutor, do então ministro da Corte Especial Luiz Fux, acolheu a doutrina de Eros Grau, fundamentada na distinção entre o interesse público primário e o interesse público secundário, este último, passível de ser submetido à arbitragem, forte na sua característica patrimonial, portanto, disponível.[59]

---

**56** FADIGAS, Thiago Pimenta Nascimento. *Arbitragem e TCU: Uma análise da segurança jurídica sob a perspectiva da Análise Econômica do Direito.* Artigo Científico de conclusão de curso submetida ao Instituto Serzedello Corrêa do Tribunal de Contas da União como requisito parcial para a obtenção do grau de especialista. Orientador: Prof. Dr. Luciano Benetti Timm. Brasília, 2022, p 49.

**57** BRASIL. Tribunal de Contas da União. *TC 000.723/2020-7.* 25 nov. 2020. Disponível em: https://www.conjur.com.br/dl/tcu-arbitragem-camara-privada-setor.pdf. f. 7. Acesso em: 27 fev. 2023.

**58** MASTROBUONO, Cristina M. Wagner. *A evolução da convenção de arbitragem utilizada pela administração pública.* The evolution of the arbitration agreement in contracts with public entities. *In:* Desafios da arbitragem com a administração pública. ALENCAR, Aristhéa Totti Silva Castelo Branco de. SACRAMENTO, Júlia Thiebaut. FÉRES, Marcelo Andrade. MARASCHIN, Márcia Uggeri. NUNES, Tatiana Mesquita (coord.). Publicações da Escola da AGU / Escola da Advocacia-Geral da União Ministro Victor Nunes Leal. - Brasília : EAGU, 2009, p. 115-116. ISSN 2236-4374

**59** MASTROBUONO, Cristina M. Wagner. *A evolução da convenção de arbitragem utilizada pela administração pública.* The evolution of the arbitration agreement in contracts with public entities. *In:* Desafios da arbitragem com a administração pública. ALENCAR, Aristhéa Totti Silva Castelo Branco de. SACRAMENTO, Júlia Thiebaut. FÉRES, Marcelo

Da mesma forma, a Primeira Turma do Supremo Tribunal Federal (STF), no Recurso Extraordinário (RE) 253.885, de relatoria da então ministra Ellen Gracie, ao julgar caso de transação com o poder público, decidiu que, em regra, os bens e o interesse público são indisponíveis, uma vez pertencentes à coletividade. Mas há casos em que esse interesse deve ser atenuado, especialmente ao ter em vista que a solução adotada pela administração é a que melhor atenderá ao interesse público.[60]

O mesmo debate ocorreu em Portugal, como destaca Francisco Nicolau Domingos ao afirmar que o interesse público das normas que regulam a obrigação tributária afasta qualquer possibilidade de sua disposição e a Administração encontra-se vinculada não só à realização do interesse público consagrado na norma, como ao seu fiel cumprimento segundo o modelo determinado em Lei.

Considerada a arbitragem um acordo consensual em sentido amplo, onde prevalece a vontade das partes em dirimir a controvérsia fora do juízo estatal, fica superada a ideia de indisponibilidade do interesse público com a alusão aos métodos adequados de solução de conflitos. Jamais se cogita de negociar o interesse público, mas de negociar os modos de atingi-lo de maneira mais eficiente.[61]

Carlos Alberto Carmona ressalta que os administrativistas consolidaram o entendimento "que uma coisa é o interesse público, outra o interesse da Administração Pública: o interesse público está na correta aplicação da lei, de modo que, muitas vezes, para atender o interesse público, é preciso julgar contra a Administração".[62]

---

Andrade. MARASCHIN, Márcia Uggeri. NUNES, Tatiana Mesquita (coord.). Publicações da Escola da AGU / Escola da Advocacia-Geral da União Ministro Victor Nunes Leal. - Brasília : EAGU, 2009, p. 115-116. ISSN 2236-4374.

60 BRASIL. Supremo Tribunal Federal. Primeira Turma. *Recurso Extraordinário – RE 253885/MG*. Poder Público. Transação. Validade. [...]. Recte.: Município de Santa Rita do Sapucaí. Recda.: Lázara Rodrigues Leite e outras. Relator(a): Min. Ellen Gracie, 04 de junho de 2002. Disponível em: https://jurisprudencia.stf.jus.br/pages/search/sjur99342/false. Acesso em: 28 fev. 2023.

61 NUNES, Tatiana Mesquita Nunes. GOMES, Cristiane Cardoso Avolio. *Autonomia da vontade e arbitragem: o caso da administração pública. Freedom of will and arbitration: the case of public administration. In:* Desafios da arbitragem com a administração pública. ALENCAR, Aristhéa Totti Silva Castelo Branco de. SACRAMENTO, Júlia Thiebaut. FÉRES, Marcelo Andrade. MARASCHIN, Márcia Uggeri. NUNES, Tatiana Mesquita (coord.). Publicações da Escola da AGU / Escola da Advocacia-Geral da União Ministro Victor Nunes Leal. - Brasília : EAGU, 2009, p. 96-97. ISSN 2236-4374.

62 CARMONA, Carlos Alberto. *Arbitragem e processo. Um comentário à Lei n. 9.307/96*. 3 ed. São Paulo: Atlas, 2009, p. 49. ISBN 978-85-224-5584-3.

Ao tratar especificamente da receita tributária, Tathiane Piscitelli[63] afirma que a indisponibilidade do crédito tributário não se confunde com a indisponibilidade da receita pública. A administração tributária nunca poderá deixar de fiscalizar, apurar e arrecadar o crédito tributário. De fato, não há juízo de conveniência e oportunidade da autoridade administrativa para apurar o tributo que entenda devido, nos limites da lei. Nos termos do parágrafo único do art. 142 do CTN, o lançamento é ato administrativo vinculado, sob pena de responsabilidade funcional.

Leonardo Varella Giannetti[64] aponta na mesma direção, afirmando que a arbitragem tributária não impede o exercício, pelo Estado, da cobrança do tributo apurado através do lançamento, tratando-se os métodos adequados de solução de conflitos uma terceira via que o sujeito passivo poderá lançar mão em substituição à jurisdição estatal, caso assim decida o legislador. Em outras palavras, não se cogita de colocar em discussão a indisponibilidade do crédito tributário no processo arbitral. A constituição dessa receita em prol do Estado é obrigação da administração tributária, portanto, dever da autoridade fiscal, ainda que obtenha a colaboração do particular.

Para Heleno Torres, o princípio da indisponibilidade do patrimônio público e, consequentemente, da receita tributária, desde a ocorrência do fato jurídico tributário, "firmou-se como dogma quase absoluto [...]." "No Brasil, a CF/1988 discrimina as competências de cada ente tributante, o que permite vislumbrar uma indisponibilidade absoluta da competência tributária, mas não do crédito tributário previsto em lei", [...] "que pode ser disponível para a Administração, segundo os limites estabelecidos pela própria lei, atendendo a critérios de interesse coletivo".[65]

---

63 PISCITELLI, Tathiane. *Há ambiente institucional para o uso de métodos alternativos de resolução de conflitos em matéria tributária? In:* VILLA-LOBOS, Nuno. PEREIRA, Tânia Carvalhais (coord.). FGV Projetos e CAAD. Arbitragem em Direito Público. São Paulo: FGV Projetos, 2019, p. 248. ISBN 978-85-64878-62-4. Disponível em: https://fgvprojetos.fgv.br/sites/fgvprojetos.fgv.br/files/fgv_publicacao_arbitragem_miolo.pdf. Acesso em: 12 mar. 2023.

64 GIANNETTI, Leonardo Varella. *Arbitragem no direito tributário brasileiro: possibilidade e procedimentos.* Tese de Doutorado. Belo Horizonte. Pontifícia Universidade Católica de Minas Gerais, 2017, p. 161: Disponível em: http://www.biblioteca.pucminas.br/teses/Direito_GiannettiLVa_1.pdf. Acesso em: 12 mar. 2023.

65 BARRETO, Paulo Ayres. *Processo Administrativo II: Questões Atuais. Disciplina: Tributos Estaduais, Municipais e Processo Tributário* (DEF0530). Professor Associado Paulo Ayres Barreto. Arbitragem Em Matéria Tributária. p. 24. Disponível em: https://edisciplinas.usp.br/pluginfile.php/4995564/mod_resource/content/0/Aula%2010%20-%20DEF0530%20-%20Processo%20Administrativo%20II.pdf. Acesso em: 13 mar. 2023.

Luís Eduardo Schoueri também acena no sentido de que o dogma da indisponibilidade da receita tributária se dobra à lei. Isso porque, o ordenamento jurídico tributário autoriza, mediante lei, que se chegue até mesmo ao perdão da dívida tributária, causa de extinção do crédito tributário nos termos do artigo 156, inciso IV, do CTN. Segundo o autor, "se a lei pode autorizar a remissão, com muito maior razão pode permitir a arbitragem. Num e noutro caso, o limite será constatar que a decisão da administração pelo caminho da arbitragem não se dê sem os controles da legalidade [...]".[66]

Pode-se afirmar, portanto, que, a indisponibilidade da receita tributária, tida como interesse público secundário, ou seja, da administração tributária, não se sobrepõe ao interesse primário, sendo o interesse da coletividade. Não se pode ignorar a possibilidade de a administração pública ser vencida na arbitragem. Entretanto, não ver sua pretensão reconhecida não significa que houve disposição de um bem ou interesse público, mas apenas que não assistia razão à administração, no caso concreto.[67]

Nesse aspecto, a indisponibilidade da receita tributária é um dogma que não deve ser colocado em questão quando há interesse primário a ser perseguido. Como ensina Tathiane Piscitelli, a receita tributária é fundamental para a persecução dos objetivos estatais no Estado Democrático de Direito, mas não é indisponível. Esse argumento foi superado pela distinção entre interesse público primário e interesse público secundário[68].

Enfatiza ainda a professora, que o interesse público primário está relacionado ao uso da tributação para persecução dos fins do Estado. Por outro lado, o interesse público secundário está vinculado à arrecadação tributária, que é interesse específico da Administração. Assim, a indisponibilidade da receita tributária, apesar de ser a regra, não é absoluta.

---

66 SCHOUERI, Luís Eduardo. *Ensaio para uma arbitragem tributária no Brasil. In:* PISCITELLI, Tathiane; MASCITTO, Andréa; MENDONÇA, Priscila Faricelli de. (coord). Arbitragem Tributária. Desafios institucionais brasileiros e a experiência portuguesa, 2. ed. São Paulo: Revista dos Tribunais, 2019, p. 388-389.I SBN 978-85-5321-920-9.

67 GRUPENAMCHER, Betina Treiger. *Arbitragem e transação em matéria tributária. In:* PISCITELLI, Tathiane; MASCITTO, Andréa; MENDONÇA, Priscila Faricelli de. (coord). Arbitragem Tributária. Desafios institucionais brasileiros e a experiência portuguesa, 2. ed. São Paulo: Revista dos Tribunais, 2019, p. 205.ISBN 978-85-5321-920-9.

68 PISCITELLI, Tathiane. *Arbitragem no Direito Tributário: uma demanda do Estado Democrático de Direito. In:* PISCITELLI, Tathiane; MASCITTO, Andréa; MENDONÇA, Priscila Faricelli de. (coord). Arbitragem Tributária. Desafios institucionais brasileiros e a experiência portuguesa, 2. ed. São Paulo: Revista dos Tribunais, 2019, p. 191.ISBN 978-85-5321-920-9.

Se é possível que a lei preveja hipóteses e situações de transação, anistia, remissão, moratória e parcelamento, cuja receita tributária poderá ser reduzida ou até cancelada, o princípio da indisponibilidade não é impedimento à criação, por lei, de outra forma de resolução de conflito em matéria tributária que importará na revisão e controle da legalidade do ato administrativo de lançamento tributário[69].

Márcio Souza Guimarães reforça o entendimento, afirmando que a indisponibilidade da receita tributária "é um mito já ultrapassado, como se depreende na possibilidade de sua anistia, remissão, parcelamento e toda a sorte de mecanismos administrativos de revisão do lançamento tributário".[70]

Reforçando a ideia, e reconhecendo que a arrecadação tributária é apenas meio para se atingir a finalidade essencial do Estado, verificam-se diversas normas que renunciam à arrecadação justamente para se alcançar o interesse público primário.

Exemplos diversos puderam ser verificados durante a crise sanitária e econômica que abalou o país em razão do coronavírus. Várias foram as medidas que renunciaram à arrecadação tributária por meio de redução de alíquotas e flexibilização de prazos de pagamento, inclusive com perdão de multa e juros, em prol de um bem maior em nome da coletividade, qual seja, o combate à Covid-19. [71]

---

**69** GIANNETTI, Leonardo Varella. *Arbitragem no direito tributário brasileiro: possibilidade e procedimentos.* Tese de Doutorado. Belo Horizonte. Pontifícia Universidade Católica de Minas Gerais, 2017, f. 164: Disponível em: http://www.biblioteca.pucminas.br/teses/Direito_GiannettiLVa_1.pdf. Acesso em: 26 fev. 2023.

**70** GUIMARÃES, Márcio Souza. *Apresentação da arbitragem em Direito Público no Brasil. In*: VILLA-LOBOS, Nuno. PEREIRA, Tânia Carvalhais (coord.). FGV Projetos e CAAD. Arbitragem em Direito Público. São Paulo: FGV Projetos, 2019, p. 32. ISBN 978-85-64878-62-4. Disponível em: https://fgvprojetos.fgv.br/sites/fgvprojetos.fgv.br/files/fgv_publicacao_arbitragem_miolo.pdf . Acesso em: 15 mar. 2023

**71** Cite-se, como exemplo da renúncia de receita visando o combate ao coronavírus: (i) o *Decreto nº 10.285/2020* (DOU de 20/03, edição extra - G), que reduziu temporariamente para zero as alíquotas do IPI incidentes sobre diversos itens destinados à prevenção e combate à pandemia do coronavírus; (ii) a *Portaria PGFN nº 8.457/2020* (DOU de 26/03), que alterou a Portaria PGFN nº 7.280, de 18 de março de 2020, que estabeleceu as condições para transação extraordinária na cobrança da dívida ativa da União, em função dos efeitos do coronavírus (COVID-19); (iii) a *Resolução nº 22/2020*, da Câmara de Comércio Exterior (DOU de 26/03), que concedeu redução temporária, para zero porcento, da alíquota do Imposto de Importação de diversos produtos, tendo por objetivo facilitar o combate à pandemia do Corona Vírus / Covid-19; (iv) A *Medida Provisória nº 932/2020* (DOU de 31.03, edição extra), com o objetivo de enfrentar a pandemia da COVID-19 e ali-

Cite-se, por oportuno, parte do Enunciado 3 da I Jornada de Direito Tributário do Conselho da Justiça Federal (CJF), que reconheceu ser a arbitragem meio legítimo de solução de conflitos entre Fisco e contribuintes, desde que seja legalmente instituída. A justificativa enfatizou "a possibilidade de instituição da arbitragem como meio para a solução de controvérsias em matéria tributária, afastando os óbices da indisponibilidade do crédito tributário e, igualmente, do interesse público", desde que haja lei a autorizar a Administração Tributária a submeter os seus litígios à arbitragem.[72]

Entende-se, nesse contexto, que o conceito de indisponibilidade do interesse público, para caracterizar quais bens patrimoniais poderiam ser objeto de arbitragem, não é absoluto. A aferição dessa indisponibilidade, para além de enfatizar que o agente público é apenas curador desses interesses, cabendo-lhe a guarda e conservação, evidencia que ela não impede a persecução da finalidade do Estado.

Ou seja, sendo o interesse coletivo, a indisponibilidade dos bens públicos deve ser relativizada, sempre nos termos da lei autorizadora do procedimento. Nesse sentido, compactuamos da posição de Carmen Tiburcio e Thiago Magalhães Pires, para quem, segundo autorização constitucional, cabe à lei expressar a vontade suprema do Estado e, sendo o interesse público indisponível para a administração, o responsável deve se reportar a uma prévia decisão legislativa sobre o tema.[73]

Sendo assim, mostra-se inteiramente sem sentido nos prendermos ao mito da indisponibilidade da receita tributária para justificar o veto à utilização da arbitragem em matéria tributária. O que deve ser colocado, inclusive acima do interesse de arrecadar, é o interesse público primário do Estado, que, muitas vezes, exige disposição da própria receita tributária.

---

viar a tributação sobre a folha de salários, que reduziu até 30/06/2020, as Contribuições Destinadas a Terceiras Entidades e Fundos, as chamadas Contribuições ao Sistema "S".

**72** BRASIL. Conselho da Justiça Federal. Centro de Estudos Judiciários. *I Jornada Direito Tributário : enunciados aprovados.* – Brasília : Conselho da Justiça Federal, Centro de Estudos Judiciários, 2022. 20 p. Evento realizado pelo Centro de Estudos Judiciários (CEJ). Enunciado 3, p. 15. Disponível em: https://www.cjf.jus.br/cjf/corregedoria-da-justica-federal/centro-de-estudos-judiciarios-1/publicacoes-1/jornada-de-direito-tributario. Acesso em: 15 mar. 2023.

**73** TIBURCIO, Carmen. PIRES, Thiago Magalhães. Métodos Alternativos de Solução de Conflitos – ADR 1. *Arbitragem envolvendo a administração pública: notas sobre as alterações introduzidas pela Lei 13.129/2005.* Item 3.2.1 . Disponível em: http://www.mpsp.mp.br/portal/page/portal/documentacao_e_divulgacao/doc_biblioteca/bibli_servicos_produtos/bibli_boletim/bibli_bol_2006/RPro_n.254.21.PDF . Acesso em: 12 mar. 2023.

Concluída a questão do dogma da indisponibilidade da receita tributária propriamente dita, passamos à segunda parte dessa seção, que abordará a arbitragem tributária como forma de resolução de conflitos, considerando sua característica de método heterocompositivo, assim como no Poder Judiciário, não implicando, em nenhum momento, em disposição de receita tributária.

Sobre o tema, Tathiane Piscitelli traça um paralelo entre a indisponibilidade da receita pública e a indisponibilidade do crédito tributário. Segundo a professora da Escola de Direito da Fundação Getúlio Vargas de São Paulo (FGV/SP), a resposta sobre a implementação da arbitragem tributária, considerando a indisponibilidade da receita pública, passa pelo método de solução de conflitos ao qual estamos lidando. Afirma, ainda, que em se tratando a arbitragem de método heterocompositivo, semelhante ao adotado no Judiciário, no qual um terceiro imparcial decide a controvérsia, não há negociação ou concessão acerca do crédito tributário, mas mera decisão sobre sua legalidade.[74]

Samuel Almeida, ao se referir à arbitragem tributária em Portugal, aponta na mesma direção, afirmando que nesse método adequado de solução de conflitos com a administração pública, os árbitros são obrigados a decidir de acordo com o direito posto. Sendo assim, o princípio da indisponibilidade da receita tributária não é posto em causa pelo tribunal arbitral, tal como não o é por qualquer tribunal estatal. Esse entendimento, que veio a consolidar-se na doutrina portuguesa, abriu as portas para a superação do dogma da indisponibilidade da receita tributária e a consequente aprovação da arbitragem tributária naquele país.

Para Tathiane Piscitelli, embora possa ser alegada por alguns a violação à Lei de Responsabilidade Fiscal (Lei Complementar 101/2000), com destaque para o art. 11, a decisão arbitral que afastar o tributo não implicará disponibilidade da receita pública, mas, sim, juízo legítimo de legalidade, que encerra o conflito entre o particular e a administração sem que tenha havido qualquer renúncia à receita tributária.

Considerando que a arbitragem tributária com a administração pública deve obedecer ao direito posto, as decisões arbitrais não estariam dispondo de interesse público, também pelo fato de o tribunal arbitral ter o dever de

74 PISCITELLI, Tathiane. *Há ambiente institucional para o uso de métodos alternativos de resolução de conflitos em matéria tributária? In:* VILLA-LOBOS, Nuno. PEREIRA, Tânia Carvalhais (coord.). FGV Projetos e CAAD. Arbitragem em Direito Público. São Paulo: FGV Projetos, 2019, p. 248. ISBN 978-85-64878-62-4. Disponível em: https://fgvprojetos.fgv.br/sites/fgvprojetos.fgv.br/files/fgv_publicacao_arbitragem_miolo.pdf. Acesso em: 12 mar. 2023

enfrentar o tema pautado pelo princípio da legalidade tributária (art. 150, I, da CF/1988).

Sob o prisma da legalidade em Portugal, Jorge Lopes de Sousa lembra que são indicados no n.º 1 do artigo 2º do RJAT os tipos de pretensões que podem ser apreciadas por tribunais arbitrais em matéria tributária. Acrescenta que, desde que as questões de legalidade se repercutem num ato dos tipos indicados no artigo 2º, n.º 1, do Regime, não há impedimento para que os tribunais arbitrais as apreciem, justamente por haver previsão legal. Na arbitragem, não ocorre abdicação ao direito, mas apenas e tão somente submissão do litígio a uma solução alternativa ao processo estatal.

Nesse sentido, Carlos Alberto Carmona argumenta que a arbitragem é mecanismo privado de solução de litígios, por meio do qual um terceiro impõe sua decisão. Esta característica da solução arbitral, imposta por terceiro, a define como método heterocompositivo de solução extrajudicial de conflitos, afastando-o da mediação e da conciliação que, por sua vez, são métodos autocompositivos. Também por isso, a lei assegura à sentença arbitral a mesma eficácia da sentença judicial (art. 31 da Lei 9.307/1996)[75].

Priscila Faricelli de Mendonça afirma "não parecer relevante ser ou não renunciável o crédito tributário para fins de viabilidade da solução arbitral da controvérsia tributária". O caráter pecuniário do crédito tributário é suficiente para sua admissão à arbitragem, considerando que, ao optarem pela solução arbitral, as partes não estão renunciando ou dispondo de direitos.[76]

Embora exerça juízo de valor como qualquer julgador, o árbitro, assim como o juiz estatal, não está autorizado a atuar no sentido de dispor da relação jurídica em discussão, mas analisar e decidir o conflito conforme o direito aplicável. Esse poder decorre da lei e a escolha do árbitro decorre de suas qualidades técnicas e habilidades individuais.[77]

---

75 CARMONA, Carlos Alberto. *Arbitragem e processo. Um comentário à Lei n. 9.307/96*. 3 ed. São Paulo: Atlas, 2009, p. 31. ISBN 978-85-224-5584-3.

76 MENDONÇA, Priscila Faricelli de. *Transação e Arbitragem nas Controvérsias Tributárias*. Dissertação de Mestrado. São Paulo. Faculdade de Direito da Universidade de São Paulo, 2013, f. 76. Disponível em: https://www.teses.usp.br/teses/disponiveis/2/2137/tde-12022014-135619/publico/dissertacao_mestrado_final_Priscila_Faricelli_de_Mendonca.pdf. Acesso em 14 mar 2023.

77 GIANNETTI, Leonardo Varella. *Arbitragem no direito tributário brasileiro: possibilidade e procedimentos*. Tese de Doutorado. Belo Horizonte. Pontifícia Universidade Católica de Minas Gerais, 2017, f. 116: Disponível em: http://www.biblioteca.pucminas.br/teses/Direito_GiannettiLVa_1.pdf. Acesso em: 26 fev. 2023.

Como método heterocompositivo de resolução de conflitos, não há concessão das partes quanto ao objeto do litígio; a solução é dada por um terceiro imparcial, assim como ocorre no Poder Judiciário. Nesse caso, o Tribunal Arbitral é que decide o conflito. O entendimento acerca desse ponto é imprescindível para compreender se há, ou não, disposição de receita na hipótese de implantação da arbitragem em matéria tributária.[78]

Ao optarem por submeter o conflito ao tribunal arbitral, as partes não estão dispondo do direito objeto do litígio, mas apenas renunciando à solução jurisdicional pelo juiz estatal. O resultado poderá ser no sentido de conferir o direito integralmente a uma das partes, ou parcialmente a ambas. Não há renúncia ao direito em discussão. Os litigantes definem, apenas, que a disputa será decidida por uma corte não estatal e que a decisão será vinculante entre as partes.[79]

Destacamos importante ponderação, no mesmo sentido defendido por esse estudo, sobre o regime português, efetuada por Francisco Nicolau Domingos. Para ele, se a questão da renúncia não é colocada em pauta quando o litígio é decidido pelos tribunais estatais – e se a Constituição de Portugal equipara os tribunais arbitrais aos estaduais - não há consistência no argumento quanto à discussão acerca da indisponibilidade da receita tributária no processo arbitral.

Do ponto de vista do dogma da indisponibilidade do crédito tributário, este se encontra superado em Portugal, considerando que o regime está em pleno funcionamento no país desde 2011, instituído pelo DL n.º 10/2011. Essa solução legislativa, sem se afastar do necessário debate acadêmico, resume a superação pelo país europeu do mito da indisponibilidade da receita tributária.

No Brasil, esse estudo demonstrou que o principal argumento que leva à superação do dogma da indisponibilidade da receita tributária reside na diferença entre interesse público primário (de interesse coletivo) e inte-

---

**78** PISCITELLI, Tathiane. *Há ambiente institucional para o uso de métodos alternativos de resolução de conflitos em matéria tributária? In:* VILLA-LOBOS, Nuno. PEREIRA, Tânia Carvalhais (coord.). FGV Projetos e CAAD. Arbitragem em Direito Público. São Paulo: FGV Projetos, 2019, p. 247. ISBN 978-85-64878-62-4. Disponível em: https://fgvprojetos.fgv.br/sites/fgvprojetos.fgv.br/files/fgv_publicacao_arbitragem_miolo.pdf. Acesso em: 12 mar. 2023

**79** MENDONÇA, Priscila Faricelli de. *Transação e Arbitragem nas Controvérsias Tributárias.* Dissertação de Mestrado. São Paulo. Faculdade de Direito da Universidade de São Paulo, 2013, f. 75. Disponível em: https://www.teses.usp.br/teses/disponiveis/2/2137/tde-12022014-135619/publico/dissertacao_mestrado_final_Priscila_Faricelli_de_Mendonca.pdf. Acesso em 15 mar 2023.

resse público secundário (de interesse da administração tributária). Cabe enfatizar que, por vezes, para se atingir o principal interesse do Estado, adotam-se medidas contrárias à arrecadação e até mesmo decide-se contra a Fazenda Pública, obedecidos, em qualquer caso, os princípios que regem o STN.

O estudo também evidenciou que, na arbitragem, como método heterocompositivo de solução de conflitos, poderá ser discutida a validade do próprio crédito tributário, nos moldes do Poder Judiciário, não havendo disponibilidade de receita pelo poder público, mas apenas e tão somente uma decisão quanto à legalidade do crédito tributário exigido do particular, observado especialmente o princípio da legalidade tributária.

Destaca-se, por fim, que assim como em Portugal, não há no Brasil nenhuma vedação constitucional à implementação de tribunais arbitrais tributários ou mesmo no domínio das relações jurídicas tributárias. A Constituição Portuguesa, ao contrário, admite expressamente a criação de tribunais arbitrais no art. 209.º. No Brasil, a CF/1988 atribui competência à União Federal para legislar sobre Direito Processual, nos termos do art. 22, inciso I.

Sendo assim, afastado o dogma da indisponibilidade da receita tributária, ainda que avancemos no sentido de implementação da arbitragem tributária no nosso país, muitos desafios ainda precisam ser superados. Seguindo a base empírica adotada neste estudo, nos capítulos seguintes passaremos a abordar aspectos do regime já implementado em Portugal para, em seguida, tratar dos obstáculos a serem superados no Brasil.

# 3. ARBITRAGEM TRIBUTÁRIA EM PORTUGAL

Em 2011, havia cerca de 43 mil processos tributários pendentes em Portugal. Esse fato, aliado à circunstância de o país estar sob a intervenção do Fundo Monetário Internacional (FMI), impulsionou a instituição da arbitragem tributária. Uma das recomendações do referido Fundo foi a implementação da arbitragem fiscal. Isso porque, na visão do FMI, a criação do regime poderia acelerar a recuperação, pelo Estado, de valores que estariam pendentes. O estoque de processos, elevado para os padrões portugueses, foi o principal fator a impulsionar a criação da arbitragem tributária no país, mas o crescente número de litígios fiscais e a necessidade de especialização dos julgadores na matéria também foram propulsores para a adoção do instituto.

Frise-se, entretanto, a ressalva efetuada por Manuel Fernandes dos Santos Serra[80], que "o discurso do 'mais' - mais tribunais, mais juízes, mais funcionários - é vácuo, nele se perspectivando uma 'solução' que é mais uma fuga em frente". Segundo o autor, o problema da justiça tributária não é apenas de falta de meios, mas uma questão mais ampla, que requer a reconfiguração do modelo tradicional e sistema de justiça tributária, em toda sua extensão. Como alerta Manuel Fernandes dos Santos Serra, a morosidade do Poder Judiciário pode ser resolvida com a abertura de mais

**80** SERRA, Manuel Fernandes dos Santos. Apontamentos sobre os antecedentes da arbitragem. *Revista Arbitragem Tributária nº 3 CAAD*. VILLA-LOBOS, Nuno; PEREIRA, Tania Carvalhais (coord). Lisboa, Portugal, jun. 2015, p. 6-9.

concursos para a magistratura, mais investimentos na estrutura judiciária e a utilização, cada vez mais necessária, da tecnologia.

A questão mais ampla a que se refere o autor é a do efetivo acesso à justiça, no sentido de proporcionar ao jurisdicionado outras possibilidades de solucionar conflitos com a administração tributária, como os métodos adequados de solução de conflitos, "que comecem a atuar logo na fase graciosa". Esclarecendo a fase graciosa, o termo se refere ao fato Portugal não ter tribunais administrativos tributários como no Brasil. Para reclamar perante a própria administração, há a reclamação graciosa, além de um recurso no âmbito da própria administração tributária.

Embora relevantes, entendemos que os argumentos acerca da litigiosidade tributária excessiva, da morosidade da justiça estatal e da falta de especialização dos julgadores não são suficientes para nortear o debate acerca da implementação da arbitragem tributária. O motivo principal a exigir um sistema multiportas de resolução de conflitos tributários é proporcionar aos jurisdicionados o direito constitucional do efetivo acesso à justiça. Essa razão é mais abrangente, pois inclui garantir a um número maior de pessoas naturais e pessoas jurídicas a tutela jurisdicional, ainda que a arbitragem não deva ser considerada uma panaceia a resolver todos os problemas do sistema estatal.

Para melhor entendimento sobre as diversas vias portas colocadas à disposição dos litigantes para solução do conflito (sistema multiportas), citamos definição de Leonardo Carneiro da Cunha, que explica a expressão recorrendo à metáfora, "como se houvesse, no átrio do fórum, várias portas; a depender do problema apresentado, as partes seriam encaminhadas para a porta da mediação, ou da conciliação, ou da arbitragem, ou da própria justiça estatal".[81]

Em texto denominado *breve reflexão em torno da arbitragem em direito público*[82], Guilherme D'Oliveira Martins reforça a visão da arbitragem como realização da justiça ao afirmar que, de fato, a arbitragem voluntária não pode ser confundida com justiça privada, mas sim, com realização plena da justiça.

---

81 CUNHA, Leonardo Carneiro da. *A Fazenda Pública em Juízo*. 17. ed. Rio de Janeiro: Forense, 2020, p. 894.

82 MARTINS, Guilherme D'Oliveira. Breve reflexão em torno da arbitragem em direito público. *Revista Arbitragem Tributária n° 1 CAAD*. VILLA-LOBOS, Nuno; PEREIRA, Tania Carvalhais (coord). Lisboa, Portugal, 2014, p. 10.

Na visão de Jorge Manuel Lopes de Sousa[83], é imperativo essencial de um Estado Democrático de Direito a implementação de meios eficazes de resolução de conflitos, inclusive conflitos gerados entre entidades públicas e os cidadãos. Se o Estado não consegue proporcionar oferta que satisfaça a procura, tendo em conta que a decisão em prazo razoável é indissociável da tutela jurisdicional, ao menos exige-se que não entrave a possibilidade de ela ser obtida pelos métodos adequados.

A questão da arbitragem como efetivo acesso à justiça será objeto de capítulo específico deste estudo. Por enquanto, é importante registrar que Portugal, sob a intervenção do FMI, se comprometeu, em 2011, entre outras medidas de cunho econômico, a instituir a arbitragem tributária como método adequado de solução de conflitos. Apesar de o país, à época da orientação do referido fundo, já ter um projeto de arbitragem tributária em discussão, o compromisso firmado por Portugal, aliado ao seu cumprimento, perante o FMI, o tornou pioneiro na utilização desse instituto para solução de conflitos tributários.[84]

Em que pese a necessidade de aperfeiçoamento, a arbitragem tributária portuguesa tem se mostrado adequada aos objetivos para os quais foi instituída, podendo ser considerada ponto de partida para estudo em outros ordenamentos jurídicos que pretendam adotá-la como método adequado de solução de conflitos em matéria tributária.[85]

Assim, considerando o pioneirismo de Portugal e a semelhança em relação às dificuldades enfrentadas pelo Brasil para implantação do regime, esse estudo utilizará como base empírica o regime português, sem deixar de considerar as diferenças geográficas, constitucionais, tributárias e econômicas entre os dois países.

---

83 SOUZA, Jorge Manuel Lopes de. Breve nota sobre a implementação da arbitragem em matéria tributária. *Arbitragem Newsletter Fiscal CAAD*. Lisboa, Portugal, out. 2011, p. 2. Disponível em: https://www.caad.org.pt/files/documentos/newsletter/Newsletter-CAAD_out_2011.pdf. Acesso em: 26 jan. 2023.

84 Adaptado de: SANTOS, Reginaldo Angelo dos. Instituição da arbitragem tributária no Brasil como método adequado de solução de conflitos. *Revista Acadêmica da Faculdade de Direito do Recife. v. 94, n.* 2 (2022). p. 148-168. Recife: PPGD/UFPE. ISSN(eletrônico): 2448-2307. DOI: 10.51359/2448-2307.2022.254657. Disponível em: https://periodicos.ufpe.br/revistas/ACADEMICA/article/view/254657. Acesso em: 28 jan. 2023.

85 FERREIRA, Rogério M. Fernandes. *Prefácio Português*. *In*: PISCITELLI, Tathiane; MASCITTO, Andréa; MENDONÇA, Priscila Faricelli de. (coord). Arbitragem Tributária. Desafios institucionais brasileiros e a experiência portuguesa, 2. ed. São Paulo: Revista dos Tribunais, 2019, p. 7. ISBN: 978-85-5321-920-9.

## 3.1. PORTUGAL COMO PIONEIRO NA IMPLEMENTAÇÃO DA ARBITRAGEM TRIBUTÁRIA

Ao discorrer sobre os antecedentes da arbitragem administrativa e tributária em Portugal, Manuel Fernandes dos Santos Serra[86] ressalta que a solução preliminar de grande parte dos litígios deve ter lugar na própria administração. Apesar dessa responsabilidade primária do Estado, não é mais possível aos tribunais estatais assegurarem a resolução tempestiva de toda a espécie de litígios, na formatação tradicional de solução de conflitos.

Nesse contexto, a resolução de disputas deve encontrar outras formas de garantir aos cidadãos a tutela jurisdicional que lhes é constitucionalmente assegurada, seja no âmbito dos tribunais do Estado ou fora deles. O autor destaca que foi necessário que a justiça tributária em Portugal entrasse em verdadeiro colapso, com iminente falência, para que se começasse a pensar e a agir no sentido de seu descongestionamento.

Ou seja, mesmo que reconhecida como responsabilidade fundamental do Estado proporcionar métodos céleres e adequados à resolução de disputas, é admitida sua limitação humana e material em garantir aos cidadãos o direito constitucional de acesso à tutela jurisdicional.

Relativamente às limitações do Estado na solução de disputas, Lídia Maria Ribas[87] lembra que no início dos anos 2000, o Poder Judiciário detinha normas e comportamento institucional ineficazes com vistas à resolução de conflitos, cujos paradigmas incluíam a morosidade de seus serviços e a redução de sua capacidade de cumprir com suas rotinas operacionais.[88]

---

86 SERRA, Manuel Fernandes dos Santos. Apontamentos sobre os antecedentes da arbitragem. *Revista Arbitragem Tributária nº 3 CAAD*. VILLA-LOBOS, Nuno; PEREIRA, Tania Carvalhais (coord). Lisboa, Portugal, jun. 2015, p. 6-9.

87 RIBAS, Lídia Maria. Arbitragem Fiscal no Ambiente do CAAD – Uma proposta para o Brasil. RIBAS, Lídia Maria. Arbitragem Fiscal no Ambiente do CAAD – Uma proposta para o Brasil. *Revista Arbitragem Tributária nº 3 CAAD*. VILLA-LOBOS, Nuno. PEREIRA, Tania Carvalhais (coord). Lisboa, Portugal Lisboa, Portugal, 2015. Lisboa, Portugal, 2015, p. 31.

88 Adaptado de: SANTOS, Reginaldo Angelo dos. Instituição da arbitragem tributária no Brasil como método adequado de solução de conflitos. *Revista Acadêmica da Faculdade de Direito do Recife. v. 94, n.* 2 (2022). p. 148-168. Recife: PPGD/UFPE. ISSN (eletrônico): 2448-2307. DOI: 10.51359/2448-2307.2022.254657. Disponível em: https://periodicos.ufpe.br/revistas/ACADEMICA/article/view/254657. Acesso em: 28 jan. 2023.

Manuel Fernandes dos Santos Serra[89] pondera que a questão foi oficialmente reconhecida em Portugal no âmbito da reforma do contencioso administrativo de 2002/2004, e teve como consequência a consagração da possibilidade de constituição de tribunal arbitral para o julgamento de questões estabelecidas no Código de Processo nos Tribunais Administrativos (CPTA), daquele país.

Como marco dessa reforma processual, a Lei n.º 15/2002 aprovou o CPTA em Portugal. Seu artigo 180.º, n.º 1, estabelece que sem prejuízo do disposto em lei especial, pode ser constituído tribunal arbitral. Já o artigo 187.º, n.º 1, dispõe que o Estado pode, nos termos da lei, autorizar a instalação de centros de arbitragem permanentes destinados à composição de litígios.

No que se refere à estrutura do contencioso em Portugal, quando nos referimos aos tribunais administrativos, vale observar os esclarecimentos efetuados pela Direção-Geral da Política da Justiça (DGPJ), daquele país:

> Os Tribunais Administrativos integram a organização Judiciária. A Constituição Portuguesa prevê que, além do Tribunal Constitucional, que é o órgão superior da justiça constitucional, e do Tribunal de Contas, que é o órgão supremo de fiscalização da legalidade das despesas públicas, a Organização Judiciária integra a ordem dos Tribunais Judiciais e a ordem dos Tribunais Administrativos e Fiscais. Além disso, a Constituição Portuguesa consagra também a possibilidade de serem criados tribunais marítimos, tribunais arbitrais e julgados de paz.[90]

Cláudia Sofia Melo Figueiras ensina que, no ordenamento jurídico português, é o CPTA que, no título IX, intitulado de Tribunal arbitral e centros de arbitragem, nos artigos 180.º a 187.º, regula de modo geral a arbitragem em matéria de Direito Administrativo:

> O artigo 180º n.º 1 do CPTA consagra o âmbito material dos litígios *susceptíveis* de resolução por um Tribunal arbitral *ad hoc*. É neste artigo que podem encontrar-se as matérias que, sendo da competência dos Tribunais Administrativos, poderão ser submetidas à resolução por via arbitral. Sem prejuízo do disposto em lei especial, a competência dos Tribunais arbitrais *ad hoc* compreende a apreciação das seguintes matérias: i. Questões respeitantes a contratos, incluindo a apreciação de *actos* administrativos relativos à respectiva execução; ii. Questões de responsabilidade civil extracontratual, incluindo a *efectivação* do direito de regresso, com a exclusão de questões de responsabilidade civil por prejuízos decorrentes de *actos* praticados no exercício da função política e

---

**89** SERRA, Manuel Fernandes dos Santos. Apontamentos sobre os antecedentes da arbitragem. *Revista Arbitragem Tributária nº 3 CAAD*. VILLA-LOBOS, Nuno; PEREIRA, Tania Carvalhais (coord). Lisboa, Portugal, jun. 2015, p. 6-9.

**90** PORTUGAL. *Direcção*-Geral da Política da Justiça – DGPJ. *Dossiês Temáticos. Sistema de Justiça Português*. Disponível em: https://dgpj.justica.gov.pt/Dossiers-tematicos/Sistema-de-Justica-Portugues. Acesso em: 18 jan. 2023.

legislativa ou jurisdicional; iii Questões, relativas a *actos* administrativos, que possam ser revogados sem fundamento na sua invalidade, nos termos da lei substantiva; iv. Litígios emergentes de relações jurídicas de emprego público, quando não estejam em causa direitos indisponíveis e quando não resultem de acidente de trabalho ou de doença profissional. A análise do âmbito de aplicação da arbitragem em matéria administrativa não ficaria completa sem uma referência as matérias que nos termos do artigo 187.º, n.º 1, do CPTA podem, ainda, ser *objecto* de uma arbitragem institucionalizada. [...][91]

Segundo a autora,[92] é este capítulo que constitui lei especial para o efeito do disposto no artigo 1.º, n.º 4 da Lei n.º 63/2011, de 14 de dezembro, que aprova, em seu anexo, a Lei da Arbitragem Voluntária (LAV), e altera o Código de Processo Civil de Portugal, conforme a referida Lei. Vejamos como se pronuncia Cláudia Sofia Melo Figueiras a esse respeito:

> A arbitragem em Portugal tem sido distinguida como podendo ser voluntária ou necessária. A aceitação desta última como uma verdadeira modalidade de arbitragem é, porém, questionável, bem como, a sua Constitucionalidade. Contudo, ainda que o nosso estudo se cinja à modalidade de arbitragem voluntária, interessa distinguir ambas as modalidades. A arbitragem diz-se voluntária quando as partes podem escolher entre recorrer à via tradicional ou à arbitragem. Essa escolha apenas dependerá da sua vontade em subtrair, ou não, determinado conflito de pretensões aos Tribunais da justiça oficial. Uma vez feita a opção pelo Tribunal arbitral, as partes ficam obrigatoriamente limitadas àquela escolha, não podendo recorrer aos Tribunais Estaduais, sob pena de preterição do Tribunal arbitral. A arbitragem necessária é um tipo de arbitragem imposta por lei. As partes não têm opção, pois, determinado litígio, por força da lei, deve obrigatoriamente ser submetido à jurisdição arbitral.

O n.º 4 do artigo 1º do anexo da citada Lei estabelece que as partes podem acordar em submeter a arbitragem, para além das questões de natureza contenciosa em sentido estrito, quaisquer outras que requeiram a intervenção de um decisor imparcial. Já o item 5 do mesmo artigo dispõe que o Estado e outras pessoas coletivas de direito público podem celebrar

---

91 FIGUEIRAS, Cláudia Sofia Melo. *Regime jurídico da arbitragem em matéria administrativa. In*: FIGUEIRAS, Cláudia Sofia Melo. Arbitragem em Matéria Tributária: à semelhança do modelo Administrativo? 2011. Dissertação (Mestrado em Direito Tributário e Fiscal) - Universidade do Minho. Escola de Direito, Braga, Portugal, 2011, f. 85-88. Disponível em: https://repositorium.sdum.uminho.pt/bitstream/1822/19318/1/Cl%C3%A1udia%20Sofia%20Melo%20Figueiras.pdf . Acesso em: 26 jan. 2023.

92 FIGUEIRAS, Cláudia Sofia Melo. *Regime jurídico da arbitragem em matéria administrativa. In*: FIGUEIRAS, Cláudia Sofia Melo. Arbitragem em Matéria Tributária: à semelhança do modelo Administrativo? 2011. Dissertação (Mestrado em Direito Tributário e Fiscal) - Universidade do Minho. Escola de Direito, Braga, Portugal, 2011, f. 85-88. Disponível em: https://repositorium.sdum.uminho.pt/bitstream/1822/19318/1/Cl%C3%A1udia%20Sofia%20Melo%20Figueiras.pdf . Acesso em: 26 jan. 2023.

convenções de arbitragem, desde que estejam autorizados por lei ou se tais convenções tiverem por objeto litígios de direito privado.

José Casalta Nabais[93], em relação à introdução da arbitragem no sistema jurídico público português, avalia que se tem verificado percurso idêntico ao que foi percorrido pelo contrato no direito público. Sustenta que, de uma rejeição total a esses contratos, por absoluta incompatibilidade com sua natureza pública, passou-se a uma extensa admissibilidade de tais contratos, ao ponto de a atuação contratual estar inserida entre as funções dos órgãos administrativos.

O autor esclarece ainda que a idêntica evolução que se vem assistindo no que diz respeito à admissão da arbitragem no direito público, administrativo e fiscal não causa surpresa, já que a abertura à arbitragem é uma manifestação da abertura ao contrato.

Luísa Fernandes[94] assinala que nos últimos anos, Portugal tem sido reconhecido, pela comunidade arbitral internacional, como um verdadeiro estudo de caso em matéria de arbitragem administrativa e tributária, servindo de modelo para diversas jurisdições. Acrescenta que o legislador português trilhou o caminho da mudança, tendo reconhecido o caráter inovador da legislação portuguesa em matéria de arbitragem ao passar a admitir, em 2002, a arbitrabilidade de atos administrativos.

Guilherme D'Oliveira Martins[95], reconhecendo as potencialidades da arbitragem, pontua que, no âmbito da administração pública, ela deve ser objeto de uma abordagem prudente por parte do legislador, considerando a multiplicidade de valores e de princípios impostos à atividade administrativa.

Nesse sentido, aponta os princípios da persecução do interesse público, da legalidade, da imparcialidade e da transparência, como justificadores

---

**93** NABAIS, José Casalta. Reflexão sobre a Instituição da Arbitragem Tributária = *Thoughts on the Introduction of Tax Arbitration. Revista da PGFN / Procuradoria-Geral da Fazenda Nacional - v. 1, n. 1 (jan./jun. 2011)*. – Brasília, DF: PGFN, 2011. p. 31-32. ISSN 2179-8036. Disponível em: https://www.gov.br/pgfn/pt-br/central-de-conteudo/publicacoes/revista-pgfn/ano-i-numero-i/integral.pdf . Acesso em: 26 jan. 2023.

**94** FERNANDES, Luísa. *Avanços e desafios da arbitragem na administração pública. In:* VILLA-LOBOS, Nuno. PEREIRA, Tânia Carvalhais (coord.). FGV Projetos e CAAD. Arbitragem em Direito Público. São Paulo: FGV Projetos, 2019, p. 68-69. ISBN 978-85-64878-62-4. Disponível em: https://fgvprojetos.fgv.br/sites/fgvprojetos.fgv.br/files/fgv_publicacao_arbitragem_miolo.pdf. Acesso em: 26 jan. 2023.

**95** MARTINS, Guilherme D'Oliveira. Breve reflexão em torno da arbitragem em direito público. *Revista Arbitragem Tributária nº 1 CAAD*. VILLA-LOBOS, Nuno; PEREIRA, Tania Carvalhais (coord). Lisboa, Portugal, 2014, p. 10.

de cautelas legislativas especiais quando da regulação da arbitragem com o poder público. Justificando seu entendimento, defende que a arbitragem administrativa se submeta a regulação, à semelhança do que ocorre na arbitragem tributária, em nome da justiça e do interesse público.

Sergio Vasques[96], ao discorrer sobre a arbitragem tributária, evidencia que a elevada litigiosidade que caracteriza a fiscalidade de massas intensifica a dificuldade que os tribunais judiciais demonstram para apresentar respostas, pela crescente especialização do Direito Fiscal, marcado por soluções técnicas de grande sensibilidade em razão da matéria e em constante transformação. Prossegue enfatizando que a morosidade da justiça tributária verificada atualmente representa também prejuízo econômico para contribuintes e Administração Fiscal.

Posição mais cautelosa adota Cláudia Sofia Melo Figueiras[97], ao analisar se a regulação da arbitragem em matéria tributária deve ser à semelhança do modelo administrativo, optando pelo sim quanto aos aspectos positivos, e pelo não quanto aos aspectos negativos. A autora explica que andou bem o legislador ao optar pela arbitragem tributária institucionalizada em detrimento da arbitragem *ad hoc*, argumentando que a primeira modalidade apresenta vantagens superiores às que são alcançáveis em sede da segunda modalidade.

Articula ainda estar convencida de que um tribunal arbitral institucionalizado, para além de se aproximar, nos aspectos positivos, da estrutura física dos tribunais judiciais, oferece todas as vantagens inerentes ao processo de arbitragem.

Além disso, acrescenta que a arbitragem institucional é a modalidade que, no seu entendimento, melhor se relaciona com o interesse público no que diz respeito à matéria administrativa e tributária. Idêntica opinião, en-

---

**96** VASQUES, Sergio. Os primeiros passos da arbitragem tributária. *Arbitragem Newsletter Fiscal CAAD*. Lisboa, Portugal, out. 2011, p. 4-5. Disponível em: https://www.caad.org.pt/files/documentos/newsletter/Newsletter-CAAD_out_2011.pdf. Acesso em: 26 jan. 2023.

**97** FIGUEIRAS, Cláudia Sofia Melo. *Regime jurídico da arbitragem em matéria administrativa*. *In:* FIGUEIRAS, Cláudia Sofia Melo. Arbitragem em Matéria Tributária: à semelhança do modelo Administrativo? 2011. Dissertação (Mestrado em Direito Tributário e Fiscal) - Universidade do Minho. Escola de Direito, Braga, Portugal, 2011, f. 203-205. Disponível em: https://repositorium.sdum.uminho.pt/bitstream/1822/19318/1/Cl%C3%A1udia%20Sofia%20Melo%20Figueiras.pdf . Acesso em: 26 jan. 2023.

tretanto, não tem a autora em relação ao monopólio do CAAD, para solução de conflitos em matéria tributária.[98]

A respeito da prevalência da arbitragem tributária institucional, em detrimento do processo *ad hoc*, compactuamos com a posição de Cláudia Sofia Melo Figueiras. Na arbitragem *ad hoc*, os árbitros são escolhidos em comum acordo com as partes litigantes e conduzem o processo sem a participação de uma câmara arbitral. Esse regime não traz a segurança necessária que a arbitragem em matéria tributária requer.

Por outro lado, a modalidade institucional, com a utilização de câmaras arbitrais para sua administração, com normas e regimentos próprios, é a que mais se coaduna com a solução de disputas tributárias, trazendo mais previsibilidade, transparência e segurança ao processo.

Analisando os aspectos mencionados pelos autores portugueses, acima citados, relativos à arbitragem com o poder público, encontramos elementos que caracterizam a necessidade do debate acerca da implementação de um sistema multiportas de solução de conflitos com a administração pública, notadamente a arbitragem tributária, objeto deste estudo.

Vislumbramos como principais aspectos mencionados: a persecução do interesse público, a crescente sofisticação do direito tributário, a fiscalidade de massas, a dificuldade dos tribunais estatais para encontrar respostas, a morosidade da justiça fiscal e a busca pela eficiência na solução de conflitos fiscais.

Lídia Maria Ribas[99], ao examinar as origens da arbitragem tributária em Portugal, constata que as crises econômicas que atingiram o mundo a partir de 2008 tiveram como causa, entre outras, gastos excessivos e a falta de abertura para o diálogo entre fisco e contribuinte.[100] Evidencia também que o descontrole das contas públicas na Zona do Euro fez com que países como Portugal, Itália, Grécia e Espanha tivessem complicações em relação à sua dívida pública e ao produto interno bruto. Ainda segundo a autora,

---

**98** Os aspectos relacionados ao Centro Administrativo de Arbitragem Tributária em Portugal – CAAD, serão objeto de seção específica desse estudo.

**99** RIBAS, Lídia Maria. Arbitragem Fiscal no Ambiente do CAAD – Uma proposta para o Brasil. RIBAS, Lídia Maria. Arbitragem Fiscal no Ambiente do CAAD – Uma proposta para o Brasil. *Revista Arbitragem Tributária nº 3 CAAD*. VILLA-LOBOS, Nuno. PEREIRA, Tania Carvalhais (coord). Lisboa, Portugal Lisboa, Portugal, 2015. Lisboa, Portugal, 2015, p. 31.

**100** Adaptado de: SANTOS, Reginaldo Angelo dos. Instituição da arbitragem tributária no Brasil como método adequado de solução de conflitos. *Revista Acadêmica da Faculdade de Direito do Recife. v. 94, n.* 2 (2022). p. 148-168. Recife: PPGD/UFPE. ISSN(eletrônico): 2448-2307. DOI: 10.51359/2448-2307.2022.254657. Disponível em: https://periodicos.ufpe.br/revistas/ACADEMICA/article/view/254657. Acesso em: 28 jan. 2023.

como consequência desse descontrole, em 2011 Portugal atingiu, em termos de endividamento, 93,3% do seu Produto Interno Bruto (PIB) e precisou tomar medidas econômicas e fiscais sob a égide da *troika*, formada pela Comissão Europeia, pelo Banco Central e pelo FMI.

A *troika*, também chamada Plano de Tróica, é o "Memorando de entendimento sobre as condicionalidades de política *económica*", firmado em 17 de maio de 2011 entre Portugal, o FMI, a Comissão Europeia e o Banco Central Europeu.[101] Em artigo denominado *A Troika e a Arbitragem Fiscal*, de 1º de outubro de 2011, Nuno de Villa-Lobos lembra que, "como é sabido, a *troika* impôs ao Estado português várias medidas de índole fiscal de combate à crise. Entre outras medidas, ele destaca a determinação de "implementação da arbitragem fiscal até setembro de 2011".[102]

Antes, porém, dos atos normativos que instrumentalizam a instituição e aplicação do regime de arbitragem tributária em Portugal, é necessário pontuar a previsão constitucional do instituto, de forma geral, com base no artigo 209.º, n.º 2, da CRP. O referido artigo prevê a possibilidade de criação de tribunais arbitrais, sem que se verifique qualquer limitação quanto às matérias que podem ser objeto de julgamento.[103]

A criação dos tribunais arbitrais em Portugal, portanto, tem suporte constitucional expresso. José Casalta Nabais[104] enfatiza que a constitucionalidade do regime é indiscutível, uma vez que o item 2 do art. 209.º da CRP limita-se a prescrever que podem existir tribunais arbitrais, não estabelecendo quaisquer limites à sua instituição, os quais serão apenas os resultantes de outras normas ou princípios constitucionais. Segundo o autor, a arbitragem tributária em Portugal, além de encontrar fundamento constitucional expresso a autorizar a instituição de tribunais arbitrais em

---

101 *Memorando da **troika** anotado*. Disponível em: https://acervo.publico.pt/economia/memorando-da-troika-anotado . Acesso em: 28 jan. 2023.

102 VILLA-LOBOS, Nuno de. *A troika e a arbitragem fiscal*. Disponível em: https://www.caad.org.pt/files/documentos/noticias/CAAD-NVL_Expresso-2011-10-01.pdf. Acesso em: 19 jan. 2023.

103 SOUSA, Jorge Lopes de. *Comentário ao Regime Jurídico da Arbitragem Tributária. In:* VILLA-LOBOS, Nuno de; PEREIRA, Tânia Carvalhais (coord.). Guia de Arbitragem Tributária, 2. ed. Coimbra, Portugal: Almedina, 2017, p. 74. ISBN 978-972-40-7172-5.

104 NABAIS, José Casalta. Reflexão sobre a Instituição da Arbitragem Tributária = *Thoughts on the Introduction of Tax Arbitration. Revista da PGFN / Procuradoria-Geral da Fazenda Nacional - v. 1, n. 1 (jan./jun. 2011)*. – Brasília, DF: PGFN, 2011. p. 31-32. ISSN 2179-8036. Disponível em: https://www.gov.br/pgfn/pt-br/central-de-conteudo/publicacoes/revista-pgfn/ano-i-numero-i/integral.pdf . Acesso em: 26 jan. 2023.

termos relativamente amplos, encontra paralelo no atual procedimento de revisão da determinação da matéria tributável por métodos indiretos.

Quanto à legislação infraconstitucional, Nuno de Villa-Lobos e Tânia Carvalhais Pereira,[105] esclarecem que a autorização legislativa para o governo português instituir a arbitragem tributária surgiu antes de 2011, através do artigo 124.º da Lei n.º 3-B/2010, de 28 de abril, que aprovou o orçamento de Estado para 2010. Com base nessa autorização, foi editado o DL n.º 10/2011, de 20 de janeiro, que introduziu o RJAT, ouvidos o Conselho Superior dos Tribunais Administrativos e Fiscais (CSTAF), o CSM e a Ordem dos Advogados (OA).

Sua produção de efeitos, porém, ficou na dependência de publicação de ato administrativo vinculando a administração tributária e aduaneira à jurisdição dos tribunais arbitrais, aprovada em 22 de março de 2011 pela Portaria n.º 112-A, dos Ministérios das Finanças e da Administração Pública (MFAP) e da Justiça (MJ), e entrou em vigor em 1º de julho do mesmo ano.

Contudo, a vinculação da administração tributária e aduaneira à arbitragem tributária por meio de Portaria, dando forma ao direito potestativo do contribuinte, é motivo de críticas, a exemplo do pensamento de José Casalta Nabais[106], para quem esse direito potestativo estabelece um regime jurídico de efetiva desigualdade das partes, invertendo a relação administrativa entre a Administração Fiscal e os contribuintes.

O direito potestativo reconhece ao seu titular o poder de, por ato unilateral, sem necessidade de nenhum ato da parte que está sujeita ao seu exercício, constituir, modificar ou extinguir uma relação jurídica. O sujeito passivo a esse direito é colocado em estado de sujeição, não podendo impedir o efeito jurídico decorrente da manifestação de vontade do titular ativo da mencionada relação.[107]

---

**105** VILLA-LOBOS, Nuno de. PEREIRA; Tânia Carvalhais. *A Implementação da Arbitragem Tributária em Portugal: origens e resultados. In:* PISCITELLI, Tathiane; MASCITTO, Andréa; MENDONÇA, Priscila Faricelli de. (coord). Arbitragem Tributária. Desafios institucionais brasileiros e a experiência portuguesa, 2. ed. São Paulo: Revista dos Tribunais, 2019, p. 27.ISBN 978-85-5321-920-9

**106** NABAIS, José Casalta. Reflexão sobre a Instituição da Arbitragem Tributária = *Thoughts on the Introduction of Tax Arbitration. Revista da PGFN / Procuradoria-Geral da Fazenda Nacional - v. 1, n. 1 (jan./jun. 2011).* – Brasília, DF: PGFN, 2011. p. 37-38. ISSN 2179-8036. Disponível em: https://www.gov.br/pgfn/pt-br/central-de-conteudo/publicacoes/revista-pgfn/ano-i-numero-i/integral.pdf . Acesso em: 26 jan. 2023.

**107** SOUSA, Jorge Lopes de. *Comentário ao Regime Jurídico da Arbitragem Tributária. In:* VILLA-LOBOS, Nuno de; PEREIRA, Tânia Carvalhais (coord.). Guia de Arbitragem Tributária, 2. ed. Coimbra, Portugal: Almedina, 2017, p. 146. ISBN 978-972-40-7172-5.

Por seu turno, Jorge Lopes de Sousa[108] defende que o que foi reconhecido pelo RJAT aos contribuintes não foi um direito potestativo, uma vez que a Lei entrou em vigor e ficou na dependência da possibilidade de utilização dos tribunais arbitrais pela administração tributária de forma apenas genérica, que pode ser limitada, especialmente quanto às matérias e o valor máximo dos litígios abrangidos. No entendimento do autor, somente nos termos desta vinculação é que se pode admitir algum direito potestativo dos contribuintes.

Entendemos de forma semelhante a Jorge Lopes de Sousa, reconhecendo que a vinculação da administração pública à arbitragem é um dos pontos mais sensíveis do regime. De nossa parte, concordamos com o direito potestativo do sujeito passivo à arbitragem tributária, desde que cumpridos por este todos os requisitos estabelecidos pelas normas jurídicas do ente tributante, que regulam o regime.

Quanto à alegação de que o referido direito inverte a relação administrativa entre a Administração Fiscal e os contribuintes, somos de opinião diversa, não sendo admissível, dentro do Estado Democrático de Direito, deixar a critério da Fazenda Pública concordar ou não com determinado procedimento, quando este esteja previsto em lei.

Preferimos firmar posição no sentido de que, uma vez estabelecidas as regras e definida a vinculação da Administração Pública à arbitragem tributária por norma legal ou administrativa do ente tributante, estaremos diante de ato vinculado, não dando margem à discricionariedade por parte da autoridade fiscal, desde que reunidos todos os requisitos previstos em lei, pelo sujeito passivo, necessários à utilização do regime.

Miguel Durham Agrellos[109], em artigo denominado O *Regime de Arbitragem Português*, destacando o pioneirismo de Portugal na arbitragem tributária, afirma que, com exceção dos Estados Unidos da América, são muito poucos os países com experiências no domínio desta matéria. O autor também ressalta, no mesmo texto, os objetivos da implementação do regime no país, descritos no preâmbulo do DL n.º 10/2011, quais sejam: reforçar a tutela eficaz dos direitos e interesses legais dos contribuintes, imprimir

---

108 SOUSA, Jorge Lopes de. *Comentário ao Regime Jurídico da Arbitragem Tributária. In:* VILLA-LOBOS, Nuno de; PEREIRA, Tânia Carvalhais (coord.). Guia de Arbitragem Tributária, 2. ed. Coimbra, Portugal: Almedina, 2017, p. 146, 147. ISBN 978-972-40-7172-5.

109 AGRELLOS, Miguel Durham. O *Regime de Arbitragem Português = The Portuguese Tax Arbitration Regime. Actualidad Jurídica* Uría Menéndez, *Espanã* / n. 29-2011, pp. 138-142. Disponível em: https://www.uria.com/documentos/publicaciones/3084/documento/articuloUM.pdf?id=2990_pt&forceDownload=true. Acesso em: 26 jan. 2023.

maior celeridade na resolução de litígios fiscais opostos pelos contribuintes e reduzir a pendência de processos nos tribunais tributários.

Nuno de Villa-Lobos e Tania Carvalhais Pereira[110] ainda acrescentam que o pioneirismo e singularidade da arbitragem tributária em Portugal, sem paralelo nos ordenamentos jurídicos da mesma família jurídica, foram reconhecidos também pela doutrina nacional e reafirmados pelo Tribunal de Justiça da União Europeia (TJUE), no Acórdão Ascendi no primeiro reenvio prejudicial de um Tribunal Arbitral Tributário.

Sobre as questões prejudiciais, ou reenvio prejudicial no âmbito do TJUE, julgamos oportuno uma breve explanação sobre o procedimento. A página eletrônica do Diário da República de Portugal esclarece que ele se encontra previsto no artigo 267.º do Tratado sobre o Funcionamento da União Europeia (TFUE), assinalando o seguinte:

> O processo das questões prejudiciais encontra-se previsto no artigo 267.º do Tratado sobre o Funcionamento da União Europeia (TFUE) e constitui um mecanismo contencioso que visa garantir a uniformidade na interpretação e aplicação do Direito da União Europeia. Caracteriza-se como um incidente de instância de um processo judicial nacional, ou seja, quando a resolução de um litígio nacional dependa do esclarecimento sobre uma norma de Direito da União Europeia (DUE), o órgão jurisdicional nacional solicita ao Tribunal de Justiça da União Europeia (TJUE) pronúncia sobre essa questão. O processo judicial nacional suspende-se enquanto o TJUE não responder à questão prejudicial.[...] O processo das questões prejudiciais consubstancia um instrumento de cooperação entre o TJUE e os tribunais dos Estados-Membros na medida em que promove o diálogo entre, por um lado, os juízes nacionais e, por outro, o juiz da União, no escopo de afastar divergências na aplicação do Direito da União Europeia.[111]

Quanto ao Acórdão Ascendi, objeto de reenvio prejudicial pelo tribunal arbitral português, Maria do Rosário Anjos assim o resumiu:

> Por Acórdão, proferido em 12 de junho de 2014, a 2ª secção do Tribunal de Justiça, no âmbito do processo C-377/13, que teve por objeto um pedido de decisão prejudicial apresentado, nos termos do artigo 267.º TFUE, pelo Tribunal Arbitral Tributário (Centro de Arbitragem Administrativa – CAAD), existente em funcionamento em Portugal, por decisão de 31 de maio de 2013, que deu entrada no Tribunal de Justiça em 3 de julho de 2013. Este reenvio prejudicial

110 VILLA-LOBOS, Nuno de. PEREIRA, Tânia Carvalhais (coord.). *Implementação da arbitragem tributária em Portugal. In:* VILLA-LOBOS, Nuno. PEREIRA, Tânia Carvalhais (coord.). FGV Projetos e CAAD. Arbitragem em Direito Público. São Paulo: FGV Projetos, 2019, p. 12. ISBN 978-85-64878-62-4. Disponível em: https://fgvprojetos.fgv.br/sites/fgvprojetos.fgv.br/files/fgv_publicacao_arbitragem_miolo.pdf. Acesso em: 26 jan. 2023.

111 PORTUGAL. Diário da República Electrónico – DRE. *Processo das questões prejudiciais (Direito da União Europeia)*. Disponível em: https://dre.pt/dre/lexionario/termo/processo-questoes-prejudiciais-direito-uniao-europeia. Acesso em: 23 jan. 2023.

ocorre no âmbito de um processo arbitral tributário em que foi requerente a empresa Ascendi Beiras Litoral e Alta, Auto Estradas das Beiras Litoral e Alta, SA, contra a Autoridade Tributária e Aduaneira. Em síntese o Tribunal de Justiça da União Europeia (TJUE), reconheceu a admissibilidade de questões prejudiciais submetidas por um tribunal arbitral "*de origem legal*", como é o caso do Tribunal Arbitral Tributário existente em Portugal, em funcionamento no Centro de Arbitragem Administrativa (CAAD), cujas decisões são vinculativas para as partes e cuja competência não depende do acordo destas.[112]

A importância do Acórdão Ascendi para a consolidação do regime de arbitragem tributária em Portugal é ainda reforçada pela autora ao afirmar:

> O reconhecimento expresso do Tribunal Arbitral Tributário como órgão jurisdicional de um Estado-Membro na *aceção* contida no artigo 267º do TFUE, constitui um marco importante no reconhecimento pleno desta via de resolução de litígios. Apesar da questão se afigurar relativamente pacífica entre nós, a verdade é que a dúvida persistia. Com o presente Acórdão o TJUE esclareceu de forma clara e determinada essa dúvida afirmando inequivocamente a admissibilidade de reenvios prejudiciais pelo Tribunal Arbitral Tributário Português.[113]

Maria do Rosário Anjos,[114] ainda destaca o conjunto de elementos que o Tribunal de Justiça Português considera para efeitos do artigo 267.º do TFUE, quais sejam: "origem legal do organismo, permanência, caráter vinculativo da jurisdição, natureza contraditória do processo, aplicação pelo organismo das regras de direito e independência."

---

112 ANJOS, Maria do Rosário. *Reenvio Prejudicial por Tribunal Arbitral Tributário e Imposto de Selo dobre Aumentos de Capital - Comentário ao Acórdão do Tribunal de Justiça da União Europeia de 12 de Junho de 2014 - «Acórdão Ascendi»*. v. 5 n. 5 (2014): Revista da Faculdade de Direito da Universidade Lusófona do Porto. Porto, Portugal. Publicado: 2015-04-14. p. 107-108. Disponível em: https://revistas.ulusofona.pt/index.php/rfdulp/article/view/4981 Acesso em: 23 jan. 2023.

113 ANJOS, Maria do Rosário. *Reenvio Prejudicial por Tribunal Arbitral Tributário e Imposto de Selo dobre Aumentos de Capital - Comentário ao Acórdão do Tribunal de Justiça da União Europeia de 12 de Junho de 2014 - «Acórdão Ascendi»*. v. 5 n. 5 (2014): Revista da Faculdade de Direito da Universidade Lusófona do Porto. Porto, Portugal. Publicado: 2015-04-14. p. 116. Disponível em: https://revistas.ulusofona.pt/index.php/rfdulp/article/view/4981 . Acesso em: 23 jan. 2023.

114 ANJOS, Maria do Rosário. *Reenvio Prejudicial por Tribunal Arbitral Tributário e Imposto de Selo dobre Aumentos de Capital - Comentário ao Acórdão do Tribunal de Justiça da União Europeia de 12 de Junho de 2014 - «Acórdão Ascendi»*. v. 5 n. 5 (2014): Revista da Faculdade de Direito da Universidade Lusófona do Porto. Porto, Portugal. Publicado: 2015-04-14. p. 113. Disponível em: https://revistas.ulusofona.pt/index.php/rfdulp/article/view/4981 . Acesso em: 23 jan. 2023.

Quanto ao significado do atributo da permanência, Nuno de Villa-Lobos e Tânia Carvalhais Pereira,[115] explicam que os tribunais arbitrais tributários também estão aptos ao cumprimento do critério da permanência, pois funcionam nos termos do disposto no art. 4.º do RJAT, sob estrutura institucional permanente, o CAAD.

Considerando, porém, a existência prévia da arbitragem administrativa em Portugal, José Casalta Nabais[116] traz para reflexão se era realmente necessário o estabelecimento da arbitragem tributária, uma vez que ela tem a mesma base legal da arbitragem administrativa, mais precisamente, os arts. 180.º a 187.º do CPTA.

Apesar de levantar a questão, o autor defende o regime próprio para a arbitragem tributária, argumentando que, constituindo a introdução desse instituto no sistema jurídico uma matéria tão importante e manifestamente inovadora, parece evidente que ela não pode resultar da disciplina da arbitragem administrativa que encontrou acolhimento nos arts. 180.º a 187.º do CPTA. Observa ainda que, perante a autonomia do processo tributário, fundada em longa tradição e materializada presentemente no Código de Procedimento e Processo Tributário (CPPT)[117], pareceria estranho se a arbitragem tributária funcionasse sob regime compartilhado juntamente com o CPTA."[118]

Compactuamos com a posição do autor. O regime de arbitragem administrativa de Portugal, em que pese a permissão de sua utilização perante a administração pública, nos termos dos arts. 180.º a 187.º do CPTA, não abrange todos os aspectos relacionados à solução de conflitos tributários, que só foram regulados através do DL n.º 10/2011, de 20 de janeiro, que introduziu o RJAT.

115 VILLA-LOBOS, Nuno; PEREIRA, Tânia Carvalhais. "*A natureza especial dos Tribunais Arbitrais Tributários*". Revista Internacional de Arbitragem e Conciliação, Vol. VII, 2014, AAVV., p. 112. Disponível em: https://www.caad.org.pt/files/documentos/artigos/NUNO_VILLA-LOBOS_E_TANIA_CARVALHAIS_PEREIRA-02.pdf. Acesso em: 29 jan. 2023.

116 NABAIS, José Casalta. Reflexão sobre a Instituição da Arbitragem Tributária = *Thoughts on the Introduction of Tax Arbitration. Revista da PGFN / Procuradoria-Geral da Fazenda Nacional - v. 1, n. 1 (jan./jun. 2011)*. – Brasília, DF: PGFN, 2011. p. 33. ISSN 2179-8036. Disponível em: https://www.gov.br/pgfn/pt-br/central-de-conteudo/publicacoes/revista-pgfn/ano-i-numero-i/integral.pdf . Acesso em: 26 jan. 2023.

117 DL n.º 433/99, de 26 de Outubro

118 NABAIS, José Casalta. Reflexão sobre a Instituição da Arbitragem Tributária = *Thoughts on the Introduction of Tax Arbitration. Revista da PGFN / Procuradoria-Geral da Fazenda Nacional - v. 1, n. 1 (jan./jun. 2011)*. – Brasília, DF: PGFN, 2011. p. 34. ISSN 2179-8036. Disponível em: https://www.gov.br/pgfn/pt-br/central-de-conteudo/publicacoes/revista-pgfn/ano-i-numero-i/integral.pdf . Acesso em: 26 jan. 2023.

Artigo de autoria de João Taborda da Gama também faz referência à implantação pioneira da arbitragem tributária de Portugal, quando avalia que muito foi escrito sobre as vantagens mais evidentes da arbitragem tributária (rapidez, especialização, *controlo* deontológico, acesso democratizado), mas que além de tudo isso há três efeitos importantes e positivos, porém menos óbvios.[119]

O primeiro efeito aponta que em Portugal é possível fazer coisas novas, que não existe nenhum fatalismo nessa ação inovadora e, o que era visto como ficção, foi planejado, executado e se encontra em pleno funcionamento.

Já o segundo efeito evidencia, na visão do autor, o *apartheid* vivido no Direito Fiscal, onde operadores privados e públicos estão sempre de lados opostos. A ideia é destacar a resolução de conflitos fora do juízo estatal, fato que também pode ser relacionado ao pioneirismo da arbitragem tributária no país.

E por fim o terceiro efeito positivo, também na opinião de João Taborda da Gama, faz referência à falta de publicidade de decisões de primeira instância em Portugal, o que não ocorreria na arbitragem tributária. O autor relata esse efeito como uma revolução no acesso ao Direito Fiscal, para devolver à jurisprudência um papel importante nas fileiras das fontes de direito.

Em nossa opinião, dos três efeitos positivos apontados pelo autor como menos óbvios acerca da arbitragem tributária, apenas dois, o primeiro e o segundo, podem ser diretamente relacionados ao pioneirismo na implantação desse regime. A razão de não relacionarmos o terceiro efeito ao pioneirismo da arbitragem tributária é que, em muitas jurisdições, a publicidade das decisões judiciais, mesmo de primeira instância, apesar de mais difíceis de serem disponibilizadas para além das partes, há muito já podem ser colocadas à disposição dos interessados, desde que não impliquem segredo de justiça.

Apesar do pioneirismo, da indiscutível constitucionalidade e dos avanços alcançados, a arbitragem tributária em Portugal não é unanimidade. Rogé-

---

119 GAMA, João Taborda da. As virtudes escondidas da arbitragem fiscal. *Arbitragem Newsletter Fiscal CAAD*. Lisboa, Portugal. out. 2011, p. 6-7. Disponível em: https://www.caad.org.pt/files/documentos/newsletter/Newsletter-CAAD_out_2011.pdf. Acesso em: 26 jan. 2023.

rio M. Fernandes Ferreira[120] lembra que o regime foi durante algum tempo considerado uma ameaça à soberania estatal e à função jurisdicional.[121]

Argumentava-se, segundo o autor, que o poder jurisdicional, visto como um dos principais aspectos da soberania do Estado, não era compatível com a instituição da arbitragem para resolver conflitos entre fisco e contribuinte, enquanto instrumento privado.

Apesar de superado esse argumento, o regime ainda sofre críticas. Em artigo de 2021, a Professora da Faculdade de Direito da Universidade de Lisboa Ana Paula Dourado,[122] sustenta que a arbitragem tributária é de "difícil justificação constitucional, dado que, tal como os crimes, o julgamento de litígios tributários deve estar reservado aos juízes (isto é, reservada à justiça pública e não privada)."

Acentua ainda que a questão não foi discutida em Portugal e não será agora, uma vez que a arbitragem tributária foi implementada com sucesso. Segundo a professora, a arbitragem avança e, na ausência de reformas na justiça tributária, acaba por substituir os tribunais de primeira instância. Prossegue seu raciocínio afirmando que o Estado favorece, com isso, uma justiça tributária privada, em detrimento da carreira judicial tributária e sem garantias de qualidade da arbitragem tributária.

Pontua também que, diferentemente das sentenças dos tribunais judiciais, que podem ser objeto de recurso, e das carreiras judiciais que avaliam o mérito dos juízes, o mérito da decisão arbitral tributária não pode ser reavaliado, exceto quando esta contradiz as decisões dos tribunais superiores. Nesse sentido, aponta que os erros materiais em decisões não recorríveis para os tribunais judiciais deveriam ser suscetíveis de correção, e que algumas destas recomendações foram feitas por diversos acadêmicos europeus

120 FERREIRA, Rogério M. Fernandes. *Prefácio Português*. *In*: PISCITELLI, Tathiane; MASCITTO, Andréa; MENDONÇA, Priscila Faricelli de. (coord). Arbitragem Tributária. Desafios institucionais brasileiros e a experiência portuguesa, 2. ed. São Paulo: Revista dos Tribunais, 2019, p. 5. ISBN 978-85-5321-920-9

121 Adaptado de: SANTOS, Reginaldo Angelo dos. Instituição da arbitragem tributária no Brasil como método adequado de solução de conflitos. *Revista Acadêmica da Faculdade de Direito do Recife. v. 94, n.* 2 (2022). p. 148-168. Recife: PPGD/UFPE. ISSN(eletrônico): 2448-2307. DOI: 10.51359/2448-2307.2022.254657. Disponível em: https://periodicos.ufpe.br/revistas/ACADEMICA/article/view/254657. Acesso em: 28 jan. 2023.

122 DOURADO, Ana Paula. *A Arbitragem Tributária e o Atraso nas Reformas da Justiça Pública*. Expresso 50. Opinião. Paço dos Arcos, Portugal, 2 novembro 2021, 10:16 Disponível em: https://expresso.pt/opiniao/2021-11-02-A-Arbitragem-Tributaria-e-o-Atraso-nas-Reformas-da-Justica-Publica-6500f9f3. Acesso em: 25 jan. 2023.

na Diretiva Europeia relativa aos mecanismos de resolução de litígios em matéria tributária na União Europeia.

A professora argumenta ainda que o bom funcionamento da arbitragem tributária pode ter um impacto negativo na justiça pública e nas reformas que devem ser levadas a efeito. Prossegue afirmando que o sucesso do instituto não deveria deixar de lado as razões da sua criação: a morosidade dos tribunais fiscais, cujas pendências não foram resolvidas pela arbitragem.

José Casalta Nabais,[123] faz ressalvas ao regime no sentido de que, configurando-se a arbitragem tributária como um direito potestativo do sujeito passivo, autoriza o Governo a estabelecer um regime jurídico de efetiva desigualdade das partes, invertendo por completo a relação administrativa entre a Administração Fiscal e os contribuintes.

Na visão do autor, tal situação se apresenta como uma solução que afronta os princípios constitucionais da ideia de Estado de Direito. Complementa sua visão crítica sintetizando que a porta aberta por essa autorização legislativa leva a uma subordinação da Administração Fiscal para a qual não se encontra nenhuma explicação num Estado de Direito.

Sustenta também que essa subordinação se agrava na medida em que a Administração Fiscal, em caso de litígio com os contribuintes, por um lado, é forçada a uma jurisdição arbitral e, por outro lado, lhe é negado o acesso à justiça estatal.

Já no entendimento de António Soares da Rocha[124], em sede de direito constitucional, considerando que nem todos os processos podem ser submetidos à arbitragem tributária, apesar da ausência de formalidades, há ofensa aos princípios da igualdade e da proporcionalidade, tendo em vista que os tribunais arbitrais funcionam em razão da matéria e do valor da causa.[125] Na visão do autor, os sujeitos passivos devem estar em igualdade de circunstâncias no que se refere à sua defesa, e se beneficiar igualmente

---

123 NABAIS, José Casalta. Reflexão sobre a Instituição da Arbitragem Tributária = *Thoughts on the Introduction of Tax Arbitration. Revista da PGFN / Procuradoria-Geral da Fazenda Nacional - v. 1, n. 1 (jan./jun. 2011)*. – Brasília, DF: PGFN, 2011. p. 37-38. ISSN 2179-8036. Disponível em: https://www.gov.br/pgfn/pt-br/central-de-conteudo/publicacoes/revista-pgfn/ano-i-numero-i/integral.pdf . Acesso em: 26 jan. 2023.

124 ROCHA, António Soares da. *A Arbitragem Tributária – Crítica ao "modus operandi" – A arrecadação inoperante de receitas.* Contencioso Tributário, Direito, Justiça. Portugal, 12 de março de 2020. Disponível em: http://antoniosoaresrocha.com/direito/a-arbitragem-tributaria. Acesso em: 25 jan. 2023.

125 Aspectos processuais acerca da Arbitragem Tributária em Portugal, incluindo os valores de alçada e matérias arbitráveis, serão objeto de subitem específico.

dos meios de acesso ao alcance do cidadão comum na concretização do princípio da proporcionalidade.

António Soares da Rocha reconhece a relativa simplicidade do processo arbitral, mas denota que não se imputam as mesmas caraterísticas ao processo adotado pelos Tribunais Administrativos e Fiscais (TAF), o que leva a inferir a existência de uma justiça diversa em situações congêneres.

Cláudia Sofia Melo Figueiras[126], por sua vez, faz críticas o ao monopólio do CAAD[127] sobre toda a arbitragem em matéria tributária. A autora defende uma solução diferente, semelhante à adotada no modelo administrativo, com a possibilidade de criação de novos centros de arbitragem em matéria tributária, independentes do CAAD e da própria arbitragem administrativa.

Em que pese as posições fundamentadas dos autores, discordamos parcialmente das alegações na direção de críticas ao regime de arbitragem em Portugal, passando a fundamentar nossa posição nos parágrafos seguintes.

Quanto à constitucionalidade, a arbitragem naquele país europeu vem expressamente prevista no artigo 209.º, n.º 2, da Constituição da República. José Casalta Nabais, inclusive, enfatiza que a constitucionalidade do regime é indiscutível.

Além disso, o regime também foi reconhecido no âmbito da Comunidade Europeia, como demonstra o já citado Acórdão Ascendi no processo C-377/13, no qual o TJUE reconheceu como de origem legal o tribunal arbitral tributário existente em Portugal, cujas decisões são vinculativas para as partes.

Quanto à arbitragem fomentar uma justiça privada, pensamos de forma diversa, preferindo trilhar o caminho da necessidade de criação de solução multiportas de resolução de conflitos, com o objetivo principal da realização plena da justiça fiscal.

Sobre a irrecorribilidade do mérito da sentença arbitral, também somos voz dissonante dessa crítica. O processo arbitral visa a rápida estabilização da decisão e, nesse aspecto, recursos contra decisões de mérito não se coadunam com a essência da arbitragem.

---

126 FIGUEIRAS, Cláudia Sofia Melo. *Regime jurídico da arbitragem em matéria administrativa*. *In*: FIGUEIRAS, Cláudia Sofia Melo. Arbitragem em Matéria Tributária: à semelhança do modelo Administrativo? 2011. Dissertação (Mestrado em Direito Tributário e Fiscal) - Universidade do Minho. Escola de Direito, Braga, Portugal, 2011, f. 204 Disponível em: https://repositorium.sdum.uminho.pt/bitstream/1822/19318/1/Cl%C3%A1udia%20Sofia%20Melo%20Figueiras.pdf. Acesso em: 26 jan. 2023.

127 Como ressaltamos, o papel do CAAD será tema de seção específica deste estudo

Em linha com o parágrafo anterior, também entendemos que erros materiais na sentença arbitral não devem ser suscetíveis de correção, tendo em vista que a atividade do árbitro é idêntica à do juiz togado, conhecendo o fato e aplicando o direito.

Eventuais erros materiais devem ser creditados ao próprio regime e à vontade das partes em se submeterem ao instituto, que, no caso de Portugal, é representada pela Portaria n.º 112-A, que vinculou a Administração Tributária e Aduaneira à jurisdição dos Tribunais arbitrais.

Outra crítica a que fazemos contraponto é com relação à continuidade da lentidão da justiça e não resolução das pendências judiciais pela arbitragem. Como ressaltamos nesse estudo, o motivo principal a exigir um sistema multiportas de resolução de conflitos é proporcionar aos jurisdicionados o direito constitucional ao efetivo acesso à justiça e a garantia da tutela jurisdicional. Não cabe à arbitragem, isoladamente, solucionar os problemas estruturais do sistema estatal de solução de conflitos.

Relativamente ao estabelecimento de um regime jurídico de efetiva desigualdade das partes e inversão da relação entre a Administração Fiscal e os contribuintes, também manifestamos ponto de vista contrário. Isso porque, a arbitragem tributária como direito potestativo do sujeito passivo, desde que cumpridos todos os requisitos estabelecidos pelas normas que regulam o regime, é ato vinculado, que em nada altera a relação fisco-contribuinte.

Sobre a ofensa aos princípios da igualdade e da proporcionalidade, tendo em vista que os tribunais arbitrais funcionam em razão da matéria e do valor da causa, concordamos em parte. Tratando-se a arbitragem de método heterocompositivo de solução de conflitos, a exemplo do utilizado pelo judiciário, nada impediria que os tribunais arbitrais não tivessem restrição quanto à matéria e valor envolvido.

Contudo, ressaltando que por essa razão somos pela discordância parcial dessa crítica, valores de alçada não são incomuns nas leis processuais, assim como a delimitação das matérias de competência dos órgãos julgadores. Por isso, concordamos que a arbitragem tributária traga limitações acerca do valor envolvido e das matérias arbitráveis, e que tais limitações não caracterizam o regime como violador dos princípios da igualdade e da proporcionalidade.

Por fim, no que diz respeito à crítica do monopólio do CAAD sobre toda a arbitragem em matéria tributária, concordamos, também, parcialmente. É correto afirmar que o CAAD se especializou na solução de conflitos com o poder público, contando com prestígio e confiança não só em Portugal, mas também em outras jurisdições, dentro e fora da União Europeia.

Por outro lado, a ideia do sistema multiportas de solução de conflitos abarca a questão de multiplicidade de órgãos capacitados à solução de conflitos fora do sistema estatal, sob pena de incorrermos no mesmo problema enfrentado pela justiça do Estado, qual seja, a lentidão nos julgamentos.

Como conclusão ao tema do pioneirismo de Portugal na implementação da arbitragem com o poder público, ressaltamos que, embora sujeito a aprimoramento constante, assim como qualquer normatização, o regime adotado no país tem sido considerado satisfatório, atendendo aos fins para os quais foi proposto, com destaque para a ampliação do acesso à tutela jurisdicional, especialidade dos julgadores e rapidez nas decisões.

Além disso, o regime português tem sido utilizado como referência para pesquisas, estudos, publicações e debates sobre a arbitragem com a administração pública, especialmente a tributária, em outras jurisdições, a exemplo dessa obra. Passamos então a abordar o papel do CAAD, o único centro de arbitragem autorizado a funcionar sob a égide do Conselho Superior dos Tribunais Administrativos e Fiscais em Portugal.

## 3.2. PAPEL DO CENTRO DE ARBITRAGEM ADMINISTRATIVA (CAAD) EM PORTUGAL

Antes de entrarmos especificamente nos objetivos do CAAD, entendemos necessária uma breve retrospectiva sobre a criação de entidades autorizadas a realizar arbitragens voluntárias institucionalizadas em Portugal. Para tanto, recorremos inicialmente à Lei n.º 31/1986, de 29 de agosto, que regula a arbitragem voluntária naquele país, até sua revogação pela Lei n.º 63/2011, de 14 de dezembro, que atualmente disciplina, em seu anexo, o instituto.

O artigo 38 da citada Lei n.º 31/1986 previa a definição, pelo governo, mediante Decreto-Lei, do regime da outorga de competência às entidades para realizarem arbitragens voluntárias institucionalizadas, especificando em cada caso o carácter especializado ou geral das arbitragens.[128] Sobreveio, então, o DL n.º 425/1986, de 27 de dezembro, permitindo às entidades que pretendam promover, com carácter institucionalizado, a realização de arbitragens voluntárias no âmbito da Lei n.º 31/1986, requerer ao Ministro da Justiça autorização para a criação dos respectivos centros.

128 Atualmente, o tema é regulado pelo item 1 do art. 62 da Lei 63/11, que estabelece que a criação em Portugal de centros de arbitragem institucionalizada está sujeita a autorização do Ministro da Justiça, nos termos do disposto em legislação especial.

Sobre a autorização governamental para instituição de tribunais arbitrais, o CPTA, aprovado pela Lei n.º 15/2002,[129] consagrou a arbitragem institucionalizada no âmbito do contencioso, estabelecendo a criação de centros de arbitragem permanentes destinados à apreciação de questões relativas a contratos, responsabilidade civil da administração pública, relações jurídicas em âmbito público, sistemas públicos de proteção social e urbanismo.

A autorização contida no CPTA decorre da vontade do Estado, nas suas relações com os cidadãos e pessoas jurídicas, de propor e aceitar a solução de conflitos utilizando métodos extrajudiciais. A opção por esses métodos é justificada pelas vantagens a eles inerentes, tais como a eficiência, celeridade e flexibilidade proporcionadas pela mediação, conciliação e arbitragem.

Com fundamento nas normas legais mencionadas, o CAAD, foi criado através do Despacho n.º 597/2009, de 12 de fevereiro, do Ministério da Justiça. O quarto parágrafo do preâmbulo deste Despacho esclarece que o CAAD funciona sob a égide de uma associação privada sem fins lucrativos, cujo objetivo é a solução extrajudicial de conflitos decorrentes de contratos e de relações jurídicas no âmbito da administração pública.

Entre os objetivos institucionais do CAAD encontram-se a mediação, conciliação e a arbitragem, nos termos definidos pelo seu regulamento e que por lei especial não estejam submetidos exclusivamente a tribunal judicial ou a arbitragem necessária. Ou seja, o CAAD deve atuar somente no âmbito da arbitragem voluntária, restrita a matérias que não sejam de competência exclusiva dos tribunais judiciais.

Quanto à arbitragem ser voluntária ou necessária, já destacamos nesse estudo que a arbitragem é voluntária "quando as partes podem escolher entre recorrer à via tradicional ou à arbitragem", e necessária quando é imposta por lei.[130] O CAAD está autorizado a operar apenas na arbitragem voluntária, regulada pela Lei n.º 63/2011, de 14 de dezembro.

Francisco Nicolau Domingos,[131] lembra que a competência material da arbitragem no âmbito do CAAD não se restringe à apreciação de litígios de-

129 Lembramos, como já citado neste trabalho, que em Portugal, os Tribunais Administrativos integram a organização Judiciária.

130 FIGUEIRAS, Cláudia Sofia Melo. *Regime jurídico da arbitragem em matéria administrativa.* In: FIGUEIRAS, Cláudia Sofia Melo. Arbitragem em Matéria Tributária: à semelhança do modelo Administrativo? 2011. Dissertação (Mestrado em Direito Tributário e Fiscal) - Universidade do Minho. Escola de Direito, Braga, Portugal, 2011, f. 85-88. Disponível em: https://repositorium.sdum.uminho.pt/bitstream/1822/19318/1/Cl%C3%A1udia%20Sofia%20Melo%20Figueiras.pdf . Acesso em: 26 jan. 2023.

131 Domingos, Francisco Nicolau. *Estrutura do Centro de Arbitragem Administrativa (CAAD): Funcionamento, escolha dos árbitros e limites institucionais. In:* PISCITELLI, Ta-

correntes da relação jurídico-tributária. Afirma que, originalmente, ele foi criado para promover a solução de disputas envolvendo contratos e relações jurídicas de caráter público, e que a referência à matéria fiscal resulta da consagração normativa da arbitragem.

Apesar da autorização legal, concedida pelo DL n.º 10/11, de 20 de janeiro, para solução de disputas tributárias, o funcionamento do CAAD ainda dependia de um ato normativo vinculando serviços e organismos ligados às finanças públicas e à justiça à sua jurisdição. Referida vinculação se efetivou em 1º de julho de 2011, com a entrada em vigor da portaria n.º 112-A/2011, de 22 de março, editada pelo MFAP e MJ.

Embora existam outros centros de arbitragem em Portugal,[132] a atuação do CAAD como associação autorizada a solucionar conflitos de natureza tributária em Portugal decorre de disposição expressa em lei, mais precisamente, no artigo 4º, n.º 2, do RJAT, aprovado pelo DL n.º 10/2011.

Verifica-se, portanto, que a exclusividade do CAAD para atuar como tribunal arbitral tributário decorre de previsão legal. Essa vinculação à lei conferiu ao centro de arbitragem a credibilidade inicial necessária para tratar de matérias tributárias.

Nuno de Villa-Lobos e Tânia Carvalhais Pereira[133] enfatizam que a opção legislativa pelo CAAD encontra justificativa na especialidade da estrutura orgânica da associação, "em especial na sua singularidade deontológica", como se verá adiante, e na harmonização entre os princípios da representatividade, que permite envolver intervenientes na sua gestão institucional, e da neutralidade e imparcialidade da atuação jurisdicional.

Outra questão que os autores consideram relevante sob o aspecto da jurisdição portuguesa é que o CAAD também tem como objetivo a publicação

thiane; MASCITTO, Andréa; MENDONÇA, Priscila Faricelli de. (coord). Arbitragem Tributária. Desafios institucionais brasileiros e a experiência portuguesa, 2. ed. São Paulo: Revista dos Tribunais, 2019, p. 63. ISBN 978-85-5321-920-9.

132 o CAAD não é a única instituição de solução extrajudiciais de conflitos a funcionar em Portugal, inclusive para solução de disputas envolvendo o poder público. A página eletrônica da Direção-Geral da Política da Justiça daquele país – DGPJ, lista os centros de arbitragem autorizados a operar no país. Ver em: *Direcção-Geral* da Política da Justiça – DGPJ. *Centros de Arbitragem autorizados.* Disponível em: https://dgpj.justica.gov.pt/Resolucao-de-Litigios/Arbitragem/Centros-de-Arbitragem-autorizados . Acesso em: 4 fev. 2023.

133 VILLA-LOBOS, Nuno de. PEREIRA; Tânia Carvalhais. *A Implementação da Arbitragem Tributária em Portugal: origens e resultados. In:* PISCITELLI, Tathiane; MASCITTO, Andréa; MENDONÇA, Priscila Faricelli de. (coord). Arbitragem Tributária. Desafios institucionais brasileiros e a experiência portuguesa, 2. ed. São Paulo: Revista dos Tribunais, 2019, p. 27.ISBN 978-85-5321-920-9.

de atos normativos em matéria de arbitragem administrativa e tributária, além das decisões arbitrais e estatísticas sobre o número de processos administrados pelo centro de arbitragem.[134]

Por outro lado, é preciso destacar, acerca da atuação do CAAD, que a portaria n.º 112-A não permitiu ao centro de arbitragem a apreciação de todas as matérias indicadas no art. 2º do RJAT. Esse fato, em certa medida, restringiu e condicionou a arbitrabilidade objetiva em Portugal.

Assim, a atuação do CAAD ficou limitada à solução de disputas relativas a tributos administrados pelo MFAP e MJ. Não foram incluídos conflitos decorrentes de atos praticados por outras entidades da administração tributária, tais como, a seguridade social, bem como atos das regiões autônomas, autarquias locais e institutos públicos.[135] Significa dizer que a jurisdição do CAAD não é absoluta, ela tem limites materiais.

Ocorre que o legislador consagrou este método extrajudicial de solução de conflitos não apenas porque protege o direito dos sujeitos passivos à correta aplicação da lei tributária, mas também por assegurar o direito fundamental de acesso à justiça.[136]

Apesar disso, a vinculação da administração tributária ao CAAD é dependente, por expressa disposição legal, da portaria interministerial n.º 112-A, de 2011, podendo cessar a vinculação caso a norma seja revogada.

Dessa forma, a competência do CAAD para solucionar conflitos em matéria tributária exige que esteja em vigor norma que dê suporte à sua atuação perante o poder público.[137] Como único centro de arbitragem a funcionar sob a égide do CSTAF, é este colegiado, integrante do sistema judiciário

---

134 VILLA-LOBOS, Nuno de. PEREIRA; Tânia Carvalhais. *A Implementação da Arbitragem Tributária em Portugal: origens e resultados. In:* PISCITELLI, Tathiane; MASCITTO, Andréa; MENDONÇA, Priscila Faricelli de. (coord). Arbitragem Tributária. Desafios institucionais brasileiros e a experiência portuguesa, 2. ed. São Paulo: Revista dos Tribunais, 2019, p. 35.ISBN 978-85-5321-920-9.

135 SOUSA, Jorge Lopes de. *Comentário ao Regime Jurídico da Arbitragem Tributária.* In: VILLA-LOBOS, Nuno de; PEREIRA, Tânia Carvalhais (coord.). Guia de Arbitragem Tributária, 2. ed. Coimbra, Portugal: Almedina, 2017, p. 147. ISBN 978-972-40-7172-5.

136 Domingos, Francisco Nicolau. *Estrutura do Centro de Arbitragem Administrativa (CAAD): Funcionamento, escolha dos árbitros e limites institucionais. In*: PISCITELLI, Tathiane; MASCITTO, Andréa; MENDONÇA, Priscila Faricelli de. (coord). Arbitragem Tributária. Desafios institucionais brasileiros e a experiência portuguesa, 2. ed. São Paulo: Revista dos Tribunais, 2019, p. 68. ISBN 978-85-5321-920-9.

137 SOUSA, Jorge Lopes de. *Comentário ao Regime Jurídico da Arbitragem Tributária.* In: VILLA-LOBOS, Nuno de; PEREIRA, Tânia Carvalhais (coord.). Guia de Arbitragem Tributária, 2. ed. Coimbra, Portugal: Almedina, 2017, p. 146. ISBN 978-972-40-7172-5.

português, a quem cabe nomear o presidente do Conselho Deontológico do CAAD.

O Conselho Deontológico é considerado órgão chave na consolidação do CAAD e da arbitragem tributária em Portugal, pois procura garantir a independência, imparcialidade, isenção, objetividade e transparência da constituição e funcionamento do centro de arbitragem, bem como o nível de qualidade técnica e idoneidade moral dos árbitros.[138]

O RJAT estabelece que o Conselho Deontológico tem como responsabilidades designar os árbitros, nas hipóteses previstas no citado artigo, além de controlar o cumprimento dos seus deveres e obrigações. Sob o aspecto normativo, a competência do CSTAF para nomear o presidente do Conselho Deontológico do CAAD foi determinada pelo DL n.º 214-G/2015, de 2 de outubro, que estabelece na alínea "p" do n.º 2 do artigo 74.º, caber ao órgão judicial nomear, entre juízes aposentados que tenham exercido funções nos tribunais superiores tributários, o presidente do órgão deontológico no âmbito da arbitragem administrativa e tributária sob a organização do CAAD.

Nuno de Villa-Lobos e Tânia Carvalhais Pereira consideram que o fato de a lei exigir que o presidente do Conselho Deontológico do CAAD sejam ex-juízes, tem o efeito de não afastar completamente a *longa manus* do Poder Judiciário na solução de disputas tributárias.

A intervenção de um órgão público, como o CSTAF, na nomeação do órgão de supervisão do CAAD, se justifica pelo fato de, em matéria tributária, haver especial preocupação com a idoneidade do funcionamento da arbitragem, em face do interesse público primário do Estado, no que diz respeito à instituição e arrecadação de tributos para consecução de seus objetivos constitucionais.[139]

A preocupação com a matéria tributária fica ainda mais evidente quando se observa o n.º 3 do artigo 8º do RJAT, que atribui ao Conselho Deontológico do CAAD competência para exonerar o árbitro em caso de descumprimento dos deveres que lhe são impostos. Não obstante, aos tribunais arbitrais em funcionamento no CAAD também se aplica o princípio

138 VILLA-LOBOS, Nuno de. PEREIRA; Tânia Carvalhais. *A Implementação da Arbitragem Tributária em Portugal: origens e resultados. In*: PISCITELLI, Tathiane; MASCITTO, Andréa; MENDONÇA, Priscila Faricelli de. (coord). Arbitragem Tributária. Desafios institucionais brasileiros e a experiência portuguesa, 2. ed. São Paulo: Revista dos Tribunais, 2019, p. 35. ISBN 978-85-5321-920-9.

139 SOUSA, Jorge Lopes de. *Comentário ao Regime Jurídico da Arbitragem Tributária*. In: VILLA-LOBOS, Nuno de; PEREIRA, Tânia Carvalhais (coord.). Guia de Arbitragem Tributária, 2. ed. Coimbra, Portugal: Almedina, 2017, p. 149. ISBN 978-972-40-7172-5.

da competência-competência, o que garante aos referidos tribunais arbitrais capacidade plena para decidir sobre questões relativas à sua própria competência.[140]

A matéria está disciplinada no artigo 18º da LAV, Lei n.º 63/2011, no qual o n.º 1 estabelece que o tribunal arbitral pode decidir sobre a própria competência, mesmo que para esse fim seja necessário apreciar a existência, a validade ou a eficácia da convenção de arbitragem ou do contrato em que ela se insira, ou a aplicabilidade da mencionada convenção.

Significa dizer que o princípio consagra a autonomia da jurisdição arbitral em face daquela conferida aos tribunais estatais. Não obstante, a validade da decisão arbitral pode ser objeto de controle por tribunal estadual, o qual pode anular sentença arbitral nos termos do art. 46 da LAV.

Outra questão relevante do princípio da competência-competência vem descrita no n.º 5 do artigo 18 da LAV, ao dispor que "o *facto* de uma parte ter designado um árbitro ou ter participado na sua designação não a priva do direito de arguir a incompetência do tribunal arbitral para conhecer do litígio que lhe haja sido submetido."[141]

Em outras palavras, ainda que a parte tenha escolhido ou participado da escolha do árbitro tributário, como admite o art. 6º do regime jurídico de arbitragem tributária em Portugal, caberá ao CAAD decidir acerca de eventual incompetência do tribunal, arguido pelas partes, para julgar o conflito.

Aspectos relativos à escolha dos árbitros e funcionamento do tribunal arbitral serão abordados na seção seguinte deste estudo, que tratará de questões processuais da arbitragem tributária em Portugal. Para tratar especificamente do papel do CAAD, objetivo desta seção, é possível afirmar que sua atuação abrange duas frentes:[142]

**a.** Arbitragem administrativa, que conta com regulamento próprio, competente para constituir tribunais arbitrais para o julgamento de conflitos que tenham por objeto quaisquer matérias jurídico-admi-

---

**140** PORTUGAL. Diário da República *Electrónico. Competência do tribunal arbitral* (*Arbitragem voluntária*). Lexionário. Disponível em: https://dre.pt/dre/lexionario/termo/competencia-tribunal-arbitral-arbitragem-voluntaria. Acesso em: 10 fev. 2023.

**141** PORTUGAL. Diário da República Electrónico – DRE. Assembleia da República. *Lei n.º 63/2011, de 14 de dezembro.* Data de Publicação: 2011-12-14. Diário da República n.º 238/2011, Série I de 2011-12-14, páginas 5276 - 5289. Aprova a Lei da Arbitragem Voluntária. Disponível em: https://dre.pt/dre/detalhe/lei/63-2011-145578. Acesso em: 29 jan. 2023.

**142** Centro de Arbitragem Administrativa – CAAD. *Apresentação. Mensagem do Presidente.* Disponível em: https://www.caad.org.pt/caad/apresentacao. Acesso em: 7 fev. 2023.

nistrativas, envolvendo entidades pré-vinculadas, e que não estejam pré-vinculadas ao CAAD, mediante a outorga de compromisso arbitral.

b. Arbitragem tributária, cujo Regime Jurídico é fruto de disposição legal, aprovado pelo Decreto-Lei 10, de 2011, competente para resolução de conflitos relativos à legalidade de atos tributários.

Na pesquisa que deu origem a esse estudo, identificamos manifestações exaltando a atuação do CAAD, mas que, no entanto, não o isenta de críticas. Passamos então a abordar esses dois aspectos, iniciando por aqueles de caráter positivo.

Maria do Rosário Anjos e Patrícia Anjos Azevedo[143] destacam que a arbitragem tributária em Portugal é um exemplo de sucesso, alcançado através da qualidade das decisões proferidas pelo CAAD, suportadas por juristas com vivência prática na matéria, muitos deles antigos magistrados com experiência administrativa e fiscal, professores universitários, advogados e profissionais de áreas afins, com comprovada especialização tributária. Na mesma direção aponta Rogério M. Fernandes Ferreira, ao assinalar que:

> As qualificações especializadas dos árbitros do CAAD, sejam acadêmicos, sejam do ponto de vista prático, têm ajudado a instituir a jurisprudência do CAAD como referência de aconselhamento jurídico e das próprias instâncias judiciais tributárias superiores. *Passámos* a ter como decisores pessoas com formações diferentes das jurídicas das áreas da Economia, das Finanças, ou da Contabilidade, que, pela suas formações mais ecléticas, contribuíram para novas perspectivas, mais especializadas, da justiça fiscal.[144]

Afirma ainda o autor que a atuação do CAAD, através das qualificações dos seus árbitros, sejam elas acadêmicas ou do ponto de vista prático, tem ajudado a instituir a jurisprudência arbitral como referência de aconselhamento jurídico e suporte às próprias instâncias judiciais tributárias superiores.

O monopólio territorial do CAAD também é defendido, como o faz Francisco Nicolau Domingos[145], ao sustentar que ele se justifica principalmente pelo pioneirismo da arbitragem tributária. Ou seja, considerando a ausên-

---

143 ANJOS, Maria do Rosário; AZEVEDO, Patrícia Anjos. *Arbitragem Administrativa e Tributária: a solução adotada em Portugal.* Disponível em: http://repositorio.uportu.pt:8080/bitstream/11328/2377/1/Arbitragem%20Administrativa%20e%20Tribut%C3%A1ria_a%20solu%C3%A7%C3%A3o%20adotada%20em%20Portugal.pdf. Acesso em: 6 fev. 2023.

144 FERREIRA, Rogério M. Fernandes. *Prefácio Português.* In: PISCITELLI, Tathiane; MASCITTO, Andréa; MENDONÇA, Priscila Faricelli de. (coord). Arbitragem Tributária. Desafios institucionais brasileiros e a experiência portuguesa, 2. ed. São Paulo: Revista dos Tribunais, 2019, p. 6-7. ISBN: 978-85-5321-920-9.

145 DOMINGOS, Francisco Nicolau. *Estrutura do Centro de Arbitragem Administrativa (CAAD): Funcionamento, escolha dos árbitros e limites institucionais. In*: PISCITELLI, Tathiane; MASCITTO, Andréa; MENDONÇA, Priscila Faricelli de. (coord). Arbitragem Tri-

cia de experiências comparadas, o legislador pretendeu restringir a arbitragem fiscal a um centro que garanta a independência e imparcialidade dos árbitros.

Na sessão de abertura da Conferência Anual do CAAD, em outubro de 2022, a Ministra da Justiça de Portugal, Catarina Sarmento e Castro, fez diversas menções em defesa da arbitragem e da atuação do Centro de Arbitragem.[146] Em sua fala, destacou a opção do legislador constituinte português pela consagração dos tribunais arbitrais como autênticos tribunais, reconhecidos como órgãos que exercem a jurisdição com legitimidade, ressaltando o papel deferido pelo Estado ao CAAD na recuperação de pendências nos tribunais administrativos e fiscais, cuja atividade é de enorme valia, do ponto de vista do interesse público.

Na ocasião, a ministra também defendeu a atividade arbitral, sobre a qual, segundo ela, se vem lançando a suspeição de uma justiça privada, recordando que a arbitragem, além da característica de meio adequado de solução de conflitos, o que faz é dar voz à autonomia privada – coisa bem diferente de promover uma justiça privada –, enquanto assegura a vontade das partes envolvidas, que poderão optar pela forma de resolução do litígio que reputem melhor para o seu caso concreto.

É preciso reconhecer, contudo, que a introdução da arbitragem em matéria tributária em Portugal suscitou, inicialmente, muitas reservas, [147] e que a manifestação da ministra da justiça revela que o instituto ainda sofre críticas, assim como o CAAD. Destacamos em seguida algumas dessas considerações que apontam aspectos negativos relacionados à atuação do Centro de Arbitragem e à própria arbitragem tributária no país europeu.

---

butária. Desafios institucionais brasileiros e a experiência portuguesa, 2. ed. São Paulo: Revista dos Tribunais, 2019, p. 63. ISBN 978-85-5321-920-9.

146 PORTUGAL. República Portuguesa. Gabinete da Ministra da Justiça. *Intervenção da Ministra da Justiça, Catarina Sarmento e Castro, por ocasião da Abertura da Conferência Anual do CAAD subordinada ao tema "As* ***perceções***

*determinam políticas públicas? Riscos e impactos na Justiça." – Estúdio Time Out.* Lisboa, 19 out. 2022. Disponível em: https://www.portugal.gov.pt/download-ficheiros/ficheiro.aspx?v=%3d%3dBQAAAB%2bLCAAAAAAABAAzNDYyNwMANzWvwAUAAAA%3d . Acesso em: 9 fev. 2023.

147 ANJOS, Maria do Rosário; AZEVEDO, Patrícia Anjos. *Arbitragem Administrativa e Tributária: a solução adotada em Portugal.* Disponível em: http://repositorio.uportu.pt:8080/bitstream/11328/2377/1/Arbitragem%20Administrativa%20e%20Tribut%C3%A1ria_a%20solu%C3%A7%C3%A3o%20adotada%20em%20Portugal.pdf. Acesso em: 6 fev. 2023.

Jorge Lopes de Sousa[148] faz críticas por considerar sem justificativa aceitável que a arbitragem tributária funcione somente em Lisboa. O conselheiro do CAAD argumenta que isso restringe o acesso dos contribuintes de outras localidades à jurisdição dos tribunais arbitrais, pelo custo adicional que têm que suportar, especialmente quando é necessária prova testemunhal.

O autor articula haver disponibilidade do CAAD para levar a arbitragem para o Norte do país, mas sua implementação tem sido inviabilizada pela indisponibilidade da Administração Tributária para realização de arbitragens em outros locais, o que, na visão do autor, é inaceitável.

Alinhando-se a esse entendimento, Cláudia Sofia Melo Figueiras,[149] ressalta que o legislador optou por conceder ao CAAD o monopólio para solução de conflitos em matéria tributária por meio da arbitragem. A autora entende que teria sido melhor solução, sob o aspecto do interesse público e do contribuinte, que outros centros de arbitragem em matéria tributária fossem criados e que, sob o aspecto concorrencial, isso permitiria maior controle de custos do processo arbitral. Conclui ser defensável a criação de outros centros de arbitragem que tratassem exclusivamente de matéria tributária.

Concordamos com essa visão, na medida que a existência de outros pontos de acesso à arbitragem tributária, nos termos da lei, como o caso do CAAD, se justifica como forma de satisfação do interesse público e amplo acesso à tutela jurisdicional. Quanto à questão técnica e atuação do CAAD, pesquisa coordenada pela professora doutora Ana Paula Dourado[150] sobre

---

148 SOUSA, Jorge Lopes de. *Comentário ao Regime Jurídico da Arbitragem Tributária*. In: VILLA-LOBOS, Nuno de; PEREIRA, Tânia Carvalhais (coord.). Guia de Arbitragem Tributária, 2. ed. Coimbra, Portugal: Almedina, 2017, p. 150. ISBN 978-972-40-7172-5.

149 FIGUEIRAS, Cláudia Sofia Melo. *Regime jurídico da arbitragem em matéria administrativa. In*: FIGUEIRAS, Cláudia Sofia Melo. Arbitragem em Matéria Tributária: à semelhança do modelo Administrativo? 2011. Dissertação (Mestrado em Direito Tributário e Fiscal) - Universidade do Minho. Escola de Direito, Braga, Portugal, 2011, f. 181-182. Disponível em: https://repositorium.sdum.uminho.pt/bitstream/1822/19318/1/Cl%C3%A1udia%20Sofia%20Melo%20Figueiras.pdf . Acesso em: 26 jan. 2023.

150 DOURADO, Ana Paula (coord). ***Tax Litigation in Portugal. Legal And Empirical Assessments.*** *Resultados Sobre A Litigância Fiscal no CAAD. Decisões arbitrais publicadas de 2016 a 2021 (valor do litígio acima de 100 mil euros)*. CIDEEFF - Centre for Research in European, Economic, Fiscal and Tax Law. Faculdade de Direito da Universidade de Lisboa. [s.d.] ISBN: 978-989-53795-2-1. Disponível em: https://www.cideeff.pt/xms/files/Arquivo/2022/e-book_3_RelatorioLitiganciaFiscal_CAAD_2016-2021100milEuros_CIDEEFF_11-11-2022.pdf. Acesso em: 7 fev. 2023.

as decisões arbitrais tributárias publicadas de 2016 a 2021, apontou diversos pontos de atenção. Alguns deles são abordados a seguir.

Uma das observações da pesquisa é que o CAAD não é, em rigor, comparável a nenhuma das instâncias dos tribunais tributários constitucionais, surgindo como alternativa à primeira instância, mas, como em regra não há recurso das decisões do CAAD, ele aparece como instância única. Significa dizer, segundo a pesquisa, que, em termos de tempo de decisão, a atuação do CAAD é comparável ao tempo total de decisão nos tribunais tributários, da primeira à última instância. Em termos de sentido de decisão, o CAAD é comparável à jurisprudência da última instância. A professora destaca, em tom crítico, que "essas são as regras do jogo na arbitragem, " e que "arbitragem em sentido rigoroso significa ausência de recurso."[151]

Outra crítica demonstrada na pesquisa é que, em matéria tributária, vigora o princípio constitucional da reserva de juiz – tal como no Direito Penal – como consequência da reserva de lei e que, por essa razão, a arbitragem tributária, pelo mundo afora, é limitada à análise de questões de fato. Nesse ponto, conclui a pesquisa que a arbitragem tributária em Portugal, quando se ocupa de impugnação de ilegalidades cometidas pelo fisco, não é um meio de prevenção de litígios, nem um filtro para evitar recurso para o judiciário, mas sim um meio alternativo aos tribunais estatais e, portanto, concorrente a eles.

O relatório também sugere que a eficiência atribuída ao CAAD desaconselha a análise de questões de pequeno valor, partindo de dados que demonstram que os tributos mais julgados no período de amostra (IRC, IVA, IRS)[152], dizem respeito a valores elevados, não sendo possível perceber se o CAAD também resolve questões menores e relativas a tributos menos complexos.

Os pontos relativos às críticas ao CAAD também são direcionados à arbitragem tributária em Portugal, especialmente quanto aos riscos de comprometimento dos árbitros no trato de tema sensível, como o tributário, diretamente vinculado ao interesse público. Nesse aspecto, concordamos que o sistema deve ser continuamente aperfeiçoado, porém, ressaltamos que o

151 DOURADO, Ana Paula (coord). ***Tax Litigation in Portugal. Legal And Empirical Assessments.*** *Resultados Sobre A Litigância Fiscal no CAAD. Decisões arbitrais publicadas de 2016 a 2021 (valor do litígio acima de 100 mil euros).* CIDEEFF - Centre for Research in European, Economic, Fiscal and Tax Law. Faculdade de Direito da Universidade de Lisboa. [s.d.], p. 15. ISBN: 978-989-53795-2-1. Disponível em: https://www.cideeff.pt/xms/files/Arquivo/2022/e-book_3_RelatorioLitiganciaFiscal_CAAD_2016-2021100milEuros_CIDEEFF_11-11-2022.pdf. Acesso em: 7 fev. 2023.

152 IRC: Imposto sobre o Rendimento das Pessoas Coletivas; IVA: Imposto sobre Valor Acrescentado; IRS: Imposto sobre o Rendimento das Pessoas Singulares

CAAD adota medidas visando assegurar a independência e transparência da arbitragem tributária em Portugal.

Citamos como exemplo dessa afirmação, o Conselho Deontológico, cujo Presidente é designado pelo CSTAF, órgão vinculado à justiça estatal daquele país. Além dessa vinculação, a atividade do CAAD é desenvolvida a partir de um código deontológico aprovado pelo referido Conselho, que, entre outras disposições, disciplina a atividade dos árbitros, que exercem suas funções no âmbito do referido centro de arbitragem.

Reconhecemos, contudo, que a implementação do regime jurídico da arbitragem tributária em Portugal, que contempla, entre seus mecanismos, a vinculação da administração tributária ao CAAD, por certo, pode ser aprimorada. Um dos fatores que, em nossa opinião, possa ser revisto, é a disponibilização de outros centros de arbitragem, criados e regulados com o mesmo rigor legal aplicado na gestão do CAAD, para dar vazão ao principal motivo para criação de um sistema multiportas de solução de conflitos tributários, qual seja, o efetivo acesso à justiça.

Quanto às críticas que, juntamente com o monopólio do CAAD, se estendem à arbitragem tributária, é natural que novas formas de pensar o sistema de justiça fiscal para além dos tribunais estatais encontrem resistência e opiniões contrárias, mas que não justificam apontar na direção da desconfiança acerca do instituto, que busca ampliar a rede de mecanismos heterocompositivos de resolução de conflitos, complementares à jurisdição estatal, mas que não têm, como objetivo, substituí-los.

## 3.3. ASPECTOS MATERIAIS E PROCESSUAIS DA ARBITRAGEM TRIBUTÁRIA EM PORTUGAL

Esta seção abordará questões práticas relativas ao regime de arbitragem tributária em Portugal, visando demonstrar como o país superou, sob o aspecto legal e de regulamentação, as seguintes questões relacionadas ao funcionamento do instituto: (*i*) arbitrabilidade objetiva; (*ii*) vinculação e funcionamento dos tribunais arbitrais (*iii*) designação dos árbitros; (*iv*) composição do tribunal arbitral e custeio do processo; (*v*) decisão arbitral, recurso e impugnação e; (vi) regime transitório de migração de processos judiciais para a arbitragem.

A arbitragem tributária em Portugal é disciplinada pelo DL n.º 10/2011, de 20 de janeiro, o RJAT, encontrando fundamento no artigo 209.º, n.º 2, da CRP, que prevê a existência de tribunais arbitrais, sem qualquer limitação com relação à matéria. Logo em seu início, o item n.º 2 do art. 2.º do RJAT, que regula a arbitragem como método de solução de conflitos tributários, veda que os tribunais arbitrais decidam utilizando o recurso à equidade. A parte final do preâmbulo do regime, aliás, esclarece que a instituição da arbitragem não representa uma *desjuridificação* do processo tributário, na medida que os árbitros devem julgar conforme o direito constituído.

A disciplina legal da arbitragem tributária em Portugal também fixa de forma rigorosa as matérias sobre as quais se pode pronunciar o tribunal arbitral. Nesse aspecto, Jorge Lopes de Sousa,[153] explica que o RJAT permitiu a utilização da arbitragem tributária para apenas uma parcela relacionada à legalidade de atos de liquidação de tributos e atos que fixam a matéria tributária.

Ato de liquidação, em Portugal, é a denominação dada ao ato administrativo de lançamento tributário, que determina o valor do tributo a pagar pelo sujeito passivo, mediante aplicação da alíquota sobre a hipótese de incidência estabelecida em lei, quando de sua ocorrência no mundo dos fatos. Matéria tributável é um dos elementos previstos em lei a serem considerados para se determinar a base de cálculo do tributo, sendo essa "constituída pela matéria tributável reduzida em função de abatimentos e deduções, benefícios fiscais e prejuízos fiscais que devam ser considerados".[154]

Assim, quanto às matérias passíveis de solução pela via da arbitragem tributária, o regime ficou aquém da autonomia proporcionada pelo artigo 124.º da lei n.º 3-B, de 2010, que autorizou o Governo a "legislar no sentido de instituir a arbitragem como forma alternativa de resolução jurisdicional de conflitos em matéria tributária"[155], de forma ampla. Jorge Lopes de Sousa destaca que o processo arbitral, nos termos do citado artigo 124.º da lei n.º 3-B, deveria constituir um meio processual extrajudicial não apenas à impugnação judicial, mas também visando o reconhecimento de um direito ou interesse legítimo do sujeito passivo tributário.

Contudo, a respeito da competência reduzida dos tribunais arbitrais, Tânia Carvalhais Pereira enfatiza que:

---

153 SOUSA, Jorge Lopes de. *Comentário ao Regime Jurídico da Arbitragem Tributária.* In: VILLA-LOBOS, Nuno de; PEREIRA, Tânia Carvalhais (coord.). Guia de Arbitragem Tributária, 2. ed. Coimbra, Portugal: Almedina, 2017, p. 85-86. ISBN 978-972-40-7172-5.

154 SOUSA, Jorge Lopes de. *Comentário ao Regime Jurídico da Arbitragem Tributária.* In: VILLA-LOBOS, Nuno de; PEREIRA, Tânia Carvalhais (coord.). Guia de Arbitragem Tributária, 2. ed. Coimbra, Portugal: Almedina, 2017, p. 121. ISBN 978-972-40-7172-5.

155 PORTUGAL. Diário da República Electrónico – DRE. Assembleia da República. *Lei n.º 3-B/2010, de 28 de abril.* Data de Publicação: 2010-04-28. Diário da República n.º 82/2010, 1º Suplemento, Série I de 2010-04-28, páginas 66 - 384. Orçamento do Estado para 2010. Disponível em: https://dre.pt/dre/detalhe/lei/3-b-2010-609990. Acesso em: 29 jan. 2023.

> Ainda que o âmbito de competência dos tribunais arbitrais seja significativamente mais reduzido do que o dos tribunais administrativos e fiscais, naquele que é o respetivo âmbito concorrencial, a arbitragem tributária vem contribuindo para libertar os tribunais tributários de um acréscimo de cerca de 20% de processos que, não fora este meio alternativo de resolução de litígios, iriam acrescer às pendências acumuladas ou engrossariam os números do "contencioso suprimido" que numa ponderação tripartida - valor/custo/ tempo - poderia nunca chegar aos Tribunais.[156]

Além da limitação material, a Portaria n.º 112-A, de 2011, que vincula organismos do Ministério das Finanças e da Administração Pública à jurisdição do Centro de Arbitragem Administrativa, restringiu a solução de controvérsias extrajudiciais em matéria tributária quanto ao valor do litígio. Assim, nos termos do art. 3.º da referida Portaria, a vinculação dos serviços e organismos dos citados ministérios está limitada a litígios de valor não superior a 10 milhões de euros.

Jorge Lopes de Sousa[157] faz críticas a esta limitação, destacando que a determinação do litígio deve ser feita nos termos do art. 97.º-A do CPPT, adicionado pelo DL n.º 34/2008, de 26 de fevereiro, aplicável subsidiariamente à arbitragem conforme o disposto no art. 29.º, n.º 1, alínea "a" do DL n.º 10, de 2011 (RJAT). O art. 97.º-A do CPPT, ao regular o valor da causa nos processos, tem a seguinte redação:

> 1 - Os valores atendíveis, para efeitos de custas ou outros previstos na lei, para as *acções* que decorram nos tribunais tributários, são os seguintes: a) Quando seja impugnada a liquidação, o da importância cuja anulação se pretende; b) Quando se impugne o *acto* de fixação da matéria colectável, o valor contestado; c) Quando se impugne o *acto* de fixação dos valores patrimoniais, o valor contestado; d) No recurso contencioso do indeferimento total ou parcial ou da revogação de isenções ou outros benefícios fiscais, o do valor da isenção ou benefício; e) No contencioso associado à execução fiscal, o valor correspondente ao montante da dívida exequenda ou da parte restante, quando haja anulação parcial, exceto nos casos de compensação, penhora ou venda de bens ou direitos, em que corresponde ao valor dos mesmos, se inferior.2 - Revo-

156 PEREIRA, Tânia Carvalhais. *Arbitragem tributária em Portugal: subsídios para criação da arbitragem tributária no Brasil. In*: PISCITELLI, Tathiane; MASCITO, Andréa; FERNANDES, André Luiz Fonseca. Arbitragem Tributária no Brasil e em Portugal. Visões do Grupo de Pesquisa "Métodos Alternativos de Resolução de Disputa em Matéria Tributária" do Núcleo de Direito Tributário da FGV DIREITO SP. São Paulo: Blucher, 2022, p. 188. ISBN: 978-65-5506-516-9.

157 SOUSA, Jorge Lopes de. *Comentário ao Regime Jurídico da Arbitragem Tributária*. In: VILLA-LOBOS, Nuno de; PEREIRA, Tânia Carvalhais (coord.). Guia de Arbitragem Tributária, 2. ed. Coimbra, Portugal: Almedina, 2017, p. 89. ISBN 978-972-40-7172-5.

gado. 3 - Quando haja *apensação* de impugnações ou execuções, o valor é o correspondente à soma dos pedidos.[158]

O art. 29.º, n.º 1, alínea "a" do RJAT, por sua vez, determina que são de aplicação subsidiária ao processo arbitral tributário, conforme a natureza dos casos omissos, "as normas de natureza procedimental ou processual dos códigos e demais normas tributárias." Resta evidente, portanto, que Jorge Lopes de Sousa defende sua posição com fundamento no direito à discussão do valor envolvido na causa, ao avaliar que, mesmo em sede arbitral, esse montante deve sempre ser indicado como expressão econômica do pedido, nos termos do disposto na alínea "e" do n.º 2 do artigo, 10º do RJAT, ao estabelecer que no requerimento de constituição de tribunal arbitral deve constar "a indicação do valor da utilidade *económica* do pedido."[159]

De nossa parte, entendemos que as matérias arbitráveis e o valor envolvido podem ser limitados pelo legislador e pelos organismos vinculados à arbitragem tributária. Os parâmetros estabelecidos na lei n.º 3-B, de 2010, e no DL n.º 10, de 2011, são referências cujas disposições não podem ser extrapoladas pelas respectivas regulamentações. Entretanto, o poder regulamentar tem competência para estabelecer regras visando a aplicação do instituto até os limites definidos pelas leis instituidoras do regime, nunca o contrário.

É o que se depreende do artigo 124.º da lei n.º 3-B, de 2010, que, sendo destinada a tratar do orçamento do Estado para o ano seguinte, limitou-se a autorizar o ente político a legislar no sentido de instituir a arbitragem como forma alternativa de resolução jurisdicional de conflitos em matéria tributária. Referida autorização, por sua vez, foi concretizada através do DL n.º 10/2011 que, além da competência legislativa que lhe foi outorgada, incluindo, mas não se limitando, à definição das matérias arbitráveis, estabelece expressamente em seu artigo 2º a vinculação da administração

---

158 PORTUGAL. Diário da República *Electrónico*– DRE. *Decreto-Lei n.º 433/99*. Diário da República n.º 250/1999, Série I-A de 1999-10-26. Código de Procedimento e Processo Tributário - CPPT. Disponível em: https://dre.pt/dre/legislacao-consolidada/decreto-lei/1999-34577575. Acesso em: 10 fev. 2023.

159 Proposta da associação Business Roundtable Portugal – BRP, de fevereiro 2023, objetiva aumento do montante máximo dos litígios de natureza fiscal no CAAD, dos atuais 10 milhões de euros, para os 150 milhões de euros, a realizar de forma faseada no tempo e nos valores (https://forbespt.fra1.digitaloceanspaces.com/wp-content/uploads/2023/02/05195345/ABRP_Expert-Paper-CAAD.pdf, p. 7), o que foi rebatido pelo Presidente do CAAD, Nuno de Villas-Boas, ao afirmar que subir montante dos litígios da arbitragem vai alimentar desinformação profissional (https://www.caad.org.pt/comunicacao/imprensa/subir-montante-dos-lit%C3%ADgios-da-arbitragem-seria-alimentar-desinforma%C3%A7%C3%A3o-profissional). Acessos em: 11 fev. 2023.

tributária à jurisdição dos tribunais arbitrais a uma portaria, que seria editada pelos membros do Governo responsáveis pelas áreas das finanças e da justiça, a quem caberia estabelecer o tipo e o valor máximo dos litígios abrangidos.[160]

Essa vinculação entrou em vigor em 1 de julho de 2011, na data projetada para a sua implementação no Memorando de Entendimento da Troika, iniciando-se, assim, a arbitragem tributária em Portugal. Como mencionado, o legislador não pretendeu vincular a administração tributária ao processo arbitral com relação a todas as matérias fiscais.[161]

Em outras palavras, a lei estabeleceu as matérias para as quais os tribunais arbitrais têm competência, não havendo nenhuma ilegalidade nessa limitação. Nem toda a administração tributária foi vinculada à arbitragem, mas apenas a *Direcção-Geral* dos Impostos (DGCI), e a *Direcção-Geral* das Alfândegas e dos Impostos Especiais sobre o Consumo (DGAIEC). O artigo 18.º do Decreto-Lei n.º 158/1996, de 3 de setembro, que aprova a Lei Orgânica do Ministério das Finanças, assim dispõe sobre a DGCI, identificada vulgarmente por Fisco:

> A *Direcção-Geral* dos Impostos, que continuará a ser designada pela sigla tradicional (DGCI), é o serviço do Ministério das Finanças que tem por missão administrar os impostos sobre o rendimento, sobre o património e os impostos gerais sobre o consumo, de acordo com as políticas definidas pelo Governo em matéria tributária. [...]. No desempenho das suas atribuições a DGCI *actuará* em estreita colaboração com os restantes serviços do Ministério das Finanças que intervenham na administração fiscal, em especial com a *Direcção-Geral* das Alfândegas e dos Impostos Especiais sobre o Consumo e com a *Direcção-Geral* de Informática e Apoio aos Serviços Tributários e Aduaneiros.[162]

Já a DGAIEC é regulada pelo artigo 19.º do citado Decreto n.º 360/1999, nos termos seguintes:

160 Portaria 112-A, de 22 de março, editada pelos Ministérios das Finanças e da Administração Pública e da Justiça.

161 Ferreira, Rogério M. Fernandes. *A Arbitragem tributária em Portugal*. Estudos em comemoração do quinto aniversário do instituto superior de ciências jurídicas e sociais. Praia, Portugal. Set. 2012, p. 412. Disponível em: https://rfflawyers.com/xms/files/archive-2022-03/KNOW_HOW/Publicacoes/2013/6.2.61._-_A_arbitragem_tributaria_em_Portugal-173954_1-.PDF. Acesso em: 11 fev. 2023.

162 PORTUGAL. Diário da República *Electrónico*- DRE. *Decreto-Lei n.º 158/96, de 3 de setembro.* Ministério das Finanças. Diário da República n.º 204/1996, Série I-A de 1996-09-03, páginas 2902 - 2916. Data de Publicação: 1996-09-03. Aprova a Lei Orgânica do Ministério das Finanças. Disponível em: https://dre.pt/dre/detalhe/decreto-lei/158-1996-241227. Acesso em: 11 fev. 2023.

A *Direcção-Geral* das Alfândegas e dos Impostos Especiais sobre o Consumo (DGAIEC) é o serviço do Ministério das Finanças que tem por missão, de acordo com as políticas definidas pelo Governo e as normas comunitárias; [...] Exercer o controlo da fronteira externa comunitária e do território aduaneiro nacional para fins fiscais, económicos e de *protecção* da sociedade, designadamente no âmbito da cultura e da segurança e saúde públicas. [...] No desempenho das suas atribuições a DGAIEC actuará em estreita colaboração com os restantes serviços do Ministério das Finanças que intervenham na administração fiscal, em especial com a *Direcção-Geral* dos Impostos e com a *Direcção-Geral* de Informática e Apoio aos Serviços Tributários e Aduaneiros.[163]

Rogério M. Fernandes Ferreira[164] enfatiza que não estão vinculados ao processo arbitral outros órgãos com competência em matéria tributária, tais como as Câmaras Municipais e a Segurança Social, embora se encontrem abrangidos pelo conceito de administração tributária previsto na Lei Geral Tributária.

Entendemos que a portaria como ato de vinculação da autoridade tributária e aduaneira em Portugal está em consonância com o artigo 3.º da CRP, que determina a subordinação do Estado à Constituição, fundada na legalidade. A CRP ainda estabelece, no mesmo artigo, "que a validade das leis e dos demais *actos* do Estado, das regiões *autónomas*, do poder local e de quaisquer outras entidades públicas depende da sua conformidade com a Constituição."[165]

Tendo em vista, portanto, o princípio da legalidade em Portugal, e considerando a disposição expressa no artigo 4.º do RJAT, que a vinculação da administração tributária à jurisdição dos tribunais arbitrais depende de portaria dos membros do Governo responsáveis pelas áreas das finanças e da justiça, a vinculação é ato administrativo necessário a reafirmar a natureza voluntária da vinculação do ente público à arbitragem tributária.

---

**163** PORTUGAL. Diário da República *Electrónico*– DRE. *Decreto-Lei n.º 360/99, de 16 de setembro.* Ministério das Finanças. Diário da República n.º 217/1999, Série I-A de 1999-09-16, páginas 6372 - 6377. Data de Publicação: 1999-09-16. Aprova a orgânica da *Direcção-Geral* das Alfândegas e dos Impostos Especiais sobre o Consumo (DGAIEC). Disponível em: https://diariodarepublica.pt/dr/detalhe/decreto-lei/360-1999-570293. Acesso em: 10 set. 2023.

**164** FERREIRA, Rogério M. Fernandes. *A Arbitragem tributária em Portugal*. Estudos em comemoração do quinto aniversário do instituto superior de ciências jurídicas e sociais. Praia, Portugal. Set. 2012, p. 413. Disponível em: https://rfflawyers.com/xms/files/archive-2022-03/KNOW_HOW/Publicacoes/2013/6.2.61._-_A_arbitragem_tributaria_em_Portugal-173954_1-.PDF. Acesso em: 11 fev. 2023.

**165** PORTUGAL. PORTUGAL. Diário da República *Electrónico*– DRE. Constituição da República Portuguesa. Decreto de Aprovação da Constituição. *Diário da República n.º 86/1976, Série I de 1976-04-10*. Disponível em: https://dre.pt/dre/legislacao-consolidada/decreto-aprovacao-constituicao/1976-34520775. Acesso em: 26 jan. 2023

Outro aspecto de extrema relevância em qualquer regime de arbitragem tributária é a composição dos tribunais arbitrais. Já nos referimos neste estudo à relação da arbitragem tributária em Portugal com o CSTAF, órgão vinculado ao Poder Judiciário daquele país. Em Portugal, o CSTAF, "é o órgão de gestão e disciplina dos juízes da jurisdição administrativa e fiscal. Os TAF são os órgãos de soberania com competência para julgar os litígios emergentes das relações jurídicas administrativas e fiscais."[166] Essa relação está expressa no artigo 74.º, n.º 2, alínea "p", do DL n.º 214-G/15, de 2 de outubro, que estabelece a competência do CSTAF para nomear, entre juízes aposentados que tenham exercido funções nos tribunais superiores tributários, o presidente do Conselho Deontológico do CAAD. Por sua vez, o DL 10/2011, que aprovou o RJAT, dispõe, em seu artigo 6.º, sobre a designação dos árbitros tributários, nos seguintes termos:

> Artigo 6.º
> Designação dos árbitros
> 1 - Quando o tribunal arbitral funcione com árbitro singular, o árbitro é designado pelo Conselho Deontológico do Centro de Arbitragem Administrativa, de entre a lista dos árbitros que compõem o Centro de Arbitragem Administrativa.
> 2 - Quando o tribunal arbitral funcione com intervenção do *colectivo*, os árbitros são designados:
> a) Pelo Conselho Deontológico do Centro de Arbitragem Administrativa, de entre a lista dos árbitros que compõem o Centro de Arbitragem Administrativa; ou
> b) Pelas partes, cabendo a designação do terceiro árbitro, que exerce as funções de árbitro-presidente, aos árbitros designados ou, na falta de acordo, ao Conselho Deontológico do Centro de Arbitragem Administrativa, mediante requerimento de um ou de ambos os árbitros.
> 3 - No caso previsto na alínea b) do número anterior, os árbitros podem não constar da lista dos árbitros que compõem o Centro de Arbitragem Administrativa.[167]

Significa dizer que a justiça estatal se faz presente na arbitragem tributária portuguesa administrada pelo CAAD, ainda que não interfira na resolução do mérito e na autonomia dos árbitros para decidir o conflito, mas para preservar a independência, qualidade necessária para que o árbitro julgue

166 PORTUGAL. *Conselho Superior dos Tribunais Administrativos e Fiscais*. Disponível em: http://www.cstaf.pt/ . Acesso em: 11 fev. 2023.

167 PORTUGAL. Diário da República *Electrónico*– DRE. Ministério das Finanças e da Administração Pública. *Decreto-Lei n.º 10/2011, de 20 de janeiro*. Data de Publicação: 2011-01-20. Diário da República n.º 14/2011, Série I de 2011-01-20, páginas 370 - 376. Regula o regime jurídico da arbitragem em matéria tributária, no uso da autorização legislativa concedida pelo artigo 124.º da Lei n.º 3-B/2010, de 28 de Abril. Disponível em: https://dre.pt/dre/detalhe/decreto-lei/10-2011-280904. Acesso em: 13 de fev. de 2023.

sem qualquer pressão política, de modo que ele seja livre para exercer a função. Essa independência, naturalmente, não afasta o dever de revelação, uma vez que o artigo 8.º, n.º 2, do RJAT, determina que a pessoa designada para exercer a função de árbitro deve rejeitar a indicação quando estiver presente circunstância pela qual se possa razoavelmente suspeitar da sua imparcialidade e independência.

Cabe ressaltar, ainda, a competência do Conselho Deontológico do CAAD para exonerar o árbitro ou árbitros em caso de incumprimento dos requisitos previstos no artigo 8º do RJAT, que trata, além do dever de revelação, das hipóteses de impedimento dos árbitros. Tânia Carvalhais Pereira[168], ao reforçar a importância do Conselho Deontológico do CAAD para a arbitragem tributária, em Portugal, lembra que a esse conselho foi atribuída competência de designação, supervisão e até substituição dos árbitros, com o único objetivo de promover a confiança das partes e de terceiros na arbitragem como meio idôneo, justo e célere para a solução de conflitos em matéria sensível, como é a tributária.

Tratando expressamente acerca dos requisitos para designação dos árbitros, o artigo 7.º do RJAT, assim estabelece:

> Artigo 7.º
> Requisitos de designação dos árbitros
> 1 - Os árbitros são escolhidos de entre pessoas de comprovada capacidade técnica, idoneidade moral e sentido de interesse público.
> 2 - Os árbitros devem ser juristas com pelo menos 10 anos de comprovada experiência profissional na área do direito tributário, designadamente através do exercício de funções públicas, da magistratura, da advocacia, da consultoria e jurisconsultoria, da docência no ensino superior ou da investigação, de serviço na administração tributária, ou de trabalhos científicos relevantes nesse domínio.
> 3 - Sem prejuízo do disposto no número anterior, nas questões que exijam um conhecimento especializado de outras áreas, pode ser designado como árbitro não presidente um licenciado em Economia ou Gestão, observando-se, com as necessárias adaptações, o disposto nos nºs 1 e 2.
> 4 - A lista dos árbitros que compõem o Centro de Arbitragem Administrativa é elaborada nos termos do presente decreto-lei e dos Estatutos e Regulamento do Centro de Arbitragem Administrativa.[169]

---

168 PEREIRA, Tânia Carvalhais. *Arbitragem tributária em Portugal: subsídios para criação da arbitragem tributária no Brasil.* In: PISCITELLI, Tathiane; MASCITO, Andréa; FERNANDES, André Luiz Fonseca. Arbitragem Tributária no Brasil e em Portugal. Visões do Grupo de Pesquisa "Métodos Alternativos de Resolução de Disputa em Matéria Tributária" do Núcleo de Direito Tributário da FGV DIREITO SP. São Paulo: Blucher, 2022, p. 187. ISBN: 978-65-5506-516-9.

169 PORTUGAL. Diário da República *Electrónico*- DRE. Ministério das Finanças e da Administração Pública. *Decreto-Lei n.º 10/2011, de 20 de janeiro.* Data de Publicação:

Como conclusão a respeito da designação dos árbitros tributários em Portugal, é de se destacar ainda a rigidez do RJAT acerca dos impedimentos (art. 8.º) e deveres dos árbitros (art. 9.º), principalmente no que se refere à exigência de qualidades técnicas e sentido de interesse público, com requisitos rígidos de seleção e uma ampla lista de hipóteses de impedimentos e deveres, que foram ainda ampliados e intensificados pelo Código Deontológico e pelo Regulamento de Seleção e Designação de árbitros do CAAD.

Feitas as considerações acerca da matéria arbitrável, da vinculação da administração tributária ao processo arbitral e da escolha dos árbitros, passamos ao tema da composição do tribunal arbitral e do sistema de custeio da arbitragem tributária em Portugal, que também assumem fundamental importância na implantação e funcionamento do regime. O artigo 5.º do DL n.º 10, de 2011 (RJAT), assim dispõe sobre a composição do tribunal arbitral em Portugal:

> Artigo 5.º
> Composição dos tribunais arbitrais
> 1 - Os tribunais arbitrais funcionam com árbitro singular ou com intervenção do *colectivo* de três árbitros.
> 2 - Os tribunais arbitrais funcionam com árbitro singular quando: a) O valor do pedido de pronúncia não ultrapasse duas vezes o valor da alçada do Tribunal Central Administrativo; e b) O sujeito passivo opte por não designar árbitro.
> 3 - Os tribunais arbitrais funcionam com intervenção do *colectivo* de três árbitros quando: a) O valor do pedido de pronúncia ultrapasse duas vezes o valor da alçada do Tribunal Central Administrativo; ou b) O sujeito passivo opte por designar árbitro, independentemente do valor do pedido de pronúncia.[170]

Como esclarece a segunda parte do quarto parágrafo do preâmbulo do RJAT,[171] quando o sujeito passivo optar por designar um árbitro, "o tribunal arbitral funcionará sempre com um *colectivo* de três árbitros, cabendo a

---

2011-01-20. Diário da República n.º 14/2011, Série I de 2011-01-20, páginas 370 - 376. Regula o regime jurídico da arbitragem em matéria tributária, no uso da autorização legislativa concedida pelo artigo 124.º da Lei n.º 3-B/2010, de 28 de Abril. Disponível em: https://dre.pt/dre/detalhe/decreto-lei/10-2011-280904. Acesso em: 13 de fev. de 2023

170 PORTUGAL. Diário da República *Electrónico*- DRE. Ministério das Finanças e da Administração Pública. *Decreto-Lei n.º 10/2011, de 20 de janeiro.* Data de Publicação: 2011-01-20. Diário da República n.º 14/2011, Série I de 2011-01-20, páginas 370 - 376. Regula o regime jurídico da arbitragem em matéria tributária, no uso da autorização legislativa concedida pelo artigo 124.º da Lei n.º 3-B/2010, de 28 de Abril. Disponível em: https://dre.pt/dre/detalhe/decreto-lei/10-2011-280904. Acesso em: 13 de fev. de 2023

171 PORTUGAL. Diário da República *Electrónico*- DRE. Ministério das Finanças e da Administração Pública. *Decreto-Lei n.º 10/2011, de 20 de janeiro.* Data de Publicação: 2011-01-20. Diário da República n.º 14/2011, Série I de 2011-01-20, páginas 370 - 376. Regula o regime jurídico da arbitragem em matéria tributária, no uso da autorização

cada parte a designação de um deles e aos árbitros assim designados a designação do terceiro, que exerce as funções de árbitro-presidente."

Caso o contribuinte decida por não designar árbitro, o tribunal arbitral funcionará com um árbitro individual "nos casos em que o valor do pedido não ultrapasse duas vezes o valor da alçada do Tribunal Central Administrativo, ou seja, (euro) 60 000, e com um *colectivo* de três árbitros" quando ultrapassado esse valor, cabendo a designação dos árbitros, "em ambas as situações, ao Conselho Deontológico do Centro de Arbitragem Administrativa."

Conclui-se, portanto, que quando o sujeito passivo optar por designar árbitro, o tribunal funcionará com um coletivo de três árbitros, independentemente do valor da causa. Se o contribuinte decidir não indicar árbitro e o valor do pedido não ultrapassar 60 mil euros, o tribunal será individual. Quando o valor da causa ultrapassar esse valor, o tribunal será coletivo. Em qualquer hipótese em que o contribuinte decida não indicar árbitro, a designação do(s) julgador(res) caberá ao Conselho Deontológico do CAAD.

Com relação aos custos da arbitragem tributária, nos termos do n.º 1 do artigo 12.º do RJAT, a taxa é devida por ocasião da constituição do tribunal arbitral. O valor, forma e base de cálculo, bem como valores mínimos e máximos, são definidos pelo regulamento de custas do CAAD.[172]

Para fins deste estudo, tendo em vista que os valores cobrados pelo CAAD, considerando, fatores como moeda, quantidade de processos e montantes envolvidos, não teriam comparação com as realidades jurídica-processual e econômica brasileira, restringiremos essa seção ao funcionamento estrutural do sistema de custas arbitrais tributárias em Portugal, para preparar as reflexões sobre a possibilidade de implementação do instituto no Brasil.

Para bom entendimento da questão, registre-se que a abrangência do termo "custas do processo arbitral" no âmbito do CAAD, "genericamente designadas como taxa de arbitragem", "compreendem todas as despesas resultantes da condução do processo arbitral e os honorários dos árbitros", nos termos do art. 2.º do Regulamento de Custas.[173]

---

legislativa concedida pelo artigo 124.º da Lei n.º 3-B/2010, de 28 de Abril. Disponível em: https://dre.pt/dre/detalhe/decreto-lei/10-2011-280904. Acesso em: 13 de fev. de 2023.

172 PORTUGAL. Centro de Arbitragem Administrativa. CAAD. *Regulamento de custas no processo de arbitragem tributária*. Disponível em: https://www.caad.pt/files/documentos/regulamentos/CAAD_AT-Regulamento_de_Custas_ARBITRAGEM_TRIBUTARIA-31-08-2021.pdf. Acesso em: 13 fev. 2023.

173 PORTUGAL. Centro de Arbitragem Administrativa. CAAD. *Regulamento de custas no processo de arbitragem tributária*. Art. 2º. Disponível em: https://www.caad.pt/files/do-

Conforme dispõe o artigo 12.º n.º 2 do RJAT, sendo opção do sujeito passivo designar o árbitro, caso ele decida pela não utilização dessa opção, (art. 6.º, n.º 1, alínea "a" e n.º 2, do RJAT), deverá pagar, na data do envio do pedido de constituição do tribunal arbitral, a taxa de arbitragem inicial. A fixação do montante e a eventual repartição das custas entre as partes será determinada pela decisão que for proferida pelo tribunal arbitral.

Por outro lado, nos casos em que o sujeito passivo manifesta a intenção de designar árbitro, nos termos da alínea "b" do n.º 2 do artigo, 6.º do RJAT, deverá pagar, na data do envio do pedido de constituição do tribunal arbitral, a taxa de arbitragem pela totalidade. A falta de pagamento tempestivo da taxa de arbitragem inicial ou da taxa de arbitragem é causa impeditiva da constituição do tribunal arbitral. Quanto a eventuais encargos decorrentes da designação de peritos, tradutores, intérpretes e outros, relativos à produção de provas, estes serão suportados diretamente pelas partes.

Verifica-se, portanto, duas formas de pagamento dos custos totais do processo arbitral em Portugal, consoante o RJAT:

1. Pelo sujeito passivo, o valor relativo à taxa de arbitragem inicial, na data do envio do pedido de constituição do tribunal arbitral, no caso de não designar árbitro, quando esta incumbência lhe seja facultada, sendo o valor final dos custos e eventual repartição entre as partes, fixados pela decisão arbitral.
2. Pelo sujeito passivo, as custas arbitrais em sua totalidade, na data do envio do pedido de constituição do tribunal arbitral, nos casos em que manifeste a intenção de designar árbitro.

O Conselheiro do CAAD Jorge Lopes de Sousa[174] esclarece a questão ensinando que, quando o sujeito passivo opta por não designar árbitro, deverá pagar, por ocasião da constituição do tribunal arbitral, apenas a taxa de arbitragem inicial, que corresponde a 50% do valor constante da tabela I, relativa à designação de árbitro pelo CAAD.[175] Nessa hipótese, ainda segundo o Conselheiro, a fixação das custas devidas e eventual divisão do valor

---

cumentos/regulamentos/CAAD_AT-Regulamento_de_Custas_ARBITRAGEM_TRIBUTARIA-31-08-2021.pdf. Acesso em: 13 fev. 2023.

174 SOUSA, Jorge Lopes de. *Comentário ao Regime Jurídico da Arbitragem Tributária. In*: VILLA-LOBOS, Nuno de; PEREIRA, Tânia Carvalhais (coord.). Guia de Arbitragem Tributária, 2. ed. Coimbra, Portugal: Almedina, 2017, p. 155-156. ISBN 978-972-40-7172-5.

175 PORTUGAL. Centro de Arbitragem Administrativa. CAAD. *Tabela de custas da arbitragem tributária.* Disponível em: https://www.caad.pt/files/documentos/regulamentos/CAAD_AT-Regulamento_de_Custas_Tabela_com_HONORARIOS_Arbs-2016-03-01.pdf. Acesso em: 13 fev. 2023.

entre as partes será fixada pela decisão arbitral, sendo o sujeito passivo reembolsado pelo CAAD no que lhe for devido.

Diferentemente, ao optar pela designação de árbitro, o sujeito passivo deverá pagar as custas integrais do processo como condição de constituição do tribunal arbitral, com base na tabela II do CAAD, cujo valor é várias vezes superior à taxa devida nos casos em que é aplicável a tabela I, quando o sujeito passivo opta por não designar o árbitro. Além disso, ao optar pela designação do julgador arbitral, as custas não são reembolsáveis ao sujeito passivo, ainda que ele seja vencedor no processo, uma vez que o artigo 22.º, n.º 4 do RJAT, e o artigo 5.º, n.º 2, do Regulamento de Arbitragem do CAAD não estabelecem a divisão de custas nesta hipótese.

Como conclusão desta seção, verifica-se que os custos do processo em Portugal estão diretamente vinculados à forma de composição do tribunal arbitral, que incentiva a sua formação através da escolha dos árbitros pelo Conselho Deontológico do CAAD, hipótese em que o valor inicial das custas, para além de redução em 50%, são fixados a partir de uma tabela com valores menores em relação à opção de escolha dos árbitros pelas partes. A falta de previsão legal de reembolso ao sujeito passivo das custas arbitrais, no caso de optar pela escolha do árbitro, mesmo sendo vencedor na demanda, é outro fator a estimular que o CAAD designe o(s) árbitro(s) no processo arbitral.

De qualquer forma, a opção pela escolha do árbitro pelo sujeito passivo em nada direciona ao raciocínio de uma possível parcialidade, pois, na hipótese de escolha pelo sujeito passivo, o tribunal será sempre um coletivo de três árbitros, sendo dois deles escolhidos por cada uma das partes, e o terceiro, pelos próprios árbitros designados. Passamos então a abordar a decisão arbitral tributária, recurso e impugnação (anulação) da decisão.

A arbitragem constitui método heterocompositivo de solução de disputas e o regime jurídico de arbitragem tributária em Portugal, DL n.º 10/11 (RJAT), determina que a decisão arbitral tem o mesmo valor jurídico que as sentenças judiciais (art. 22.º, n.º 2). Visando conferir à arbitragem tributária a necessária celeridade processual, é adotado o princípio da autonomia dos árbitros na condução do processo (art. 19.º). A lei estabelece um limite temporal de seis meses para que os julgadores profiram a decisão arbitral, com possibilidade de prorrogação que nunca excederá seis meses (art. 21.º).

Tania Carvalhais Pereira[176] enfatiza que, embora o prazo legal seja de seis meses, prorrogável até o dobro em casos devidamente fundamentados, o

---

176 PEREIRA, Tânia Carvalhais. *Arbitragem tributária em Portugal: subsídios para criação da arbitragem tributária no Brasil*. *In*: PISCITELLI, Tathiane; MASCITO, Andréa; FERNAN-

tempo médio de prolação de sentença na arbitragem tributária em Portugal é de cerca de quatro meses e meio. Em casos mais complexos, afirma que a decisão arbitral é proferida, "na pior das hipóteses, no prazo de um ano após a constituição do Tribunal Arbitral."

O mérito da decisão arbitral tributária em Portugal é, regra geral, irrecorrível. Entretanto, a lei prevê a possibilidade de recurso para o Tribunal Constitucional (TC), nos casos em que a sentença arbitral recuse a aplicação de qualquer norma com fundamento na sua inconstitucionalidade ou aplique uma norma cuja constitucionalidade tenha sido suscitada (art. 25.º, n.º 1). Da mesma forma, caberá recurso para o Supremo Tribunal Administrativo (STA) quando a decisão arbitral esteja em oposição, quanto à mesma questão fundamental de direito, com acórdão proferido pelo Tribunal Central Administrativo (TCA) ou pelo STA, nos termos do art. 25.º, n.º 2, do RJAT. Tratam-se, contudo, de recursos excepcionais, como adiante se verá.

Antes dos esclarecimentos acerca da finalidade dos recursos, é necessário pontuar as categorias de tribunais administrativos (judiciais), no sistema judiciário português. Definições extraídas da página eletrônica do Alto Comissariado para as Migrações em Portugal esclarece o seguinte:

> O Tribunal Constitucional, cuja função principal é apreciar a constitucionalidade ou a legalidade das normas jurídicas, bem como a constitucionalidade das omissões de legislar;
> [...]
> Os Tribunais Administrativos e Fiscais, cuja função é dirimir os litígios emergentes de relações administrativas e fiscais, incluem o Supremo Tribunal Administrativo, os tribunais centrais administrativos, os tribunais administrativos de círculo e os tribunais tributários;
> [...][177]

Quanto ao Tribunal Arbitral, sendo previsto expressamente na constituição portuguesa como parte da categoria dos tribunais (art. 209.º, n.º 2) o legislador, se dúvidas ainda existissem a este respeito, pretendeu deixar claro que os tribunais arbitrais são verdadeiros tribunais para os parâmetros constitucionais.[178]

---

DES, André Luiz Fonseca. Arbitragem Tributária no Brasil e em Portugal. Visões do Grupo de Pesquisa "Métodos Alternativos de Resolução de Disputa em Matéria Tributária" do Núcleo de Direito Tributário da FGV DIREITO SP. São Paulo: Blucher, 2022, p. 190. ISBN: 978-65-5506-516-9.

177 PORTUGAL. *Alto comissariado para as migrações – ACM*. Disponível em: https://www.acm.gov.pt/ru/-/como-funcionam-e-quais-as-competencias-dos-tribunais-em-portugal-. Acesso em: 15 fev. 2023.

178 DOMINGOS, Francisco Nicolau. *É possível limitar o direito ao recurso na arbitragem tributária? O RJAT e o recurso da decisão arbitral portuguesa*. *In:* PISCITELLI, Tathiane;

Como ensina Francisco Nicolau Domingos[179], apesar da regra geral da irrecorribilidade, o sujeito passivo não fica absolutamente impedido de reagir às decisões arbitrais, pois o RJAT admite a impugnação (em sentido lato) para o TC, para o STA e para TCA Sul[180] – tribunal de segunda instância. Os recursos para o TC e para o STA destinam-se à reapreciação do mérito. Para o TCA, como veremos adiante, não cabe recurso, mas sim impugnação da decisão.

O recurso ao TC abrange o campo do controle da constitucionalidade, nos termos do art. 204.º da CRP, que estabelece que nos feitos submetidos a julgamento não podem os tribunais aplicar normas que infrinjam o disposto na Constituição ou os princípios nela consignados. Tal recurso tem natureza *cassatória*, pois, sendo provido, os autos retornam ao tribunal de origem a fim de que este, conforme o caso, reforme a decisão ou a mande reformar em conformidade com o julgamento sobre a questão constitucional.

Já o recurso para o STA da decisão que encerra o processo arbitral tem como fundamento contradição quanto à mesma questão de direito em acórdão proferido pelo TCA Norte ou Sul, ou pelo próprio STA. O recurso deve demonstrar a divergência relativa à mesma questão de direito que se encontra nos acórdão(s) paradigma(s) dos mencionados tribunais.

Segundo Francisco Nicolau Domingos, o legislador, com esse recurso, buscou promover a uniformização da jurisprudência tributária no país, o que é compreensível, considerando especialmente a obrigação de os tri-

---

MASCITO, Andréa; FERNANDES, André Luiz Fonseca. Arbitragem Tributária no Brasil e em Portugal. Visões do Grupo de Pesquisa "Métodos Alternativos de Resolução de Disputa em Matéria Tributária" do Núcleo de Direito Tributário da FGV DIREITO SP. São Paulo: Blucher, 2022, p. 199. ISBN: 978-65-5506-516-9.

179 DOMINGOS, Francisco Nicolau. *É possível limitar o direito ao recurso na arbitragem tributária? O RJAT e o recurso da decisão arbitral portuguesa. In:* PISCITELLI, Tathiane; MASCITO, Andréa; FERNANDES, André Luiz Fonseca. Arbitragem Tributária no Brasil e em Portugal. Visões do Grupo de Pesquisa "Métodos Alternativos de Resolução de Disputa em Matéria Tributária" do Núcleo de Direito Tributário da FGV DIREITO SP. São Paulo: Blucher, 2022, p. 197. ISBN: 978-65-5506-516-9.

180 Em Portugal, há também o Tribunal Central Administrativo Norte. A competência – em razão do território – para apreciar essa espécie processual de controle jurisdicional das decisões arbitrais encontra-se atribuída ao Tribunal Central Administrativo Sul, pois o CAAD situa-se em Lisboa e, nos termos do art. 4º, n. 2, do RJAT, os tribunais arbitrais funcionam no referido Centro de Arbitragem.

bunais que funcionam sob a égide do CAAD, "julgarem segundo o direito constituído, respeitando assim o princípio constitucional da igualdade." [181]

Ao contrário da impugnação e do recurso para o TC, o STA tem natureza substitutiva e não *cassatória*. O acórdão que concluir pela existência da contradição à jurisprudência do STA ou do TCA anula a decisão arbitral, substituindo-a e decidindo a questão controvertida, limitando-se a decisão do recurso ao mérito da questão fundamental de direito que esteja em oposição ao entendimento dos citados tribunais.

Nos casos em que o tribunal arbitral seja a última instância de decisão de litígios tributários, a decisão é suscetível de reenvio prejudicial em cumprimento do § 3º do artigo 267.º do Tratado sobre o Funcionamento da União Europeia.[182] Em sua essência, o processo das questões prejudiciais é um instrumento de cooperação entre o TJUE e os tribunais dos Estados-Membros, enquanto promove o diálogo entre os juízes nacionais e o juiz da união europeia, visando afastar divergências na aplicação do direito vigente no bloco europeu.

Há ainda a possibilidade de impugnação (anulação) da decisão arbitral pelo TCA caso a sentença não especifique os fundamentos de fato e de direito, os respectivos fundamentos sejam contrários à decisão, haja pronúncia indevida, omissão de pronúncia ou violação dos princípios do contraditório e da igualdade das partes.

Observe-se que o Regime Jurídico de Arbitragem Tributária RJAT trata da anulação nos artigos 27.º e 28.º, que, no entanto, tem como títulos Impugnação da Sentença arbitral e Fundamentos e Efeitos da Impugnação da Sentença arbitral. Apesar dos títulos das seções, os citados artigos não tratam da impugnação do mérito da decisão arbitral, que, como visto anterior-

---

181 DOMINGOS, Francisco Nicolau. *É possível limitar o direito ao recurso na arbitragem tributária? O RJAT e o recurso da decisão arbitral portuguesa. In:* PISCITELLI, Tathiane; MASCITO, Andréa; FERNANDES, André Luiz Fonseca. Arbitragem Tributária no Brasil e em Portugal. Visões do Grupo de Pesquisa "Métodos Alternativos de Resolução de Disputa em Matéria Tributária" do Núcleo de Direito Tributário da FGV DIREITO SP. São Paulo: Blucher, 2022, p. 200. ISBN: 978-65-5506-516-9.

182 Já destacamos nesse estudo que o processo das questões prejudiciais se encontra previsto no artigo 267.º do Tratado sobre o Funcionamento da União Europeia (DUE) e constitui um mecanismo contencioso que visa garantir a uniformidade na interpretação e aplicação do Direito da União Europeia (DUE). Caracteriza-se como um incidente de instância de um processo judicial nacional, ou seja, quando a resolução de um litígio nacional dependa do esclarecimento sobre uma norma de direito da união europeia, o órgão jurisdicional nacional solicita ao Tribunal de Justiça da União Europeia (TJUE) pronúncia sobre essa questão. Disponível em: https://dre.pt/dre/lexionario/termo/processo-questoes-prejudiciais-direito-uniao-europeia Acesso em: 15 fev 2023.

mente, só pode ocorrer em casos excepcionais. Por essa razão, os casos de impugnação são, na verdade, autênticas hipóteses de anulação da sentença arbitral. Francisco Nicolau Domingos esclarece a questão:

> A reação à decisão arbitral dirigida ao Tribunal Central Administrativo designa-se como "impugnação", na medida em que se pretende colocar em crise a sua coerência formal e estrutural. Isto é, não se "ataca" o mérito da decisão, mas os aspetos de natureza formal e a conformidade da decisão com as normas e os princípios processuais; pense-se, por exemplo, na violação do princípio do contraditório. [...]. Os poderes do Tribunal Central Administrativo Sul circunscrevem-se à eventual anulação da decisão arbitral, ou seja, não pode proferir nova decisão sobre o mérito da causa, sob pena de invadir precisamente essa esfera de competência para apreciar o mérito da decisão arbitral.[183]

Antes de encerrar a questão da irrecorribilidade, regra geral, da sentença arbitral tributária em Portugal, é importante destacar a contraposição, não apenas à recorribilidade do mérito da sentença arbitral em Portugal, ainda que em casos excepcionais e devidamente estabelecidos em lei, mas também a ilegalidade do recurso para o Supremo STA, que não encontra respaldo na lei n.º 3-B/2010.

O art. 124.º, n.º 4, alíneas "h" e "j", da referida Lei, que autorizou a Assembleia da República portuguesa a aprovar o RJAT, além de disciplinar do pedido de impugnação ao TCA, estabeleceu como regra a irrecorribilidade do mérito da sentença arbitral, prevendo unicamente a possibilidade de recurso ao TC, nas hipóteses já mencionadas do art. 25º, n.º 1, do RJAT. Para melhor compreensão do tema, vejamos como se posicionam Paulo Cesar Conrado, Júlia Silva Araújo Carneiro, André Luiz Fonseca Fernandes e Phelipe Moreira Souza Frota:

> A previsão de recurso da sentença arbitral para o Supremo Tribunal Administrativo foi, assim, criada pelo RJAT, o que é motivo de crítica da doutrina portuguesa. Sustenta-se que a celeridade acaba por ser prejudicada e que, embora a arbitragem tributária promova um descongestionamento de processos na primeira instância (tribunais administrativos e fiscais), tal regime recursal permite o subsequente agravamento do já elevado congestionamento processual no Supremo Tribunal Administrativo.[184]

---

183 DOMINGOS, Francisco Nicolau. *É possível limitar o direito ao recurso na arbitragem tributária? O RJAT e o recurso da decisão arbitral portuguesa. In:* PISCITELLI, Tathiane; MASCITO, Andréa; FERNANDES, André Luiz Fonseca. Arbitragem Tributária no Brasil e em Portugal. Visões do Grupo de Pesquisa "Métodos Alternativos de Resolução de Disputa em Matéria Tributária" do Núcleo de Direito Tributário da FGV DIREITO SP. São Paulo: Blucher, 2022, p. 197, 198. ISBN: 978-65-5506-516-9.

184 CONRADO, Paulo Cesar; CARNEIRO, Júlia Silva Araújo; FERNANDES, André Luiz Fonseca; FROTA, Phelipe Moreira Souza. *Sentença arbitral em litígios tributários – vinculação a precedentes e judicialização: seria desejável o controle judicial da sentença arbitral? In:*

Por fim, encerrando o capítulo referente à arbitragem tributária em Portugal, trataremos do regime transitório de migração de processos judiciais para a arbitragem, adotado no país, visando permitir ao sujeito passivo migrar de regime, em determinado espaço de tempo e sob determinadas condições. O art. 30.º do RJAT estabeleceu a faculdade, a partir da entrada em vigor do regime de arbitragem tributária em Portugal, de o sujeito passivo submeter aos tribunais arbitrais a apreciação dos processos tributários que se encontrassem pendentes de decisão há mais de dois anos, com dispensa de pagamento de custas judiciais.

Tânia Carvalhais Pereira avalia que o RJAT "previu um regime transitório de migração de processos sem tradição no ordenamento nacional e sem paralelo em matéria tributária, mesmo que esteja próximo de regimes adotados em outros ordenamentos jurídicos"[185], como na Itália, no Direito Civil. Ocorre que a entrada em vigor do RJAT ocorreu em 25 de janeiro de 2011, mas o regime de arbitragem tributária só se tornou possível a partir de 1º de julho do mesmo ano, data de entrada em vigor da Portaria de vinculação com a administração tributária. Dessa forma, o regime transitório, que deveria durar 365 dias, foi aplicado somente por 209 dias. Se considerados os períodos de recesso judicial, o regime seria reduzido para 165 dias.

Além disso, em 2011 o regime de arbitragem tributária representava uma autêntica inovação, colaborando para o resultado insatisfatório da medida de migração. Efetivamente, entre 1º de julho de 2011 e 25 de janeiro de 2015, respectivamente, início e fim do regime de migração, apenas 32 processos foram objeto de migração do judiciário para a arbitragem. Desses, 26 foram apresentados nos últimos dias da vigência do regime transitório.

Finalizando a parte desse estudo dedicada ao regime de arbitragem tributária em Portugal, antes de passarmos a abordar a possibilidade de aplicação do instituto no Brasil, cabe exaltar o pioneirismo do país europeu na instituição da arbitragem como método adequado de solução de conflitos em matéria tributária. Diversas jurisdições, que debatem o tema, ainda tentam superar o dogma da indisponibilidade da receita tributária e a desconfiança de submeter matéria tributária à arbitragem, como o Brasil.

---

PISCITELLI, Tathiane; MASCITO, Andréa; FERNANDES, André Luiz Fonseca. Arbitragem Tributária no Brasil e em Portugal. Visões do Grupo de Pesquisa "Métodos Alternativos de Resolução de Disputa em Matéria Tributária" do Núcleo de Direito Tributário da FGV DIREITO SP. São Paulo: Blucher, 2022, p. 113. ISBN: 978-65-5506-516-9.

185 PEREIRA, Tânia Carvalhais. *O regime de migração de processos para a arbitragem tributária. In:* VILLA-LOBOS, Nuno de; PEREIRA, Tânia Carvalhais (coord.). Guia de Arbitragem Tributária, 2. ed. Coimbra, Portugal: Almedina, 2017, p. 255. ISBN 978-972-40-7172-5.

Em Portugal, o tema foi amplamente debatido e bastante questionado pela doutrina local, invocando-se argumentos constitucionais para combater o regime, ainda que não expressamente previstos na Constituição do país. Defendeu-se ainda uma suposta reserva estatal dos tribunais, especialmente para dirimir conflitos tributários, o que foi prontamente afastado com fundamento no artigo 209.º da Constituição portuguesa, que prevê que o tribunal arbitral é parte integrante da estrutura dos tribunais do país, sem qualquer restrição quanto a aspectos materiais a serem apreciados.

Ressalte-se o disposto no preâmbulo do DL n.º 10, de 2011, que aprovou o RJAT, ao estabelecer que sua aprovação persegue três objetivos principais: (i) reforçar a tutela eficaz dos direitos e interesses legalmente protegidos dos sujeitos passivos; (ii) imprimir maior celeridade na resolução de litígios tributários e; (iii) reduzir a pendência de processos nos tribunais administrativos e fiscais. Em complementação a esses três objetivos, é possível destacar outro, implícito nos três já mencionados, que deve representar a principal razão para a implementação de um sistema multiportas de solução de conflitos em matéria tributária: a garantia constitucional do efetivo acesso à justiça tributária.

Encerrado o tema relativo à arbitragem em Portugal, passamos a enfrentar as questões a serem superadas para adoção do instituto no Brasil, fazendo, sempre que possível, referência ao regime português nas seções e capítulos dedicados ao nosso país.

# 4. IMPLEMENTAÇÃO DA ARBITRAGEM TRIBUTÁRIA NO BRASIL

No capítulo anterior deste estudo, abordamos a arbitragem tributária em Portugal, cujo regime, implementado em 2011, vem sendo considerado modelo para estudos visando a implementação em outras jurisdições, enfatizando que o país europeu foi adotado neste trabalho como base comparativa para avaliação da possibilidade de implementação do instituto no Brasil.

Também no Capítulo anterior, demonstramos a superação do dogma da indisponibilidade da receita tributária, utilizando especialmente os conceitos de interesse público primário e interesse público secundário, embora não haja, na arbitragem, qualquer disposição de direito.

O estudo ainda parte da premissa que os MASCs representam medida de ampliação à tutela jurisdicional, independentemente do esgotamento do Poder Judiciário e dos Órgãos Julgadores Administrativos, pois abrem a possibilidade de o jurisdicionado ter mais uma porta, além do sistema tradicional, para ver solucionados seus conflitos.

Em que pese trazer argumentações *de lege ferenda*, uma vez que, diferentemente de Portugal, não há norma específica a autorizar a arbitragem tributária no Brasil, as seções e capítulos seguintes deste estudo abordarão os fundamentos para implementação do instituto no nosso país, visando responder à seguinte indagação: é possível a instituição da arbitragem como método adequado de solução de conflitos em matéria tributária no Brasil?

## 4.1. INICIATIVAS NO BRASIL VISANDO A ADOÇÃO DE MÉTODOS ADEQUADOS DE SOLUÇÃO DE CONFLITOS

No Brasil, desde 2010, diversas iniciativas têm incentivado a adoção de métodos extrajudiciais de solução de disputas, notadamente para a promoção da conciliação, mediação, transação e arbitragem, ainda que no âmbito do Poder Público. Podemos apontar como marco desse movimento a Resolução do Conselho Nacional de Justiça (CNJ) 125/10, que entre outras razões, considerou que o direito de acesso à justiça, previsto no art. 5º, XXXV da CF/1988, além da vertente formal perante os órgãos judiciários, implica acesso à ordem jurídica justa.[186]

Carlos Alberto de Salles, Marco Antônio Garcia Lopes Lorencini e Paulo Eduardo Alves Da Silva[187] reforçam o papel da Resolução 125/2010 do CNJ[188] como ponto de partida dos MASCs, e acrescentam a esse movimento, em 2015, a publicação de três leis federais: o Código de Processo Civil (CPC/2015)[189], a Lei que reformou a arbitragem[190] e a Lei de mediação[191].

---

186 Adaptado de: SANTOS, Reginaldo. Instituição da arbitragem tributária no Brasil como método adequado de solução de conflitos. *Revista Acadêmica da Faculdade de Direito do Recife. v. 94, n.* 2 (2022). p. 150. Recife: PPGD/UFPE. ISSN(eletrônico): 2448-2307. DOI: 10.51359/2448-2307.2022.254657. Disponível em: https://periodicos.ufpe.br/revistas/ACADEMICA/article/view/254657. Acesso em: 20 fev. 2023

187 SALLES, Carlos Alberto de; LORENCINI, Marco Antônio Garcia Lopes; SILVA, Paulo Eduardo Alves da. *Introdução. Negociação, Mediação, Conciliação e Arbitragem. Curso de Métodos Adequados de Solução de Controvérsias, 3. ed.* Rio de Janeiro: Forense, 3.d. 2020, p. 23. ISBN 978-85-309-8811-1

188 BRASIL. Conselho Nacional de Justiça - CNJ. *Resolução nº 125, de 29 de novembro de 2010*. Dispõe sobre a Política Judiciária Nacional de tratamento adequado dos conflitos de interesses no âmbito do Poder Judiciário e dá outras providências. Brasília, DF. Disponível em: https://www.cnj.jus.br/wp-content/uploads/2011/02/Resolucao_n_125-GP.pdf. Acesso em: 20 fev. 2023.

189 BRASIL, Congresso Nacional. Lei nº 13.105, de 16 de março de 2015. Código de Processo Civil. *Diário Oficial da União*. Brasília, DF, 17 mar. 2015. Disponível em: https://www.planalto.gov.br/ccivil_03/_ato2015-2018/2015/lei/l13105.htm. Acesso em: 20 fev. 2023.

190 BRASIL, Congresso Nacional. Lei nª 13.129, de 26 de março de 2015. Altera a Lei nº 9.307, de 23 de setembro de 1996, [...]. *Diário Oficial da União*. Brasília, DF, 27 mai. 2015. Disponível em: https://www.planalto.gov.br/ccivil_03/_ato2015-2018/2015/lei/l13129.htm. Acesso em: 20 fev. 2023.

191 BRASIL, Congresso Nacional. Lei nº 13.140, de 26 de junho de 2015. Dispõe sobre a mediação entre particulares como meio de solução de controvérsias e sobre a autocomposição de conflitos no âmbito da administração pública; altera a Lei nº 9.469, de 10 de julho de 1997, e o Decreto nº 70.235, de 6 de março de 1972; e revoga o § 2º do art. 6º da Lei nº 9.469, de 10 de julho de 1997. *Diário Oficial da União*. Brasília, DF, 29 jun. 2015.

Quanto ao que é considerado o marco para implantação dos MASCs, qual seja, a Resolução CNJ 125/2010, observa-se menção expressa em seu texto, logo no preâmbulo, acerca do acesso ao sistema de justiça, da responsabilidade social e da ordem jurídica justa, fazendo referência ao artigo 5º, XXXV, da CF/1988, que estabelece que "a lei não excluirá da apreciação do Poder Judiciário lesão ou ameaça a direito."

Reforça-se aqui a referência aos MASCs como complemento à justiça estatal, e não como alternativa ou competição com o sistema judicial, considerando que, na essência, cabe ao Estado garantir a tutela jurisdicional constitucionalmente garantida ao cidadão. Nesse sentido, Gilmar Ferreira Mendes destaca:

> [...] o desenvolvimento de métodos *alternativos* de resolução de conflitos se afigura fundamental, senão imprescindível, para conter a litigiosidade social e desburocratizar o sistema. A valorização de institutos de mediação, conciliação e arbitragem passa a se mostrar prioritária, devendo a judicialização ser cada vez mais tratada como uma última *ratio* da solução de litígios.[192]

Em que pese a Resolução 125/2010 do CNJ fazer referência nominal apenas à mediação e a conciliação, o ato menciona que ao judiciário cabe estabelecer políticas públicas visando o tratamento de problemas jurídicos e conflitos de interesses, que estão presentes em escala crescente na sociedade, "de forma a organizar, em âmbito nacional, não somente os serviços prestados nos processos judiciais, como também os que possam sê-lo mediante outros mecanismos de solução de conflitos."

É certo que o CPC/1973 já fazia referência à conciliação e à transação. Contudo, foi a partir do CPC/2015 que os métodos adequados ganharam efetivo destaque, ao determinar, de forma expressa em seu artigo 3º, ser permitida a arbitragem, na forma da lei (§ 1º); que o Estado promoverá, sempre que possível, a solução consensual dos conflitos (§ 2º); e que a conciliação, a mediação e outros métodos de solução consensual de conflitos deverão ser estimulados por todos os operadores do direito, inclusive no curso do processo judicial (§ 3º).

O artigo 42 do CPC/2015 reafirma a possibilidade de utilização da arbitragem ao estabelecer que "as causas cíveis serão processadas e decididas pelo juiz nos limites de sua competência, ressalvado às partes o direito de instituir juízo arbitral, na forma da lei". Atualmente, a lei a que se referem o §

---

Disponível em: https://www.planalto.gov.br/ccivil_03/_ato2015-2018/2015/lei/l13140.htm. Acesso em: 20 fev. 2023.

192 MENDES, Gilmar Ferreira. *Curso de direito constitucional* / Gilmar Ferreira Mendes, Paulo Gustavo Gonet Branco. – 14. ed. rev. e atual. – São Paulo : Saraiva Educação, 2019, p. 1.679-1.680. ISBN 9788553606177.

1º do artigo 3º e o artigo 42 é a LA, Lei n.º 9.307, de 23/09/1996, alterada pela Lei n.º 13.129, de 26/05/2015, inteiramente compatível com o CPC/2015.[193]

Ou seja, o CPC/2015, em que pese ter entrado em vigor após decorrido 1 (um) ano da data de sua publicação oficial (art. 1.045), já previa a utilização da arbitragem, nos termos da lei, sem qualquer vedação à sua utilização junto ao poder público, quando sobreveio a lei 13.129, de 26/05/2015, ao acrescentar o § 1º ao art. 1º da lei 9.307, de 1996, para permitir à Administração Pública direta e indireta a utilização do citado método para dirimir conflitos relativos a direitos patrimoniais disponíveis.

Já exploramos, no Capítulo anterior deste estudo, a questão envolvendo o que se entende por direitos patrimoniais disponíveis, mais especificamente, acerca do dogma da indisponibilidade da receita tributária, mas fato é que autores como Carlos Alberto de Salles[194] apontam como principal novidade da reforma da lei da arbitragem sua utilização por órgãos da administração pública direta e indireta, e esta utilização não se resume à solução de disputas comerciais e empresariais, tendo caráter mais amplo, ainda que sujeita a adaptações.[195] Sob o aspecto do Direito Administrativo, há lei específica, portanto, autorizando a utilização deste instituto fora da esfera privada, justificando o debate apenas e tão somente no que se refere ao alcance e limitação de sua utilização no âmbito da administração pública.

As recomendações e legislação incentivando o movimento de métodos adequados de solução de conflitos, para além de ampliar o acesso à justiça através do sistema multiportas de solução de conflitos, encontra respaldo também nas limitações materiais e humanas da justiça estatal. Nesse aspecto, o então Presidente do STJ, ministro Humberto Martins, ao se referir aos métodos adequados de resolução de conflitos, proferiu duas falas, no intervalo de um mês, em dois eventos dos quais participou, externando essa preocupação. Vejamos nos dois parágrafos seguintes como se manifestou o ministro.

---

193 DI PIETRO, Maria Sylvia Zanella. *Direito administrativo*. 33. ed. Rio de Janeiro: Forense, 2020, p. 1915. ISBN 978-85-309-8972-9.

194 SALLES, Carlos Alberto de; LORENCINI, Marco Antônio Garcia Lopes; SILVA, Paulo Eduardo Alves da. Introdução. *Negociação, Mediação, Conciliação e Arbitragem. Curso de Métodos Adequados de Solução de Controvérsias, 3. ed.* Rio de Janeiro: Forense, 3.d. 2020, p. 20.

195 Adaptado de: SANTOS, Reginaldo. Instituição da arbitragem tributária no Brasil como método adequado de solução de conflitos. *Revista Acadêmica da Faculdade de Direito do Recife. v. 94, n. 2* (2022). p. 148. Recife: PPGD/UFPE. ISSN(eletrônico): 2448-2307. DOI: 10.51359/2448-2307.2022.254657. Disponível em: https://periodicos.ufpe.br/revistas/ACADEMICA/article/view/254657. Acesso em: 20 fev. 2023

Na primeira manifestação, em 17 de novembro de 2020, Humberto Martins defendeu a adoção de métodos adequados para resolução de conflitos em meio à crise do coronavírus. No evento, o ministro afirmou que "é preciso reconhecer que, especialmente em tempos de crise sanitária e econômica, há limites para expansão do judiciário" e ainda chamou a atenção para a sobrecarga do judiciário, diante da "cultura de litigância".[196] Na segunda citação, em 8 de dezembro de 2020, o ministro defendeu a conciliação e mediação para atender as demandas no pós-pandemia. Neste evento, afirmou o ministro que, "se nada for feito, vamos assistir a um aumento na curva do gráfico de ações judiciais distribuídas".[197]

Cabe ainda citar, no contexto de soluções extrajudiciais em matéria tributária, o instituto da transação. O CTN, desde sua redação inicial, desde 1966, prevê no artigo 171 que "a lei pode facultar, nas condições que estabeleça, aos sujeitos ativo e passivo da obrigação tributária celebrar transação que, mediante concessões mútuas, importe em determinação de litígio e conseqüente extinção de crédito tributário." Embora a previsão exista desde a entrada em vigor do CTN, ocorrida em 1º de janeiro de 1967, somente em 17 de outubro de 2019, após 52 anos do início de vigência do Código, a transação tributária em âmbito federal foi implementada no Brasil, com a publicação da Medida Provisória 899/2019, que entrou em vigor em 17 de outubro de 2019, posteriormente convertida na lei n.º 13.988/2020, publicada em 14 de abril de 2020.

Também com relação à matéria tributária, em 2021, o CNJ publicou a Recomendação 120/2021, de 28 de outubro, que apesar de recomendar o "tratamento adequado de conflitos de natureza tributária, quando possível pela via da autocomposição", orienta, no artigo 1º, § 1º, que "nas demandas em curso, o(a) magistrado(a) também poderá incentivar":

> [...]
> II - o uso, quando autorizado por lei, da arbitragem para a resolução de conflitos tributários, quando for mais adequado e eficiente ao tratamento do litígio, nos termos do art. 3º do CPC e, em caso de concordância pelos litigantes, será

196 BRASIL. Superior Tribunal de Justiça. Notícias. Eventos. *Presidente do STJ defende incentivo a métodos alternativos para conflitos em meio à crise do coronavírus.* Disponível em: https://www.stj.jus.br/sites/portalp/Paginas/Comunicacao/Noticias/17112020-Presidente-do-STJ-defende-incentivo-a-metodos-alternativos-para-conflitos-em-meio-a-crise-do-coronaviru.aspx. Acesso em: 23 fev. 2023.

197 BRASIL. Superior Tribunal de Justiça. Notícias. Eventos. *Presidente do STJ propõe mediação e conciliação para atender a demandas no pós-pandemia.* Disponível em: https://www.stj.jus.br/sites/portalp/Paginas/Comunicacao/Noticias/08122020-Presidente-do-STJ-propoe-mediacao-e-conciliacao-para-atender-a-demandas-no-pos-pandemia.aspx. Acesso em: 23 fev. 2023.

firmado compromisso arbitral judicial, com a consequente extinção do feito sem resolução do mérito, nos termos do art. 485, VII, do CPC.[198]

A recomendação do CNJ reforça a necessidade de lei específica para autorizar a arbitragem em matéria tributária. A esse respeito, tramitam no Congresso Nacional Projetos de Lei mais recentes, que envolvem a instituição desse regime como método adequado de solução de conflitos. Um deles, o PLP 17/22[199], foi aprovado pelo Plenário da Câmara dos Deputados em 8 de novembro de 2022, e remetido ao Senado Federal em 16 de novembro do mesmo ano, onde aguarda aprovação.[200]

Ressalte-se ainda outra recomendação do CNJ, a 471/2022, de 31 de agosto, que dispõe sobre a Política Judiciária Nacional de Tratamento Adequado à Alta Litigiosidade do Contencioso Tributário no âmbito do Poder Judiciário.[201] Chamam a atenção, nessa resolução, algumas considerações colocadas no seu preâmbulo, aqui sumarizados:

i. destaque para os princípios constitucionais do acesso à Justiça, da eficiência, da celeridade e da duração razoável do processo, que juntos geram o direito do cidadão a um processo efetivo;
ii. que o contencioso tributário no Brasil é caracterizado pelo elevado número de processos pendentes de julgamento que culminam em uma dificuldade intransponível na aplicação do princípio constitucional da justiça efetiva e celeridade na decisão e;
iii. a necessidade de incentivar mudanças nos padrões de comportamento socioculturais, com vistas a incentivar o relacionamento cooperativo

198 BRASIL. Conselho Nacional de Justiça - CNJ. *Recomendação CNJ nº 120, de 28 de outubro de 2021*. Recomenda o tratamento adequado de conflitos de natureza tributária, quando possível pela via da autocomposição, e dá outras providências. p. 1 e art. 1º, inciso II. Disponível em: https://atos.cnj.jus.br/files/original2329372021110361831b61bdfc3.pdf. Acesso em: 20 fev. 2023.

199 BRASIL. Congresso Nacional. *Projeto de Lei Complementar - PLP nº 17/2022*. Estabelece normas gerais relativas a direitos, garantias e deveres do contribuinte, principalmente quanto a sua interação perante a Fazenda Pública e dispõe sobre critérios para a responsabilidade tributária. Brasília, DF. Disponível em: https://www.camara.leg.br/proposicoesWeb/fichadetramitacao?idProposicao=2317563. Acesso em: 20 fev. 2023.

200 Esse estudo abordará o principais projetos de arbitragem tributária apresentados a partir de 2019, de forma mais detalhada, em capítulo específico.

201 BRASIL. Conselho Nacional de Justiça – CNJ. *Resolução nº 471, de 31 de agosto de 2022*. Dispõe sobre a Política Judiciária Nacional de Tratamento Adequado à Alta Litigiosidade do Contencioso Tributário no âmbito do Poder Judiciário e dá outras providências. Disponível em: https://atos.cnj.jus.br/files/original2352572022090563168bd92af9c.pdf Acesso em: 23 fev. 2023.

entre as administrações tributárias, procuradorias, instituições judiciárias e contribuintes.

A instituição da política pelo CNJ, que visa assegurar a todos o direito à solução dos conflitos tributários de forma efetiva, garantindo a celeridade e o acesso à justiça, ainda destaca como objetivos a boa qualidade dos serviços e a disseminação da cultura de pacificação social, trazendo, entre suas diretrizes, a prevenção e desjudicialização de demandas tributárias.

Como se observa, a necessidade de implantação de métodos adequados de resolução de disputas tributárias, como ressaltamos, transcende a questão da morosidade, maior eficiência da justiça ou a quantidade expressiva de casos pendentes de solução. Além disso, como destacado pelo ministro Luiz Fux, que assina a Resolução CNJ 471, um sistema multiportas de solução de conflitos pode assegurar a todos o direito à solução de litígios tributários de forma efetiva e disseminar a cultura da paz social.

Ainda como medida de incentivo aos MASCs em matéria tributária, o Ato do Presidente do Senado Federal (SF) n.º 1, de 2022[202], assinado pelos presidentes SF e do STF, criou a Comissão de Juristas responsável pela elaboração de anteprojetos de proposições legislativas sobre o processo administrativo e tributário. A instalação da comissão temporária ocorreu em 17 de março de 2022 e contou também com a presença do ministro Luiz Fux, então presidente do STF. A presidência da comissão foi atribuída à ministra Regina Helena Costa, do STJ, e teve como objetivo a elaboração de anteprojetos de proposições legislativas que dinamizem, unifiquem e modernizem o processo administrativo e tributário nacional.

No dia 8 de dezembro de 2022, o trabalho da comissão foi considerado concluído com o envio e publicação, em 9 de setembro de 2022, do Ofício n.º 46/2022, comunicando o encerramento dos trabalhos e encaminhando o relatório final aprovado, que culminou na apresentação de minutas de proposições, autuados em 16 de setembro de 2022, com assunção da autoria pelo Presidente do Senado, dos PLP 124 e 125, de 2022; e dos PL 2.481, 2.483 a 2.486, e 2.488 a 2.490, todos do mesmo ano.

Embora tenha resultado em oito PL, que tratam de temas diversos relativos ao processo tributário, destacamos, como tema de interesse do presente estudo, o PL 2486, de iniciativa do senador Rodrigo Pacheco (PSD/

---

**202** BRASIL. Senado Federal. *Ato do Presidente do Senado Federal nº 1, de 2022*: Institui a Comissão de Juristas responsável pela elaboração de anteprojetos de proposições legislativas que modernizem o processo administrativo e tributário. Disponível em: https://www25.senado.leg.br/web/atividade/materias/-/materia/152139 . Acesso em: 20 fev. 2023.

MG), que dispõe sobre a arbitragem em matéria tributária e aduaneira.[203] Na exposição de motivos do PL, a Comissão de Juristas ressalta que "a proposta legislativa tem a clara finalidade de garantir a possibilidade de uso da arbitragem a partir da confluência de interesses da Fazenda Pública e dos sujeitos passivos."[204]

Ou seja, não se trata de instituição de um regime que visa abrandar a legalidade tributária. Dito de outra forma, trata-se de ampliar as possibilidades de discussão e solução de litígios considerando, especialmente, o princípio constitucional da legalidade, para o qual devem obediência os aplicadores do direito tributário.

Apesar de natural, especialmente na questão que envolve a solução de conflitos com o Poder Público, a desconfiança com relação ao sistema não se justifica, principalmente, pela utilização do mesmo modelo adjudicatório a que fica sujeita a Fazenda Pública nas demandas levadas ao Poder Judiciário, o heterocompositivo. A submissão desses conflitos à arbitragem nada altera os princípios constitucionais tributários, o ato administrativo vinculado do lançamento e as garantias e privilégios do crédito tributário, uma vez constituído.

Citamos, por fim, como medida de incentivo à adoção dos MASCs em matéria tributária, a aprovação, pelo CJF, na I Jornada de Direito Tributário (JDT) 2022, do ENUNCIADO 3 com a seguinte redação: "A arbitragem é meio legítimo de solução de conflitos entre Fisco e contribuintes, desde que venha a ser legalmente instituída."[205]

Considerando a importância da JDT para consolidação de proposições para o Direito Tributário, cuja coordenação geral ficou a cargo do ministro do STJ, Og Fernandes, no papel de Corregedor-Geral da Justiça Federal e Diretor do Centro de Estudos Judiciários, e coordenação científica da mi-

---

**203** BRASIL. Congresso Nacional. *Projeto de Lei nº 2486, de 2022*. Dispõe sobre a arbitragem em matéria tributária e aduaneira. Disponível em: https://www.congressonacional.leg.br/materias/materias-bicamerais/-/ver/pl-2486-2022#:~:text=Ementa%3A,em%20mat%C3%A9ria%20tribut%C3%A1ria%20e%20aduaneira. Acesso em: 20 fev. 2023.

**204** BRASIL. Senado Federal. *Parecer SF 1, de 2022*. p. 126. Disponível em: https://legis.senado.leg.br/sdleg-getter/documento?dm=9198213&ts=1671478755788&disposition=inline. Acesso em: 20 fev. 2023.

**205** BRASIL. Conselho da Justiça Federal. Centro de Estudos Judiciários. *I Jornada Direito Tributário : enunciados aprovados*. – Brasília : Conselho da Justiça Federal, Centro de Estudos Judiciários, 2022. 20 p. Evento realizado pelo Centro de Estudos Judiciários (CEJ). Enunciado 3, p. 15. Disponível em: https://www.cjf.jus.br/cjf/corregedoria-da-justica-federal/centro-de-estudos-judiciarios-1/publicacoes-1/jornada-de-direito-tributario. Acesso em: 23 fev. 2023.

nistra Regina Helena Costa e Luiz Alberto Gurgel de Faria, ambos do STJ, julgamos oportuno transcrever a justificativa do Enunciado 3:

> O enunciado objetiva assentar a possibilidade de instituição da arbitragem como meio para a solução de controvérsias em matéria tributária, afastando os óbices da indisponibilidade do crédito tributário e, igualmente, do interesse público. É sabido que, no que concerne à solução das contendas no âmbito do direito público, a impossibilidade do emprego do método arbitral já foi superada, seja pela jurisprudência (STF, AI 52181), seja por força de uma positivação legal genérica (art. 1º, §1º, da Lei n. 9.307/1996, com a redação da Lei n. 13.129/2015), relacionada a direitos disponíveis, além de inúmeros permissivos legais específicos. Especialmente quanto à indisponibilidade do crédito tributário, a qual constitui uma emanação da própria indisponibilidade do interesse público, é de se notar que traduz a impossibilidade de sua disposição ao alvedrio do administrador. Não há, por óbvio, impedimento a que tal ocorra se o administrador estiver assim autorizado pelo legislador, o qual se encontra habilitado, constitucionalmente, para tanto. Nesse sentido, apropriada a visão de Pedro Gonçalves (Administração Pública e arbitragem - especial, o princípio legal da irrecorribilidade de sentenças arbitrais. In: Estudos em homenagem a António Barbosa de Melo. Coimbra: Almedina, 2013, p. 784. Org.: CORREIA, Fernando Alves; SILVA, João Calvão da; ANDRADE, José Carlos Vieira de Andrade; CANOTILHO, José Joaquim Gomes; COSTA, José Manuel m. Cardoso). O enunciado, portanto, expressa a mensagem de que compete ao legislador, flexibilizando a indicada indisponibilidade, autorizar a Administração Tributária a submeter os seus litígios à arbitragem. Não se enveredou - advirta-se - aqui pela discussão sobre qual a natureza da espécie normativa exigida para tal fim.[206]

Destaca-se como pontos da justificativa do enunciado, e são abordados neste estudo, a superação do dogma da indisponibilidade da receita tributária e a necessidade do debate acerca da via legislativa adequada para implementação da arbitragem tributária no Brasil.

Reportando-nos à experiência portuguesa, demonstramos neste estudo que o mito da indisponibilidade da receita tributária foi superado após amplo debate, o que de certa forma lançou luzes sobre o tema em outras jurisdições, a exemplo do Brasil, no sentido de que os princípios que regem a indisponibilidade da receita tributária não são absolutos, podendo ser relativizados em face do interesse público primário.

Além disso, destacamos que Portugal implementou a arbitragem tributária em um momento de crise, tanto econômica como de gestão do con-

---

**206** BRASIL. Conselho da Justiça Federal. Centro de Estudos Judiciários. *I Jornada Direito Tributário : enunciados aprovados*. – Brasília : Conselho da Justiça Federal, Centro de Estudos Judiciários, 2022. 20 p. Evento realizado pelo Centro de Estudos Judiciários (CEJ). Enunciado 3, p. 15. Disponível em: https://www.cjf.jus.br/cjf/corregedoria-da-justica-federal/centro-de-estudos-judiciarios-1/publicacoes-1/jornada-de-direito-tributario. Acesso em: 23 fev. 2023.

tencioso tributário, a ponto de firmar compromisso com entidades internacionais para adoção do regime em determinado prazo como uma das condições de obtenção de auxílio financeiro, em que pese à época já ter um projeto de arbitragem tributária em andamento.

No Brasil, apesar do evidente avanço na aceitação do instituto para dirimir conflitos tributários, o caminho para implantação e consolidação do instituto ainda reserva uma série de desafios. O presente estudo, sem a pretensão de esgotar o assunto, abordará os possíveis obstáculos a serem superados. Antes, porém, cabe destacar a arbitragem tributária como direito ao amplo acesso à justiça, como se verá no capítulo seguinte.

## 4.2. ARBITRAGEM TRIBUTÁRIA NO BRASIL COMO MEDIDA DE AMPLO ACESSO À JUSTIÇA

O tema do acesso à justiça tem como ponto de apoio, especialmente, o Estado Democrático de Direito. Para além de ser apenas um método de escolha de governantes, democracia é forma de organizar a sociedade visando garantir e expandir os direitos. Em outras palavras, "a democracia envolve mudanças na sociedade, envolve ainda a adoção, pelos indivíduos que compõem um dado Estado, de um sistema de crenças, valores e atitudes em relação à cidadania." [207]

Como destaca Gilmar Ferreira Mendes, "o acesso à Justiça não significa mero acesso ao Judiciário, mas um programa de reforma e método de pensamento que permitam verdadeiro acesso ao justo processo". [208] A busca pela solução de conflitos sem a presença do Estado é sinal de emancipação e reconhecimento da importância do jurisdicionado no modelo de Estado Democrático de Direito. "O exercício da liberdade com responsabilidade é essencial no regime democrático."[209]

---

**207** RIBEIRO, Ludmila. *A emenda constitucional 45 e a questão do acesso à justiça.* Revista Direito GV, São Paulo 4(2) | P. 465-492 | Jul-Dez 2008. ISSN 1808-2432. Disponível em: https://bibliotecadigital.fgv.br/ojs/index.php/revdireito%20gv/article/view/35160/33965 . Acesso em: 26 fev. 2023.

**208** MENDES, Gilmar Ferreira. *Curso de direito constitucional* / Gilmar Ferreira Mendes, Paulo Gustavo Gonet Branco. – 14. ed. rev. e atual. – São Paulo : Saraiva Educação, 2019, p. 1.790. ISBN 9788553606177

**209** GIANNETTI, Leonardo Varella. *Arbitragem no direito tributário brasileiro: possibilidade e procedimentos.* Tese de Doutorado. Belo Horizonte. Pontifícia Universidade Católica de Minas Gerais, 2017, f. 22: Disponível em: http://www.biblioteca.pucminas.br/teses/Direito_GiannettiLVa_1.pdf. Acesso em: 26 fev. 2023.

Sendo inerentes ao Estado Democrático de Direito, os MASCs representam, antes de tudo, medida de justiça tributária, sendo essa uma causa mais relevante que o esgotamento dos atuais sistemas de solução de litígios. É dessa forma que devemos lançar luzes sobre os MASCs, ainda que notória a sobrecarga do sistema estatal. Por essa razão, eles devem ser aplicados também ao direito tributário, independentemente do congestionamento dos órgãos julgadores, administrativos e judiciais.[210]

Some-se a isso que o texto constitucional resguardou a resolução de controvérsias de modo adequado e célere, justamente como forma de assegurar o acesso à Justiça, estabelecendo como direito fundamental à duração razoável do processo e o respeito ao devido processo legal (art. 5º, incisos XXXV, LIV, LV e LXXVIII) e ainda, priorizou a economicidade e eficiência administrativa (art. 37), tendo em vista a crescente modernização e reforma do Estado e mudanças de paradigmas no Direito Administrativo.[211]

Pela importância do texto para entendimento desta seção, vejamos como se posiciona Tathiane Piscitelli, para relacionar a arbitragem tributária com o acesso à justiça e com medidas justas de arrecadação de tributos, com potencial de reduzir a desigualdade através da correta aplicação dos recursos arrecadados pelo Estado.

> [...] a despeito da força evidente que o argumento relativo ao esgotamento do Poder Judiciário exerce nos debates sobre a adoção de métodos *alternativos* de resolução de conflitos em matéria tributária, entendo que sua influência deve ser relativizada, especialmente porque se fundamenta em situação potencialmente superável: em tese, a incapacidade de processar e julgar causas tributárias seria suplantada pelo aumento no número de juízes, pela possível especialização do Poder Judiciário ou, ainda, por uma análise detalhada da Dívida Ativa, que dê conta de apresentar os números reais que estão em disputa. Portanto, ainda que os dados sobre a incapacidade fática do Poder Judiciário de reduzir o passivo processual sejam relevantes e mereçam relevo, eles não podem fundamentar, de maneira sólida a necessidade de buscar outras formas de colocar fim ao litígio. Na minha concepção, a adoção de tais métodos é uma demanda concreta do Estado Democrático de Direito, instituído pela Constituição da República de 1988. Isso decorre da assunção da premissa de que o

---

**210** PISCITELLI, Tathiane. *Arbitragem no Direito Tributário: uma demanda do Estado Democrático de Direito. In*: PISCITELLI, Tathiane; MASCITTO, Andréa; MENDONÇA, Priscila Faricelli de. (coord). Arbitragem Tributária. Desafios institucionais brasileiros e a experiência portuguesa, 2. ed. São Paulo: Revista dos Tribunais, 2019, p. 185. ISBN 978-85-5321-920-9.

**211** BRASIL. Tribunal de Contas da União. *TC 000.723/2020-7*. 25 nov. 2020. Disponível em: https://www.conjur.com.br/dl/tcu-arbitragem-camara-privada-setor.pdf. f. 15. Acesso em: 27 fev. 2023.

exercício da tributação viabiliza a existência material do Estado e, assim, ela é parte dele constitutiva. Nesse sentido, em linha adotada por Liam Murphy e Thomas Nagel, não há Estado, direito ou instituições sem tributos. A receita tributária é fundamental para a existência do estado tal qual conhecemos e, assim, assegura a manutenção das instituições que garantem direitos aos cidadãos. [...]. em vista da relação direta entre o modelo tributário e o modelo de Estado instituído pela Constituição de 1988, é evidente que as instituições jurídicas devem assegurar, de modo lato, o acesso à justiça, que assegure a busca e defesa dos valores perpetrados pelo Estado Social e Democrático de Direito e reverberados no Sistema Tributário Nacional. Ou seja, o acesso à jurisdição deve ser amplo e eficaz. Também daqui, os métodos *alternativos* de resolução de disputas são relevantes, já que ampliam as possibilidades de acesso à solução de conflitos, sem prejuízo da observância de garantias constitucionais [...]. Por isso tudo, entendo que a adoção efetiva de métodos *alternativos* de resolução de conflitos em matéria tributária, mais do que resultar em alívio para o Poder Judiciário, é uma demanda do Estado Social e Democrático de Direito no qual vivemos. Portanto, a reflexão sobre esses temas não deve ser contingencial e guiada pelo excesso de casos no Judiciário. Trata-se de tema que se relaciona com o acesso à justiça e com medidas justas de arrecadação, que podem resultar em redução da desigualdade, pela correta aplicação dos recursos e ações que busquem tal fim.[212]

A partir de uma concepção de democratização do Poder Judiciário, a questão do acesso à justiça deve ser entendida como a de um sistema capaz de administrar a conflitualidade emergente no Brasil. A contribuição que o judiciário deveria propiciar à consolidação da democracia no país é exatamente atuar conjuntamente com mecanismos adequados para a solução desses novos conflitos.

Ludmila Ribeiro esclarece a importância de diferenciarmos aspectos quantitativos do número de processos distribuídos e julgados nos diversos tribunais brasileiros, quando comparados ao fato que a maioria dos cidadãos comuns continuam excluídos dessa instância na realidade brasileira:

Essa distinção é importante de ser pontuada porque uma análise do acesso à justiça apenas segundo o número de ações iniciadas e encerradas anualmente pode levar a conclusões equivocadas sobre o acesso que a população em geral possui ao judiciário. Isso porque, analisando apenas esses dados, é possível verificar que tanto o número de ações distribuídas como o número de ações julgadas têm aumentado substancialmente nos últimos anos e, por conseguinte, poder-se-ia afirmar que esses dados indicam uma ampliação do acesso à

212 PISCITELLI, Tathiane. *Arbitragem no Direito Tributário: Uma demanda do Estado Democrático de Direito. In*: PISCITELLI, Tathiane; MASCITTO, Andréa; MENDONÇA, Priscila Faricelli de. (coord). Arbitragem Tributária. Desafios institucionais brasileiros e a experiência portuguesa, 2. ed. São Paulo: Revista dos Tribunais, 2019, p. 186-187. ISBN 978-85-5321-920-9.

> justiça, já que mais pessoas estão iniciando processos e outras tantas estão obtendo o pronunciamento judicial. Contudo, apesar de essa proposta ser tentadora, não é possível afirmar que o acesso ao judiciário, especialmente pelas camadas mais pobres da população, tem se ampliado nas últimas décadas. Isso porque esses quantitativos não fazem nenhuma referência às características de quem inicia ou quem obtém um pronunciamento judicial. Assim, a questão do número de processos distribuídos e julgados, apesar de relevante, esconde o problema da incorporação das massas sem direitos, ou socialmente prejudicadas, à cidadania, uma vez que esses números não são capazes de revelar quem tem e quem não tem acesso à justiça.[213]

Olhando para o tema no âmbito das empresas, dados do Conselho Nacional de Política Fazendária (CONFAZ),[214] demonstra que, em 2022, do total de 67 milhões de contribuintes do Imposto Sobre Circulação de Mercadorias e Prestação de Serviço de Transporte Interestadual e Intermunicipal e de Comunicação (ICMS), 27 milhões, ou 45%, representam empresas optantes pelo Regime Especial Unificado Arrecadação de Tributos e Contribuições devidos pelas Microempresas e Empresas de Pequeno Porte (Simples Nacional) fig. 1.[215]

213 RIBEIRO, Ludmila. *A emenda constitucional 45 e a questão do acesso à justiça.* Revista Direito GV, São Paulo 4(2) | P. 465-492 | Jul-Dez 2008. ISSN 1808-2432. Disponível em: https://bibliotecadigital.fgv.br/ojs/index.php/revdireito%20gv/article/view/35160/33965 . Acesso em: 26 fev. 2023.

214 O Confaz, órgão vinculado ao Ministério da Fazenda que tem, entre suas atribuições, promover estudos com vistas ao aperfeiçoamento da Administração Tributária e do Sistema Tributário Nacional como mecanismo de desenvolvimento econômico e social. BRASIL. Conselho Nacional de Política Fazendária - Confaz. *Competência.* Disponível em: https://www.confaz.fazenda.gov.br/menu-de-apoio/competencias. Acesso em: 26 fev. 2023.

215 BRASIL. Conselho Nacional de Política Fazendária - Confaz. *Contribuinte por tipo de regime.* Disponível em: https://app.powerbi.com/view?r=eyJrIjoiNzFmMDRlMjAtNDg0Mi00NjE0LWI3ZGYtMWU4NGRhN2NmNjkzIiwidCI6IjNlYzkyOTY5LTVhNTEtNGYxOC04YWM5LWVmOThmYmFmYTk3OCJ9 . Acesso em: 26 fev. 2023.

FIGURA 1 – CONTRIBUINTE POR TIPO DE REGIME TRIBUTÁRIO

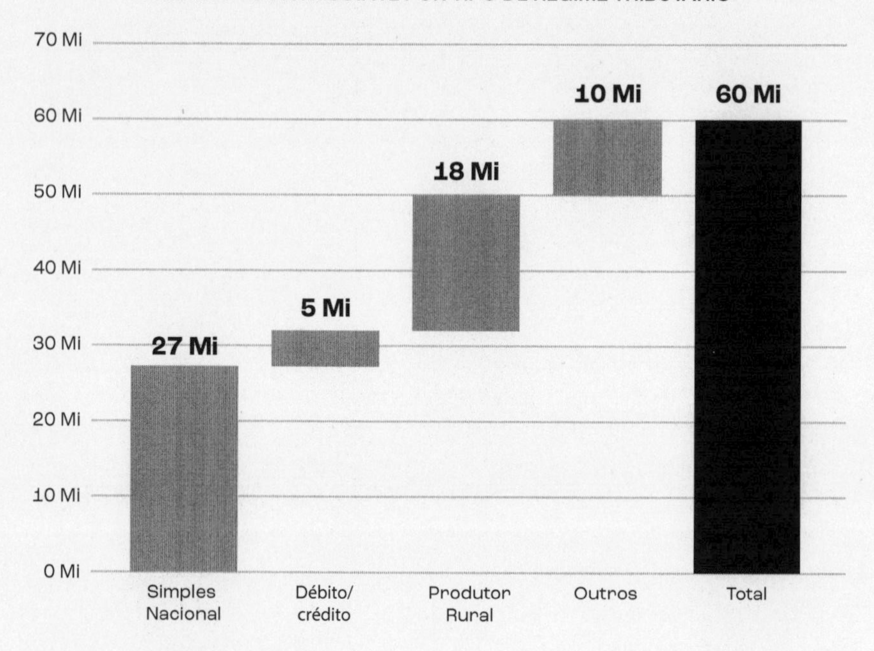


Fonte: Confaz

Vale destacar que as microempresas e as empresas de pequeno porte têm tratamento tributário diferenciado assegurado pela CF/1988, conforme determina o artigo 146, inciso III, alínea "d", do texto constitucional, como uma das matérias a serem disciplinadas por lei complementar. Nesse sentido, o Estatuto Nacional da Microempresa e da Empresa de Pequeno Porte, instituído pela Lei Complementar (LC) n.º 123, de 14 de dezembro de 2006. Nos termos do art. 3º, inciso I e II da referida LC, são consideradas microempresas aquelas que aufiram, em cada ano-calendário, receita bruta igual ou inferior a R$ 360 mil, e empresa de pequeno porte, tenham receita bruta anual superior a R$ 360 mil e igual ou inferior a R$ 4,8 milhões.

Ocorre que, no âmbito de solução de conflitos tributários, na via administrativa federal, verifica-se uma vedação a essas empresas ao duplo grau de revisão administrativa de seus processos tributários. O inciso I do art. 23 da lei 13.988/2020 considera contencioso administrativo fiscal de pequeno valor aquele cujo lançamento fiscal ou controvérsia não supere 60 (sessenta) salários-mínimos. Para esses processos, o julgamento será realizado em última instância por órgão colegiado da Delegacia da Receita Federal de Julgamento (DRJ), ou seja, pela própria administração tributária responsável pelo ato administrativo de lançamento do tributo, aplicando-se, apenas subsidiariamente, a lei que trata do processo administrativo fiscal, nos termos do parágrafo único do art. 23 da citada lei 13.988/20.

Se a intenção do governo federal é "reduzir em cerca de 70% (setenta por cento) a quantidade de processos encaminhados ao Conselho Administrativo de Recursos Fiscais", como justifica a exposição de motivos da MP 1.160/2023,[216] - ainda que tenha perdido a vigência por decurso de prazo em 1º/06/2023 - seria o caso de abrir a esse grupo de contencioso administrativo mais uma porta visando a resolução da controvérsia fiscal, qual seja, a arbitragem tributária.

Note-se que, ainda que a Portaria RFB n.º 309/2023, de 31 de março, tenha criado turmas recursais, com competência para julgar, em segunda e última instância, por decisão colegiada, os recursos voluntários contra as decisões do contencioso administrativo fiscal de pequeno valor e de baixa complexidade, enquadrando-os até 60 (sessenta) salários-mínimos, não se pode negar que tais processos serão totalmente decididos no âmbito da própria Administração Tributária, sob a ótica de seus auditores fiscais, prejudicando a independência que se espera do julgador tributário.

O valor de alçada para recorrer ao CARF pode ser elevado para as pequenas empresas, o que, de certa forma, tende a excluí-las da segunda instância administrativa para resolução de conflitos tributários. A opção para essas empresas seria o Poder Judiciário, que acaba se tornando uma alternativa custosa, sendo muitas vezes evitado, considerando, honorários de advogado, tempo de duração do processo, custas judiciais e eventual sucumbência.

Leonardo Varella Giannetti[217] destaca que as pequenas empresas, em particular, encararam o custo de acessar o judiciário como proibitivo e procuram manter contato com a justiça estatal apenas quando acionadas, mas também aponta padrão similar nas empresas de maior porte, que procuram estruturar suas operações para evitar o Poder Judiciário, exceto, em alguns casos, na área tributária, em que a morosidade da justiça é vista por uma parte minoritária das empresas como eventualmente benéfica.

---

216 BRASIL. Presidência da República. *EM nº 00016/2023 MF*. Disponível em: http://www.planalto.gov.br/ccivil_03/_Ato2023-2026/2023/Exm/Exm-1160-23.pdf. Acesso em: 26 fev.2023.

217 GIANNETTI, Leonardo Varella. *Arbitragem no direito tributário brasileiro: possibilidade e procedimentos*. Tese de Doutorado. Belo Horizonte. Pontifícia Universidade Católica de Minas Gerais, 2017, f. 30: Disponível em: http://www.biblioteca.pucminas.br/teses/Direito_GiannettiLVa_1.pdf. Acesso em: 26 fev. 2023.

Entendemos que o artigo 23 da Lei 13.988/2020, apesar de tratar da transação no contencioso de pequeno valor, não afasta a adoção de outros métodos adequados de solução de conflitos. Ao contrário, os admite expressamente, ao estabelecer no inciso II que "ato do Ministro de Estado da Economia regulamentará a *adoção de métodos alternativos de solução de litígio, inclusive transação*, envolvendo processos de pequeno valor." (destacamos). Sendo assim, a implementação da arbitragem tributária representaria para as micro e pequenas empresas medida de efetiva justiça fiscal, considerando a ideia de que a arbitragem tributária não seria uma alternativa estruturada apenas para discussões de valores elevados e para grandes contribuintes.

Priscila Faricelli de Mendonça[218] defende que, no modelo atual de Estado, não basta disponibilizar acesso a meios de solução de conflitos para haver adequado tratamento da controvérsia. Os direitos constitucionais garantem, para além disso, direitos inerentes ao processo justo e isonômico, além da razoável duração do processo.

Especificamente com relação aos conflitos tributários, o tratamento atual não atende às determinações constitucionais na sua plenitude, sendo uma das razões os entraves processuais que se mostram muitas vezes incentivadores do sujeito passivo que busca apenas protelar a discussão.

O professor português José Casalta Nabais[219] enfatiza que a jurisdição é, "numa outra perspectiva, na perspectiva dos cidadãos, de resto a mais comum, uma garantia, ou melhor, a verdadeira garantia das pessoas." Destaca que, quando falamos em garantia, pensamos imediatamente na garantia jurisdicional, "na garantia assegurada através do funcionamento do conjunto dos tribunais." Não significa, necessariamente, que sejam tribunais estatais.

Em Portugal, Francisco Nicolau Domingos, ao tecer críticas ao monopólio do CAAD, enfatiza que o legislador português consagrou este método adequado de solução de conflitos não apenas por representar proteção ao

---

**218** MENDONÇA, Priscila Faricelli de. *Transação e Arbitragem nas Controvérsias Tributárias*. Dissertação de Mestrado. São Paulo. Faculdade de Direito da Universidade de São Paulo, 2013, f. 14. Disponível em: https://www.teses.usp.br/teses/disponiveis/2/2137/tde-12022014-135619/publico/dissertacao_mestrado_final_Priscila_Faricelli_de_Mendonca.pdf. Acesso em 26 fev. 2023.

**219** NABAIS, José Casalta. Reflexão sobre a introdução da arbitragem Tributária. *Thoughts on the Introduction of Tax Arbitration. Revista da PGFN / Procuradoria-Geral da Fazenda Nacional - v. 1, n. 1 (jan./jun. 2011)*. – Brasília, DF: PGFN, 2011. p. 31-32. ISSN 2179-8036. Disponível em: https://www.gov.br/pgfn/pt-br/central-de-conteudo/publicacoes/revista-pgfn/ano-i-numero-i/integral.pdf . Acesso em: 26 jan. 2023. p. 22.

direito dos sujeitos passivos à correta aplicação da lei tributária, mas também por assegurar o direito de acesso à justiça.[220]

De nada adiantaria o reconhecimento da titularidade de direitos subjetivos sem que, em contrapartida, não houvesse mecanismos que assegurassem a realização prática e material dessa reivindicação. Nesse contexto, é possível classificar o direito à tutela jurisdicional e o acesso à justiça como objetivos fundamentais da República, dentre aqueles previstos no art. 3º da CF/1988.[221]

Paulo Gustavo Gonet Branco enfatiza que "as regras processuais devem ser entendidas como orientadas para proporcionar uma solução segura e justa dos conflitos, não podendo ser compreendidas de modo caprichoso, com o fito de dificultar desnecessariamente a prestação jurisdicional."[222]

Cabe destacar que foi através do pensamento de John Locke (1632- 1704), embora não se referindo a um Poder Judiciário, mas ao Poder Legislativo, Poder Executivo e Poder Federativo, em seu: *o Segundo Tratado sobre o Governo Civil*, que "passou-se a reconhecer os direitos naturais e inalienáveis do homem (vida, liberdade, propriedade e resistência), oponíveis até mesmo contra os detentores do poder."[223]

Consideração de relevo acerca da Constituição e da existência humana é lembrada por Paulo Gustavo Gonet Branco, ao assinalar que correm paralelos no tempo o reconhecimento da Constituição como norma suprema do ordenamento jurídico e que os valores mais caros da existência humana merecem estar nela resguardados, como "documento jurídico com força

---

**220** Domingos, Francisco Nicolau. *Estrutura do Centro de Arbitragem Administrativa (CAAD): Funcionamento, escolha dos árbitros e limites institucionais. In*: PISCITELLI, Tathiane; MASCITTO, Andréa; MENDONÇA, Priscila Faricelli de. (coord). Arbitragem Tributária. Desafios institucionais brasileiros e a experiência portuguesa, 2. ed. São Paulo: Revista dos Tribunais, 2019, p. 68. ISBN 978-85-5321-920-9

**221** CARACIOLA, Andrea Boari. *Fundamentação das decisões judiciais na perspectiva do direito fundamental a tutela jurisdicional adequada. Justification of judicial decisions in the context of the fundamental right to appropriate judicial protection. In*: STUDI SUI DIRITTI EMERGENTI (Estudos sobre os Direitos Emergentes). GONÇALVES, Rubén Miranda; VEIGA, Fábio da Silva (coord.). Reggio Calabria, Italia: Mediterranea International Centre for Human Rights Research (Università degli Studi Mediterranea) & Instituto Iberoamericano de Estudos Jurídicos, 2019, p. 352. ISBN: 978-84-09-04894-6.

**222** GONET BRANCO, Paulo Gustavo. In: MENDES, Gilmar Ferreira *Curso de direito constitucional* / Gilmar Ferreira Mendes, Paulo Gustavo Gonet Branco. – 14. ed. rev. e atual. – São Paulo : Saraiva Educação, 2019. – (Série IDP). p. 236,237. ISBN 9788553606177.

**223** NUNES JUNIOR, Flavio Martins Alves. *Curso de direito constitucional* / Flávio Martins Alves Nunes Júnior. – 3. ed. – São Paulo: Saraiva Educação, 2019. p. 798,799. ISBN 9788553611423.

vinculativa máxima", estando a salvo das "maiorias ocasionais formadas na efervescência de momentos adversos ao respeito devido ao homem."[224]

Flavio Martins Alves Nunes Junior utiliza a doutrina de José Afonso da Silva para afirmar que a falta de renda e recursos suficientes para o sustento resulta na fome, desnutrição, más condições de saúde, limitado acesso à educação e maior incidência de doenças e mortalidade infantil. Mas não é só isso, "quando a pobreza se aprofunda ao ponto de a pessoa não dispor do mínimo à sua subsistência, faltando até o trabalho, então se tem a pobreza absoluta, que é a miséria, com o que a pessoa se torna excluída." E aí se tem a marginalização, pois o estado de penúria leva à margem da vida social.[225]

Não se admite, portanto, um Estado afastado da garantia do mínimo existencial preconizado por normas programáticas, como as contidas na CF/1988. É cada vez mais percebida a ideia de que o papel do ente político requer obrigações do poder público e também dos seus cidadãos, mas exige que sejam assegurados direitos mínimos aos jurisdicionados, visando cumprir o que dispõe a Norma Constitucional.

Para Leonardo Varella Giannetti[226], se, por um lado, houve, no Brasil, nas últimas duas décadas, aumento na procura pelo Poder Judiciário, há também um movimento em busca da solução de conflitos fora da jurisdição estatal. Isso se deve, entre outras razões, à mudança de modelo de Estado, que deixa de ser provedor e passa a operar com elementos estatais e não estatais, bem como, maior participação da sociedade nos atos e nas decisões proferidas pelo Poder Público, incluindo a busca pela melhora no acesso à justiça.

Não se admite em um regime democrático o Estado ditador de normas, sem ouvir e considerar a opinião e os anseios daqueles que o constituem, numa relação de troca objetivando a existência do próprio Estado, efetuada através do pagamento de tributos e respeito aos preceitos constitucionais. Nesse contexto, é possível afirmar que os objetivos a serem alcançados

---

**224** GONET BRANCO, Paulo Gustavo. In: MENDES, Gilmar Ferreira *Curso de direito constitucional* / Gilmar Ferreira Mendes, Paulo Gustavo Gonet Branco. – 14. ed. rev. e atual. – São Paulo : Saraiva Educação, 2019. – (Série IDP). p. 196. ISBN 9788553606177.

**225** NUNES JUNIOR, Flavio Martins Alves. *Curso de direito constitucional* / Flávio Martins Alves Nunes Júnior. – 3. ed. – São Paulo: Saraiva Educação, 2019. p. 559,550. ISBN 9788553611423.

**226** GIANNETTI, Leonardo Varella. *Arbitragem no direito tributário brasileiro: possibilidade e procedimentos.* Tese de Doutorado. Belo Horizonte. Pontifícia Universidade Católica de Minas Gerais, 2017, f. 22: Disponível em: http://www.biblioteca.pucminas.br/teses/Direito_GiannettiLVa_1.pdf. Acesso em: 26 fev. 2023.

pelo sistema tributário passam necessariamente por uma reflexão acerca dos valores relativos ao modelo de Estado instituído e mantido pela tributação. Considerando a determinação constitucional de um Estado Social e Democrático de Direito, as normas tributárias devem estar alinhadas a essa determinação, de forma que materializem os valores perseguidos por esse modelo de Estado, cujo acesso à justiça tem papel fundamental.[227]

De acordo com José Casalta Nabais, a arbitragem tributária se constitui em uma das formas pelas quais se concretiza a ideia de Estado de Direito. Para ele, cabe questionar se uma recusa ampla da arbitragem não acabaria violando o direito de acesso à justiça e a uma tutela jurisdicional efetiva, com a obtenção de uma decisão em prazo razoável. Vejamos como se expressa o autor:

> Mais, atendendo ao *actual* contexto de morosidade da justiça, que se apresenta cada vez mais como um verdadeiro problema estrutural do Estado de Direito, podemos mesmo questionarnos se uma recusa ampla da arbitragem não acaba constituindo uma violação dos direitos de acesso à justiça e a uma tutela jurisdicional *efectiva*, mediante a obtenção de uma decisão judicial em prazo razoável. Pelo que a abertura à arbitragem, incluindo no reduto formado pelo sector do direito dos impostos, se, por um lado, não põe em causa a ideia de Estado de Direito, por outro lado, parece constituir mesmo uma das formas pelas quais pode passar a sua concretização nos dias de hoje. Por isso, afigura-se-nos que essa via de resolução de litígios não pode, num quadro que se paute por um mínimo de realismo, ser liminarmente dispensada.[228]

Sendo assim, o debate acerca do efetivo acesso à justiça por meio de métodos adequados de solução de conflitos tributários que sejam complementares ao sistema estatal, e não substitutivos a estes, permite inclusive a utilização de técnicas integradas e colaborativas a fim de alcançar a forma mais adequada para solução de cada litígio, sempre visando a efetiva realização da justiça fiscal. Se, de um lado, o Estado não pode deixar de exercer a função jurisdicional, colocando à disposição dos cidadãos serviços relativos à justiça, não significa que essa seja a única via de solução de

---

**227** PISCITELLI, Tathiane. *Arbitragem no Direito Tributário: uma demanda do Estado Democrático de Direito. In*: PISCITELLI, Tathiane; MASCITTO, Andréa; MENDONÇA, Priscila Faricelli de. (coord). Arbitragem Tributária. Desafios institucionais brasileiros e a experiência portuguesa, 2. ed. São Paulo: Revista dos Tribunais, 2019, p. 186-187. ISBN 978-85-5321-920-9.

**228** NABAIS, José Casalta. Reflexão sobre a introdução da arbitragem Tributária. *Thoughts on the Introduction of Tax Arbitration. Revista da* PGFN */ Procuradoria-Geral da Fazenda Nacional - v. 1, n. 1 (jan./jun. 2011)*. – Brasília, DF: PGFN, 2011. p. 31-32. ISSN 2179-8036. Disponível em: https://www.gov.br/pgfn/pt-br/central-de-conteudo/publicacoes/revista-pgfn/ano-i-numero-i/integral.pdf . Acesso em: 26 jan. 2023. p. 23.

todo e qualquer litígio. Dito de outro modo, essa via não deve ser única ou exclusiva. Ou seja, nem privatização, nem monopólio da justiça estatal.[229]

A tutela jurisdicional efetiva não constitui obstáculo quanto à legitimidade da utilização da arbitragem para solução de conflitos em matéria tributária. São as partes que acordam que a controvérsia será resolvida pela via arbitral. Em outras palavras, o reconhecimento da arbitragem como um dos MASCs em matéria tributária configura, em si, um meio de acesso à justiça de natureza complementar.[230]

Além disso, a morosidade do Judiciário brasileiro interfere, de forma mais direta, na efetividade da jurisdição e na razoável duração dos litígios em matéria tributária. A interferência negativa ao acesso à justiça tributária afeta não somente o poder público, mas a sociedade na totalidade, interferindo na necessária arrecadação de tributos para persecução dos fins do Estado.[231] Aliás, uma das condições imprescindíveis ao desenvolvimento econômico de qualquer nação é o acesso à justiça. Essa condição representa um dos pilares da competitividade da economia e da atração do investimento estrangeiro.[232]

Ou seja, confiança nas instituições, de forma que possam garantir direitos fundamentais perpetuados por nações regidas pelo Estado Democrático de direito, é, em certa medida, atrativo para a integração do país com outras nações, igualmente democráticas, visando não apenas a concretização de parcerias comerciais, mas, acima de tudo, garantia do direito às liberdades individuais, proteção do capital e da propriedade.

---

**229** NABAIS, José Casalta. Reflexão sobre a introdução da arbitragem Tributária. *Thoughts on the Introduction of Tax Arbitration. Revista da PGFN / Procuradoria-Geral da Fazenda Nacional - v. 1, n. 1 (jan./jun. 2011)*. – Brasília, DF: PGFN, 2011. p. 31-32. ISSN 2179-8036. Disponível em: https://www.gov.br/pgfn/pt-br/central-de-conteudo/publicacoes/revista-pgfn/ano-i-numero-i/integral.pdf . Acesso em: 26 jan. 2023. p. 23.

**230** DOMINGOS, Francisco Nicolau. A Superação Do Dogma Da Incompatibilidade Da Arbitragem Com Os

Princípios Da Legalidade, Tutela Jurisdicional Efetiva E Indisponibilidade Do Crédito Tributário. *Economic Analysis of Law Review. EALR, V. 9, nº 1, Jan-Abr*. Brasília, DF, 2018, p. 341. Disponível em: https://repositorio.ipl.pt/bitstream/10400.21/9742/1/ealr.pdf. Acesso em: 31 jan. 2023

**231** PASINATTO, Ana Paula; VALLE, Maurício Dalri Timm do. *Arbitragem tributária: breve análise Luso-brasileira*. Disponível em: https://www.cidp.pt/revistas/rjlb/2017/6/2017_06_1041_1073.pdf. p. 1044 Acesso em: 27 fev. 2023.

**232** PASINATTO, Ana Paula; VALLE, Maurício Dalri Timm do. *Arbitragem tributária: breve análise Luso-brasileira*. Disponível em: https://www.cidp.pt/revistas/rjlb/2017/6/2017_06_1041_1073.pdf. p. 1057 Acesso em: 27 fev. 2023.

Além de todos esses aspectos, tanto em Portugal como no Brasil, ao considerarmos a atuação colaborativa entre o Estado e o particular, que deve contribuir visando a concretização do dever de pagar tributos como condição de existência do próprio Estado, a arbitragem tributária surge também como medida de interesse público, tema que será abordado na seção seguinte deste estudo.

## 4.3. ARBITRAGEM TRIBUTÁRIA NO BRASIL COMO MEDIDA DE INTERESSE PÚBLICO

Considerando o interesse público como interesse primário, ou seja, aquele que a lei aponta como sendo o interesse da coletividade, colocando a ordem jurídica em benefício de todos, constata-se que as prerrogativas inerentes à supremacia desse interesse sobre o interesse privado só podem ser legitimadas para o alcance de interesses da coletividade, não para satisfazer apenas interesses ou conveniências da administração pública, e muito menos dos agentes governamentais, que são interesses secundários.[233] O interesse público primário não se confunde com o interesse público secundário. O conteúdo do interesse público secundário diz respeito apenas ao interesse estatal, e não da coletividade. Não significa dizer que referidos interesses não sejam legítimos. Isso só não ocorre quando tais direitos não convergem para o interesse coletivo.[234]

Celso Antônio Bandeira de Mello faz a seguinte distinção entre interesse público primário e interesse público secundário:

> Interesse público ou primário, repita-se, é o pertinente à sociedade como um todo, e só ele pode ser validamente objetivado, pois este é o interesse que a lei consagra e entrega à compita do Estado como representante do corpo social. Interesse secundário é aquele que atina tão só ao aparelho estatal enquanto entidade personalizada, e que por isso mesmo pode lhe ser referido e nele encarnar-se pelo simples fato de ser pessoa, mas que só pode ser validamente perseguido pelo Estado quando coincidente com o interesse público primário. Com efeito, por exercerem função, os sujeitos de Administração Pública têm que buscar o atendimento do interesse alheio, qual seja, o da coletividade, e

---

233 BANDEIRA DE MELLO, Celso Antônio. *Curso de Direito Administrativo*, 32. ed. São Paulo: Malheiros, 2014, p. 73. ISBN: 978-85-392-0273-7.

234 BOSSA, Gisele Barra. VASCONCELLOS, Mônica Pereira Coelho de. *Arbitragem Tributária e a reconstrução do interesse público* . *In*: PISCITELLI, Tathiane; MASCITTO, Andréa; MENDONÇA, Priscila Faricelli de. (coord). Arbitragem Tributária. Desafios institucionais brasileiros e a experiência portuguesa, 2. ed. São Paulo: Revista dos Tribunais, 2019, p. 49. ISBN 978-85-5321-920-9

não o interesse de seu próprio organismo, *qua tale* considerado, e muito menos o dos agentes estatais.[235]

A classificação entre direito público disponível e indisponível passou a ser explicada por Celso Antônio Bandeira de Mello a partir da doutrina de Renato Alessi. O administrativista italiano se referiu ao interesse público primário como sendo o interesse público originário, ou seja, aquele que busca satisfazer interesses gerais da coletividade. No direito brasileiro, pode-se afirmar que os interesses primários estão vinculados aos objetivos do Estado, discriminados no art. 3º da CF/1988, como objetivos fundamentais da República Federativa.[236]

Como ensina Flavio Martins Alves Nunes Junior, a maior demonstração do caráter dirigente da CF/1988 está no art. 3º, que traz os objetivos da República. O autor enfatiza que se trata de um dispositivo de caráter principiológico e programático, que não produzirá todos os efeitos imediatamente e que deve ser visto como um "mandamento de otimização". Ou seja, "o Estado deve cumprir o máximo possível desses objetivos, dentro dos limites jurídicos, orçamentários e fáticos."[237]

Vale destacar, pela importância do tema, o inciso III do mencionado art. 3º da CF/1988, que estabelece entre os objetivos fundamentais da República Federativa do Brasil, "erradicar a pobreza e a marginalização e reduzir as desigualdades sociais e regionais." Adicionalmente, a CF/1988 também assegura a ordem econômica, fundada na valorização do trabalho humano e na livre iniciativa, que tem por fim assegurar a todos existência digna, conforme os ditames da justiça social (art. 170). Isso não significa que a norma constitucional exija que todos tenham o mesmo nível de riqueza, já que incentiva a livre-iniciativa e os valores capitalistas. O que ela garante é o mínimo existencial, sendo dever do Estado diminuir a diferença entre os diversos níveis socioeconômicos.

Em linha com esse objetivo, a possibilidade de o ente público valer-se de procedimentos ágeis e adequados para solucionar conflitos que reclamam

---

235 BANDEIRA DE MELLO, Celso Antônio Bandeira de. *Curso de Direito Administrativo*, 32. ed. São Paulo: Malheiros, 2014, p. 102. ISBN: 978-85-392-0273-7.

236 XAVIER, Camilla Siqueira. *A arbitragem em matéria tributária no Brasil: avanços e desafios. Tax arbitration in Brazil: advances and challenges.* Revista de Finanças Públicas, Tributação e Desenvolvimento, v. 7, n. 8, janeiro/junho, 2019, p. 21-57. e-ISSN: 2317-837X. DOI: 10.12957/rfptd.2019.36609. Disponível em: https://www.e-publicacoes.uerj.br/index.php/rfptd/article/view/36609 . Acesso em: 14 mar. 2023.

237 NUNES JUNIOR, Flavio Martins Alves. *Curso de direito constitucional* / Flávio Martins Alves Nunes Júnior. – 3. ed. – São Paulo: Saraiva Educação, 2019. p. 547. ISBN 9788553611423.

soluções especializadas, representa uma atuação da administração pública buscando justamente a persecução do interesse primário[238], notadamente o estabelecido no art. 3º da CF/1988, que prescreve os objetivos fundamentais da República.

Tatiana Mesquita Nunes e Cristiane Cardoso Avolio Gomes[239] reconhecem que o recurso aos princípios da supremacia do interesse público sobre o privado e da indisponibilidade do interesse público foi por muito tempo considerado fundamental para o regime de direito público e obstou, por longo período, o reconhecimento da existência de direitos públicos disponíveis, assim como a possibilidade de adoção de métodos adequados de solução de conflitos, tal como a arbitragem.

Em sua forma literal, a supremacia do interesse público sobre o interesse privado, no lugar de aproximar a administração pública e os administrados, acaba por configurar mecanismo de ação individual dos agentes públicos.[240] Esse efeito, entretanto, não representa o que foi preconizado pela CF/1988. O regime de direito administrativo é formado por princípios e por regras de direitos fundamentais. Quando nos referimos aos princípios de Direito Administrativo, estamos invocando os direitos fundamentais.[241]

Celso Antônio Bandeira de Mello adverte que só mesmo olhando a questão de uma forma "muito pedestre ou desassistida do mínimo bom senso é que se poderia imaginar que o princípio da supremacia do interesse público sobre o interesse privado não está a reger nos casos em que sua

---

238 GUIMARÃES, Márcio Souza. *Apresentação da arbitragem em Direito Público no Brasil. In*: VILLA-LOBOS, Nuno. PEREIRA, Tânia Carvalhais (coord.). FGV Projetos e CAAD. Arbitragem em Direito Público. São Paulo: FGV Projetos, 2019, p. 31. ISBN 978-85-64878-62-4. Disponível em: https://fgvprojetos.fgv.br/sites/fgvprojetos.fgv.br/files/fgv_publicacao_arbitragem_miolo.pdf . Acesso em: 26 fev. 2023

239 NUNES, Tatiana Mesquita Nunes. GOMES, Cristiane Cardoso Avolio. *Autonomia da vontade e arbitragem: o caso da administração pública. Freedom of will and arbitration: the case of public administration. In:* Desafios da arbitragem com a administração pública. ALENCAR, Aristhéa Totti Silva Castelo Branco de. SACRAMENTO, Júlia Thiebaut. FÉRES, Marcelo Andrade. MARASCHIN, Márcia Uggeri. NUNES, Tatiana Mesquita (coord.). Publicações da Escola da AGU / Escola da Advocacia-Geral da União Ministro Victor Nunes Leal. - Brasília : EAGU, 2009, p. 94. ISSN 2236-4374.

240 BOSSA, Gisele Barra. VASCONCELLOS, Mônica Pereira Coelho de. *Arbitragem Tributária e a reconstrução do interesse público* . *In*: PISCITELLI, Tathiane; MASCITTO, Andréa; MENDONÇA, Priscila Faricelli de. (coord). Arbitragem Tributária. Desafios institucionais brasileiros e a experiência portuguesa, 2. ed. São Paulo: Revista dos Tribunais, 2019, p. 49. ISBN 978-85-5321-920-9

241 JUSTEN FILHO, Marçal. *Curso de direito administrativo*. 6. ed. Belo Horizonte: Fórum, 2010. p. 174

realização traz consigo a proteção de bens e interesses individuais" e que, nessas hipóteses, o que ocorre é a "supremacia inversa, isto é, do interesse privado!"[242]

O autor,[243] lembra que "ninguém duvida da importância da noção jurídica de interesse público". O Direito Administrativo se ocupa especialmente desse interesse, não apenas no campo da dogmática jurídica, mas se utilizando também da base empírica extraída da relação entre Estado e indivíduos. Ou seja, o Estado, representado por seus órgãos e agentes, não dispõe de competências para satisfação própria. No Estado Democrático de Direito, onde todo o poder emana do povo, e no qual se anuncia que a cidadania é um de seus fundamentos (art. 1º II, e parágrafo único da CF/1988, essas competências não são instituídas em favor dos seus titulares, mas para que sirvam à persecução de objetivos estabelecidos no interesse de todos.[244]

Uma das características relevantes da CF/1988 está na consagração de direitos fundamentais oponíveis em face do Estado. Foi afirmada a função do direito com a finalidade de assegurar a dignidade humana. Sendo assim, o Estado foi reconhecido como titular de competências direcionadas ao atingimento de finalidades e interesses de dimensão coletiva, afirmando o dever estatal de promover prestações positivas em favor dos indivíduos.[245]

Considerando a noção de interesse público como resultante do conjunto dos interesses de toda a sociedade, evita-se a equivocada conclusão que se trata de um interesse autônomo da administração pública, desvinculado dos interesses das partes que compõem o todo. Essa definição de interesse público vinculado ao coletivo se coaduna com o próprio conceito de Estado e sua finalidade.

---

**242** BANDEIRA DE MELLO, Celso Antônio. *Curso de Direito Administrativo*, 32. ed. São Paulo: Malheiros, 2014, p. 69. ISBN: 978-85-392-0273-7.

**243** BANDEIRA DE MELLO, Celso Antônio. *Conceito jurídico de interesse público*. Disponível em: https://edisciplinas.usp.br/pluginfile.php/5686359/mod_resource/content/1/BANDEIRA%20DE%20MELLO%2C%20Celso%20Ant%C3%B4nio%20-%20Curso%20de%20direito%20administrativo%2C%20cap%C3%ADtulo%20I%2C%20t%C3%B3picos%20VIII%20e%20IX.pdf. p. 59. Acesso em: 12 mar. 2023.

**244** BANDEIRA DE MELLO, Celso Antônio. *Curso de Direito Administrativo*, 32. ed. São Paulo: Malheiros, 2014, p. 147. ISBN: 978-85-392-0273-7.

**245** JUSTEN FILHO, Marçal. *A indisponibilidade do interesse público e a disponibilidade dos direitos subjetivos da Administração Pública*. Cadernos Jurídicos, São Paulo, ano 22, nº 58, p. 79-99, Abril-Junho/2021.

Disponível em: https://www.tjsp.jus.br/download/EPM/Publicacoes/CadernosJuridicos/cj_n58_06_a%20indisponibilidade%20do%20interesse%20p%C3%BAblico_3p.pdf?d=637605061347184367. Acesso em: 12 mar. 2022.

A concepção de interesse coletivo impede ainda, o que é mais grave, a suposição de que o interesse público é interesse exclusivo do Estado, de forma a "identificá-lo com quaisquer interesses da entidade que representa o todo (isto é, o Estado e demais pessoas de Direito Público interno)."[246] É importante perceber que o Estado, assim como os particulares, pode ter interesses que lhe são próprios, individuais. Esses interesses, em que pese terem origem no Estado, não são públicos, mas sim interesses individuais do Estado, similares, sob ponto de vista individual, aos interesses de qualquer outro sujeito.[247]

Similares, não idênticos. Isto porque os cidadãos podem defender seus interesses individuais, ao passo que o Estado, concebido que é para a realização de interesses públicos, só poderá defender interesses próprios quando não colidirem com os interesses públicos propriamente ditos, ou seja, quando coincidam com a realização dos interesses coletivos.[248]

No entanto, é preciso reconhecer que o princípio da supremacia do interesse público sobre o particular ainda rege a relação entre o Estado e os cidadãos, sendo doutrina aplicável tanto no Direito Administrativo como no Direito Tributário. A pergunta que deve ser feita, entretanto, é: com base no interesse coletivo, pode a administração pública sustentar procedimentos ineficientes? Segundo Gisele Barra Bossa, a resposta só pode ser negativa.[249]

---

**246** BANDEIRA DE MELLO, Celso Antônio. *Conceito jurídico de interesse público*. Disponível em: https://edisciplinas.usp.br/pluginfile.php/5686359/mod_resource/content/1/BANDEIRA%20DE%20MELLO%2C%20Celso%20Ant%C3%B4nio%20-%20Curso%20de%20direito%20administrativo%2C%20cap%C3%ADtulo%20I%2C%20t%C3%B3picos%20VIII%20e%20IX.pdf. p. 66. Acesso em: 12 mar. 2023.

**247** BANDEIRA DE MELLO, Celso Antônio. *Conceito jurídico de interesse público*. p. 66 Disponível em: https://edisciplinas.usp.br/pluginfile.php/5686359/mod_resource/content/1/BANDEIRA%20DE%20MELLO%2C%20Celso%20Ant%C3%B4nio%20-%20Curso%20de%20direito%20administrativo%2C%20cap%C3%ADtulo%20I%2C%20t%C3%B3picos%20VIII%20e%20IX.pdf. Acesso em: 12 mar. 2023.

**248** BANDEIRA DE MELLO, Celso Antônio. *Conceito jurídico de interesse público*. Disponível em: https://edisciplinas.usp.br/pluginfile.php/5686359/mod_resource/content/1/BANDEIRA%20DE%20MELLO%2C%20Celso%20Ant%C3%B4nio%20-%20Curso%20de%20direito%20administrativo%2C%20cap%C3%ADtulo%20I%2C%20t%C3%B3picos%20VIII%20e%20IX.pdf. p. 66. Acesso em: 12 mar. 2023.

**249** BOSSA, Gisele Barra. VASCONCELLOS, Mônica Pereira Coelho de. *Arbitragem Tributária e a reconstrução do interesse público* . *In*: PISCITELLI, Tathiane; MASCITTO, Andréa; MENDONÇA, Priscila Faricelli de. (coord). Arbitragem Tributária. Desafios institucionais brasileiros e a experiência portuguesa, 2. ed. São Paulo: Revista dos Tribunais, 2019, p. 49. ISBN 978-85-5321-920-9

A CF/1988 consagra, dentre outros, o princípio da eficiência da administração pública. Além disso, estabeleceu como direito fundamental, a todos, a razoável duração do processo e os meios que garantam a celeridade de sua tramitação. Significa dizer que a administração pública tem o dever de adotar ações para com seus cidadãos que resultem em resultados rápidos e precisos. A ideia segundo a qual caberia à administração pública não apenas atuar com observância ao princípio da legalidade, como também que tal atuação seja eficiente, tendo em vista o interesse público envolvido, que significa a melhor persecução do bem comum, está intimamente ligada às noções de "administração concertada ou administração consensual, em voga na doutrina jus-publicista moderna."[250]

Sobre a administração concertada, citando Moreira Neto, Tatiana Mesquita Nunes e Cristiane Cardoso Avolio destacam o seguinte:

> A chamada administração concertada, uma fórmula sintética designativa para "os novos modelos da ação administrativa, ou seja, aqueles módulos organizativos e funcionais caracterizados por uma atividade 'consensual' e 'negocial'", em pouco tempo passou a ser empregada não apenas para o desempenho da administração corrente como e principalmente para o desenvolvimento de projetos conjuntos entre a iniciativa privada e as entidades administrativas públicas e até para a solução de conflitos.
> [...]
> Ora, distintamente do que se possa aceitar sem maiores indagações, em todas as modalidades preventivas e de composição de conflitos em que se envolva a Administração Pública, no âmbito do Direito Administrativo, *jamais se cogita de negociar o interesse público, mas de negociar os modos de atingi-lo com maior eficiência.* (destaque do original). [...][251]

Ao final, há um juízo de ponderação pelo administrador público que considera diversas vertentes do ordenamento jurídico: a constituição federal, as leis, as decisões administrativas e as decisões judiciais. É certo que a

---

**250** NUNES, Tatiana Mesquita. GOMES, Cristiane Cardoso Avolio. *Autonomia da vontade e arbitragem: o caso da administração pública. Freedom of will and arbitration: the case of public administration. In:* Desafios da arbitragem com a administração pública. ALENCAR, Aristhéa Totti Silva Castelo Branco de. SACRAMENTO, Júlia Thiebaut. FÉRES, Marcelo Andrade. MARASCHIN, Márcia Uggeri. NUNES, Tatiana Mesquita (coord.). Publicações da Escola da AGU / Escola da Advocacia-Geral da União Ministro Victor Nunes Leal. - Brasília : EAGU, 2009, p. 93. ISSN 2236-4374.

**251** NUNES, Tatiana Mesquita. GOMES, Cristiane Cardoso Avolio. *Autonomia da vontade e arbitragem: o caso da administração pública. Freedom of will and arbitration: the case of public administration. In:* Desafios da arbitragem com a administração pública. ALENCAR, Aristhéa Totti Silva Castelo Branco de. SACRAMENTO, Júlia Thiebaut. FÉRES, Marcelo Andrade. MARASCHIN, Márcia Uggeri. NUNES, Tatiana Mesquita (coord.). Publicações da Escola da AGU / Escola da Advocacia-Geral da União Ministro Victor Nunes Leal. - Brasília : EAGU, 2009, p. 97. ISSN 2236-4374.

renúncia a direito pela Administração Pública requer autorização legislativa. Mas não é sobre isso, disposição de direitos, que trata a arbitragem. Ao contrário, o processo arbitral em matéria tributária teria o efeito de produzir resultados mais ágeis em benefício do próprio Estado. Assim, não permitir ao administrador público a utilização de alternativas à morosa justiça estatal seria o mesmo que não observar o princípio da eficiência na administração pública, em prejuízo da própria consecução do interesse público primário.[252]

Dessa forma, não se deve considerar, de forma equivocada, que a arbitragem tributária não se coaduna com o interesse público, pelas seguintes principais razões: (*i*) arbitragem com o poder público será sempre de direito; (*ii*) a arbitragem, assim como o sistema judiciário estatal de solução de conflitos, é método heterocompositivo, decidido por terceiro neutro e imparcial; (*iii*) os árbitros têm função pública, devendo sofrer a rigidez da lei em qualquer caso de desvio de função e; (*iv*) o sistema tributário brasileiro é inteiramente regido pela CF/1988, devendo, em caso de implantação da arbitragem tributária, ser obedecido o sistema de precedentes, quando for o caso.

O moderno Direito Administrativo valoriza a cidadania e aproxima o Estado de seus administrados, abandonando a vertente autoritária para privilegiar a participação de seus destinatários quanto à conduta administrativa. É nesta forma de administrar, inspirada no consenso, no diálogo e na reciprocidade de concessões entre o Estado e o particular, que a arbitragem encontra campo fértil de atuação em relação aos tradicionais métodos imperativos.[253]

Como pontua Floriano de Azevedo Marques Neto[254], a administração pública não é mais tutora exclusiva do interesse público, onde a supremacia

252 GUIMARÃES, Márcio Souza. *Apresentação da arbitragem em Direito Público no Brasil. In*: VILLA-LOBOS, Nuno. PEREIRA, Tânia Carvalhais (coord.). FGV Projetos e CAAD. Arbitragem em Direito Público. São Paulo: FGV Projetos, 2019, p. 31. ISBN 978-85-64878-62-4. Disponível em: https://fgvprojetos.fgv.br/sites/fgvprojetos.fgv.br/files/fgv_publicacao_arbitragem_miolo.pdf. Acesso em: 26 fev. 2023.

253 FERREIRA NETO, Telles. *A arbitrabilidade nos contratos administrativos. In*: VILLA-LOBOS, Nuno. PEREIRA, Tânia Carvalhais (coord.). FGV Projetos e CAAD. Arbitragem em Direito Público. São Paulo: FGV Projetos, 2019, p. 214-215. ISBN 978-85-64878-62-4. Disponível em: https://fgvprojetos.fgv.br/sites/fgvprojetos.fgv.br/files/fgv_publicacao_arbitragem_miolo.pdf. Acesso em: 28 fev. 2023.

254 MARQUES NETO, Floriano de Azevedo. *As crises da noção de interesse público e o direito administrativo*, p; 157. Disponível em: https://edisciplinas.usp.br/pluginfile.php/5686362/mod_resource/content/1/MARQUES%20NETO%2C%20Floriano%20de%20Azevedo%20-%

exercida sobre o outro lado dessa mesma moeda - os interesses privados - conferia-lhes poderes que poderiam ultrapassar qualquer medida justa e alcançar até mesmo o autoritarismo. Por essa razão, em um Estado Democrático de Direito, deve ser ressaltado que a administração pública, ao constatar que não lhe assiste razão em determinado conflito, tem o dever de se submeter aos parâmetros da legalidade. Dessa forma, a atuação do poder público tem a obrigação de se pautar não só pelas regras legais, mas também por padrões éticos.[255]

A submissão à arbitragem trata de imposição inerente à própria relação material de direito público: "se o Estado constata que o particular tem um determinado direito em face dele, cabe-lhe dar cumprimento a esse direito."[256] Além disso, a lealdade e a boa-fé devem fundamentar todos os atos da administração pública, sendo ilícito procrastinar a solução das questões em que está envolvida alegando, de forma irracional, a indisponibilidade dos interesses que representa. Também o princípio da eficiência advoga em favor do uso da arbitragem, que propicia mais celeridade na solução do conflito.[257] Sendo assim, a busca pela satisfação do interesse da coletividade pode passar pela disponibilidade, desde que legalmente autorizada, de um bem público. Ou seja, a indisponibilidade de bens e do interesse público não tem qualquer relação com a obrigatoriedade ou exclusividade de que a controvérsia a respeito desses bens e direitos seja submetida exclusivamente à justiça estatal.[258]

A Primeira Turma do STF, em Recurso Extraordinário (RE) onde se discutia a constitucionalidade de transação envolvendo o município de Santa Rita do Sapucaí e particulares, assim se posicionou sobre a atenuação do

---

255 FERREIRA NETO, Telles. *A arbitrabilidade nos contratos administrativos. In:* VILLA-LOBOS, Nuno. PEREIRA, Tânia Carvalhais (coord.). FGV Projetos e CAAD. Arbitragem em Direito Público. São Paulo: FGV Projetos, 2019, p. 214-215. ISBN 978-85-64878-62-4. Disponível em: https://fgvprojetos.fgv.br/sites/fgvprojetos.fgv.br/files/fgv_publicacao_arbitragem_miolo.pdf . Acesso em: 28 fev. 2023

256 BRASIL. Tribunal de Contas da União. *TC 000.723/2020-7*. 25 nov. 2020. Disponível em: https://www.conjur.com.br/dl/tcu-arbitragem-camara-privada-setor.pdf. f. 8. Acesso em: 27 fev. 2023.

257 BRASIL. Tribunal de Contas da União. *TC 000.723/2020-7*. 25 nov. 2020. Disponível em: https://www.conjur.com.br/dl/tcu-arbitragem-camara-privada-setor.pdf. f. 8. Acesso em: 27 fev. 2023.

258 GIANNETTI, Leonardo Varella. *Arbitragem no direito tributário brasileiro: possibilidade e procedimentos*. Tese de Doutorado. Belo Horizonte. Pontifícia Universidade Católica de Minas Gerais, 2017, f. 181-182: Disponível em: http://www.biblioteca.pucminas.br/teses/Direito_GiannettiLVa_1.pdf. Acesso em: 26 fev. 2023.

princípio da indisponibilidade do interesse público, quando a solução adotada é a que melhor atende a esse interesse:

> EMENTA: Poder Público. Transação. Validade. Em regra, os bens e o interesse público são indisponíveis, porque pertencem à coletividade. É, por isso, o Administrador, mero gestor da coisa pública, não tem disponibilidade sobre os interesses confiados à sua guarda e realização. Todavia, há casos em que o princípio da indisponibilidade do interesse público deve ser atenuado, mormente quando se tem em vista que a solução adotada pela Administração é a que melhor atenderá à ultimação deste interesse. Assim, tendo o acórdão recorrido concluído pela não onerosidade do acordo celebrado, decidir de forma diversa implicaria o reexame da matéria fático-probatória, o que é vedado nesta instância recursal (Súm. 279/STF). Recurso extraordinário não conhecido.[259]

O que é indispensável, como ensina Priscila Faricelli de Mendonça[260], é o Estado agir no interesse da coletividade sob o prisma da CF/1988, tratando-se, de fato, de um novo modelo de administração pública que se utiliza do dever de proporcionalidade e a análise do interesse público no caso concreto, considerando os princípios constitucionais aplicáveis, "à luz do seu eixo valorativo central: o princípio da dignidade da pessoa humana."

A avaliação do interesse que deve prevalecer em eventual conflito leva o administrador público à interpretação do sistema de ponderações estabelecido na CF/1988 e na lei, obrigando-o a realizar seu próprio juízo de ponderação, guiado pela proporcionalidade. Em outras palavras, a definição do que é interesse público não está mais ao inteiro arbítrio do administrador. Referido interesse agora depende, necessariamente, de avaliação proporcional entre os direitos fundamentais e outros valores de interesse dos cidadãos, constitucionalmente consagrados. Ou seja, referido interesse público prescinde da associação dos interesses públicos e particulares.[261]

---

**259** BRASIL. Supremo Tribunal Federal. Primeira Turma. *Recurso Extraordinário – RE 253885/MG* . Poder Público. Transação. Validade. [...]. Recte.: Município de Santa Rita do Sapucaí. Recda.: Lázara Rodrigues Leite e outras. Relator(a): Min. Ellen Gracie, 04 de junho de 2002. Disponível em: https://jurisprudencia.stf.jus.br/pages/search/sjur99342/false. Acesso em: 28 fev. 2023.

**260** MENDONÇA, Priscila Faricelli de. *Transação e Arbitragem nas Controvérsias Tributárias*. Dissertação de Mestrado. São Paulo. Faculdade de Direito da Universidade de São Paulo, 2013, f. 14. Disponível em: https://www.teses.usp.br/teses/disponiveis/2/2137/tde-12022014-135619/publico/dissertacao_mestrado_final_Priscila_Faricelli_de_Mendonca.pdf. Acesso em: 26 fev. 2023

**261** BOSSA, Gisele Barra. VASCONCELLOS, Mônica Pereira Coelho de. *Arbitragem Tributária e a reconstrução do interesse público* . *In*: PISCITELLI, Tathiane; MASCITTO, Andréa; MENDONÇA, Priscila Faricelli de. (coord). Arbitragem Tributária. Desafios institucionais brasileiros e a experiência portuguesa, 2. ed. São Paulo: Revista dos Tribunais, 2019, p. 50. ISBN 978-85-5321-920-9

Márcio Souza Guimarães[262] ainda destaca a decisão do STF, de 2001, que declarou a constitucionalidade do regime de arbitragem, decidindo que ela não representa afronta ao direito fundamental de acesso à Justiça, mas sim mera faculdade que as partes têm, optando pela renúncia, casuística e expressa, àquele direito, em favor de um meio mais eficaz de resolução do conflito, nos casos de disputas envolvendo direitos patrimoniais disponíveis.

A legitimidade constitucional sobre a qual se debruça o processo arbitral garante a juridicidade de suas decisões, preservando o interesse público. A solução de controvérsias de modo adequado e célere, para assegurar o acesso à Justiça, a duração razoável do processo e o pleno respeito ao devido processo legal atendem ainda aos princípios de economicidade e eficiência administrativa em um contexto de crescente modernização, reforma do Estado e mudanças de paradigmas no Direito Administrativo.[263]

Verifica-se, assim, uma indispensável racionalidade do direito administrativo, ainda que disciplinado por um conjunto de normas a serem observadas pela administração pública, que delimitam suas prerrogativas e privilégios com relação aos particulares, visando sempre a finalidade pública que permeia a atuação dos agentes do Estado. As discussões no campo do direito administrativo e a evolução da doutrina em relação à distinção entre o interesse público e o interesse da administração pública muito tem contribuído para reflexão acerca da arbitragem tributária.

Como destaca Andréa Mascitto, uma coisa é pensar no poder público como estrutura administrativa e executiva, que deve ser autossuficiente, autossustentável, manter suas finanças em dia e apta a custear suas obrigações. Diferente, contudo, é olhar o interesse público como conjunto de ações da administração que melhor atenderão às necessidades da coletividade. Para que o interesse público possa ser atingido como uma das finalidades do Estado-governo é necessário que a administração pública esteja financeiramente equilibrada, objetivo para o qual a arbitragem tributária poderá contribuir.[264]

---

262 GUIMARÃES, Márcio Souza. *Apresentação da arbitragem em Direito Público no Brasil. In*: VILLA-LOBOS, Nuno. PEREIRA, Tânia Carvalhais (coord.). FGV Projetos e CAAD. Arbitragem em Direito Público. São Paulo: FGV Projetos, 2019, p. 28. ISBN 978-85-64878-62-4. Disponível em: https://fgvprojetos.fgv.br/sites/fgvprojetos.fgv.br/files/fgv_publicacao_arbitragem_miolo.pdf . Acesso em: 26 fev. 2023.

263 BRASIL. Tribunal de Contas da União. *TC 000.723/2020-7*. 25 nov. 2020. Disponível em: https://www.conjur.com.br/dl/tcu-arbitragem-camara-privada-setor.pdf. f. 9. Acesso em: 27 fev. 2023.

264 MASCITTO, Andréa. *Sistema "multiportas" de disputas tributárias no Brasil: há espaço para arbitragem? In*: VILLA-LOBOS, Nuno. PEREIRA, Tânia Carvalhais (coord.). FGV

Para que essa concepção seja efetiva, é preciso reconhecer que eventual derrota da administração pública na arbitragem não representa afronta ou menosprezo ao interesse público. Simplesmente, ele não estará presente. Se não reconhecido o direito da administração no conflito, é possível afirmar que não há interesse público a ser tutelado.[265]

Apesar de toda a fundamentação favorável à implementação da arbitragem tributária no Brasil, especialmente no que diz respeito à persecução do interesse público, Leonardo de Andrade Rezende Alvim[266] coloca uma questão bastante pertinente. Se a arbitragem tributária deve ser compreendida como medida importante e necessária para solução de conflitos e geradora de um senso maior de justiça, deve ser entendido por quê tal instituto não avança no Congresso Nacional. Na visão do autor, "sempre há desconfiança por parte do Fisco e dos contribuintes em relação ao juízo arbitral."

De nossa parte, compactuamos com uma visão mais otimista, fundamentada na crença de que os operadores da arbitragem tributária tenham plena consciência da sua função pública e da responsabilização pessoal por seus atos. Nesse sentido, Luciano de Souza Godoy lembra que qualquer advogado ou árbitro reconhece o peso e a delicadeza inerentes a conflitos que tenham como parte a administração pública, por envolver "princípios e valores tão caros ao ideal de república e civilização que buscamos alcançar, tais como o interesse público, a impessoalidade e a moralidade."[267]

---

Projetos e CAAD. Arbitragem em Direito Público. São Paulo: FGV Projetos, 2019, p. 255. ISBN 978-85-64878-62-4. Disponível em: https://fgvprojetos.fgv.br/sites/fgvprojetos.fgv.br/files/fgv_publicacao_arbitragem_miolo.pdf . Acesso em: 28 fev. 2023

**265** GRUPENAMCHER, Betina Treiger. *Arbitragem e transação em matéria tributária. In:* PISCITELLI, Tathiane; MASCITTO, Andréa; MENDONÇA, Priscila Faricelli de. (coord). Arbitragem Tributária. Desafios institucionais brasileiros e a experiência portuguesa, 2. ed. São Paulo: Revista dos Tribunais, 2019, p. 205.ISBN 978-85-5321-920-9.

**266** ALVIM, Leonardo de Andrade Rezende. *Arbitragem Tributária no Brasil: os motivos pelos quais ela é necessária, mas sua implantação deve ser gradual. In*: PISCITELLI, Tathiane; MASCITTO, Andréa; MENDONÇA, Priscila Faricelli de. (coord). Arbitragem Tributária. Desafios institucionais brasileiros e a experiência portuguesa, 2. ed. São Paulo: Revista dos Tribunais, 2019, p. 405-406. ISBN: 978-85-5321-920-9.

**267** GODOY, Luciano de Souza. *A teoria da imprevisão: uma releitura para as arbitragens em tempos de guerra. The theory of unpredictability: a re-reading for arbitrations in times of war.* NUNES. *In:* Desafios da arbitragem com a administração pública. ALENCAR, Aristhéa Totti Silva Castelo Branco de. SACRAMENTO, Júlia Thiebaut. FÉRES, Marcelo Andrade. MARASCHIN, Márcia Uggeri. NUNES, Tatiana Mesquita (coord.). Publicações da Escola da AGU / Escola da Advocacia-Geral da União Ministro Victor Nunes Leal. - Brasília : EAGU, 2009, p. 216-230. ISSN 2236-4374.

Concordamos que a desconfiança com relação ao novo de fato existe, mas a enxergamos como uma reação natural, porém, sem a capacidade de obstruir a implementação da arbitragem tributária. Não apenas Portugal enfrentou situação semelhante na arbitragem tributária, porém, demonstrando sua imparcialidade e estando consolidada há mais de dez anos, como também o Brasil, com relação a arbitragem comercial, que só foi efetivamente reconhecida cinco anos após sua implantação, com a decisão do Supremo Tribunal Federal, em 2001. Ainda hoje, aliás, os dois institutos, tanto o português como o brasileiro, são objeto de críticas de seus opositores, especialmente daqueles que acabam saindo vencidos na demanda arbitral. Entendemos, todavia, que qualquer sistema de solução de conflitos sofrerá com apontamentos contrários, o que poderá, desde que fundamentados e nos limites da democracia, em vez de eliminá-los, auxiliar no seu constante aprimoramento.

A opção pela arbitragem tributária representa efetiva adoção de um sistema multiportas de solução de conflitos, concreta e eficaz diante das dificuldades de tornar mais célere a justiça estatal face às demandas da economia, cada vez mais competitiva, e das próprias indefinições da legislação, que acentuam as incertezas e dificultam o objetivo maior e fundamental do próprio Estado: o interesse público.[268]

Mesmo em Portugal, uma década após a implementação da arbitragem tributária, sua relação com o interesse público continua sendo ressaltada, como se observa na fala da Ministra da Justiça daquele país, Catarina Sarmento e Castro, na sessão de abertura da Conferência Anual do CAAD, em outubro de 2022, ao destacar o papel deferido pelo Estado ao Centro de Arbitragem na recuperação de pendências tributárias, ressaltando que a atividade do CAAD é de uma enorme valia sob o ponto de vista do interesse público.

Como conclusão dessa seção, concordamos que a arbitragem tributária é medida de autêntico interesse público primário, consubstanciado no interesse de toda a coletividade, não podendo ser suplantado pelo interesse da administração tributária, que é interesse apenas secundário. Outras questões, não menos importantes, estão presentes no caminho do Brasil para implementação do instituto, a exemplo da via legislativa adequada à sua implementação. Este e outros aspectos formais serão objeto do capítulo seguinte.

---

268 FERREIRA NETO, Telles. *A arbitrabilidade nos contratos administrativos. In*: VILLA-LOBOS, Nuno. PEREIRA, Tânia Carvalhais (coord.). FGV Projetos e CAAD. Arbitragem em Direito Público. São Paulo: FGV Projetos, 2019, p. 218. ISBN 978-85-64878-62-4. Disponível em: https://fgvprojetos.fgv.br/sites/fgvprojetos.fgv.br/files/fgv_publicacao_arbitragem_miolo.pdf . Acesso em: 28 fev. 2023.

# 5. ASPECTOS FORMAIS PARA IMPLEMENTAÇÃO DA ARBITRAGEM TRIBUTÁRIA NO BRASIL

Os métodos heterocompositivos de resolução de litígios, a exemplo da arbitragem, representam ampliação do diálogo e a valorização da democracia, uma vez que possibilitam intensificar a busca pelo resultado útil do processo mediante metodologia de solução de conflitos mais específica para a matéria.

A crise de gerenciamento do contencioso representa uma crise de acesso à própria justiça, considerando que o excesso de demandas, associado com a inabilidade para alcançar resultado útil, por vezes impõe decisões insatisfatórias para ambas as partes, fisco e contribuinte[269].

No Brasil, a implementação da arbitragem tributária exige a superação de diversos desafios formais. A visão do regime como método adequado e imparcial, adicional ao sistema estatal de solução de conflitos tributários; a via normativa adequada para implementação do regime; os tribunais e/ou instituições habilitadas ao processo arbitral e; a figura do árbitro e os possíveis custos da arbitragem, serão abordados neste capítulo como obstáculos a serem superados para instituição da arbitragem tributária no país.

---

**269** XAVIER, Camilla Siqueira. *A arbitragem em matéria tributária no Brasil: avanços e desafios. Tax arbitration in Brazil: advances and challenges.* Revista de Finanças Públicas, Tributação e Desenvolvimento, v. 7, n. 8, janeiro/junho, 2019, p. 21-57. e-ISSN: 2317-837X. DOI: 10.12957/rfptd.2019.36609. Disponível em: https://www.e-publicacoes.uerj.br/index.php/rfptd/article/view/36609 . Acesso em: 14 mar. 2023.

## 5.1. VISÃO CRÍTICA DO SISTEMA ESTATAL DE SOLUÇÃO DE CONFLITOS TRIBUTÁRIOS NO BRASIL

A solução para reduzir a litigiosidade no Brasil deve passar, antes de tudo, por uma ampla reforma tributária e processual. Segundo o CNJ[270], uma das principais características inerentes aos julgamentos pelo Poder Judiciário é a demora na definição do entendimento jurisprudencial. O longo período para solução da disputa gera graves danos às partes, seja pela incerteza, seja pela falta de um provimento jurisdicional efetivo.

Como aponta Gilmar Ferreira Mendes, "o crescente número de demandas e o aumento do tempo médio de tramitação dos processos indicam um quadro de deficiências que comprometem a efetividade da prestação jurisdicional."[271] Vale lembrar que, em Portugal, Manuel Fernandes dos Santos Serra[272] aponta que foi necessário que o sistema de julgamento de litígios tributários entrasse em verdadeiro colapso, com iminente falência, para que se começasse a pensar e a agir no sentido de seu descongestionamento.

Relativamente ao tempo de tramitação dos processos judiciais no Brasil, a pesquisa *Justiça em Números 2023*[273] constatou que o tempo médio de duração do acervo é maior que o tempo de baixa. Segundo o relatório, as maiores faixas de duração estão concentradas no tempo de processos pendentes, especificamente na fase de execução da Justiça Federal (7 anos e 8 meses) e da Justiça Estadual (5 anos e 6 meses).

No âmbito do processo administrativo tributário, a situação não é menos preocupante. Dados apontados no *Diagnóstico do Contencioso Tributário*

270 BRASIL. Conselho Nacional de Justiça. *Sistematização do diagnóstico do contencioso tributário nacional: contencioso judicial tributário*. Brasília: CNJ, 2022, p. 90. Disponível em: https://www.cnj.jus.br/wp-content/uploads/2022/08/sistematizacao-do-diagnostico-do-contencioso-tributario-nacional-v-eletronica.pdf. Acesso em: 15 mar. 2023.

271 MENDES, Gilmar Ferreira. *Curso de direito constitucional* / Gilmar Ferreira Mendes, Paulo Gustavo Gonet Branco. – 14. ed. rev. e atual. – São Paulo : Saraiva Educação, 2019, p. 1.679. ISBN 9788553606177.

272 SERRA, Manuel Fernandes dos Santos. Apontamentos sobre os antecedentes da arbitragem. *Revista Arbitragem Tributária n° 3 CAAD*. VILLA-LOBOS, Nuno; PEREIRA, Tania Carvalhais (coord). Lisboa, Portugal, jun. 2015, p. 6-9.

273 BRASIL. Conselho Nacional de Justiça. *Justiça em Números 2023* / Conselho Nacional de Justiça. – Brasília:

CNJ, 2023, p. 210. ISBN: 978-65-5972-116-0. Disponível em: https://www.cnj.jus.br/wp-content/uploads/2023/09/justica-em-numeros-2023-010923.pdf. Acesso em: 02 out. 2023.

*Administrativo*[274], elaborado pelo Ministério da Economia (ME), Associação Brasileira de Jurimetria (ABJ) e Banco Interamericano de Desenvolvimento (BID), dão conta de que o tempo mediano de tramitação processual, desde a instauração do litígio até o seu julgamento final no CARF é de 6 anos e 3 meses nas Turmas Ordinárias e de 9 anos e 8 meses nas Câmaras Superiores.

Além disso, segundo o relatório *Doing Business* Subnacional, do *The World Bank (Doing Business)*, o contencioso tributário no Brasil exerce impacto relevante no congestionamento da justiça. O estudo destaca que "as questões tributárias são apontadas como causa de atrasos no sistema judiciário e correspondem a 70% de todas as execuções judiciais pendentes no país"[275].

O *Doing Business* comparou o ambiente de negócios para empresas nacionais nas 27 unidades da federação brasileiras com o de outras 190 economias, trazendo dados atualizados até o dia 1º de setembro de 2020. Como exemplo, na América Latina, o Banco Mundial aponta que os valores dos tributos em litígio, na esfera administrativa, em percentual sobre o PIB, são de 0,09% na Argentina, 0,19% na Colômbia e 0,54% no México. No Brasil, somente o contencioso administrativo tributário federal representa 13,91% do PIB. Somando todas as esferas de governo, incluindo contencioso administrativo e judicial tributários, o percentual alcança 73% do PIB[276].

O tema, longe de ser apenas jurídico, é também econômico. Ainda segundo o Banco Mundial, os recursos alocados pelas empresas a assuntos tributários, incluindo despesas com honorários advocatícios e contencioso, poderiam ser mais bem utilizados se a legislação fosse mais simples, clara e estável. As empresas teriam mais capital para investir.

---

**274** BANCO INTERAMERICANO DE DESENVOLVIMENTO. *Relatório Final de Pesquisa. Diagnóstico Do Contencioso Tributário Administrativo. São Paulo*: BID, 2022, p. 41. Disponível em: https://www.gov.br/receitafederal/pt-br/centrais-de-conteudo/publicacoes/estudos/diagnostico-do-contencioso-tributario-administrativo/relatorio_final.pdf. Acesso em: 15 mar. 2023.

**275** *INTERNATIONAL BANK FOR RECONSTRUCTION AND DEVELOPMENT/THE WORLD BANK*. ***Doing Business*** *Subnacional Brasil 2021*. Washington, DC: *The World Bank*, 2021. Visão Geral, p. 5. Disponível em: https://subnational.doingbusiness.org/content/dam/doingBusiness/media/Subnational/DB2021_SNDB_Brazil_Full-report_Portuguese.pdf. Acesso em: 15 mar. 2023.

**276** *INTERNATIONAL BANK FOR RECONSTRUCTION AND DEVELOPMENT/THE WORLD BANK*. ***Doing Business*** *Subnacional Brasil 2021*. Washington, DC: *The World Bank*, 2021. p. 107. Disponível em: https://subnational.doingbusiness.org/content/dam/doingBusiness/media/Subnational/DB2021_SNDB_Brazil_Full-report_Portuguese.pdf. Acesso em: 15 mar. 2023.

Ou seja, em vez de concentrar-se na expansão de seus negócios, os empresários brasileiros dedicam um número excessivo de horas no cumprimento de obrigações fiscais, que acabam por gerar um custo elevado na tentativa de cumprir corretamente as regras de conformidade e evitar a litigiosidade.

Já a pesquisa da ABJ-BID analisou mais de 400 mil processos tributários administrativos, de 41 órgãos da chamada de pesquisa, e coletou experiências de mais de 150 participantes ou especialistas do contencioso administrativo no país, com cobertura de 17 estados brasileiros, entre maio e novembro de 2021. Segundo a pesquisa, além de demonstrar a ineficácia do sistema de resolução de conflitos tributários no Brasil, os dados evidenciaram que a "exacerbada litigiosidade tributária brasileira se encontrava perante dilemas de difícil resolução teórica e fática"[277].

A pesquisa também destacou que o prazo para solução dos litígios tributários (fig. 2), associado ao volume de processos em tramitação nos órgãos julgadores causam impactos negativos não apenas no orçamento público, mas também para o patrimônio do contribuinte e para o ambiente de negócios do país[278].

FIGURA 2 – TEMPO PARA SOLUÇÃO DE LITÍGIOS NA ESFERA ADMINISTRATIVA

| Orgão | Tempo até instância recursal | Tempo até instância superior | Tempo exclusivo em instância superior | Aumento do tempo de tramitação apenas pela instância superior |
|---|---|---|---|---|
| CARF | 6 anos e 3 meses | 9 anos e 8 meses | 3 anos e 5 meses | 55% |
| Estatual-PA | 5 anos e 1 mês | 5 anos e 7 meses | 6 meses | 11% |
| Estatual-RJ | 2 anos | 4 anos | 2 anos | 100% |
| SEF-DF | 3 anos | 5 anos | 2 anos | 67% |
| SEFAZ-SP (TIT) | 2 anos e 3 meses | 3 anos e 11 meses | 1 ano e 8 meses | 73% |

Fonte: Pesquisa ABJ-BID p . 23

277 BANCO INTERAMERICANO DE DESENVOLVIMENTO. *Relatório Final de Pesquisa. Diagnóstico Do Contencioso Tributário Administrativo. São Paulo*: BID, 2022, p. 19. Disponível em: https://www.gov.br/receitafederal/pt-br/centrais-de-conteudo/publicacoes/estudos/diagnostico-do-contencioso-tributario-administrativo/relatorio_final.pdf. Acesso em: 15 mar. 2023.

278 BANCO INTERAMERICANO DE DESENVOLVIMENTO. *Relatório Final de Pesquisa. Diagnóstico Do Contencioso Tributário Administrativo. São Paulo*: BID, 2022, p. 23. Disponível em: https://www.gov.br/receitafederal/pt-br/centrais-de-conteudo/publicacoes/estudos/diagnostico-do-contencioso-tributario-administrativo/relatorio_final.pdf. Acesso em: 15 mar. 2023.

No que se refere ao processo administrativo federal, a pesquisa aponta, nas hipóteses de cabimento do recurso especial, a possibilidade do manejo dessa espécie recursal em caso de divergência de entendimentos entre câmaras (ou turmas) componentes do tribunal. A pesquisa detecta, neste ponto, uma oportunidade de se aperfeiçoar mecanismos que possam garantir maior homogeneidade das decisões exaradas, a fim de se repensar a fase de recursos superiores que, em grande medida, contribui para prolongar os litígios no tempo[279].

Verifica-se, portanto, também no contencioso administrativo tributário, questões semelhantes às enfrentadas no Judiciário, quais sejam, excessivo volume de processos, morosidade na solução de litígios e diversas instâncias recursais, o que contribui para o desalinhamento entre a tramitação do processo e a efetiva realização da justiça fiscal.

A incapacidade dos órgãos julgadores brasileiros de reduzir o volume de contencioso fiscal revela a impossibilidade de se garantir uma justiça tributária efetiva, nos moldes estabelecidos pela CF/1988 e sob a forma requerida pela sociedade, especialmente em razão dessa incapacidade comprometer a celeridade na solução de litígios tributários. Decisão que se prolonga excessivamente no tempo não faz justiça nem às partes, nem à sociedade.

O relatório *Justiça em Números 2023*, do CNJ, manteve a novidade lançada na edição de 2022, que passou a contar com o Banco Nacional de Dados do Poder Judiciário (Datajud) como fonte originária de obtenção de dados empíricos para a construção de seus principais indicadores. O relatório de 2023 aponta que o Datajud "alcançou o índice de maturidade ideal e padrão de saneamento adequados à importância da série Justiça em Números."[280]

O relatório demonstra que, apesar de ingressar no Poder Judiciário quase duas vezes mais processos de conhecimento do que de execução, no acervo a situação é inversa: a execução é 34,9% maior. Na execução, os processos baixados e novos processos seguem quase no mesmo nível em termos de

---

**279** BANCO INTERAMERICANO DE DESENVOLVIMENTO. *Relatório Final de Pesquisa. Diagnóstico Do Contencioso Tributário Administrativo. São Paulo*: BID, 2022, p. 51. Disponível em: https://www.gov.br/receitafederal/pt-br/centrais-de-conteudo/publicacoes/estudos/diagnostico-do-contencioso-tributario-administrativo/relatorio_final.pdf. Acesso em: 15 mar. 2023.

**280** BRASIL. Conselho Nacional de Justiça. *Justiça em Números 2023* / Conselho Nacional de Justiça. – Brasília:

CNJ, 2023, p. 16,17. ISBN: 978-65-5972-116-0. Disponível em: https://www.cnj.jus.br/wp-content/uploads/2023/09/justica-em-numeros-2023-010923.pdf. Acesso em: 02 out. 2023.

quantidade, com pequeno distanciamento entre os anos de 2009 e 2017, ou seja, a baixa é um pouco menor que a demanda.

A partir de 2018 até 2022, os números são praticamente iguais, o que revela avanços na produtividade da execução nos últimos 5 anos. Em 2022, foram baixados 643 mil casos a menos do que o total de casos novos. Já no processo de conhecimento, as curvas seguem semelhantes somente até 2014. Posteriormente, de 2015 a 2019, observa-se descolamento, com melhoria na produtividade e redução dos processos ingressados. Em 2020, os processos de conhecimento baixados passam a ficar pela primeira vez abaixo da curva de casos novos, fato que se repete em 2021 e 2022. (fig. 3)[281]:

**FIGURA 3 - PROCESSOS JUDICIAIS NOVOS E BAIXADOS – 2009 A 2022**

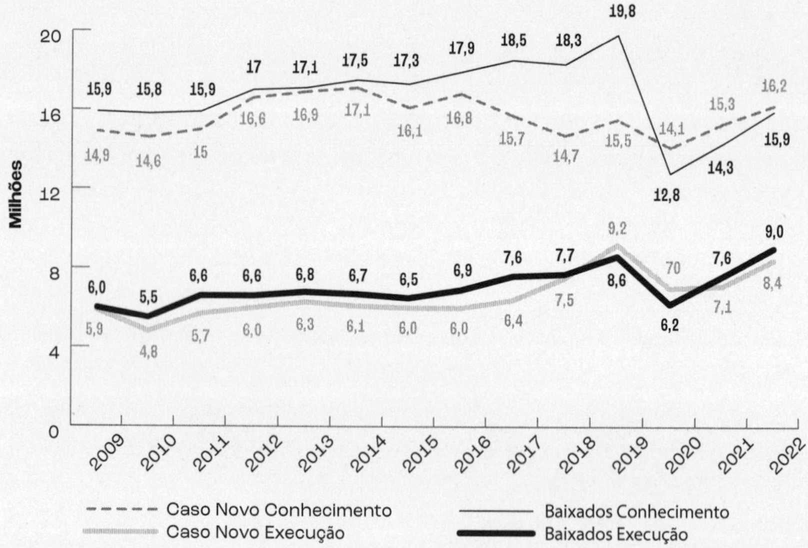

Fonte: CNJ – Justiça em número 2023, p. 145

Os casos pendentes na fase de execução aumentaram entre 2009 e 2017 e permaneceram quase estáveis até 2019. Já os casos pendentes na fase de conhecimento têm maior variação, com aumento em 2015 e 2016 e queda entre 2017 e 2019. A partir de então, registram-se três sucessivos aumentos.

281 BRASIL. Conselho Nacional de Justiça. *Justiça em Números 2023* / Conselho Nacional de Justiça. – Brasília:

CNJ, 2023, p. 143,145. ISBN: 978-65-5972-116-0. Disponível em: https://www.cnj.jus.br/wp-content/uploads/2023/09/justica-em-numeros-2023-010923.pdf. Acesso em: 02 out. 2023.

Tais oscilações resultaram em um estoque atual nos mesmos patamares de 2016 (fig. 4).[282].

FIGURA 4 - PROCESSOS JUDICIAIS PENDENTES DE SOLUÇÃO – 2009 A 2022

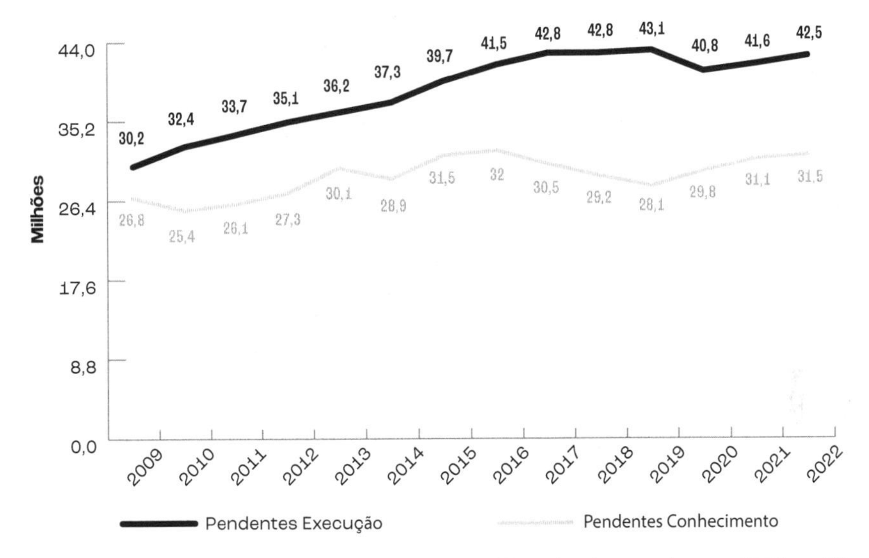


Fonte: CNJ – Justiça em números 2023, p. 145

Segundo o CNJ, em todos os segmentos de justiça, a taxa de congestionamento da fase de execução supera a da fase de conhecimento, com uma diferença que chegou, em 2021, a 17 pontos percentuais no total e que varia bastante por tribunal. Desconsideradas a Justiça Eleitoral e a Justiça Militar Estadual, a maior diferença era de 37 pontos percentuais, no Tribunal de Justiça do Distrito Federal e dos Territórios (TJDFT). Apenas três tribunais apresentaram situação inversa, com maior congestionamento no conhecimento: Tribunal de Justiça do Estado de Alagoas (TJAL), Tribunal de Justiça do Estado de Pernambuco (TJPE) e Tribunal de Justiça de Roraima (TJRR)[283].

282 BRASIL. Conselho Nacional de Justiça. *Justiça em Números 2023* / Conselho Nacional de Justiça. - Brasília:

CNJ, 2023, p. 143,145. ISBN: 978-65-5972-116-0. Disponível em: https://www.cnj.jus.br/wp-content/uploads/2023/09/justica-em-numeros-2023-010923.pdf. Acesso em: 02 out. 2023.

283 BRASIL. Conselho Nacional de Justiça. *Justiça em números* 2022 / Conselho Nacional de Justiça. - Brasília: CNJ, 2022, p. 184. ISBN: 978-65-5972-493-2. Disponível em: https://www.cnj.jus.br/wp-content/uploads/2022/09/justica-em-numeros-2022-1.pdf.. Acesso em: 20 fev. 2023.

Já relatório de 2023 destaca que o tempo médio de tramitação do processo de execução fiscal baixado no Poder Judiciário é de 6 anos e 7 meses. Houve redução no tempo de baixa em relação ao ano anterior, com significativo decréscimo quando comparado a 2018, em que o tempo médio foi de 9 anos e 1 mês.

Ao desconsiderar os processos de execução fiscal, o tempo médio de tramitação do processo baixado na fase de execução passaria de 3 anos e 7 meses para 2 anos e 4 meses em 2022. Houve leve aumento do tempo de tramitação das execuções, quando desconsideradas as execuções fiscais.[284] Vejamos a ilustração na fig. 5.

**FIGURA 5 – TEMPO MÉDIO DE TRAMITAÇÃO DO PROCESSO JUDICIAL EXCLUÍDAS EXECUÇÕES FISCAIS 2015 - 2022**

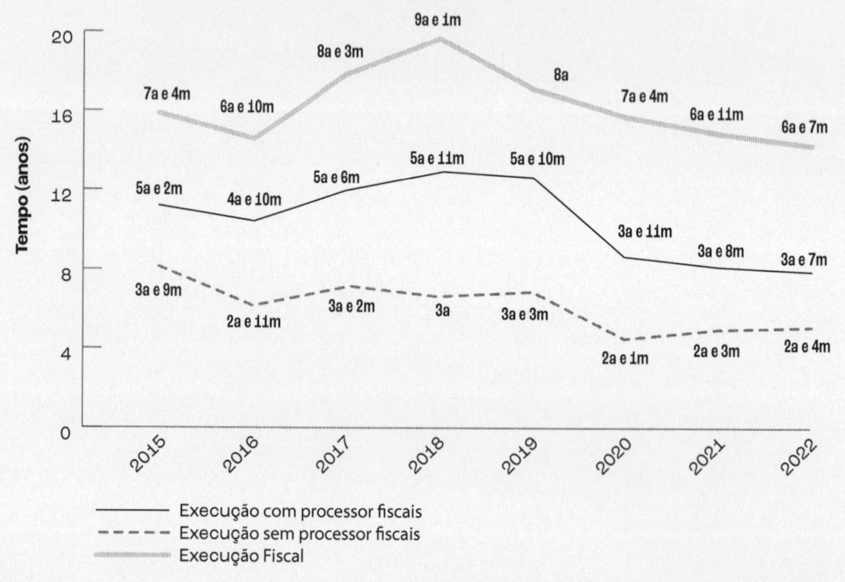


Fonte: CNJ – Justiça em números 2023, p. 155

---

284 BRASIL. Conselho Nacional de Justiça. *Justiça em Números 2023* / Conselho Nacional de Justiça. – Brasília:

CNJ, 2023, p. 154,155. ISBN: 978-65-5972-116-0. Disponível em: https://www.cnj.jus.br/wp-content/uploads/2023/09/justica-em-numeros-2023-010923.pdf. Acesso em: 02 out. 2023.

Os tribunais da Justiça Federal apresentam os maiores tempos de tramitação dos processos de execução fiscal, em média 8 anos e 10 meses. A Justiça Estadual leva em média 6 anos e 3 meses. A média do judiciário ficou em 6 anos e 7 meses (fig. 6 e 7):[285]

FIGURA 6 – TEMPO DE BAIXA DA EXECUÇÃO FISCAL NA JUSTIÇA FEDERAL E MÉDIA DO JUDICIÁRIO

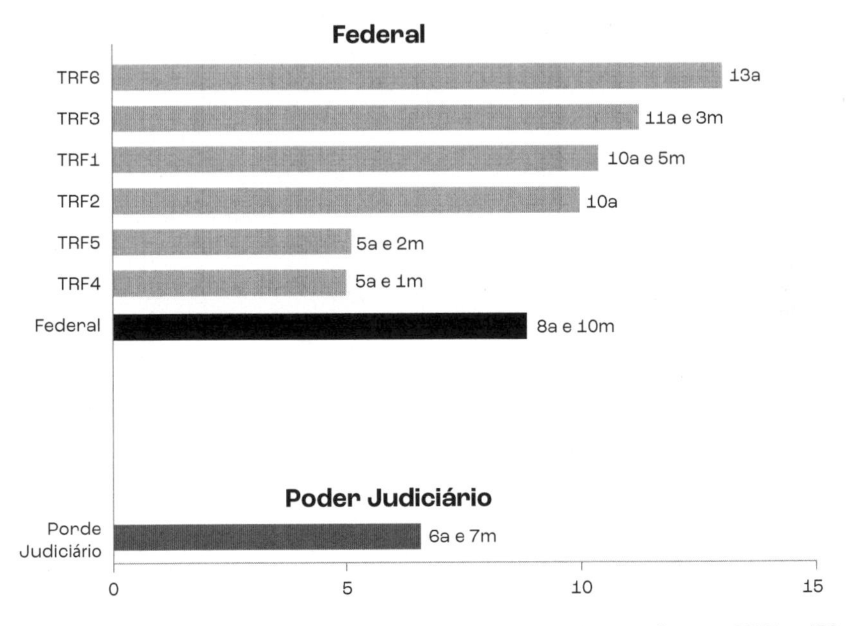


Fonte: CNJ – Justiça em números 2023, p. 156

285 BRASIL. Conselho Nacional de Justiça. *Justiça em Números 2023* / Conselho Nacional de Justiça. – Brasília:

CNJ, 2023, p. 143,145. ISBN: 978-65-5972-116-0. Disponível em: https://www.cnj.jus.br/wp-content/uploads/2023/09/justica-em-numeros-2023-010923.pdf. Acesso em: 02 out. 2023.

FIGURA 7 – TEMPO DE BAIXA DA EXECUÇÃO FISCAL NA JUSTIÇA ESTADUAL

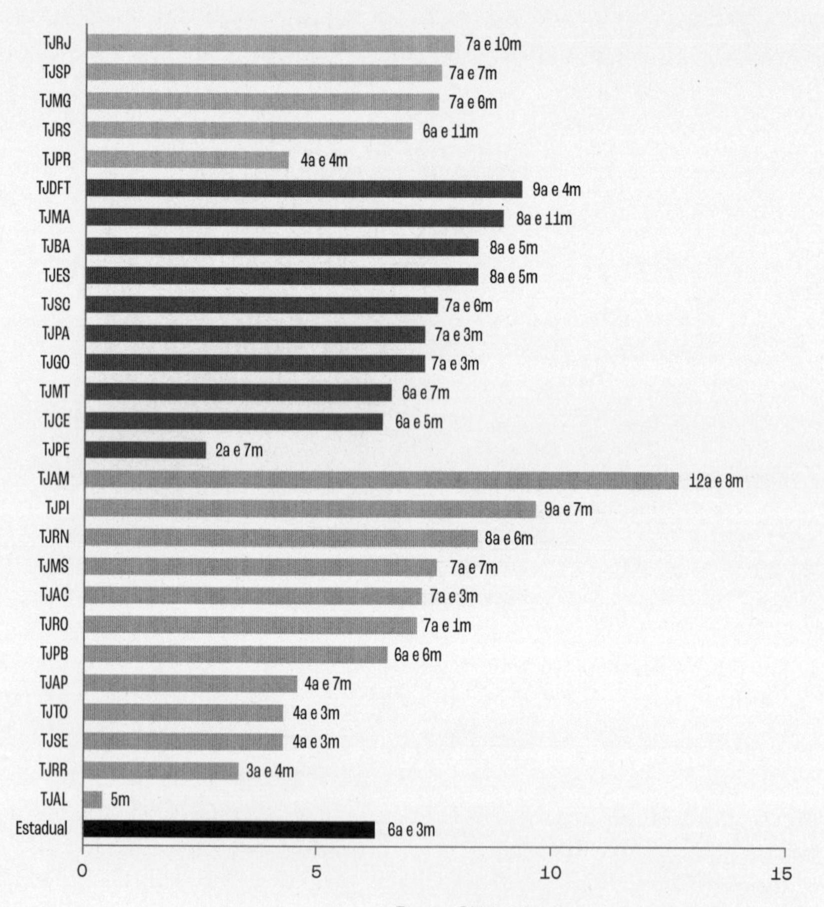


Fonte: CNJ – Justiça em números 2023, p. 156

Constata-se que os processos judiciais no Brasil, tanto na fase de conhecimento quanto na de execução, em um período de 12 anos, quando não permaneceram estáveis, tiveram tendência de crescimento na maior parte do período abrangido pelo relatório do CNJ. Os números demonstram a incapacidade material e humana do Poder Judiciário de oferecer a tutela jurisdicional constitucionalmente assegurada aos cidadãos.

Os números retratados pelas pesquisas citadas neste estudo demonstram a necessidade de se buscar métodos adequados para a solução de conflitos tributários. Ainda que a sentença arbitral não disponha da coerção necessária para exigir do sujeito passivo a satisfação do crédito tributário da fazenda pública, a arbitragem tributária poderia, ao menos, evitar que determinadas discussões chegassem ao Judiciário, e consequentemente, à fase de execução, o que ajudaria a desafogar os tribunais estatais.

Tomando como exemplo os processos que discutem débitos relativos ao Imposto sobre a Propriedade Territorial Urbana (IPTU), a 5ª edição do relatório *Diagnóstico do Contencioso Judicial Tributário Brasileiro*, elaborado pelo Insper, em pesquisa encomendada pelo CNJ[286], destaca que o IPTU foi o tributo com maior volume de contencioso em 2022, à frente de tributos considerados mais complexos, como o ICMS, a Contribuição para PIS e a COFINS, conforme demonstra o quadro abaixo (fig. 8).

**FIGURA 8 – SEIS PRIMEIROS COLOCADOS EM QUANTIDADE DE PROCESSOS NO JUDICIÁRIO EM 2022**

| Tributos | % | Processos |
|---|---|---|
| IPTU | 24,9839 | 528175 |
| ICMS | 16,4575 | 347923 |
| Contribuição Previdenciária | 8,2366 | 174128 |
| ITCMD | 7,2767 | 153835 |
| PIS | 5,8119 | 122868 |
| COFINS | 5,5407 | 117135 |

Fonte: CNJ/Insper - Diagnóstico do contencioso judicial tributário brasileiro – 2022, p. 53

Em publicação do *Portal Jota*, Leonardo Alvim, pesquisador do Núcleo Tributário do Insper, justifica o alto volume do tributo municipal em discussão, pelo fato de o contencioso não estar necessariamente ligado à complexidade do tributo, mas sim, ao número maior de contribuintes[287].

Em nossa opinião, tanto a pesquisa quanto a justificativa apontam ainda para outra direção. A baixa complexidade jurídica dos temas discutidos no IPTU em nada justifica alçá-lo ao topo do *ranking* de tributos mais judicializados do país. A quantidade maior de contribuintes, ainda que possa explicar o fato desse tributo municipal ocupar o topo da lista, apenas reforça o

**286** BRASIL. Conselho Nacional de Justiça - CNJ. *Diagnóstico do contencioso judicial tributário brasileiro : relatório final de pesquisa / Conselho Nacional de Justiça; Instituto de Ensino e Pesquisa*. – Brasília: CNJ, 2022. p. 53. ISBN: 978-65-5972-044-6. Disponível em: https://www.cnj.jus.br/wp-content/uploads/2022/02/relatorio-contencioso-tributario-final-v10-2.pdf. Acesso em: 31 mar. 2023.

**287** JOTA. *Saiba quais são os 18 tributos mais discutidos no Judiciário. Veja a lista*. Brasília. 15/02/2022. Disponível em: https://www.jota.info/tributos-e-empresas/tributario/saiba-quais-sao-os-18-tributos-mais-discutidos-no-judiciario-veja-a-lista-15022022#:~:text=O%20maior%20volume%20de%20processos,base%20de%20contribuintes%20do%20imposto. Acesso em: 31 mar. 2023.

cabimento de outros métodos adequados para a solução de controvérsias tributárias.

Ou seja, aspectos como valor de mercado do imóvel, área construída, padrão de construção e outros elementos formadores do critério quantitativo da regra matriz do IPTU, somente são levados a qualquer discussão plausível se suportados por laudos de especialistas, que em nada acrescentam sob o aspecto jurídico do litígio, mas apenas quanto a questões fáticas e técnicas. Nessas matérias, o juiz, com a prudência necessária, não proferirá decisão sem o suporte de profissional especializado. Em suma, esses aspectos, quando levados à condição de conflito entre o particular e o Poder Público, poderiam perfeitamente ser resolvidos pela arbitragem, poupando o Judiciário de, no mais das vezes, endossar laudos técnicos de especialistas que melhor fundamentam o tema, aliados, em menor proporção, aos aspectos jurídicos do litígio.

Entendemos, como conclusão a esta seção, que o cenário apresentado pelo contencioso tributário no Brasil exige o debate acerca da instituição dos MASCs em matéria tributária, fora do âmbito estatal, como forma de se alcançar a resolução efetiva de disputas entre a Administração e o particular num prazo adequado, com redução da incerteza e da insegurança jurídica, em obediência ao preceito fundamental estabelecido no art. 5º, LXXVIII, da CF/1988[288].

## 5.2. DESAFIOS NORMATIVOS PARA A IMPLEMENTAÇÃO DA ARBITRAGEM TRIBUTÁRIA NO BRASIL

Como ensina Tathiane Piscitelli, a questão da norma adequada à instituição da arbitragem tributária tem relação direta com a extensão que se queira dar ao instituto. Independentemente da abrangência, porém, é imperioso que a espécie legislativa a ser utilizada para implementar a arbitragem tributária obedeça aos ditames constitucionais. José Alfredo de Oliveira Baracho ressalta que, por constitucional, processualmente, pode

288 Esclareça-se, nos termos do inciso LXXVIII do art. 5º da CF/1988, que a todos, no âmbito judicial e administrativo, são assegurados a razoável duração do processo e os meios que garantam a celeridade de sua tramitação. (BRASIL Constituição da República Federativa do Brasil de 1988. *Diário Oficial da União*. Brasília, DF, 5 out 1988. Disponível em: https://www.planalto.gov.br/ccivil_03/Constituicao/ConstituicaoCompilado.htm. Acesso em: 15 mar. 2023.

se entender a razoável oportunidade de se fazer valer do direito, para execução de garantias em que:[289]

> [...] o demandado tenha tido a devida notícia ou citação, que pode ser atual ou implícita; todos devem ter oportunidade adequada para comparecer e expor seus direitos, inclusive o de declará-lo por si próprio; apresentar testemunhas, documentos relevantes, ou outras provas; o tribunal, perante o qual os direitos são questionados, deve estar composto de maneira tal que estejam presentes as condições de honestidade e imparcialidade; deve esse tribunal ser competente para examinar os conflitos constitucionais[290].

Assim como a solução judiciária, a arbitragem é método jurisdicional de solução de controvérsias. Em ambas, não pode haver o sacrifício da norma jurídica aplicável e, consequentemente, do direito. Tanto o juiz quanto o árbitro proferem decisões obrigatórias, sendo essa a principal característica dos métodos heterocompositivos de solução de conflitos[291].

A Lei 9.307/1996 suscitou o debate, no campo teórico, sobre a natureza estatal da jurisdição e a amplitude do direito processual. A solução arbitral, por não ser proveniente do Estado, enquadra-se em um conceito mais amplo de tutela jurisdicional. Segundo Carlos Alberto de Salles, o processo arbitral, embora menos minucioso, flexível e disponível às partes, não deixa de atender "a moldura mínima do devido processo legal – do contraditório, da igualdade das partes, da imparcialidade do árbitro e do livre convencimento", como se depreende do § 2º do art. 21 da lei de arbitragem[292].

Em linhas gerais, o principal comando constitucional que não deve ser afastado em nenhum procedimento jurisdicional vem insculpido no art. 5º, LV, da CF/1988, que assegura aos litigantes o contraditório e a ampla defesa, com os meios e recursos a ela inerentes. A lei deixou clara a proteção a esses requisitos mínimos. Não obstante garantir que a sentença arbitral produz entre as partes e seus sucessores os mesmos efeitos da sentença proferida pelos órgãos do Poder Judiciário (art. 31), ressalva entre as hipó-

---

**289** BARACHO, José Alfredo de Oliveira. *Processo constitucional.* Disponível em: https://www.trt3.jus.br/escola/download/revista/rev_55_56/Jose_Baracho.pdf. p. 56. Acesso em: 31 mar. 2023.

**290** O tema relativo à discussão de questões constitucionais na arbitragem tributária será abordado no capítulo destinado à arbitrabilidade objetiva. Ressaltamos desde já, entretanto, que somos contrários a tal possibilidade.

**291** LIMA, Sérgio Mourão Corrêa. *Arbitragem. Aspectos Fundamentais.* Rio de Janeiro. Forense, 2008. p. 8. ISBN 978-75-309-2054-8.

**292** SALLES, Carlos Alberto de; LORENCINI, Marco Antônio Garcia Lopes; SILVA, Paulo Eduardo Alves da. *Introdução. Negociação, Mediação, Conciliação e Arbitragem. Curso de Métodos Adequados de Solução de Controvérsias, 3. ed.* Rio de Janeiro: Forense, 3.d. 2020, p. 43. ISBN 978-85-309-8811-1.

teses de nulidade da decisão o desrespeito aos princípios de que trata o art. 21, § 2º. Resta evidente que a utilização de normas processuais na arbitragem que não assegurem a participação paritária das partes violará a ordem pública, trazendo ao provimento jurisdicional alcançado pela sentença arbitral prejuízos quanto à sua eficácia e executoriedade[293].

Antes de adentrarmos na questão das possíveis normas competentes para viabilizar a arbitragem tributária no ordenamento jurídico brasileiro, é necessária uma breve explanação acerca dos artigos 22, I, e 24, XI, da CF/1988. O primeiro dispositivo manteve a competência privativa da União para legislar, entre outras matérias mencionadas, sobre direito processual. O segundo dispositivo, porém, inovou ao estabelecer competência concorrente da União, Estados e Distrito Federal para legislar sobre procedimento em matéria processual. O § 1º desse dispositivo, entretanto, esclarece que, no âmbito da legislação concorrente, a competência da União limita-se a estabelecer normas gerais, conforme ensina Heleno Torres:

> As matérias de legislação concorrente, na competência da União, limitar-se-ão sempre a estabelecer normas gerais, que não poderão excluir a competência plena dos Estados para tratar de matérias reservadas a estes, os quais deverão atuar modo suplementar, mas apenas em relação à matéria regulada pela norma geral, como prescreve o art. 24 da Constituição.[294]

Como exemplo dessa posição, citamos as diversas leis estaduais e municipais que regulam o processo administrativo tributário nos seus respectivos territórios. O fundamento dessa regulação, para além do art. 24, XI, da CF/1988, está no art. 22, I, que traz regra voltada ao processo jurisdicional, não alcançando o processo administrativo. O STF tratou do tema através da Ação Direta de Inconstitucionalidade (ADI) 2435, ao normatizar que "na seara da competência legislativa concorrente, a norma geral assenta-se no pressuposto que a colaboração federativa depende de uma uniformização do ambiente normativo"[295].

---

**293** LIMA, Sérgio Mourão Corrêa. *Arbitragem. Aspectos Fundamentais*. Rio de Janeiro: Forense, 2008. p. 18. ISBN 978-75-309-2054-8.

**294** TORRES, Heleno Taveira. Universidade de São Paulo. Faculdade de Direito. Graduação - Disciplina: Direito Financeiro DEF0215 (2022-1). *Aula 3: Fontes e interpretação das normas de Direito Financeiro (4 e 5 de abril de 2022)*. Slide 6. Disponível em: https://edisciplinas.usp.br/pluginfile.php/6986524/mod_resource/content/1/PPT%20Aula%203%20-%20Fontes%20e%20interpreta%C3%A7%C3%A3o%20das%20normas%20de%20Direito%20Financeiro%20-%20revisado%20pelo%20prof.pdf. Acesso em: 31 mar. 2023.

**295** BRASIL. Supremo Tribunal Federal. Tribunal Pleno. Ação Direta de Inconstitucionalidade - *ADI 2435 / RJ - Rio de Janeiro*. [...]. Recte.: Confederação Nacional do Comércio - CNC. Intdo.(a/s).: Governador do Estado do Rio de Janeiro e Assembleia Legislativa do Estado do Rio de Janeiro. Relator(a): Min. Cármen Lúcia, 21 de dezembro de 2020.

Embora os argumentos acima denotem a clara distinção entre direito processual (competência privativa da União) e procedimento em matéria processual (competência concorrente), hipótese em que à União caberá dispor sobre normas gerais, recorremos ao Direito Administrativo para trazer definição de Celso Antônio Bandeira de Mello. Destacando que o tema tem recebido pouca atenção da doutrina, o autor reconhece a utilização do termo procedimento administrativo ou processo administrativo, definindo-os como "uma sucessão itinerária e encadeada de atos administrativos que tendem, todos, a um resultado final e conclusivo"[296].

Segundo Celso Antônio Bandeira de Mello, não se nega que a nomenclatura mais comum no Direito Administrativo é procedimento, expressão que se consagrou, reservando-se, no Brasil, o *nomen juris* processo para os casos contenciosos, a serem solucionados por um julgamento administrativo, como ocorre, por exemplo, no processo tributário. Conclui, entretanto, que a terminologia adequada para designar o objeto é "processo", sendo "procedimento" o rito de cada processo. Conclui que, tendo em vista que não há pacificação sobre esse tema e que em favor de uma milita a tradição ("procedimento") e em favor de outra a terminologia legal ("processo"), utiliza em sua obra, indiferentemente, uma e outra.

Posição mais incisiva adota Odete Medauar, na obra *A processualidade no Direito Administrativo*, para quem o rol dos critérios invocados para distinguir procedimento e processo revela não apenas o empenho de administrativistas e processualistas "na caracterização de cada uma das figuras, mas também a própria evolução da matéria, no rumo da valorização procedimental, da mais precisa noção de processo e da idéia da existência de processualidade no exercício de todos os poderes estatais."[297]

Segundo a autora, na concepção do procedimento-gênero, como na passagem do poder em ato, o procedimento consiste na sucessão necessária de atos encadeados entre si a fim de preparar um ato final. Pontua ainda que o procedimento também expressa cooperação de sujeitos, no âmbito do contraditório. Destaca, entretanto, que, "a despeito do difundido uso do

Disponível em: https://jurisprudencia.stf.jus.br/pages/search/sjur443085/false. Acesso em: 31 mar. 2023.

296 BANDEIRA DE MELLO, Celso Antônio Bandeira de. *Curso de Direito Administrativo*, 32. ed. São Paulo: Malheiros, 2014, p. 499-500. ISBN: 978-85-392-0273-7.

297 MEDAUAR, Odete. *A processualidade no Direito Administrativo*. São Paulo: Revista dos Tribunais, 1993, p. 29-42. ISBN: 852031144x

termo 'procedimento' no âmbito da atividade administrativa, mais adequada se mostra a expressão 'processo administrativo'."[298]

Odete Medauar defende que a resistência ao uso do termo 'processo' no campo da Administração Pública, "explicada pelo receio de confusão com o processo jurisdicional, deixa de ter consistência no momento em que se acolhe a processualidade ampla, isto é a processualidade associada ao exercício de qualquer poder estatal." Prossegue afirmando que, "em decorrência, há processo jurisdicional, processo legislativo, processo administrativo; ou seja, o processo recebe a adjetivação provinda do poder ou função de que é instrumento."[299]

Ainda segundo Odete Medauar, a própria CF/1988 adotou a terminologia processo administrativo, apontando diversos dispositivos do texto constitucional nesse sentido. Vejamos como se posiciona a professora:

> [...] a CF/1988 adotou a expressão 'processo administrativo' ou utilizou o termo 'processo', o que significa não só escolha terminológica, mas sobretudo reconhecimento do processo nas atividades da Administração Pública, como demonstram, de forma clara, quatro dispositivos, principalmente: o inc. L V do art. 52: 'Aos litigantes, em processo judicial ou administrativo, e aos acusados em geral são assegurados o contraditório e a ampla defesa, com os meios e recursos a ela inerentes'; o inc. LXXII do art. 52 'Conceder-se-á habeas data ... b) para retificação de dados quando não se prefira fazê-lo por processo sigiloso judicial ou administrativo; o inc. XXI do art. 37: 'Ressalvados os casos especificados na legislação, as obras, serviços, compras e alienações serão contratados mediante processo de licitação pública ... ', o § 12 do art. 41: 'o servidor público estável só perderá o cargo em virtude de sentença judicial transitada em julgado ou mediante processo administrativo em que lhe seja assegurada ampla defesa'".[300]

Sendo assim, preferimos seguir a posição da professora Odete Medauar, no sentido da caracterização de procedimento e processo administrativo, como distintos, compactuando com a utilização da denominação processo no âmbito da administração, quando cabível, assim como adotamos a terminologia processo judicial, cada qual dentro de sua respectiva competência, da mesma forma adotamos o termo processo arbitral no presente estudo, exceto em citações, onde o termo original será mantido. Além da fundamentação da professora, é comum encontrarmos o termo processo

---

298 MEDAUAR, Odete. *A processualidade no Direito Administrativo*. São Paulo: Revista dos Tribunais, 1993, p. 29-42. ISBN: 852031144x

299 MEDAUAR, Odete. *A processualidade no Direito Administrativo*. São Paulo: Revista dos Tribunais, 1993, p. 29-42. ISBN: 852031144x.

300 MEDAUAR, Odete. *A processualidade no Direito Administrativo*. São Paulo: Revista dos Tribunais, 1993, p. 29-42. ISBN: 852031144x.

nas normas que regulam o contencioso administrativo, a exemplo do Decreto 70.235/1972, que "dispõe sobre o *processo administrativo fiscal*, e dá outras providências."

Por fim, destacamos também passagem de Paula Sarno Braga, que embora defenda inexistir diferença entre processo e procedimento a servir de critério para repartir a competência legislativa – posição com a qual não compactuamos, conforme exposto acima – aponta na seguinte direção:

> Logo, o art. 22, I, CF, contém regra que se refere ao processo jurisdicional, seja ele estatal ou não (arbitral). O Constituinte, ao tratar da competência para reger processo e procedimento (arts. 22, I, e 24, XI, CF), refere-se ao instrumento de exercício da função jurisdicional, função esta que pode ser exercida pelo Estado, mas também, por particulares, por meio da chamada arbitragem (cujas normas gerais federais encontram-se sediadas na Lei n. 9.307/1996, nada impedindo sejam objeto de normas suplementares e supletivas de origem estadual)[301].

Referido posicionamento se coaduna com o disposto no art. 22, I, e 24, XI, c/c o § 1º, da CF/1988. Nesse sentido, entendemos que seria acertada a edição de lei nacional para regular a arbitragem tributária, cabendo a cada ente tributante suplementá-la com aspectos específicos de direito material aplicáveis em seu território, em linha com a competência tributária estabelecida pela CF/1988. O assunto, entretanto, comporta outros desafios, considerando a abrangência que precisa ser dada à arbitragem tributária para que tenha efetividade perante o sistema tributário brasileiro. O assunto será tratado a partir dos parágrafos seguintes.

Em matéria tributária, encontramos no art. 146, III, da CF/1988 o comando que reserva à LC a prerrogativa de estabelecer normas gerais em matéria de legislação tributária. É nessa reserva da LC que se instaura os principais debates sobre a norma adequada à instituição da arbitragem tributária no Brasil. Na lição de José Souto Maior Borges, "é a Constituição quem diz o que são normas gerais de Direito Tributário. Trata-se, portanto, de con-

---

301 BRAGA, Paula Sarno. *Norma de processo e norma de procedimento: O problema da repartição de competência legislativa no Direito Constitucional brasileiro.* Tese de Doutorado. Salvador. Universidade Federal da Bahia.

Faculdade de Direito. Programa de Pós-Graduação em Direito. Doutorado - Direito Público, 2015, f. 334: Disponível em: https://repositorio.ufba.br/bitstream/ri/17749/5/PAULA%20SARNO%20BRAGA%20-%20Norma%20de%20processo%20e%20norma%20de%20procedimento%20o%20problema%20da%20reparti%c3%a7%c3%a3o%20de%20compet%c3%aancia%20legislativa%20no%20direito%20constitucional%20brasileiro.pdf. Acesso em: 31 mar. 2023.

ceito jurídico-positivo, demarcatório dos âmbitos de validade das normas gerais no sentido estrito desse preceito"[302].

A questão, então, é saber qual é esse âmbito. O professor da Universidade São Paulo ensina que todas as leis tributárias, complementares ou ordinárias, são normas gerais no sentido amplo, inconfundível com normas gerais no sentido estrito a que se refere o art. 146, III, da CF/1988. O autor esclarece que normas gerais no sentido amplo e no sentido estrito são análogas, mas não idênticas. A relação entre ambas é a de gênero (normas gerais) e de espécie (normas gerais de direito tributário). A especificidade das normas gerais de direito tributário decorre do seu regime jurídico-constitucional, reservado à lei complementar (jurídico-formal) e conteúdo determinado no art. 146 (jurídico-material).

Cabe aqui uma breve reflexão sobre as correntes doutrinárias acerca das normas gerais de direito tributário estabelecidas na CF/1988. Tathiane Piscitelli[303], ao relembrar o embate acerca das teorias dicotômica e tricotômica das normas gerais, afirma que a teoria dicotômica, que tem origem no art. 19, § 1º, da CF/1967, acolhia a ideia de que o alcance das normas gerais em matéria tributária estaria restrito aos conflitos de competência entre os entes federados e à regulação das limitações constitucionais do poder de tributar.

A teoria tricotômica, por sua vez, defendia que a atribuição de editar normas gerais de direito tributário seria separada das demais, de maneira que os conflitos de competência e a disciplina das limitações constitucionais ao poder de tributar não seriam contenções materiais a essas normas. A corrente dicotômica, liderada por Geraldo Ataliba, é compartilhada por autores contemporâneos como Roque Antonio Carrazza[304]. Geraldo Ataliba, por sua vez inspirado nos ensinamentos de Aliomar Baleeiro, assim se posicionou, em defesa da teoria dicotômica:

---

**302** BORGES, José Souto Maior. *Normas Gerais de Direito Tributário: Velho Tema sob Perspectiva Nova.* REVISTA DIALÉTICA DE DIREITO TRIBUTÁRIO (RDDT) 213. Junho 2013. São Paulo: Dialética. p. 48. ISSN 1413-7097. Disponível em: https://edisciplinas.usp.br/pluginfile.php/7528674/mod_resource/content/0/Leitura%20Complementar%20da%20aula%20-%20Jorge%20Souto%20Maior%20Borges%20Normas%20gerais%20de%20direito%20tribut%C3%A1rio%20-%20velho%20tema%20sob%20perspectiva%20nova.pdf. Acesso em: 31 mar. 2023.

**303** PISCITELLI, Tathiane. *Curso de Direito Tributário.* 2.ed. São Paulo: Thomson Reuters Brasil, 2022. p. 212 ISBN 978-65-260-0937-6.

**304** CARRAZZA, Roque Antonio. *Curso de Direito Constitucional Tributário.* 31. Ed. São Paulo: Malheiros, 2016. p. 1.119. ISBN 978-85-392-0342-0.

> Da contemplação do nosso sistema constitucional tributário e meditação sôbre seus princípios informadores se vê, raciocinando-se por exclusão, que outra função não podem ter as normas gerais senão completar a Constituição onde e quando seja previsível — ou efetivamente venha a ocorrer — conflito entre as pessoas tributantes. [...]. Falar em disposições proibitivas no texto constitucional é falar das limitações constitucionais ao poder de tributar. [...] Estas limitações constitucionais ao poder tributário é que, em tese, podem ser objeto de contemplação pelas normas gerais de Direito Tributário[305].

Em defesa da corrente tricotômica, Alcides Jorge Costa observa que tanto o texto da CF/1988 como aquele editado na CF/1967 deixam claro que normas que dispõem sobre conflitos de competência e normas que regulam as limitações constitucionais ao poder de tributar não são normas gerais, uma vez que o conteúdo destas está expresso no art. 146, III[306].

Numa terceira corrente, José Souto Maior Borges não reconhece nenhuma das duas correntes:

> Uma conclusão relevante e indeclinável, desde logo, se interpõe e impõe. A questão da dicotomia ou tricotomia das atribuições de normas gerais não é um problema em aberto - é um falso problema. As funções da lei de normas gerais são as que estão expressas e implícitas, no art. 146, III. A versão dicotômica e restritiva (só conflitos e limitações) está equivocada, porque essa dicotomia desobedece aos pressupostos constitucionais do art. 146, III, mesmo se considerado isoladamente e com abstração indevida da sua inserção no sistema constitucional, como se demonstra adiante. E a versão tricotômica tampouco prevalece, porque a competência do art. 146, III, autoriza o Congresso Nacional a editar amplamente normas gerais (= unificação dogmática). A disputa quantitativa tradicional do problema das funções legislativas na área tributária (duas *versus* três) é, percebe-se, uma colocação inapropriada. Fonte tão só de equívocos na caracterização do regime constitucional de normas gerais. Equívocos de que não conseguiu escapar a doutrina criticada. E a corrente tricotômica não esconde, no fundo, um pleonasmo. Expressa o mesmo que diz o art. 146, com outras palavras e, salvo honrosas exceções, sem profundidade[307].

---

**305** ATALIBA, Geraldo. *Normas gerais de direito financeiro e tributário e autonomia dos estados e municípios. Limites à norma geral — Código Tributário Nacional.* p. 47-48; 66-67. Disponível em: https://edisciplinas.usp.br/pluginfile.php/1894565/mod_resource/content/0/03%20ATALIBA.%20Normas%20gerais%20de%20direito%20financeiro%20e%20tributario.pdf. Acesso em: 31 mar. 2023.

**306** COSTA, Alcides Jorge. *Normas gerais de Direito Tributário: visão dicotômica ou tricotômica. In*: Direito Tributário Contemporâneo. Estudos em homenagem a Geraldo Ataliba. BARRETO, Aires Fernandino (coord). São Paulo: Malheiros, 2011. p. 40.

**307** BORGES, José Souto Maior. *Normas Gerais de Direito Tributário: Velho Tema sob Perspectiva Nova.* REVISTA DIALÉTICA DE DIREITO TRIBUTÁRIO (RDDT) 213. Junho 2013. São Paulo: Dialética. p. 56-57. ISSN 1413-7097. Disponível em: https://edisciplinas.usp.br/pluginfile.php/7528674/mod_resource/content/0/Leitura%20Complementar%20da%20aula%20-%20Jorge%20Souto%20Maior%20Borges%20Normas%20gerais%20de%20

A autorização dada ao Congresso Nacional (CN) para editar normas amplamente gerais, explica José Souto Maior Borges, vem expressa no art. 48, I, segundo o qual cabe ao CN dispor sobre todas as matérias de competência da União, especialmente sobre o sistema tributário. O autor sustenta que a lei complementar do art. 146, III, não é a única prevista na CF/1988 a dispor sobre a matéria. Há outra com muito maior abrangência, o art. 48, I, que estabelece a competência do CN, com a sanção do Presidente da República, legislar sobre sistema tributário. Essa competência, contudo, não está expressamente reservada à lei complementar.

A fim de situar as normas complementares em matéria tributária, somos pelo entendimento de que o art. 146 da CF/1988 superou qualquer efetividade na discussão doutrinária sobre as atribuições da lei complementar em matéria tributária. Assim, é função da LC, em matéria tributária, dispor sobre conflitos de competência entre os entes tributantes (inciso I), regular as limitações ao poder de tributar (inciso II) e fixar normas gerais em matéria tributária (inciso III). Como adverte Tathiane Piscitelli, em todos os casos, há preocupação do legislador em garantir normas uniformes em termos tributários, assegurando seu alcance nacional[308].

Feitas as considerações acerca do conteúdo e do alcance das normas gerais em matéria tributária, que devem ser estabelecidas por LC, aborda-se qual seria a via legislativa adequada para instituir a arbitragem tributária no Brasil, LC ou Lei Ordinária (LO). Para esse tema, firmamos posição que o veículo legislativo seria a LO, que deveria ter caráter nacional, em obediência à competência privativa da União para legislar sobre direito processual (art. 22, I, da CF/1988).

Destacamos, entretanto, que a codificação do direito tributário pela LO 5.172/66, alçada à categoria de LC pela Emenda Constitucional (EC) 18/1965, ainda sob a vigência da CF/1946 e recepcionado como tal pelas CF de 1967 e 1988, reservou àquela via legislativa competência para dispor sobre diversos temas relacionados ao direito tributário.

Assim, para se implementar a arbitragem tributária com menor possibilidade de judicialização de temas secundários, porém, imprescindíveis para a sistematização do instituto, seria prudente alterar alguns dispositivos da mencionada Lei, que materializou o CTN e possui *status* de LC, só podendo, portanto, ser alterado por norma da mesma categoria.

---

direito%20tribut%C3%A1rio%20-%20velho%20tema%20sob%20perspectiva%20nova.pdf. Acesso em: 31 mar. 2023

**308** PISCITELLI, Tathiane. *Curso de Direito Tributário*. 2.ed. São Paulo: Thomson Reuters Brasil, 2022. p. 213. ISBN 978-65-260-0937-6.

Assim, embora nosso entendimento seja no sentido de que a implementação da arbitragem tributária possa ser efetuada através de LO nacional, não é possível prescindir da alteração, prévia ou concomitante, de dispositivos do CTN, os quais passamos a destacar nos parágrafos seguintes, acompanhados das razões pelas quais eles deveriam ser modificados. Ao final da explanação, apresentamos quadro resumo das alterações propostas.

O primeiro artigo que vislumbramos necessidade de alteração se insere no Capítulo II do Título III do CTN, destinado à constituição do Crédito Tributário, mais precisamente na Seção I, que trata do Lançamento Tributário. Para boa compreensão tema, reproduzimos seu enunciado:

> Art. 146. A modificação introduzida, de ofício ou em conseqüência de decisão administrativa ou judicial, nos critérios jurídicos adotados pela autoridade administrativa no exercício do lançamento somente pode ser efetivada, em relação a um mesmo sujeito passivo, quanto a fato gerador ocorrido posteriormente à sua introdução.

Esse artigo prescreve, em nível infraconstitucional, a necessidade de proteção da confiança do contribuinte na Administração Tributária. De um lado, abrange a impossibilidade de retratação de atos administrativos concretos que representem prejuízo relativamente à situação consolidada, à luz de critérios anteriormente adotados e, de outro, garante a irretroatividade de atos administrativos, quando o contribuinte confiou nas normas anteriores.[309]

Ou seja, o dispositivo disciplina hipótese em que se constata alteração nos critérios jurídicos do lançamento tributário por iniciativa própria da administração e por decisão administrativa ou judicial. Nesses casos, a alteração apenas poderá ser aplicada a fatos futuros, não alcançando o lançamento já realizado.[310]

É importante também citar a alteração do art. 24 da Lei de Introdução às normas do Direito Brasileiro (LINDB), promovida pela Lei nº 13.655/2018, que estabelece que a revisão, nas esferas administrativa ou judicial, quanto à validade de ato, processo ou norma administrativa cuja produção já se houver completado considerará as orientações gerais da época, sendo defeso, com base em mudança posterior daquelas orientações, que sejam

---

**309** PAULSEN, Leandro. *Constituição e Código Tributário comentados à luz da doutrina e da jurisprudência.* 18ª ed. São Paulo: Saraiva, 2017, p. 1.079. ISBN 978-85-472-1608-5.

**310** PISCITELLI, Tathiane. *Curso de Direito Tributário.* 2 ed. rev., atual. e ampl. São Paulo: Thomson Reuters Brasil, 2022, p. 446. ISBN 978-65-260-0937-6.

declaradas inválidas situações já constituídas. O dispositivo pode ser considerado um reforço ao que prescreve o art. 146 do CTN.[311]

Com o objetivo de delimitar o alcance do dispositivo, o parágrafo único do mesmo artigo esclarece o que se consideram orientações gerais, para que sejam levadas em consideração, definindo-as como "as interpretações e especificações contidas em atos públicos de caráter geral ou em jurisprudência judicial ou administrativa majoritária, e ainda as adotadas por prática administrativa reiterada e de amplo conhecimento público."[312] Dito de outra forma, há proteção contra a mudança com efeito retroativo do critério individualmente utilizado no lançamento relativo ao mesmo sujeito passivo, para proteger a boa-fé do contribuinte.[313] Como se verifica da ementa da Lei nº 13.655/2018, seu objetivo é inserir, na LINDB, "disposições sobre segurança jurídica e eficiência na criação e na aplicação do direito público."[314]

Contra a necessidade de alteração do artigo, poder-se-ia argumentar que a Lei de Arbitragem Tributária poderia expressamente estabelecer que a sentença arbitral tributária produziria, entre as partes e seus sucessores, os mesmos efeitos da sentença proferida pelos órgãos do Poder Judiciário, como o fez ar. 31 da 9.397/96. Não compactuamos com esse entendimento. Simples menção em LO que instituísse a arbitragem de equiparação de seus efeitos à decisão judicial, sem amparo no CTN, seria inconstitucional para efeito do art. 146 do CTN, considerando que a alínea "b" do inciso III do art. 146 da CF/1988 reserva à LO o papel de estabelecer normas gerais sobre o lançamento tributário.

Assim, considerando que o caput do art. 146 do CTN faz referência apenas à decisão administrativa ou judicial, a alteração do dispositivo para inserir a modificação introduzida em consequência de decisão arbitral, busca evi-

---

311 PISCITELLI, Tathiane. *Curso de Direito Tributário.* 2 ed. rev., atual. e ampl. São Paulo: Thomson Reuters Brasil, 2022, p. 446. ISBN 978-65-260-0937.6

312 Parágrafo único do art. 24 da Lei nº 4.657/1942

313 TORRES, Ricardo Lobo. O princípio da proteção da confiança do contribuinte. RFDT 06/09, dez. 2003. apud. PAULSEN, Leandro. *Constituição e Código Tributário comentados à luz da doutrina e da jurisprudência.* 18ª ed. São Paulo: Saraiva, 2017, p. 1.079. ISBN 978-85-472-1608-5

314 BRASIL. Presidência da República. Lei nº 13.655, de 25 de abril de 2018. Inclui no Decreto-Lei nº 4.657, de 4 de setembro de 1942 (Lei de Introdução às Normas do Direito Brasileiro), disposições sobre segurança jurídica e eficiência na criação e na aplicação do direito público. *Diário Oficial da União*. Brasília, 26 abr. 2018. Disponível em: https://www.planalto.gov.br/ccivil_03/_Ato2015-2018/2018/Lei/L13655.htm#art1. Acesso em: 01 set. 2023.

tar que decisões decorrentes desse método adequado de solução de conflitos fiquem fora da proteção visada pelo artigo, assegurando que, também as alterações advindas do processo arbitral tributário serão aplicáveis, pela autoridade administrativa, somente para o futuro, com a preservação dos critérios jurídicos anteriormente utilizados para a prática do ato administrativo do lançamento.

Passamos então a tratar do artigo 151, ainda no Título III do CTN, que dispõe sobre o Crédito Tributário, agora no Capítulo III, Seção I, que trata da suspensão do crédito tributário, assim redigido:

> Art. 151. Suspendem a exigibilidade do crédito tributário
> I - moratória;
> II - o depósito do seu montante integral;
> III - as reclamações e os recursos, nos termos das leis reguladoras do processo tributário administrativo;
> IV - a concessão de medida liminar em mandado de segurança.
> V – a concessão de medida liminar ou de tutela antecipada, em outras espécies de ação judicial; (Incluído pela Lcp nº 104, de 2001)
> VI – o parcelamento. (Incluído pela Lcp nº 104, de 2001)
> Parágrafo único. O disposto neste artigo não dispensa o cumprimento das obrigações assessórios dependentes da obrigação principal cujo crédito seja suspenso, ou dela conseqüentes.

A suspensão da exigibilidade do crédito tributário, ou, suspensão da exigibilidade da relação jurídica tributária[315] das hipóteses do artigo 151 do CTN, impede que a administração tributária cobre o respectivo montante do sujeito passivo. Como ensina Tathiane Piscitelli, "trata-se nesse sentido, de suspensão da eficácia técnica da norma de tributação que, devidamente constituída, não poderia incidir enquanto tiver vigência hipótese de suspensão."[316]

Artigo de grande importância para proteção do contribuinte quando presentes quaisquer das hipóteses mencionadas nos seus incisos, sua alteração é sustentada inclusive pelo PLP 17/2022[317], que propõe a inclusão do inciso VII ao dispositivo para incluir "a instauração da arbitragem" como causa suspensiva, e pelo PLP 124/2022, que também propõe a inclusão do inciso

---

315 Denominação adotada por: PISCITELLI, Tathiane. PISCITELLI, Tathiane. *Curso de Direito Tributário*. 2 ed. rev., atual. e ampl. São Paulo: Thomson Reuters Brasil, 2022, p. 466 e seguintes. ISBN 978-65-260-0937.6

316 PISCITELLI, Tathiane. PISCITELLI, Tathiane. Curso de Direito Tributário. 2 ed. rev., atual. e ampl. São Paulo: Thomson Reuters Brasil, 2022, p. 466. ISBN 978-65-260-0937-6

317 Conforme detalharemos no Capítulo destinado aos Projetos de Lei, este PLP foi aprovado no plenário da Câmara dos Deputados em 0811/2022 e enviada ao Senado Federal em 17/11/2022.

VII ao art. 151 do CTN para suspender a exigibilidade do crédito tributário na "instauração da arbitragem, quando da nomeação do(s) árbitro(s), nos termos da legislação específica." Além da proteção do sujeito passivo contra cobrança do crédito tributário em discussão pela via da arbitragem, a suspensão da exigibilidade também "garantiria segurança à Fazenda no que toca ao refreamento do fluxo prescricional", assegurando "eficácia prática ao instituto da arbitragem."[318]

A importância da alteração do art. 151 do CTN, além dos aspectos já mencionados, reside também em uma questão formal. Como exemplo concreto dessa preocupação, citamos a Lei 6.830/1980, Lei de Execução Fiscal (LEF), que embora o rol tenha sido ampliado para a aceitação do "seguro-garantia como caução, os nossos tribunais vêm entendendo que tal instrumento não serve à suspensão de exigibilidade do crédito tributário, por não estar entre as opções elencadas no art. 151 do CTN."[319]

Outro ponto a ser ressaltado é que a alteração proposta não inclui qualquer tipo de garantia para que ocorra a suspensão da exigibilidade no processo arbitral. A não exigência de garantia na arbitragem tributária nos parece acertada, com exceção da hipótese de sua utilização como defesa em processo de execução fiscal, em substituição aos Embargos à Execução. Nosso posicionamento contrário à garantia, com a exceção mencionada, se sustenta no fato de que a arbitragem deve ser, também, financeiramente viável, além de não conter exigências de desembolso antecipado do montante em discussão, que impeçam ou dificultem o acesso do sujeito passivo à ampla tutela jurisdicional, de forma a tornar a arbitragem menos atrativa que os demais meios heterocompositivos de solução de conflitos.

Outra questão que se coloca, entretanto, é sobre o momento em que se daria a suspensão da exigibilidade na arbitragem tributária, bem como, sobre a necessidade de lei complementar para estabelecer sobre novas hipóteses de suspensão do crédito tributário. Essa última questão será tratada

---

318 CONRADO, Paulo Cesar; SANTOS, Reginaldo Angelo dos; LEITE, Renata Ferreira. *A prestação de garantia no processo arbitral tributário:* [...]. *In:* PISCITELLI, Tathiane; MASCITO, Andréa; FERNANDES, André Luiz Fonseca. Arbitragem Tributária no Brasil e em Portugal. Visões do Grupo de Pesquisa "Métodos Alternativos de Resolução de Disputa em Matéria Tributária" do Núcleo de Direito Tributário da FGV DIREITO SP. São Paulo: Blucher, 2022, p. 78. ISBN: 978-65-5506-516-9.

319 CONRADO, Paulo Cesar; SANTOS, Reginaldo Angelo dos; LEITE, Renata Ferreira. *A prestação de garantia no processo arbitral tributário:* [...]. *In:* PISCITELLI, Tathiane; MASCITO, Andréa; FERNANDES, André Luiz Fonseca. Arbitragem Tributária no Brasil e em Portugal. Visões do Grupo de Pesquisa "Métodos Alternativos de Resolução de Disputa em Matéria Tributária" do Núcleo de Direito Tributário da FGV DIREITO SP. São Paulo: Blucher, 2022, p. 78. ISBN: 978-65-5506-516-9

no Capítulo destinado aos Projetos de Lei, ao tratarmos do PL 2.486/2022. Consideramos para fins da presente seção, ser possível a introdução de novas hipóteses de suspensão por LO, conforme já definido pelo STF.[320]

Assim, com relação ao momento em que se daria o início da suspensão, entendemos tratar de tema controverso. A emenda 4-T ao PL 2.486 sugere que a suspensão se dê por ocasião da "instituição da arbitragem". Já o PLP 17/2022 estabelece que suspende a exigibilidade do crédito tributário "a instauração da arbitragem", enquanto o PLP 124/2022 determina a suspensão na "instauração da arbitragem, quando da nomeação do(s) árbitro(s), nos termos da legislação específica."

Para que a suspensão atinja os fins para os quais foi proposta no CTN, qual seja, impedir que a administração tributária pratique qualquer ato destinado a cobrança do respectivo montante do sujeito passivo, entendemos que a suspensão da exigibilidade do crédito tributário deveria se dar por ocasião do compromisso arbitral, manifestado expressamente pelo sujeito passivo em prazo a ser estabelecido em lei, a partir da ciência do despacho, notificação ou intimação que não homologar o auto lançamento, da intimação do lançamento de ofício ou da citação em processo de execução fiscal.

Tal prazo poderia ser, por exemplo, o mesmo utilizado pelo ente tributante para que o contribuinte decida pagar ou impugnar a exigência tributária, que via de regra, é de 30 (trinta) dias contados da notificação ou citação da exigência, ressalvada a hipótese de oferecimento de garantia na execução fiscal, que é de 5 (cinco) dias, como condição para se defender no processo, caso a via arbitral substitua os Embargos à Execução.

Assim sendo, enquanto não esgotado o prazo para defesa, o contribuinte não estaria em mora e poderia, nesse período, decidir entre pagar o débito, impugná-lo administrativamente, recorrer à via judicial ou utilizar a arbitragem tributária, desde que prevista em lei do ente tributante e cumpridos todos os requisitos para sua utilização. Reunidas todas essas condições, a arbitragem caracterizaria direito potestativo do sujeito passivo.

Como conclusão ao tema da suspensão da exigibilidade, entendemos que as redações sugeridas pelo PLP 17/2022 e pelo PL 2.486/2022 são demasiadamente genéricas para que se determine o momento exato da suspensão

---

320 BRASIL. Supremo Tribunal Federal. Tribunal Pleno. *Ação Direta de Inconstitucionalidade - ADI 2.405/RS* - Rio Grande do Sul. Recte.: Governador do Estado do Rio Grande do Sul. Intdo.: Assembleia Legislativa do Estado do Rio Grande do Sul. Ementa: Ação Direta de Inconstitucionalidade. Direito tributário. Lei do estado do Rio Grande do Sul 11.475/2000. [...] Relator(a): Min. Alexandre de Moraes. Julg. 20/09/2019. Publ. 03/09/2019. Disponível em: https://jurisprudencia.stf.jus.br/pages/search/sjur412242/false. Acesso em: 20 jul. 2023.

da exigibilidade do crédito tributário, ou, estabelecem como marco a instauração da arbitragem, cujo processo poderá ser moroso ou até não acontecer por motivo alheio à vontade do sujeito passivo. Já a redação do PLP 124/2022 causa ainda mais insegurança ao sujeito passivo pois inclui etapa adicional para que ocorra a suspensão da exigibilidade, qual seja, além da instauração da arbitragem, a nomeação do(s) árbitro(s).

Como já mencionado, entendemos que a lei deve garantir a suspensão da exigibilidade do crédito tributário a partir da manifestação expressa do sujeito passivo de que utilizará a via arbitral para solução do conflito, no prazo estabelecido em lei. Se validados o início de suspensão como previsto nos projetos, nesse espaço de tempo entre a notificação, intimação ou citação da execução fiscal até a instauração da arbitragem e nomeação dos árbitros, como sugere a emenda 4-T do PL 2.486/88, a exigência contra o sujeito passivo ficaria numa espécie de limbo jurídico, podendo trazer consequências danosas para o contribuinte, tais como a cobrança do débito, constrição de bens, apontamento em certidão de regularidade fiscal e até inscrição no Cadastro de Inadimplentes do ente tributante.

Além disso, seria oportuno estabelecer que, uma vez suspensa a exigibilidade pelo compromisso arbitral e, por motivos alheios à vontade do sujeito passivo, a arbitragem não venha a ser instaurada, o crédito tributário não voltaria a ser imediatamente exigível, mas sim, devolvido o prazo ao contribuinte para adoção de outras medidas, administrativas ou judiciais, para se defender da exigência.

Concluímos, assim, pela necessidade de alteração do art. 151 do CTN para garantir a suspensão da exigibilidade do crédito tributário a partir da manifestação expressa do sujeito passivo, nos termos da lei, de que utilizará a via arbitral para solução do conflito.

Tratemos agora do art. 156 do CTN, passando para o Capítulo IV, ainda no Título III, que dispõe sobre o Crédito Tributário, abordando a Seção I, que trata da extinção do crédito tributário e suas modalidades. Vejamos a redação do dispositivo:

> Art. 156. Extinguem o crédito tributário:
> I - o pagamento;
> II - a compensação;
> III - a transação;
> IV - remissão;
> V - a prescrição e a decadência;
> VI - a conversão de depósito em renda;
> VII - o pagamento antecipado e a homologação do lançamento nos termos do disposto no artigo 150 e seus §§ 1º e 4º;

VIII - a consignação em pagamento, nos termos do disposto no § 2º do artigo 164;
IX - a decisão administrativa irreformável, assim entendida a definitiva na órbita administrativa, que não mais possa ser objeto de ação anulatória;
X - a decisão judicial passada em julgado.
XI – a dação em pagamento em bens imóveis, na forma e condições estabelecidas em lei. (Incluído pela Lcp nº 104, de 2001) (Vide Lei nº 13.259, de 2016)
Parágrafo único. A lei disporá quanto aos efeitos da extinção total ou parcial do crédito sobre a ulterior verificação da irregularidade da sua constituição, observado o disposto nos artigos 144 e 149.

As hipóteses previstas no artigo 156 englobam situações em que há dissolução do vínculo entre sujeito ativo e sujeito passivo. Tal pode ocorrer em virtude do desaparecimento do objeto da relação jurídica ou em razão da inexistência, por algum fato posterior ao direito de exigir ou do dever de cumprir esse objeto. Por essa razão, Tathiane Piscitelli, juntamente com Paulo de Barros Carvalho, preferem denominar as hipóteses de "casos de extinção da relação jurídica tributária".[321]

Sobre o ponto específico da presente seção deste estudo, verificamos que não se encontra entre as hipóteses de extinção do crédito tributário, no CTN, a decisão ou sentença arbitral, o que pode levar ao entendimento da Autoridade Tributária, quando vencida na demanda, que a citada decisão não seria legalmente válida para extinguir a relação jurídica tributária entre fisco e contribuinte.

Ressaltamos, contudo, que a ausência da decisão ou sentença arbitral no rol do art. 156, entretanto, se justifica por não haver ainda, no Brasil, Lei autorizando a utilização desse método adequado para solução de conflitos em matéria tributária. A fim de suprir essa lacuna, o PLP 17/2022[322] propõe a inclusão do inciso XII ao dispositivo para incluir entre as hipóteses de extinção do crédito tributário "a sentença arbitral transitada em julgado". Da mesma forma, o pelo PLP 124/2022 propõe a inclusão do inciso XII ao art. 156 do CTN para estabelecer que extingue o crédito tributário "a sentença arbitral favorável ao sujeito passivo transitada em julgado".

Tathiane Piscitelli, em reunião do Grupo de Pesquisa da FGV/SP para discussão do PL 2.486, em conjunto com o PLP 124, da qual participamos, destacou que a redação do inciso XII do art. 156 proposta pelo projeto parece problemática por se referir a "sentença arbitral favorável ao contribuinte.",

321 PISCITELLI, Tathiane. *Curso de Direito Tributário*. 2 ed. rev., atual. e ampl. São Paulo: Thomson Reuters Brasil, 2022, p. 483. ISBN 978-65-260-0937-6

322 Conforme detalharemos no Capítulo destinado aos Projetos de Lei, este PLP foi aprovado no plenário da Câmara dos Deputados em 0811/2022 e enviada ao Senado Federal em 17/11/2022.

alertando que "pode gerar discussões - integralmente procedente apenas? Ou parcialmente também?" A professora conclui "que se estivesse previsto apenas 'sentença arbitral' seria mais adequado."

Concordamos com a crítica, e acrescentamos outra, relativa à expressão "transitada em julgado", presente nos dois PLP. O tema relativo ao trânsito em julgado está vinculado à coisa julgada material, mas no processo arbitral, a denominação "transitada em julgado" não parece ser a mais adequada. Justificamos nosso entendimento nos parágrafos seguintes.

O art. 502 do CPC/2015 estabelece que "denomina-se coisa julgada material a autoridade que torna imutável e indiscutível a decisão de mérito não mais sujeita a recurso." Dito em outras palavras, trânsito em julgado "significa que um julgamento, como uma sentença (dada por um juiz ou uma juíza) ou um acórdão (feito por desembargadores ou desembargadoras), torna-se definitivo. Não há mais como recorrer, não há mais como modificar o julgamento."[323]

Há relativo consenso entre os especialistas que o processo arbitral não se coaduna com a previsão de recursos, devendo ser utilizado, tanto quanto possível, instância única. Exceção à regra deve estar prevista quando se tratar de violação a aspectos formais estabelecidos na lei como causa de nulidade ou anulação da sentença ou decisão arbitral, hipótese em que o órgão judicial devolveria o processo ao tribunal arbitral para nova decisão, quando fosse o caso. Ou seja, não deveria haver hipótese de revisão do mérito da decisão arbitral tributária através de recursos, daí a inadequação do termo "transitada em julgado".

Utilizando como exemplo a LA (Lei 9.307/1996), em nenhum momento ela se refere a trânsito em julgado para se referir à sentença arbitral. Ao contrário, deixa clara a prevalência da instância única na arbitragem ao estabelecer, no art. 29:

> Art. 29. **Proferida a sentença arbitral, dá-se por finda a arbitragem**, devendo o árbitro, ou o presidente do tribunal arbitral, enviar cópia da decisão às partes, por via postal ou por outro meio qualquer de comunicação, mediante comprovação de recebimento, ou, ainda, entregando-a diretamente às partes, mediante recibo. (destacamos).

Sendo assim, ainda que consideremos a possibilidade de pedido de esclarecimento ou correção da decisão arbitral, ou eventual medida judicial por

---

323 BRASIL. Tribunal de Justiça do Distrito Federal e dos Territórios. *Trânsito em julgado*. Modificação: 27/09/2022 15:50. Disponível em: https://www.tjdft.jus.br/informacoes/significado-dos-andamentos/andamentos/848#:~:text=Significa%20que%20um%20julgamento%2C%20como,mais%20como%20modificar%20o%20julgamento. Acesso em: 2 set. 2023.

vício formal, como previsto nos arts. 20, 30, 32 e 33 da Lei 9.307/1996, que, repita-se, tomamos a título de exemplo, não vemos sentido em utilizar a expressão "sentença arbitral transitada em julgado", para constar no CTN como causa de extinção do crédito tributário. Melhor seria a adoção da expressão "sentença arbitral definitiva" ou simplesmente "sentença arbitral".

Como conclusão, entendemos ser necessária a alteração do art. 156 do CTN visando assegurar que a sentença arbitral, assim como a decisão administrativa irreformável e a decisão judicial transitada em julgado, que já constam do dispositivo, tenha a mesma força coercitiva para extinguir o crédito tributário submetido ao processo arbitral.

Abordamos agora outros dois artigos suscetíveis de alteração no CTN para implementação mais segura da arbitragem tributária. Nos referimos aos arts. 165 e 167, também integrantes do Capítulo IV (Extinção do Crédito Tributário), inseridos na Seção III, que dispõem sobre o pagamento indevido. Reproduzimos o texto dos dispositivos, para boa compreensão do tema:

> Art. 165. O sujeito passivo tem direito, independentemente de prévio protesto, à restituição total ou parcial do tributo, seja qual for a modalidade do seu pagamento, ressalvado o disposto no § 4º do artigo 162, nos seguintes casos:
> I - cobrança ou pagamento espontâneo de tributo indevido ou maior que o devido em face da legislação tributária aplicável, ou da natureza ou circunstâncias materiais do fato gerador efetivamente ocorrido;
> II - erro na edificação do sujeito passivo, na determinação da alíquota aplicável, no cálculo do montante do débito ou na elaboração ou conferência de qualquer documento relativo ao pagamento;
> III - reforma, anulação, revogação ou rescisão de decisão condenatória.
> (...)
> Art. 167. A restituição total ou parcial do tributo dá lugar à restituição, na mesma proporção, dos juros de mora e das penalidades pecuniárias, salvo as referentes a infrações de caráter formal não prejudicadas pela causa da restituição.
> Parágrafo único. A restituição vence juros não capitalizáveis, a partir do trânsito em julgado da decisão definitiva que a determinar.

O ponto inicial que se coloca é relativo ao inciso III do art. 165. Afastando a discussão acerca da sua correlação com o art. 166, por não ser objeto desse estudo abordar o tema da transferência do ônus a terceiro, verifica-se que a norma trata da repetição do indébito, tendo como causa o pagamento indevido do tributo. Via de regra, para repetição, ou ressarcimento, há dois caminhos possíveis: (i) a restituição em dinheiro, regulada pelo art. 165 do CTN e (ii) a compensação, referidas nos arts. 170 e 170-A do Código. Trataremos, no que se refere aos arts. 165 e 167, da primeira modalidade.

O tema tem relação com o alcance e materialidade que se pretende atribuir à arbitragem tributária, se ela poderia ou não declarar o direito do contribuinte à repetição do indébito. Somos pela afirmativa a essa possibilidade, sendo que, nesse caso, prevalece ainda uma questão processual, considerando que o art. 165 do CTN é representado pela ação de repetição de indébito, prevista nos arts. 165 a 169 do Código.

Esclarecendo nosso entendimento, lembramos que a repetição pode perfeitamente viabilizar-se na esfera administrativa, quando o indébito seja decorrente de erro na apuração e no pagamento. Regularmente, contudo, a apuração do indébito depende do reconhecimento judicial do recolhimento indevido. Nesses casos, o contribuinte não pode apurar por conta própria o seu crédito. Necessitando ir a juízo pleitear o reconhecimento do indébito, ele dependerá de sentença condenatória da fazenda a restituí-lo.

Conclui-se, então, que a ação de repetição de indébito tributário se constitui na ação em que o sujeito passivo busca a condenação da Fazenda Pública a restituir o tributo pago indevidamente. Ou seja, o contribuinte pleiteia o reconhecimento de que realizou pagamentos indevidos, e que a decisão condene a Fazenda Pública a repetir tal montante em dinheiro.[324] É importante destacar ainda que a sentença condenatória da Fazenda Pública, na repetição do indébito, dá ensejo ao cumprimento de sentença, nos termos do artigo 534 do CPC/2015, cujo caput traz a seguinte redação:[325]

> Artigo 534. No cumprimento de sentença que impuser à fazenda pública o dever de pagar quantia certa, o exequente apresentará demonstrativo discriminado e atualizado do crédito contendo:
>
> [...]

Sendo execução contra a Fazenda, o procedimento é o previsto no Capítulo do CPC/2015, que trata do cumprimento de sentença que reconheça a exigibilidade de obrigação de pagar quantia certa pela Fazenda Pública, no qual se insere o mencionado art. 534.[326]Em nosso entendimento, para que na sentença arbitral favorável ao contribuinte e condenatória à Fazenda Pública, para que se utilize do artigo 534 do CPC/2015 para o cumprimento da sentença, é necessário que tal previsão esteja expressa na lei de arbitragem.

Mas não é só isso, entendemos ser necessária alteração do inciso III do artigo 165 do CTN para constar a expressão "inclusive em processo arbitral", e do parágrafo único do artigo 167 inserindo, para além do trânsito em julgado da decisão judicial, já implícita no texto, também a decisão ar-

---

**324** PAULSEN, Leandro. *Curso de direito tributário completo*. 12 ed. São Paulo: Saraiva, 2021, p. 589. ISBN 978-65-5559-465-2

**325** PAULSEN, Leandro. *Curso de direito tributário completo*. 12 ed. São Paulo: Saraiva, 2021, p. 589. ISBN 978-65-5559-465-2

**326** PAULSEN, Leandro. *Curso de direito tributário completo*. 12 ed. São Paulo: Saraiva, 2021, p. 589,590. ISBN 978-65-5559-465-2

bitral definitiva. Para ilustrar nosso entendimento, transcrevemos a seguir as sugestões de redação:

> Art. 165. O sujeito passivo tem direito, independentemente de prévio protesto, à restituição total ou parcial do tributo, seja qual for a modalidade do seu pagamento, ressalvado o disposto no § 4º do artigo 162, nos seguintes casos:
> [...]
> III - reforma, anulação, revogação ou rescisão de decisão condenatória, *inclusive em processo arbitral.*(destacamos a sugestão de alteração)
> [...]
> Art. 167. A restituição total ou parcial do tributo dá lugar à restituição, na mesma proporção, dos juros de mora e das penalidades pecuniárias, salvo as referentes a infrações de caráter formal não prejudicadas pela causa da restituição.
> Parágrafo único. A restituição vence juros não capitalizáveis, *a partir da decisão definitiva, administrativa, judicial ou arbitral,* que a determinar. (destacamos a sugestão de alteração)

É preciso ter em mente que o processo arbitral seria uma verdadeira inovação em matéria tributária no Brasil. O receio de utilização do texto literal do CTN ou da lei de arbitragem em seu favor pelo vencido na demanda, visando evitar ou postergar o pagamento decorrente da decisão condenatória, é plenamente justificável, sendo pertinente a colocação acerca das alterações mencionadas no texto do CTN.

Como exemplo do tema que envolveu tanto compensação como restituição de indébito, no caso, a administrativa, vale citar o Tema 1262, julgado pelo STF em 22/08/2023, sob o rito da repercussão geral, onde o tribunal, por unanimidade, ao ser provocado pela Fazenda Nacional, decidiu que "não se mostra admissível a restituição administrativa do indébito reconhecido na via judicial, sendo indispensável a observância do regime constitucional de precatórios, nos termos do art. 100 da Constituição Federal."[327]

---

**327** BRASIL. Supremo Tribunal Federal. Tribunal Pleno. *Recurso Extraordinário - RE 1420691/RG* Ementa: Recurso extraordinário. Representativo da controvérsia. Direito constitucional e tributário. Restituição administrativa do indébito reconhecido na via judicial. Inadmissibilidade. Observância do regime constitucional de precatórios (CF, art. 100). Questão constitucional. Potencial multiplicador da controvérsia. Repercussão geral reconhecida com reafirmação de jurisprudência. Decisão recorrida em dissonância com a jurisprudência do Supremo Tribunal Federal. Recurso extraordinário provido. 1. Firme a jurisprudência deste Supremo Tribunal Federal no sentido de que os pagamentos devidos pela Fazenda Pública em decorrência de pronunciamentos jurisdicionais devem ser realizados por meio da expedição de precatório ou de requisição de pequeno valor, conforme o valor da condenação, consoante previsto no art. 100 da Constituição da República 2. Recurso extraordinário provido. 3. Fixada a seguinte tese: Não se mostra admissível a restituição administrativa do indébito reconhecido na via judicial, sendo indispensável a observância do regime constitucional de precatórios, nos termos do art. 100 da Constituição Federal. Rcte: União. Rcdo: GE Power & Water Equipamentos e

O art. 100 da CF/1988 estabelece que os pagamentos devidos pelas Fazendas Públicas em virtude de *sentença judiciária*, far-se-ão exclusivamente na ordem cronológica de apresentação dos precatórios. Ou seja, para que a arbitragem possa ser objeto de restituição via precatório, a lei deve estabelecer sua equiparação à sentença judicial para todos os efeitos, como o fez o art. 31 da Lei 9.307/1996.

Além disso, as alterações nos artigos 165 e 167 já mencionados serviram para atender o disposto no art. 146, inciso III da CF/1988, também para não haver qualquer entrave ao sujeito passivo, vencedor na demanda arbitral que discuta pagamento indevido de tributo, para pleitear sua restituição e receber o valor pago indevidamente aos cofres públicos, nos termos dos arts. 100 da CF/1988 e 534 do CPC/2015.

Sendo assim, nosso entendimento é pela necessidade de alteração do inciso III do art. 165 e do parágrafo único do art. 167 do CTN, o primeiro para estabelecer que *a sentença arbitral* assegurará ao contribuinte o direito à restituição total ou parcial do tributo, seja qual for a modalidade de seu pagamento, e o segundo para assegurar que na restituição incidirão juros não capitalizáveis também decorrentes da *decisão final arbitral* que a determinar.

Passemos agora a expor as razões da alteração de outro dispositivo do CTN, o art. 168, ainda no Capítulo IV (Extinção do Crédito Tributário), Seção III (Pagamento Indevido). Vejamos o texto da norma:

> Art. 168. O direito de pleitear a restituição extingue-se com o decurso do prazo de 5 (cinco) anos, contados:
> I - nas hipótese dos incisos I e II do artigo 165, da data da extinção do crédito tributário; (Vide art 3 da LCp nº 118, de 2005)
> II - na hipótese do inciso III do artigo 165, da data em que se tornar definitiva a decisão administrativa ou passar em julgado a decisão judicial que tenha reformado, anulado, revogado ou rescindido a decisão condenatória.

De pronto, vislumbramos no inciso I do art. 168 correlação com o art. 156, do qual já tratamos, e que em nossa opinião reforça a importância da inclusão da *sentença arbitral definitiva* ou simplesmente *sentença arbitral* como hipótese de extinção do crédito tributário. O ponto que justifica a alteração do art. 168, contudo, está em seu inciso II, que, por seu turno, faz referência ao inciso III do art. 165, anteriormente comentado neste estudo.

Embora o art. 168 não comporte muitas digressões, importa dizer que o prazo prescricional de 5 (cinco) anos nele previsto destina-se apenas à

---

Serviços de Energia e Tratamento de Água Ltda. e Outro (A/S). Relatora: Ministra Presidente, 21/08/2023. Disponível em: https://portal.stf.jus.br/processos/downloadPeca.asp?id=15360434212&ext=.pdf . Acesso em: 02 set 2023.

repetição ou compensação de indébito tributário. Não se aplica para fins de referência à prescrição de outras demandas contra a fazenda pública.[328]

Especificamente quanto ao prazo estar previsto no art. 168 do CTN, o tema perde relevância ao considerarmos o art. 1º do decreto 20.910/1932, "que diz ser quinquenal o prazo para exercer qualquer direito ou ajuizar qualquer ação contra a fazenda pública. Inexistindo regra especial, é aplicável esse decreto."[329]

Independentemente do prazo, contudo, na linha que adotamos nesse estudo, pautados na teoria tricotômica das normas gerais de Direito Tributário, nos termos do art. 146 da CF/1988, entendemos necessária a alteração do inciso II do art. 168 do CTN para incluir a data em que se tornar definitiva *a decisão arbitral* - além da decisão administrativa e do trânsito em julgado da decisão judicial, já previstas no dispositivo - que tenha reformado, anulado, revogado ou rescindido a decisão condenatória, para efeito da prescrição para repetição do indébito tributário. Com a alteração, almeja-se assegurar que a sentença arbitral tenha previsão expressa para permitir a restituição do indébito, bem como, no mesmo prazo da decisão administrativa e da sentença judicial, já consagradas pelo inciso II do art. 168 do CTN.

O próximo artigo do CTN que reputamos deva ser alterado para assegurar aplicação mais ampla da arbitragem tributária é o 170-A, ainda no Capítulo IV (Extinção do Crédito Tributário), Seção IV (Demais Modalidades de Extinção) que assim determina:

> Art. 170-A. É vedada a compensação mediante o aproveitamento de tributo, objeto de contestação judicial pelo sujeito passivo, antes do trânsito em julgado da respectiva decisão judicial. (Artigo incluído pela Lcp nº 104, de 2001).

O dispositivo é inteiramente voltado à decisão judicial. Ou seja, quando a compensação é efetuada com fundamento na ilegalidade de dispositivo da legislação tributária que exige determinada exação, mas entendida como indevida, uma vez paga pelo sujeito passivo faz-se necessário que ele obtenha o reconhecimento judicial de que a exigência carecia de suporte legal válido, de forma a que se crie a certeza de possuir crédito oponível ao fisco, indispensável à realização da compensação tributária.[330]

---

328 PAULSEN, Leandro. *Constituição e Código Tributário comentados à luz da doutrina e da jurisprudência*. 18ª ed. São Paulo: Saraiva, 2017, p. 1.165. ISBN 978-85-472-1608-5.

329 PAULSEN, Leandro. *Constituição e Código Tributário comentados à luz da doutrina e da jurisprudência*. 18ª ed. São Paulo: Saraiva, 2017, p. 1.165, 1.166. ISBN 978-85-472-1608-5.

330 PAULSEN, Leandro. *Constituição e Código Tributário comentados à luz da doutrina e da jurisprudência*. 18ª ed. São Paulo: Saraiva, 2017, p. 1.189. ISBN 978-85-472-1608-5.

Daí decorre a "necessidade que se aguarde o trânsito em julgado quando o tributo pago é objeto de contestação judicial."[331] Diante disso, surge também no art. 170-A a questão que temos levantado nesse estudo, qual seja, a necessidade de assegurar que a decisão arbitral tenha o mesmo tratamento da decisão judicial, dessa vez para efeito de compensação tributária.

Já contemplamos aqui a inadequação da expressão trânsito em julgado para se referir à decisão arbitral, pelo fato desse método heterocompositivo não comportar recurso contra o mérito da decisão. Mas não é apenas sobre isso, mas principalmente pelo fato de o art. 170-A fazer referência expressa à "compensação mediante o aproveitamento de tributo, objeto de *contestação judicial* pelo sujeito passivo, antes do trânsito em julgado da respectiva *decisão judicial*" (destacamos), razão pela qual a inclusão do *processo arbitral* e *decisão arbitral* no dispositivo é de extrema relevância.

Embora o dispositivo represente restrição temporal para que o sujeito passivo proceda à compensação, sua extensão à decisão arbitral teria o efeito de garantir, ao mesmo tempo, a possibilidade de [compensação] e a isonomia entre a sentença judicial e arbitral para efeito de compensação tributária.

O último dispositivo do CTN que propomos alteração para implementação da arbitragem tributária no Brasil é o art. 174, também inserido no Capítulo que trata da extinção do crédito tributário, e na seção referente às demais modalidades de extinção. O dispositivo regula a prescrição da ação para a cobrança do crédito tributário. Para melhor entendimento, transcrevemos o inteiro teor do artigo:

> Art. 174. A ação para a cobrança do crédito tributário prescreve em cinco anos, contados da data da sua constituição definitiva.
> Parágrafo único. A prescrição se interrompe:
> I – pelo despacho do juiz que ordenar a citação em execução fiscal; (Redação dada pela Lcp nº 118, de 2005)
> II - pelo protesto judicial;
> III - por qualquer ato judicial que constitua em mora o devedor;
> IV - por qualquer ato inequívoco ainda que extrajudicial, que importe em reconhecimento do débito pelo devedor.

A prescrição tributária é matéria reservada à lei complementar, a qual compete dispor sobre normas gerais de direito tributário, por determinação do art. 146, III, "b", da CF/1988. Por essa razão, o tema é disciplinado pelo CTN, lei ordinária alçada à categoria de lei complementar pela emenda

---

331 PAULSEN, Leandro. *Constituição e Código Tributário comentados à luz da doutrina e da jurisprudência*. 18ª ed. São Paulo: Saraiva, 2017, p. 1.189. ISBN 978-85-472-1608-5.

constitucional 18/1965, ainda na vigência da CF/1946 e recepcionado como tal pelas CF de 1967 e 1988.

Como se observa do caput do art. 174 do CTN, a prescrição se refere ao prazo que possui a fazenda pública para promover a ação judicial de cobrança do crédito tributário, que é de 5 (cinco) anos. Ocorrida a prescrição, a relação jurídica tributária é extinta, conforme previsto no art. 156, V, do CTN.

Embora relevantes, nos afastamos, por fugir ao objeto desse estudo, das questões acerca do *dies a quo* da contagem do prazo prescricional, bem como do criticado termo *constituição definitiva do crédito tributário*, utilizado pelo caput do art. 174 do CTN, para efeito do início da contagem do prazo de prescrição.[332]

O ponto a que nos referimos quando propomos a alteração do dispositivo encontra-se no primeiro inciso do parágrafo único, que estabelece as hipóteses de interrupção da prescrição. Para bom entendimento da questão, é importante estabelecer, ainda que de forma breve, a diferença entre suspensão e interrupção de prazo.

Na suspensão, é computado o prazo decorrido até a ocorrência da causa suspensiva, cujo prazo prosseguirá a ser contado, posteriormente à suspensão, pelo período restante. Já na interrupção, hipótese de que trata o art. 174 do CTN, finda a causa interruptiva, reinicia-se a contagem de todo o prazo, desprezando-se o período já transcorrido.

Feita essa rápida explanação, destacamos que "o artigo 174 do CTN disciplina a prescrição para a cobrança do crédito tributário, que é feita pelo Fisco através de execução fiscal."[333] Seu parágrafo único inclui, entre as hipóteses de interrupção da contagem do prazo de 5 (cinco) anos para o fisco cobrar a dívida tributária, o despacho do juiz que ordenar a citação na execução fiscal, nos termos do inciso I.

A redação do inciso foi alterada pela LC 118/2005, para estabelecer que é o despacho do juiz que ordena a citação em execução fiscal - e não mais a citação pessoal – que interrompe o prazo de prescrição. "Trata-se aqui da adequação do CTN com a Lei n. 6830/80, que disciplina a execução fiscal."[334]

---

**332** Confira-se, a esse respeito: PISCITELLI, Tathiane. *Curso de Direito Tributário*. 2 ed. rev., atual. e ampl. São Paulo: Thomson Reuters Brasil, 2022, p. 515,516. ISBN 978-65-260-0937-6.

**333** PAULSEN, Leandro. *Curso de direito tributário completo*. 12 ed. São Paulo: Saraiva, 2021, p. 332. ISBN 978-65-5559-465-2.

**334** PISCITELLI, Tathiane. *Curso de Direito Tributário*. 2 ed. rev., atual. e ampl. São Paulo: Thomson Reuters Brasil, 2022, p. 521. ISBN 978-65-260-0937-6

O § 2º do art. 8º da Lei 6.830/80 (LEF) sempre determinou que o despacho do Juiz que ordena a citação é o ato que interrompe a prescrição, causando amplo debate jurisprudencial acerca do tema, a ponto de o STJ, em diversos julgados, decidir que as regras do CTN "deveriam prevalecer, dado seu *status* de lei complementar, ao lado do papel constitucionalmente atribuído quanto ao estabelecimento de normas gerais relativas ao crédito tributário, inclusive de prescrição."[335]

Considerando que, anteriormente à LC 118/2005, o CTN determinava que era a efetiva citação pessoal que interrompia o prazo prescricional, somente com a publicação dessa lei se fez possível a interrupção da prescrição em razão do despacho do juiz, sendo essa regra aplicada a partir de 09/06/2005, data do início de vigência da nova Lei.[336]

Ainda no intuito de abordar as questões formais que justificam a alteração do inciso I do parágrafo único do art. 174 do CTN para implementação da arbitragem, é importante destacar que "o STJ consolidou posição no sentido de que a interrupção da prescrição retroagia à data da propositura, forte no parágrafo primeiro do artigo 219 do CPC/73, considerada aplicável também a matéria tributária."[337]

Atualmente, o § 1º do art. 240 e o artigo 802, parágrafo único, ambos do CPC/2015, também são expressos no sentido de que a interrupção da prescrição retroagirá à data da propositura da ação. Esse entendimento vem sendo reafirmado pelo STJ.[338]

Verifica-se, portanto, que as disposições do art. 174 do CTN giram totalmente em torno do processo judicial. Reforça essa afirmação suas conexões com a LEF e com o CPC/2015. Por essas razões, a alteração do dispositivo para comportar o processo arbitral tributário é imprescindível. Nesse sentido, o PLP 124/2022, que é explorado no capítulo que tratamos dos Projetos de Lei em tramitação, propõe alteração do mencionado parágrafo único do

---

335 PISCITELLI, Tathiane. *Curso de Direito Tributário*. 2 ed. rev., atual. e ampl. São Paulo: Thomson Reuters Brasil, 2022, p. 522. ISBN 978-65-260-0937-6.

336 PISCITELLI, Tathiane. *Curso de Direito Tributário*. 2 ed. rev., atual. e ampl. São Paulo: Thomson Reuters Brasil, 2022, p. 522. ISBN 978-65-260-0937-6.

337 PAULSEN, Leandro. *Curso de direito tributário completo*. 12 ed. São Paulo: Saraiva, 2021, p. 336. ISBN 978-65-5559-465-2. STJ, Primeira Seção, REsp 1.120.295, 2010, nota de rodapé.

338 PAULSEN, Leandro. *Curso de direito tributário completo*. 12 ed. São Paulo: Saraiva, 2021, p. 336. ISBN 978-65-5559-465-2. STJ, Primeira Turma, AgInt nos EDcl no REsp 1.505.521, nota de rodapé.

art. 174 do CTN para incluir o inciso V, dispondo que a prescrição se interrompe "pela assinatura do compromisso arbitral."[339]

Ressaltamos, contudo, que a interrupção da prescrição na arbitragem tributária deveria se dar *pelo despacho do tribunal arbitral que ordenar a intimação da fazenda pública da sua constituição.* Nosso entendimento reside no fato de que o processo arbitral tributário não tem início com a assinatura do compromisso, mas sim com a instauração do tribunal arbitral. Para melhor entendimento do tema, cabe destacar que, na arbitragem, diferentemente do processo judicial, não vigora o princípio do juiz natural.[340] Neste, previsto no art. 5º, incisos XXXVII e LIII, da CF, se proíbe a existência de juízo ou tribunal de exceção, instaurado especificamente para julgar determinadas causas ou pessoas, e garante que "ninguém seja sentenciado senão pela autoridade competente, ou seja, aquela investida de jurisdição, a qual é exercida pelos juízes concursados."[341]

Na Convenção Americana de Direitos Humanos – da qual o Brasil é signatário –, o artigo 8º preceitua que todo indivíduo tem o direito de ser ouvido por um "juiz ou tribunal competente, independente e imparcial, estabelecido anteriormente pela lei".[342] Ou seja, "o princípio do juiz natural se refere à existência de juízo adequado para o julgamento de determinada demanda, conforme as regras de fixação de competência", que é "a capacidade legal para julgar um processo ou tomar uma decisão."[343]

---

339 BRASIL. Senado Federal. *Projeto de Lei Complementar nº 124, de 2022*. Dispõe sobre normas gerais de prevenção de litígio, consensualidade e processo administrativo, em matéria tributária. Disponível em: https://legis.senado.leg.br/sdleg-getter/documento?dm=9199183&ts=1686866452845&disposition=inline&_gl=1*105bp7j*_ga*MjM0OTQxMDg5LjE2ODk4MTExOTE.*_ga_CW3ZH25XMK*MTY4OTgxMTE5MC4xLjEuMTY4OTgxMjkxNi4wLjAuMA.. Acesso em: 19 jul. 2023.

340 ARAÚJO, Profª Evelyn Cintra. *Teoria Geral do Processo.* PUC Goiás. 2018, p. 28.

341 ARAÚJO, Profª Evelyn Cintra. *Teoria Geral do Processo.* PUC Goiás. 2018, p. 14.

342 BRASIL. Superior Tribunal de Justiça. Notícias. Especial. *Princípio do juiz natural, uma garantia de imparcialidade.* 21/06/2020. Disponível em: https://www.stj.jus.br/sites/portalp/Paginas/Comunicacao/Noticias/Principio-do-juiz-natural--uma-garantia-de-imparcialidade.aspx#:~:text=Segundo%20a%20doutrina%2C%20o%20princ%C3%ADpio,exce%C3%A7%C3%A3o%20constitu%C3%ADdos%20ap%C3%B3s%20os%20fatos.

343 BRASIL. Superior Tribunal de Justiça. Notícias. Especial. *Princípio do juiz natural, uma garantia de imparcialidade.* 21/06/2020. Disponível em: https://www.stj.jus.br/sites/portalp/Paginas/Comunicacao/Noticias/Principio-do-juiz-natural--uma-garantia-de-imparcialidade.aspx#:~:text=Segundo%20a%20doutrina%2C%20o%20princ%C3%ADpio,exce%C3%A7%C3%A3o%20constitu%C3%ADdos%20ap%C3%B3s%20os%20fatos.

O Superior STJ, ao julgar o REsp 1.550.260-RS, se pronunciou a respeito da competência do juízo arbitral e afastamento do juízo estatal na arbitragem, não se aplicando, portanto, o princípio do juiz natural, conforme se verifica das informações do inteiro teor, abaixo transcritas:

> Inicialmente cumpre salientar que à luz dos artigos 1º, 3º e 4º da Lei n. 9.307/1996, as pessoas capazes de contratar podem submeter a solução dos litígios que eventualmente surjam ao juízo arbitral mediante convenção de arbitragem, fazendo inserir cláusula compromissória ou compromisso arbitral. Em assim o fazendo, a competência do juízo arbitral precede, em regra, à atuação jurisdicional do Estado para dirimir litígios relativos a direitos patrimoniais disponíveis. A sentença arbitral produz entre as partes envolvidas os mesmos efeitos da sentença judicial e, se condenatória, constitui título executivo. Além disso, tão somente após a sua superveniência é possível a atuação do Poder Judiciário para anulá-la, nos termos dos artigos 31, 32 e 33 da Lei n. 9.307/1996. Como é sabido, o juízo arbitral não subtrai a garantia constitucional do juiz natural, ao contrário, a realiza, e só incide por livre e mútua concessão entre as partes. Evidentemente, o árbitro, ao assumir sua função, age como juiz de fato e de direito da causa, tanto que a sua decisão não se submete a recurso ou a homologação judicial (artigo 18 da Lei n. 9.307/1996). [...][344]

Entendemos que o processo arbitral tem início, efetivamente, com a constituição do tribunal, sendo os demais atos, como a assinatura do compromisso, mero ato preparatório do processo. Tomando como exemplo o processo arbitral administrativo português, em que pese não se aplicar à matéria tributária, o Novo Regulamento de Arbitragem Administrativa do CAAD esclarece a questão, ao estabelecer, no art. 1º, 2, o seguinte:

> 2. Para efeitos do presente Regulamento, entende-se por procedimento arbitral a sucessão ordenada de atos e formalidades praticados **até à constituição do tribunal** e por processo arbitral o conjunto de atos e formalidades praticados **após a constituição do tribunal.** (grifamos)[345]

Verifica-se, portanto, que em Portugal, nos termos do citado dispositivo, que o processo arbitral somente tem início após a constituição do tribunal arbitral. Contudo, para que não pairem dúvidas sobre a arbitragem tribu-

---

**344** BRASIL. Superior Tribunal de Justiça. Terceira Turma. *REsp 1.550.260-RS*. Direito Processual Civil. Recurso Especial. Cláusula compromissória. Competência. Juízo arbitral. Aplicação do princípio kompetenz-kompetenz. Afastamento do juízo estatal. Relator(a): Rel. Min. Paulo de Tarso Sanseverino, Rel. Acd. Min. Ricardo Villas Bôas Cueva. Julgado em 12/12/2017, DJe 20/03/2018. Disponível em: https://processo.stj.jus.br/jurisprudencia/externo/informativo/?aplicacao=informativo&acao=pesquisar&livre=@COD=%270622%27+E+@CNOT=%27016613%27. Acesso em: 06 set. 2023.

**345** PORTUGAL. Centro de Arbitragem Administrativa (CAAD). *Novo Regulamento de Arbitragem Administrativa*. Disponível em: https://www.caad.org.pt/files/documentos/regulamentos/CAAD_AA-Regulamento_Arbitragem_Administrativa.pdf . Acesso em: 6 set. 2023.

tária, destacamos dispositivos do DL 10/2011, de 20 de Janeiro, que regula o RJAT no país europeu e estabelece, entre outras disposições, o momento em que se inicia o processo arbitral tributário:

> CAPÍTULO II
> Procedimento arbitral
> SECÇÃO I
> Constituição de tribunal arbitral
> [...]
> Artigo 11.º
> Procedimento de designação dos árbitros
> 1 – [...] o Conselho Deontológico do Centro de Arbitragem Administrativa:
> a) [...]
> b) [...]
> c) Comunica às partes a constituição do tribunal arbitral, decorridos 10 dias a contar da notificação da designação dos árbitros, se a tal designação as partes não se opuserem [...]
> [...]
> 7 - Designado o terceiro árbitro, o presidente do Centro de Arbitragem Administrativa informa as partes dessa designação e notifica-as da constituição do tribunal arbitral, 10 dias após a comunicação da designação, se a tal constituição as partes não se opuserem [...]
> 8 - O tribunal arbitral considera-se constituído no termo do prazo referido na notificação prevista na alínea c) do n.º 1 ou no número anterior, consoante o caso.
> [...]
> SECÇÃO II
> Efeitos da constituição de tribunal arbitral
> Artigo 13.º
> Efeitos do pedido de constituição de tribunal arbitral
> [...]
> 5 - Salvo quando a lei dispuser de outro modo, são atribuídos à apresentação do pedido de constituição de tribunal arbitral os efeitos da apresentação de impugnação judicial, nomeadamente no que se refere à suspensão do processo de execução fiscal e à suspensão e interrupção dos prazos de caducidade e de prescrição da prestação tributária.
> [...]
> CAPÍTULO III
> Processo arbitral
> SECÇÃO I
> Disposições gerais
> Artigo 15.º
> Início do processo arbitral
> O processo arbitral tem início na data da constituição do tribunal arbitral, nos termos do n.º 8 do artigo 11.º
> [...]
> Artigo 17.º
> Tramitação

1 - Recebida a notificação da constituição do tribunal arbitral a enviar pelo Presidente do Conselho Deontológico no termo do prazo previsto no n.º 8 do artigo 11.º, o tribunal arbitral constituído notifica, por despacho, o dirigente máximo do serviço da administração tributária para, no prazo de 30 dias, apresentar resposta e, caso queira, solicitar a produção de prova adicional.

Pela redação do art. 13.º, 5, do RJAT, a suspensão e interrupção do prazo de prescrição no processo arbitral português tem os efeitos da impugnação judicial.[346] Ou seja, naquele país, o art. 49, I, da LGT, dispõe que "*a citação*, a reclamação, o recurso hierárquico, a impugnação e o pedido de revisão oficiosa da liquidação do tributo *interrompem a prescrição*."[347] (destacamos).

Da mesma forma, entendemos que no Brasil deve ser assegurado tratamento isonômico relativo à prescrição na execução fiscal, independentemente de a oposição à exigência ocorrer via processo arbitral ou através de medidas judiciais como os embargos à execução, mandado de segurança, ação de repetição do indébito ou ação anulatória do ato declarativo da dívida.

Sendo assim, a interrupção da prescrição, no caso da arbitragem tributária, deverá retroagir à data do despacho do tribunal arbitral que ordenar a intimação da fazenda pública da sua constituição, em linha com o que dispõe o art. 174, parágrafo único, I, do CTN, que determina que a prescrição se interrompe pelo despacho do juiz que ordenar a citação, combinado com o artigos 240 e 802, parágrafo único, ambos do CPC/2015, no sentido de que a interrupção da prescrição retroagirá à data da propositura da ação.

Para boa compreensão e visão geral das alterações no CTN sustentadas por esse estudo, elaboramos duas tabelas condensando as mudanças propostas. A primeira (Tabela 1), lista os artigos a serem alterados, enquanto a segunda (Tabela 2), traz a redação original, a alteração proposta e um resumo da sua respectiva justificativa.

---

346 SOUSA, Jorge Lopes de. *Comentário ao Regime Jurídico da Arbitragem Tributária*. In: VILLA-LOBOS, Nuno de; PEREIRA, Tânia Carvalhais (coord.). Guia de Arbitragem Tributária, 2. ed. Coimbra, Portugal: Almedina, 2017, p. 182. ISBN 978-972-40-7172-5.

347 PORTUGAL. Diário da República *Electrónico*– DRE. Decreto-Lei n.º 398/98. *Diário da República n.º 290/1998, Série I-A de 1998-12-17. Lei Geral Tributária*. Disponível em: https://dre.pt/dre/legislacao-consolidada/decreto-lei/1998-34438775. Acesso em: 29 jan. 2023

### TABELA 1 – ARTIGOS DO CTN A SEREM ALTERADOS VISANDO A IMPLEMENTAÇÃO DA ARBITRAGEM TRIBUTÁRIA

| |
|---|
| Art. 146 (Critérios jurídicos adotados pela autoridade no exercício do lançamento); |
| Art. 151 (Suspensão da exigibilidade do crédito tributário); |
| Art. 156 (Extinção do crédito tributário); |
| Art. 165 (Repetição do indébito) |
| Art. 167 (Juros na repetição do indébito) |
| Art. 168 (Prazo para pleitear repetição do indébito) |
| Art. 170-A (Compensação); |
| Art. 174 (Prescrição). |

Fonte: Elaborado por Reginaldo Angelo dos Santos

### TABELA 2 – REDAÇÃO ORIGINAL, POSSÍVEL ALTERAÇÃO E RESPECTIVA JUSTIFICATIVA, PARA CADA ARTIGO DO CTN

| Redação original | Possível alteração | Justificativa |
|---|---|---|
| Art. 146. A modificação introduzida, de ofício ou em conseqüência de decisão administrativa ou judicial, nos critérios jurídicos adotados pela autoridade administrativa no exercício do lançamento somente pode ser efetivada, em relação a um mesmo sujeito passivo, quanto a fato gerador ocorrido posteriormente à sua introdução. | Alterar a redação do parágrafo único, tendo como sugestão: "a restituição vence juros não capitalizáveis, a partir do trânsito em julgado da decisão definitiva, judicial ou arbitral, que a determinar.' | Evitar que decisões arbitrais fiquem fora da proteção visada pelo artigo, buscando assegurar que a nova interpretação arbitral somente valerá para lançamentos futuros |
| Art. 151. Suspendem a exigibilidade do crédito tributário:<br>I - moratória;<br>II - o depósito do seu montante integral;<br>III - as reclamações e os recursos, nos termos das leis reguladoras do processo tributário administrativo;<br>IV - a concessão de medida liminar em mandado de segurança.<br>V – a concessão de medida liminar ou de tutela antecipada, em outras espécies de ação judicial; (Incluído pela Lcp nº 104, de 2001);<br>VI – o parcelamento | Acrescentar inciso para estabelecer que suspende a exigibilidade do crédito tributário o compromisso arbitral, manifestado expressamente pelo sujeito passivo em prazo a ser estabelecido pela lei, a partir da ciência do despacho, notificação ou intimação que não homologar o auto lançamento, da intimação do lançamento de ofício ou da ciência da execução fiscal. | Garantir a suspensão da exigibilidade do crédito tributário a partir da manifestação expressa do sujeito passivo de que utilizará a via arbitral para solução do conflito. |

| Redação original | Possível alteração | Justificativa |
| --- | --- | --- |
| Art. 156. Extinguem o crédito tributário:<br>I - o pagamento;<br>II - a compensação;<br>III - a transação;<br>IV - remissão;<br>V - a prescrição e a decadência;<br>VI - a conversão de depósito em renda;<br>VII - o pagamento antecipado e a homologação do lançamento nos termos do disposto no artigo 150 e seus §§ 1º e 4º;<br>VIII - a consignação em pagamento, nos termos do disposto no § 2º do artigo 164;<br>IX - a decisão administrativa irreformável, assim entendida a definitiva na órbita administrativa, que não mais possa ser objeto de ação anulatória;<br>X - a decisão judicial passada em julgado.<br>XI – a dação em pagamento em bens imóveis, na forma e condições estabelecidas em lei. | Acrescentar inciso para estabelecer que extingue o crédito tributário a Sentença Arbitral. | Garantir que a sentença arbitral, assim como a decisão administrativa irreformável e a decisão judicial transitada em julgado, que já constam do dispositivo, tenha a mesma força coercitiva para extinguir o crédito tributário submetido ao processo arbitral. |
| Art. 165. O sujeito passivo tem direito, independentemente de prévio protesto, à restituição total ou parcial do tributo, seja qual for a modalidade do seu pagamento, ressalvado o disposto no § 4º do artigo 162, nos seguintes casos:<br>I - cobrança ou pagamento espontâneo de tributo indevido ou maior que o devido em face da legislação tributária aplicável, ou da natureza ou circunstâncias materiais do fato gerador efetivamente ocorrido;<br>II - erro na edificação do sujeito passivo, na determinação da alíquota aplicável, no cálculo do montante do débito ou na elaboração ou conferência de qualquer documento relativo ao pagamento;<br>III - reforma, anulação, revogação ou rescisão de decisão condenatória. | Alteração do dispositivo para estabelecer que também a sentença arbitral assegurará ao contribuinte o direito à restituição total ou parcial do tributo, seja qual for a modalidade de seu pagamento. | Assegurar que não haja qualquer entrave ao sujeito passivo, vencedor na demanda arbitral que discuta pagamento indevido de tributo, para pleitear sua restituição e receber o valor pago indevidamente aos cofres públicos nos termos dos arts. 100 da CF/1988 e 534 do CPC/2015. |
| Art. 167. A restituição total ou parcial do tributo dá lugar à restituição, na mesma proporção, dos juros de mora e das penalidades pecuniárias, salvo as referentes a infrações de caráter formal não prejudicadas pela causa da restituição.<br>Parágrafo único. A restituição vence juros não capitalizáveis, a partir do trânsito em julgado da decisão definitiva que a determinar. | Nova redação para o parágrafo único, com a seguinte sugestão de texto: "Parágrafo único: A restituição vence juros não capitalizáveis, a partir do trânsito em julgado da decisão definitiva, judicial ou arbitral, que a determinar." | Assegurar que a restituição vence juros não capitalizáveis, a partir da decisão definitiva arbitral, que a determinar. |

| Redação original | Possível alteração | Justificativa |
|---|---|---|
| Art. 168. O direito de pleitear a restituição extingue-se com o decurso do prazo de 5 (cinco) anos, contados:<br>I - nas hipótese dos incisos I e II do artigo 165, da data da extinção do crédito tributário;<br>II - na hipótese do inciso III do artigo 165, da data em que se tornar definitiva a decisão administrativa ou passar em julgado a decisão judicial que tenha reformado, anulado, revogado ou rescindido a decisão condenatória. | Alterar o inciso II para acrescentar a data em que se tornar definitiva a decisão arbitral para efeito da contagem do prazo de 5 (cinco anos) para o sujeito passivo pleitear restituição de indébito. | Assegurar que a sentença arbitral tenha previsão legal de restituição do indébito, e no mesmo prazo da decisão administrativa e da sentença judicial. |
| Art. 170-A. É vedada a compensação mediante o aproveitamento de tributo, objeto de contestação judicial pelo sujeito passivo, antes do trânsito em julgado da respectiva decisão judicial. | Acrescentar que a vedação de crédito ante da decisão final se estende também à sentença arbitral. | Garantir a isonomia entre a sentença judicial e arbitral para efeito de compensação tributária. |
| Art. 174. A ação para a cobrança do crédito tributário prescreve em cinco anos, contados da data da sua constituição definitiva.<br>Parágrafo único. A prescrição se interrompe:<br>I – pelo despacho do juiz que ordenar a citação em execução fiscal;<br>II - pelo protesto judicial;<br>III - por qualquer ato judicial que constitua em mora o devedor;<br>IV - por qualquer ato inequívoco ainda que extrajudicial, que importe em reconhecimento do débito pelo devedor. | Acrescentar inciso para estabelecer que a prescrição se interrompe pelo despacho do tribunal arbitral que ordenar a intimação da fazenda pública da sua constituição. | Assegurar tratamento isonômico relativo à prescrição na execução fiscal, independentemente de a oposição à exigência ocorrer via processo arbitral ou através de medidas judiciais como os embargos à execução, mandado de segurança, ação de repetição do indébito ou ação anulatória do ato declarativo da dívida. A interrupção da prescrição, no caso da arbitragem tributária, deverá retroagir à data do despacho do tribunal arbitral que ordenar a intimação da fazenda pública da sua constituição. |

Fonte: Elaborado por Reginaldo Angelo dos Santos

A necessidade de alteração de dispositivos do CTN para implementação da arbitragem tributária no Brasil, entretanto, não é unanimidade. Sob o prisma jurisprudencial, em que pese não tratar da arbitragem tributária, o STF, no julgamento da ADI n. 2.405/RS, firmou entendimento, nos termos do voto do ministro relator, que "[...] a Constituição Federal não reservou à lei complementar o tratamento das modalidades de extinção e suspensão dos créditos tributários, à exceção da prescrição e decadência, previstos no art. 146, III, 'b', da CF".[348]

Sob o ponto de vista da doutrina, uma das vozes que sustentam que a arbitragem tributária já poderia ser aplicada no Brasil é da Profª Ada Pellegrini Grinover, como destaca Andréa Mascitto.[349] O entendimento da professora se sustenta no fato de ser pacífica a equiparação da sentença arbitral à sentença judicial, nos termos da lei 9.307/1996, do art. 515, VII do CPC/2015 e do próprio art. 156, X, do CTN. Ainda segundo o entendimento da jurista, como a decisão judicial transitada em julgado tem o condão de extinguir o crédito tributário, a sentença arbitral já estaria entre as causas extintivas do CTN dada a citada equiparação à sentença judicial.

Observa-se que os desafios normativos para a implementação da arbitragem tributária no Brasil vão além da via legislativa necessária para a implantação do instituto. Em qualquer hipótese, é necessária a edição de LC para promover alterações no CTN, de forma a harmonizar o STN ao processo arbitral. Passamos, então, a abordar o veículo legislativo a ser utilizado para implantação da arbitragem tributária no país.

No Brasil, após a instituição da arbitragem comercial através da Lei 9.307/1996 (LA), com predominância de utilização no setor privado, sobreveio a Lei 13.129/2015, que inseriu o § 1º ao art. 1º da referida Lei, para permitir a aplicação do instituto pela administração pública direta e indireta, visando dirimir conflitos relativos unicamente a direitos patrimoniais disponíveis.[350] É possível afirmar, contudo, que a referida lei não é sufi-

---

348 BRASIL. Supremo Tribunal Federal. Tribunal Pleno. *Ação Direta de Inconstitucionalidade - ADI 2.405/RS* - Rio Grande do Sul. Recte.: Governador do Estado do Rio Grande do Sul. Intdo.: Assembleia Legislativa do Estado do Rio Grande do Sul. Ementa: Ação Direta de Inconstitucionalidade. Direito tributário. Lei do estado do Rio Grande do Sul 11.475/2000. [...] Relator(a): Min. Alexandre de Moraes. Julg. 20/09/2019. Publ. 03/09/2019. Disponível em: https://jurisprudencia.stf.jus.br/pages/search/sjur412242/false. Acesso em: 20 jul. 2023.

349 MASCITTO, Andréa. *Requisitos institucionais para a arbitragem entre fisco e contribuintes no Brasil: necessidade de norma geral. In*: PISCITELLI, Tathiane; MASCITTO, Andréa; MENDONÇA, Priscila Faricelli de. (coord). Arbitragem Tributária. Desafios institucionais brasileiros e a experiência portuguesa, 2. ed. São Paulo: Revista dos Tribunais, 2019. p. 141,142. ISBN: 978-85-5321-920-9.

350 Adaptado de: SEGALLA, Stella Bittar; SANTOS, Reginaldo Angelo dos. *Viabilidade da implementação da arbitragem tributária no Brasil: matérias tributárias arbitráveis. In:*

ciente para regular a arbitragem em matéria tributária, uma vez que esta regula apenas relações contratuais entre entes privados ou públicos, mas não abarca as especificidades de uma relação entre administração pública tributária e contribuinte.[351]

Gisele Barra Bossa e Mônica Pereira Coelho de Vasconcellos, ao defenderem uma arbitragem ampla, superando a indisponibilidade do crédito tributário, argumentam que a LA, com a alteração promovida pela Lei 13.129/2015 prevê que "pessoas capazes de contratar, inclusive com Poder Público, podem submeter seus litígios relativos a direitos patrimoniais disponíveis à arbitragem"[352]. Concluem que não há nenhum impedimento para se adotar a arbitragem tributária, pois a lei da arbitragem, com a reforma que lhe foi imposta pela lei n. 13.129/2015 afasta, até mesmo, a necessidade de lei arbitral específica no âmbito tributário. Afirmam, entretanto, que seria conveniente a alteração do art. 156 do CTN, por meio de Lei Complementar, para incluir a possibilidade de extinção do crédito tributário pela sentença arbitral.

Em sentido oposto, Andréa Mascitto[353], ao sustentar a ideia da necessidade de uma norma geral, pondera que nenhuma das partes, Fisco e Contribuinte, tem o conforto necessário para adotar a arbitragem tributária. Nesse sentido, para que fosse instituída uma arbitragem ampla, autônoma e ideal, seriam recomendáveis alterações pontuais no CTN, especialmente nos arts. 151 e 156, que tratam, respectivamente, da suspensão e da extinção

---

PISCITELLI, Tathiane; MASCITO, Andréa; FERNANDES, André Luiz Fonseca. Arbitragem Tributária no Brasil e em Portugal. Visões do Grupo de Pesquisa "Métodos Alternativos de Resolução de Disputa em Matéria Tributária" do Núcleo de Direito Tributário da FGV DIREITO SP. São Paulo: Blucher, 2022, p. 38. ISBN: 978-65-5506-516-9.

**351** Adaptado de: SEGALLA, Stella Bittar; SANTOS, Reginaldo Angelo dos. *Viabilidade da implementação da arbitragem tributária no Brasil: matérias tributárias arbitráveis. In:* PISCITELLI, Tathiane; MASCITO, Andréa; FERNANDES, André Luiz Fonseca. Arbitragem Tributária no Brasil e em Portugal. Visões do Grupo de Pesquisa "Métodos Alternativos de Resolução de Disputa em Matéria Tributária" do Núcleo de Direito Tributário da FGV DIREITO SP. São Paulo: Blucher, 2022, p. 38. ISBN: 978-65-5506-516-9.

**352** Adaptado de: Adaptado de: SANTOS, Reginaldo Angelo dos. *Instituição da arbitragem tributária no Brasil como método adequado de solução de conflitos.* Revista Acadêmica da Faculdade de Direito do Recife. v. 94, n. 2 (2022). p. 148-168. Recife: PPGD/UFPE. ISSN(eletrônico): 2448-2307. DOI: 10.51359/2448-2307.2022.254657. Disponível em: https://periodicos.ufpe.br/revistas/ACADEMICA/article/view/254657. Acesso em: 31 mar. 2023.

**353** Adaptado de: Adaptado de: SANTOS, Reginaldo Angelo dos. *Instituição da arbitragem tributária no Brasil como método adequado de solução de conflitos.* Revista Acadêmica da Faculdade de Direito do Recife. v. 94, n. 2 (2022). p. 148-168. Recife: PPGD/UFPE. ISSN(eletrônico): 2448-2307. DOI: 10.51359/2448-2307.2022.254657. Disponível em: https://periodicos.ufpe.br/revistas/ACADEMICA/article/view/254657. Acesso em: 31 mar. 2023.

do crédito tributário e eventualmente, no art. 170-A, que trata da compensação tributária.

Luis Eduardo Schoueri pondera que, na implementação da arbitragem tributária no Brasil, o limite será constatar que a decisão da administração não se dê sem os contornos da legalidade, pois cabe ao legislador descrever as circunstâncias em que caberia a adoção do regime.[354]

Nos afastamos da corrente que defende a desnecessidade de Lei específica para implementação da arbitragem tributária. Com a ressalva das alterações necessárias no CTN, que devem ocorrer através de LO, entendemos que a arbitragem tributária poderia ser instituída por LO, veiculada pela União, em obediência ao art. 22, I, da CF/1988. Priscila Faricelli de Mendonça aponta na mesma direção, ao afirmar que, considerando o sistema vigente, não é necessário a arbitragem tributária vir disposta em LC para ter validade, tendo em vista que o processo tributário é regularmente tratado por LO. Cita, ainda, Heleno Torres, para quem a instituição da arbitragem tributária prescinde de LC.[355]

Sendo esse o caminho, o que nos parece mais acertado seria a cada ente tributante editar normas complementares visando implantar a arbitragem tributária nos seus respectivos territórios, com fundamento no art. 24, XI, da CF/1988. De toda forma, não há consenso se o fundamento da Lei Nacional seria o art. 22, I (competência privativa da União), ou art. 24, XI (competência concorrente). Para Leonardo Varella Giannetti, falar de arbitragem é falar de Processo civil e de Direito civil, e não (necessariamente) de Direito Tributário. E a competência para legislar em matéria de Processo Civil e Direito Civil é exclusiva da União.

De nossa parte, entendemos estarem presentes na arbitragem tributária, tanto o Direito Processual como o Direito tributário. Os Estados e Municípios não têm competência para instituir um regime jurídico da arbitragem tributária inteiramente desassociado da norma nacional. Esses entes tributantes, ao criarem a arbitragem dentro de suas competências tributárias,

---

**354** Adaptado de: Adaptado de: SANTOS, Reginaldo Angelo dos. *Instituição da arbitragem tributária no Brasil como método adequado de solução de conflitos.* Revista Acadêmica da Faculdade de Direito do Recife. v. 94, n. 2 (2022). p. 148-168. Recife: PPGD/UFPE. ISSN(eletrônico): 2448-2307. DOI: 10.51359/2448-2307.2022.254657. Disponível em: https://periodicos.ufpe.br/revistas/ACADEMICA/article/view/254657. Acesso em: 31 mar. 2023.

**355** MENDONÇA, Priscila Faricelli de. *Transação e Arbitragem nas Controvérsias Tributárias.* Dissertação de Mestrado. São Paulo. Faculdade de Direito da Universidade de São Paulo, 2013, f. 88 e 91. Disponível em: https://www.teses.usp.br/teses/disponiveis/2/2137/tde-12022014-135619/publico/dissertacao_mestrado_final_Priscila_Faricelli_de_Mendonca.pdf. Acesso em 31 mar. 2023.

deverão partir da legislação federal existente para, então, estabelecer regras procedimentais. O que não se pode prescindir, visando integrar a arbitragem tributária ao STN, tendo em vista a previsão do art. 146, III, da CF/1988, é que sejam alterados dispositivos do CTN, já mencionados, de forma a fazer constar das normas gerais em matéria tributária o uso da arbitragem tributária sob os diversos aspectos mencionados neste capítulo.

Como conclusão, seguindo a linha de pesquisa deste estudo, que utiliza como base empírica o regime de arbitragem tributária vigente em Portugal, verifica-se que, sob o aspecto formal, o país europeu encontra-se integralmente respaldado com relação à utilização da arbitragem tributária. Isso porque o instituto, em Portugal, encontra fundamento no artigo 209.º, nº 2, da CRP, que prevê a existência de tribunais arbitrais, sem qualquer limitação com relação à matéria.

Para além da previsão constitucional, há autorização legislativa para o governo português instituir a arbitragem tributária, concedida através do art. 124.º da Lei 3-B/2010, que aprovou o orçamento de Estado para aquele ano. Referida autorização foi materializada pelo Decreto-Lei 10/2011, que instituiu RJAT no país, além da portaria 112-A/11, que vinculou a Administração Tributária e Aduaneira à jurisdição dos Tribunais arbitrais. A vinculação no Brasil será tratada na seção seguinte deste estudo.

Além disso, a arbitragem tributária em Portugal também foi reconhecida no âmbito da Comunidade Europeia, como demonstra o já citado Acórdão Ascendi no processo C-377/13, no qual o Tribunal de Justiça da União Europeia (TJUE), reconheceu como de origem legal o tribunal arbitral tributário existente em Portugal, cujas decisões são vinculativas para as partes.

Sendo assim, no Brasil, além das alterações no CTN, mencionadas e justificadas neste capítulo, nossa posição é que a autorização e disposições gerais acerca da arbitragem tributária no nosso país deveriam se dar através de LO Nacional, em atendimento ao art. 22, I, da CF/1988. Os entes federativos, por sua vez, ao criarem a arbitragem dentro de suas competências tributárias, deverão partir da legislação nacional existente para, então, estabelecer regras procedimentais, com fundamento no art. 24, XI, c/c os §§ 1º e 2º, e art. 30, II, todos da CF/1988.

## 5.3. VINCULAÇÃO DA ADMINISTRAÇÃO PÚBLICA À ARBITRAGEM TRIBUTÁRIA NO BRASIL

Ao tratar de temas que vinculam a administração pública a uma obrigação de fazer, é necessário buscar as diretrizes traçadas pela CF/1988. Logo no Título I, o caput do art. 1º estabelece que o Brasil é um *Estado Democrático de Direito*. É caracterizado, portanto, como Estado de direito democrático, constitucional, regido pelo princípio da legalidade, seja para as pessoas, seja para o Estado. O art. 37 reforça o disposto ao determinar que a administração pública direta e indireta de qualquer dos Poderes da União, dos Estados, do Distrito Federal e dos Municípios obedecerá, entre outros princípios, o primado da legalidade.

Hely Lopes Meirelles avalia que a legalidade, como princípio da Administração Pública, determina que o administrador, em toda a sua atividade funcional, esteja sujeito aos ditames da lei e às exigências do bem comum, não podendo deles se afastar ou desviar, sob pena de praticar ato ilegal e ficar sujeito a responsabilidade disciplinar, civil e criminal[356]. Celso Antônio Bandeira de Mello complementa afirmando que "a atividade administrativa deve não apenas ser exercida sem contraste com a lei, mas, inclusive, só pode ser exercida nos termos de autorização contida no sistema legal"[357].

Ou seja, a legalidade na Administração não é guiada pela ausência de oposição à lei, mas pressupõe autorização dela, como condição necessária à sua ação. Enquanto as pessoas podem fazer o que a lei não proíbe, o Estado deve fazer aquilo que a lei determina. Para Hely Lopes Meireles, a lei para o particular significa que ele pode agir de determinada forma, mas, para o administrador público, que ele *deve* agir daquela forma.

Exemplo claro, na arbitragem, da vinculação do poder público à legalidade, é a determinação que o procedimento envolvendo entes da Administração Pública será sempre de direito (Lei n. 9.307, art. 2º, § 3º), sendo vedada a arbitragem por equidade, determinação que deriva da submissão do Poder Público à legalidade.

Carmen Tiburcio destaca que, em princípio, a mesma competência que autoriza a administração pública a "firmar contratos para criar, modificar, ceder ou extinguir seus direitos e obrigações lhes permitiria também firmar uma convenção de arbitragem"[358]. Contudo, a presença do interesse público demanda um aprofundamento adicional, tendo como óbice o princípio

---

**356** MEIRELLES, Hely Lopes. *Direito Administrativo Brasileiro*. 38 ed., São Paulo: Malheiros, 2012. p. 89

**357** BANDEIRA DE MELLO, Celso Antônio. *Curso de Direito Administrativo*, 32. ed. São Paulo: Malheiros, 2014, p. 79. ISBN: 978-85-392-0273-7.

**358** TIBURCIO, Carmen. *Arbitragem envolvendo a administração pública: estado atual no direito brasileiro*. DPU nº 58 – Jul-Ago/2014 – Parte Geral – Doutrina. p. 65 Disponível em: file:///C:/Users/Administrador/Downloads/2559-Texto%20do%20Artigo-9382-10077-10-20151008.pdf. Acesso em: 1º abr. 2023.

da legalidade segundo o qual, no seu significado clássico, a Administração Pública não pode agir sem autorização legal.

A questão atinente à submissão da legalidade por parte da Administração Pública, entretanto, tem encontrado uma nova visão por parte dos administrativistas, cedendo espaço para a vinculação administrativa à juridicidade, no qual prevalece a "ponderação de princípios, regras e interesses públicos envolvidos, com o objetivo de se optar pelas vias mais favoráveis ou menos gravosas à sociedade sobre um caso concreto"[359].

Registre-se, entretanto, que a administração consensual não afasta a vinculação da administração pública à lei. Ao contrário, a reforça, sobrepondo-se até mesmo à chamada autotutela da administração, reforçada pela Súmula 473 do STF. O enunciado do Tribunal expressa que a administração pode anular seus próprios atos, quando eivados de ilegalidade, pois deles não se originam direitos, ou revogá-los, por motivo de conveniência ou oportunidade, respeitados os direitos adquiridos, e ressalvada a apreciação judicial.[360]

Destaque-se, por oportuno, o Recurso Especial (REsp) 904813, em que determinada sociedade de economia mista, após submissão de controvérsia à arbitragem com base em compromisso arbitral, reputou ilegal o procedimento, por não haver previsão da arbitragem no edital de licitação ou no contrato celebrado entre as partes. Sendo assim, anulou unilateralmente o processo arbitral com base na Súmula 473 do STF. Ao analisar o caso, o STJ ressaltou que a submissão da controvérsia ao juízo arbitral foi um ato voluntário da sociedade e, nesse contexto, atitude posterior, visando à impugnação deste ato, beira a má-fé, concluindo que, firmado o compromisso, é o Tribunal arbitral que deve solucionar a controvérsia.[361]

---

**359** MONTEIRO, Alexandre Luiz Moraes do Rêgo. *Administração pública consensual e a arbitragem.* Revista de Arbitragem e Mediação | vol. 35/2012 | p. 107 | Out / 2012 DTR\2012\451131. Revista dos Tribunais Online. p. 3. Disponível em: https://edisciplinas.usp.br/pluginfile.php/301811/mod_resource/content/0/ADMINISTRA%C3%87%C3%83O%20P%C3%9ABLICA%20CONSENSUAL%20E%20A%20ARBITRAGEM%20-%20Alexandre%20Luiz%20Moraes%20do%20Rego%20Monteiro.pdf. Acesso em: 1º abr. 2023.

**360** BRASIL. Supremo Tribunal Federal. *Súmula 473*. Data de Aprovação: Sessão Plenária de 03/12/1969. DJ de 10/12/1969, p. 5929; DJ de 11/12/1969, p. 5945; DJ de 12/12/1969, p. 5993. Republicação: DJ de 11/06/1970, p. 2381; DJ de 12/06/1970, p. 2405; DJ de 15/06/1970, p. 2437. Disponível em: https://jurisprudencia.stf.jus.br/pages/search/seq-sumula473/false. Acesso em: 1º abr. 2023.

**361** BRASIL. Superior Tribunal de Justiça. Terceira Turma. *REsp 904813 / PR. Recurso Especial 2006/0038111-2* . Processo Civil. Recurso Especial. Licitação. Arbitragem [...].

Verifica-se, portanto, clara prevalência do princípio da legalidade, consubstanciado na Lei 9.307/1996, em relação a um comando direcionado ao Poder Público, que de forma unilateral, tem a competência de anular seus próprios atos – sob a condição de serem eivados de ilegalidade. Nesse sentido, a CF/1988 dispõe, genericamente, no art. 5º, II, que "ninguém será obrigado a fazer ou deixar de fazer alguma coisa senão em virtude de lei". Trata o dispositivo de lei em sentido estrito, pois não se refere a decreto, regulamento, portaria, resolução ou outras determinações que não podem criar deveres, mas somente explicitar o que determina o texto legal ou tratar de questões administrativas, sem nunca invadir a competência reservada à lei.

Com isso, diversamente do que ocorre na arbitragem privada, ao administrador público não é lícito exercer, de forma pessoal, sua autonomia no sentido de submeter um conflito à arbitragem. Por essa razão, em que pese haver posições em sentido contrário, é possível afirmar que somente com a alteração da Lei 9.307/1996, pela Lei 13.129/2015, passou-se a admitir de forma plena a arbitragem para dirimir conflitos com a administração pública direta e indireta.

Em matéria tributária, reconhece-se que a atuação da administração pública deve obedecer, além dos primados da legalidade geral (art. 5º, II, da CF/1988) e da legalidade da administração pública (art. 37, da CF/1988) também as disposições constitucionais que regem o Sistema Tributário Nacional (art. 150 a 162 da CF/1988). Sendo assim, no campo tributário, "terreno sobremodo delicado, por tocar direitos fundamentais dos administrados, quais sejam o direito de propriedade e de liberdade, as normas que disciplinam a atividade administrativa são especialmente rígidas", vedando a prática de qualquer ato sem autorização expressa em lei, pois é certo que o agente público não dispõe de liberdade para inovar o quadro das providências legalmente admitidas.[362]

Destacamos a ponderação de Luís Eduardo Schoueri, segundo o qual ao Fisco, vinculado pela legalidade, cabe apenas cobrar tributos previstos em lei. Ele não tem interesse no tributo, mas, sim, na observância da lei. Tanto é que, se o Fisco entender pela inexistência de obrigação tributária, não lhe

---

Relator(a): Ministra Nancy Andrighi (1118), 20 de outubro de 2011. Disponível em: https://processo.stj.jus.br/SCON/SearchBRS. Acesso em: 1º abr. 2023.

**362** CAVALCANTE, Diogo Lopes. *Direito tributário e arbitragem no Brasil*. Disponível em: https://apet.org.br/artigos/direito-tributario-e-arbitragem-no-brasil/. Acesso em: 1º abr. 2023.

é legalmente permitido exigir qualquer valor a título de tributo, pois este é mera consequência da aplicação da lei.[363]

Na seara tributária, não há lei a autorizar a arbitragem em matéria tributária no Brasil. Reconhece-se que, apenas através de imposição legal, caberia à administração tributária submeter conflitos tributários à solução fora do juízo estatal. Ainda assim, havendo lei que autorizasse, cada ente tributante trataria de vincular sua administração tributária ao tribunal arbitral. Isso decorre, especialmente, da autonomia preconizada pelo art. 18 da CF/1988, em relação à organização político-administrativa dos entes políticos que compõem a República Federativa do Brasil.

Para melhor compreensão do tema, destacamos a doutrina de Maria Sylvia Zanella Di Pietro, que ao tratar dos atributos dos atos administrativos, aponta que eles se submetem a um regime jurídico administrativo ou a um regime jurídico de direito público. Mencionando a tipicidade, a autora ressalta ser este o atributo pelo qual o ato administrativo deve corresponder a uma figura previamente estabelecida pela lei, com capacidade de produzir determinado resultado. Ou seja, cada finalidade que a Administração busca alcançar corresponde a um ato definido em lei.

Ainda segundo Maria Sylvia Zanella Di Pietro, a tipicidade é decorrente do princípio da legalidade, o que impede a Administração de praticar atos inominados. Trata-se de garantia para o administrado, por não permitir "que a Administração pratique atos dotados de imperatividade e executoriedade, vinculando unilateralmente o particular, sem que haja previsão legal."[364]

Além disso, a divisão da competência para instituir tributos, prevista nos arts. 153 a 156 da CF/1988, reserva ao ente tributante a titularidade para administrar as exações que lhe são constitucionalmente atribuídas (art. 18 da CF/1988). A vinculação de ente político à arbitragem, então, deve ter como premissa a competência constitucional da União para editar a Lei Nacional sobre a arbitragem tributária (art. 22, I), e da própria União, Estados e Distrito Federal legislar concorrentemente em matéria de procedimentos para a arbitragem tributária (art. 24, XI).

---

**363** SCHOUERI, Luís Eduardo. *Ensaio para uma arbitragem tributária no Brasil. In*: PISCITELLI, Tathiane; MASCITTO, Andréa; MENDONÇA, Priscila Faricelli de. (coord). Arbitragem Tributária. Desafios institucionais brasileiros e a experiência portuguesa, 2. ed. São Paulo: Revista dos Tribunais, 2019, p. 380. ISBN: 978-85-5321-920-9.

**364** DI PIETRO, Maria Sylvia Zanella. *Direito administrativo*. 33. ed. Rio de Janeiro: Forense, 2020, p. 467-473. ISBN 978-85-309-8972-9.

É importante destacar a situação dos municípios, que embora não constem da redação do art. 24, a competência suplementar desses entes políticos vem expressa no art. 30, II, da CF/1988, que garante sua competência para suplementar a legislação federal e a estadual no que couber. Segundo Tercio Sampaio Ferraz Junior, a competência suplementar dos municípios "não é para a edição de legislação concorrente, mas para a edição de legislação decorrente, que é uma legislação de regulamentação, portanto de normas gerais que regulam situações já configuradas na legislação federal."[365] Ou seja, é competência exercida sob a ótica das normas gerais da União e não na ausência delas.

Em comentário ao PL n.º 4.257/2019, um dos projetos em tramitação acerca da implantação da arbitragem tributária, Andréa Mascitto, Tathiane Piscitelli e Priscila Faricelli de Mendonça criticam a instituição da arbitragem tributária como direito potestativo do sujeito passivo:

> [...] o projeto traz a possibilidade de manifestação de vontade do contribuinte pela via do juízo arbitral, assegurando que se trata do exercício de um direito potestativo. Contudo, tal opção não pode ser unilateral. De nossa perspectiva, há a necessidade de a Fazenda Pública igualmente se manifestar pelo desejo de resolver o conflito instalado pela via da arbitragem, sob pena de estarmos diante de uma arbitragem necessária, de constitucionalidade questionável. A solução, nesse caso, seria a edição de um decreto do Poder Executivo prevendo a arbitragem nos casos previstos em lei, ou mesmo uma portaria das procuradorias da Fazenda nesse sentido.[366]

Compartilhamos desse entendimento e acrescentamos que o ente tributante não pode ser privado de exercer sua competência suplementar prevista nos arts. 24, II (União, Estados e Distrito Federal), e 30, II (Municípios), de forma a se submeter a um processo arbitral para o qual não há previsão legal acerca de um tema de sua competência e do seu interesse, constitucionalmente estabelecido, sob pena de inconstitucionalidade da norma federal que assim proceder, por ofensa ao art. 37 da CF/1988, acerca da legalidade.

---

365 FERRAZ JUNIOR, Tércio Sampaio. *Normas gerais e competência concorrente. Uma exegese do art. 24 da Constituição Federal.* Revista Da Faculdade De Direito, Universidade De São Paulo, 90, 245-251. 1995. Disponível em https://www.revistas.usp.br/rfdusp/article/view/67296. Acesso em: 1º abr. 2023.

366 FARICELLI, Priscila; MASCITTO, Andréa; PISCITELLI, Tathiane. *Arbitragem tributária brasileira está*

*no forno: iniciativa legislativa de 2019 abre espaço para a arbitragem tributária. In:* PISCITELLI, Tathiane; MASCITO, Andréa; FERNANDES, André Luiz Fonseca (coord). Arbitragem Tributária no Brasil e em Portugal. Visões do Grupo de Pesquisa "Métodos Alternativos de Resolução de Disputa em Matéria Tributária" do Núcleo de Direito Tributário da FGV DIREITO SP. São Paulo: Blucher, 2022, p. 20. ISBN: 978-65-5506-516-9.

Destoamos, entretanto, do entendimento das autoras no sentido de edição de decreto ou portaria como via adequada à vinculação do ente tributante à arbitragem tributária. Entendemos que tal vinculação deveria se dar através de Lei em sentido estrito, a menos que a própria Lei Nacional determine que a vinculação da administração local se dê através de ato infralegal. Mesmo nesta hipótese, entendemos que a norma federal estaria invadindo competência reservada ao ente tributante para estabelecer normas complementares, além de violar o § 1º do art. 24 da CF/1988, que estabelece que, no âmbito da legislação concorrente, como é o caso dos procedimentos em matéria processual, a competência da União limita-se a estabelecer normas gerais.

Luís Eduardo Schoueri também entende que a aquiescência do Fisco à arbitragem se daria por meio de lei, mas que caberia à autoridade administrativa tributária primeiramente decidir pela arbitragem, ao passo que ao contribuinte restaria optar pelo processo somente após decisão do Fisco em utilizar a via arbitral.[367] Entendemos não ser isonômico deixar a critério da Fazenda Pública concordar com a arbitragem, caso a caso, uma vez atendidos todos os requisitos estabelecidos pela norma local para submeter o conflito tributário a esse método extrajudicial de solução de disputas. Desde que obedecidos os requisitos determinados pela Lei, haveria direito subjetivo do sujeito passivo à arbitragem tributária, sendo a adesão da Administração Pública ato administrativo vinculado.

Maria Sylvia Zanella Di Pietro ensina que o poder da Administração é vinculado porque a lei não deixa outra opção. Se ela (a Lei) estabelece que, diante de determinados requisitos, a Administração deve agir de determinada forma, o particular tem um direito subjetivo de exigir aquela conduta.[368] No mesmo sentido, transcrevemos a doutrina de Celso Antonio Bandeira de Mello acerca do tema:

> Atos vinculados são aqueles que a Administração pratica sob a égide de disposição legal que predetermina antecipadamente e de modo completo o comportamento único a ser obrigatoriamente adotado perante situação descrita em termos de objetividade absoluta. Destarte, o administrador não dispõe de

---

**367** SCHOUERI, Luís Eduardo. *Ensaio para uma arbitragem tributária no Brasil. In:* PISCITELLI, Tathiane; MASCITTO, Andréa; MENDONÇA, Priscila Faricelli de. (coord). Arbitragem Tributária. Desafios institucionais brasileiros e a experiência portuguesa, 2. ed. São Paulo: Revista dos Tribunais, 2019, p. 388. I SBN 978-85-5321-920-9.

**368** DI PIETRO, Maria Sylvia Zanella. *Direito administrativo*. 33. ed. Rio de Janeiro: Forense, 2020, p. 489. ISBN 978-85-309-8972-9.

margem de liberdade alguma para interferir com qualquer espécie de subjetivismo quando da prática do ato. [...][369]

O autor ainda destaca que a vontade do agente é irrelevante nos atos inteiramente vinculados, uma vez que a decisão a ser tomada já está pré definida de forma completa na lei. Já Hely Lopes Meirelles contrapõe que: "dificilmente encontraremos um ato administrativo inteiramente vinculado, porque haverá sempre aspectos sobre os quais a Administração terá opções na sua realização. [...]". "O que caracteriza o ato vinculado é a predominância de especificações da lei sobre os elementos deixados livres para a Administração."[370]

Maria Sylvia Zanella Di Pietro, ao se referir aos atos discricionários, ressalta que nesses casos, em que o regramento não atinge todos os aspectos da atuação da administração pública, a lei deixa certa margem de liberdade para decisão no caso concreto. O poder é discricionário porque a solução segue os critérios de oportunidade, de conveniência, de justiça e de equidade, próprios da autoridade pública, pois não foram definidos pelo legislador.

A autora ressalta, entretanto, que o poder de ação administrativa, embora discricionário, não é totalmente livre, porque, sob alguns aspectos, especialmente no que se refere a competência, a forma e a finalidade, a lei limita a atuação do administrador público. Daí porque, no entendimento de Maria Sylvia Zanella Di Pietro, "a discricionariedade implica liberdade de atuação nos limites traçados pela lei; se a Administração ultrapassa esses limites, a sua decisão passa a ser arbitrária, ou seja, contrária à lei."[371]

Reforçamos nossa posição de que a arbitragem tributária, prevista em Lei, consubstancia ato administrativo vinculado, sendo, portanto, direito subjetivo do sujeito passivo, uma vez presentes os requisitos previstos em lei para sua utilização. Nada impede, porém, que após a vinculação da Administração Tributária à arbitragem em matéria tributária, seja editado ato administrativo visando regulamentar e operacionalizar o comando legal.

Sobre esse aspecto, pontuamos a experiência portuguesa. Naquele país, a autorização legal para instituir a arbitragem tributária foi concedida por Lei, mas ficou na dependência, estabelecida pela própria Lei, de um ato

---

369 BANDEIRA DE MELLO, Celso Antônio. *Curso de Direito Administrativo*, 32. ed. São Paulo: Malheiros, 2014, p. 382. ISBN: 978-85-392-0273-7.

370 MEIRELLES, Hely Lopes. *Direito Administrativo Brasileiro*. 23 ed., São Paulo: Malheiros, 1998, p. 103.

371 DI PIETRO, Maria Sylvia Zanella. *Direito administrativo*. 33. ed. Rio de Janeiro: Forense, 2020, p. 488, 489. ISBN 978-85-309-8972-9.

normativo vinculando serviços e organismos ligados às finanças públicas e à justiça à sua jurisdição. Referida vinculação se efetivou com a entrada em vigor de portaria editada pelos chefes dos ministérios envolvidos.

A crítica feita a essa vinculação por Portaria, que pode ser potencializada num país como o Brasil, cuja estrutura política contempla a União, 27 unidades federadas e mais de 5.500 municípios, é deixar a bel-prazer do Executivo a edição de norma infralegal vinculando a Administração à arbitragem tributária. Para além do fato desse ato normativo poder deixar de ser editado, ainda que o seja, ele poderá, a qualquer tempo, ser revogado pela administração, trazendo, juntamente com a implementação local da arbitragem tributária, uma insegurança que somente a lei em sentido estrito poderia amenizar.

Some-se aos argumentos citados, o caráter público do Direito Tributário, que regula a forma pela qual os entes políticos obtêm recursos para prover suas obrigações constitucionais. Dessa forma, todo e qualquer procedimento que pretenda lançar à discussão a legitimidade de recursos decorrentes do direito tributário, devidos ao Estado, deve ser estabelecido por Lei em sentido estrito. Ressalte-se que não estamos nos referindo à possibilidade de uma norma infralegal definir as matérias arbitráveis. Essa questão estaria no âmbito da competência da administração tributária e poderia se dar por ato infralegal. O ponto que mencionamos é a vinculação da Administração à arbitragem, esta, sim, deveria se dar mediante Lei.

Leonardo de Andrade Rezende Alvim argumenta que a definição da matéria arbitrável deveria se dar por portaria a cargo do Ministério da Fazenda, justificando essa preferência em razão da praticidade. Segundo o autor, o decreto traria a obrigatoriedade de iniciativa e tomada de decisão pelo chefe do Poder Executivo, que não tem no dia a dia a matéria tributária como preponderante e poderiam retardar as necessárias revisões. Quanto a questão de lei para vincular a Administração à arbitragem tributária, Leonardo de Andrade Rezende Alvim demonstra a importância da via legislativa para obrigar a administração ao procedimento, conforme se depreende do texto a seguir transcrito:

> Dois aspectos também são importantes. O primeiro é que o fisco *seja obrigado* a aceitar o juízo arbitral. Permitir o uso de qualquer exercício de conveniência, utilidade e oportunidade ao administrador público em sujeitar determinada questão ao juízo arbitral é abrir oportunidade pra favoritismos, perseguições e, ainda, desacreditar a própria arbitragem como instância, cujas decisões sejam aceitas, independentemente do resultado. A conduta de recusar a arbitragem, além disso, expõe a intenção de utilizar aludido instrumento de maneira comprometida com o resultado do julgamento. Os motivos pelos quais se deve ir ao juízo arbitral podem ser imparcialidade, rapidez, qualidade técnica,

economicidade, entre outros, mas jamais uma análise de possibilidade de êxito, porque isso potencializa o risco de os árbitros julgarem não segundo suas próprias convicções, mas sim conforme as expectativas das partes. Por isso, é necessário que o Fisco seja obrigado a aceitar o juízo arbitral. E também é importante que o contribuinte tenha um *momento determinado* para exercer sua opção, sob pena de se incorrer nos mesmos inconvenientes mencionados. (destaques do original).[372]

Já expusemos nossa concordância quanto à vinculação da administração tributária à arbitragem por meio de Lei. Aos argumentos que fundamentam nosso entendimento se juntam e complementam os expostos acima, especialmente no sentido de conferir ao instituto a segurança necessária, por norma emanada do Poder Legislativo de cada ente tributante, fundamentada em Lei Nacional. Leonardo de Andrade Rezende Alvim, no entanto, enfatiza que a lei deveria ser da categoria complementar. Nesse ponto divergimos, desde que sejam também alterados os dispositivos mencionados no capítulo anterior, do CTN, estes, sim, decorrentes de LC.

Por evidente, as alterações no CTN e a proposição de arbitragem tributária poderiam compor o mesmo PLP. Entretanto, considerando a maior formalidade de aprovação dessa via legislativa, e tendo em vista a desnecessidade de implantação da arbitragem por lei complementar, entendemos que as proposições devem ser apresentadas em separado.

Como conclusão ao tema da vinculação, destacamos que em Portugal, por determinação expressa do DL 10/2011, que institui o RJAT no país, referida vinculação se deu através da portaria interministerial 112-A, de 2011, editada pelos Ministérios das Finanças e da Administração Pública e da Justiça. No Brasil, considerando o princípio da legalidade a que se submete a administração pública (art. 37 da CF/1988), é nossa opinião que tal vinculação deveria se dar por uma Lei Geral Nacional e suplementada por Lei de cada ente tributante (art. 22, I, 24, XI, c/c os §§ 1º e 2º, e art. 30, II), em corolário com a competência tributária estabelecida na CF/1988 para cada ente político instituir e cobrar seus respectivos tributos.

---

372 ALVIM, Leonardo de Andrade Rezende. *Arbitragem Tributária no Brasil: os motivos pelos quais ela é necessária, mas sua implantação deve ser gradual. In*: PISCITELLI, Tathiane; MASCITTO, Andréa; MENDONÇA, Priscila Faricelli de. (coord). Arbitragem Tributária. Desafios institucionais brasileiros e a experiência portuguesa, 2. ed. São Paulo: Revista dos Tribunais, 2019, p. 410, 411. ISBN: 978-85-5321-920-9.

## 5.4. TRIBUNAIS ARBITRAIS TRIBUTÁRIOS NO BRASIL E SUA COMPOSIÇÃO

A sensibilidade do tema tributário em qualquer jurisdição não raro expõe, na resolução de conflitos, inconformismo do vencido em relação à decisão proferida. Em alguns casos, pode surgir desconfiança acerca da capacidade técnica, entendimento da matéria e até mesmo imparcialidade do órgão julgador.

Na medida que um terceiro imparcial, fora do sistema estatal, seja legitimado a solucionar o conflito entre o Estado e o particular, mesmo que tal legitimação tenha sido atribuída ao julgador privado pelo legislador, muitas são as razões para acreditar na potencialização desse inconformismo, agravado pela desconfiança quanto ao processo, especialmente por parte do poder público.

Além disso, não se pode olvidar, tomando como exemplo da LA, o disposto nos artigos 17 e 18, que determinam que os árbitros são juízes de fato e de direito e que, "quando no exercício de suas funções ou em razão delas, ficam equiparados aos funcionários públicos, para os efeitos da legislação penal."[373] Os dispositivos citados especificam claramente a função pública do árbitro, caracterizando-o como agente público em razão de sua função, ficando sujeito, portanto, às mesmas regras de conduta e disciplinares dos julgadores estatais.

Ao definir Agente Público, Maria Sylvia Zanella Di Pietro[374] destaca que a expressão não é destituída de importância, uma vez utilizada pela própria Constituição. Ensina que todas as categorias, ainda que a dos particulares, ao exercerem atribuições do poder público, possuem responsabilidade objetiva prevista no artigo 37, § 6º, da CF/1988, considerando que o dispositivo se refere a danos causados por agentes públicos.

Nesse sentido, se o Estado for condenado, cabe ação regressiva contra o agente causador do dano, desde que tenha agido com dolo ou culpa, ainda que revestido na categoria de particular, prestando serviço público. Como se não bastasse, se considerarmos os árbitros tributários como autênticos agentes públicos, em face do que lhes impõem, a título de exemplo, os artigos 17 e 18 da LA, é possível atribuirmos a esses agentes a responsabilidade

---

**373** BRASIL. Presidência da República. Lei nº 9.307, de 23 de setembro de 1996. Dispõe sobre a arbitragem. *Diário Oficial*. Brasília: 24 set. 1996.Disponível em: https://www.planalto.gov.br/ccivil_03/leis/l9307.htm. Acesso em: 08 jul. 2023

**374** DI PIETRO, Maria Sylvia Zanella. *Direito administrativo*. 33. ed. Rio de Janeiro: Forense, 2020, p. 1233. ISBN 978-85-309-8972-9.

prevista no art. 28 da LINDB, que estabelece que "o agente público responderá pessoalmente por suas decisões ou opiniões técnicas em caso de dolo ou erro grosseiro."[375]

Apesar dos argumentos citados e o fato de os particulares, quando exercem função pública, estarem sujeitos às mesmas responsabilidades do servidor, em razão da função exercida, temos assistido no Brasil a uma crise de confiança em colegiados cuja formação é paritária, composta por julgadores provenientes do poder público e do setor privado, a exemplo do CARF. O CARF, embora vinculado ao Ministério da Fazenda, tem sido o principal alvo de insinuações de parcialidade no julgamento, seja para o lado da Fazenda Pública, seja para o dos contribuintes. Parte dessa desconfiança pode ser atribuída à denominada Operação Zelotes[376], da Polícia Federal, que visou alguns julgadores específicos do CARF, por identificar suspeitas de conduta ilícita e parcial por parte de conselheiros indicados pela iniciativa privada.

Alega-se também que a paridade nos tribunais administrativos pode não representar um sistema independente de julgamento, havendo posições contrárias à atuação dos tribunais administrativos, tanto pelo poder público quanto pelos particulares. É que a paridade na composição leva esses tribunais a serem formados por número par de julgadores, cabendo ao presidente, que, por norma, é representante da Administração Tributária, proferir o voto que dará termo final ao julgamento. Trata-se do chamado voto de qualidade, ou voto de minerva, bastante contestado pelos advogados privados.

Para a Administração Tributária, a não aplicação do voto de qualidade pode levar a criação de uma norma individual e concreta diferenciada para determinados sujeitos passivos, que seriam beneficiados com a dispensa do tributo em caso de empate no julgamento da demanda, uma vez que

---

375 BRASIL. Presidência da República. Lei nº 4.657, de 4 de setembro de 1942. Lei de Introdução às normas do Direito Brasileiro. *Diário Oficial*. Brasília: 9 set.1942, ret. em 8 out. 1942 e ret. em 17 jun. 1943. Disponível em: https://www.planalto.gov.br/ccivil_03/decreto-lei/del4657compilado.htm. Acesso em: 08 jul. 2023

376 A Corregedoria Geral do Ministério da Fazenda, a Receita Federal, a Polícia Federal e o Ministério Público Federal deflagraram em 26/03/2015 a Operação ZELOTES, com o objetivo de desarticular organização suspeita de manipular julgamentos de processos junto ao Conselho Administrativo de Recursos Fiscais – CARF, do Ministério da Fazenda. O termo ZELOTES, que empresta nome à Operação, tem como significado o falso zelo ou cuidado fingido. Refere-se a alguns conselheiros julgadores do CARF que não viriam atuando com o zelo e a imparcialidade necessárias. Fonte: https://www.gov.br/receitafederal/pt-br/assuntos/noticias/2015/marco/operacao-zelotes-1. Acesso em: 1º abr. 2023.

não é permitido à Fazenda Pública recorrer ao Poder Judiciário de uma decisão proferida no âmbito de sua própria estrutura, como os tribunais administrativos.

Entendemos, como já comentado neste estudo, que o sistema tributário brasileiro é rigidamente regulado pela CF/1988. Posições e entendimentos divergentes fazem parte da convicção de qualquer julgador, seja nos tribunais judiciais, administrativos ou arbitrais. A corroborar esta afirmação há o sistema processual brasileiro, pautado pelo sistema de precedentes, sendo vedado ao julgador, de qualquer instância ou tribunal, decidir de forma diversa ao posicionamento consolidado em controle difuso ou abstrato de constitucionalidade pelo STF, ou pela sistemática de Recursos Repetitivos do STJ.

O tema da vinculação dos árbitros ao sistema de precedentes será tratado no capítulo relativo à arbitrabilidade objetiva, por ter relação direta com as matérias que poderão ser objeto de arbitragem tributária. Contudo, consideramos oportuno transcrever entendimento de Paulo Cesar Conrado, Júlia Silva Araújo Carneiro André Luiz Fonseca Fernandes Phelipe Moreira Souza Frota, que defendem posição, com a qual concordamos, no seguinte sentido:

> Considerando que, diversamente das arbitragens comerciais, um número expressivo de causas tributárias se baseia em alegações de direito, é recomendável a vinculação expressa, por lei, dos tribunais arbitrais aos precedentes obrigatórios emitidos pelo Supremo Tribunal Federal (STF) e Superior Tribunal de Justiça (STJ), na forma do art. 927 do CPC/2015. A inobservância desses precedentes na arbitragem gera problemas de justiça fiscal e neutralidade tributária, permitindo a criação de situações anti-isonômicas entre contribuintes e a obtenção de vantagens concorrenciais indevidas, a depender da natureza da jurisdição eleita, se privada ou estatal. Além disso, apesar de a arbitragem configurar sistema próprio e autônomo em relação ao CPC/2015, os precedentes vinculantes integram o aparato normativo do qual o árbitro não pode se distanciar,19 já que vedado o recurso à equidade nas arbitragens tributárias (arts. 1º, § 3º, da LA e 108, IV, § 2º, do CTN). Isso não impede que o árbitro afaste a aplicação do precedente, de forma motivada, se constatar a desconexão entre o caso sob julgamento e o paradigma.[377]

---

**377** CONRADO, Paulo Cesar; CARNEIRO, Júlia Silva Araújo; FERNANDES, André Luiz Fonseca; FROTA, Phelipe Moreira Souza. *Sentença arbitral em litígios tributários – vinculação a precedentes e judicialização: seria desejável o controle judicial da sentença arbitral? In:* PISCITELLI, Tathiane; MASCITO, Andréa; FERNANDES, André Luiz Fonseca. Arbitragem Tributária no Brasil e em Portugal. Visões do Grupo de Pesquisa "Métodos Alternativos de Resolução de Disputa em Matéria Tributária" do Núcleo de Direito Tributário da FGV DIREITO SP. São Paulo: Blucher, 2022, p. 114-115. ISBN: 978-65-5506-516-9.

Mesmo em casos em que não haja entendimento consolidado e, portanto, vinculado ao sistema de precedentes, verifica-se clara tendência dos julgadores em seguir o entendimento do tribunal especial (STJ) e constitucional (STF). Não se vislumbra, nesse cenário, que haja espaço para decisões eivadas de parcialidade. Diante disso, não se espera dos tribunais arbitrais decisões parciais em favor de qualquer das partes, e sim a celeridade, tecnicidade, imparcialidade e independência nos casos a serem levados a julgamento. Especialmente quanto aos dois últimos requisitos, acima citados, qualquer suspeita de desvio levará ao impedimento do árbitro e, caso a decisão seja proferida, esta será eivada de nulidade.

A desconfiança em relação a um juízo arbitral tributário não é privilégio do Brasil. Já expusemos neste estudo que em Portugal, a arbitragem tributária foi durante algum tempo considerada uma ameaça à soberania estatal e à função jurisdicional. Argumentava-se que o poder jurisdicional era incompatível com a instituição da arbitragem enquanto instrumento privado.

António Sampaio Caramelo afirma ser preciso abandonar essa desconfiança com relação à capacidade e à vontade dos árbitros de aplicarem normas de interesse público. Francisco Nicolau Domingos e Carlos Henrique Machado pontuam que a desconfiança quanto à possibilidade de os tribunais arbitrais poderem contornar os imperativos legais deve ser afastada pela obrigação de decisão com base no direito posto e nos deveres de independência e imparcialidade do árbitro.

Sob a ótica brasileira, Priscila Faricelli de Mendonça[378] pondera que as realidades portuguesa e brasileira são incomparáveis, não apenas em dimensões territoriais, mas também em números absolutos do judiciário dos dois países, levando a autora a concluir que o modelo português, tal qual implementado, não poderia simplesmente ser replicado no Brasil. A experiência estrangeira sempre poderá agregar às discussões no Brasil, mas a análise pragmática deve direcionar o processo de instituição e modelagem da arbitragem tributária no país.[379]

---

378 Adaptado de: Adaptado de: SANTOS, Reginaldo Angelo dos. *Instituição da arbitragem tributária no Brasil como método adequado de solução de conflitos.* Revista Acadêmica da Faculdade de Direito do Recife. v. 94, n. 2 (2022). p. 148-168. Recife: PPGD/UFPE. ISSN(eletrônico): 2448-2307. DOI: 10.51359/2448-2307.2022.254657. Disponível em: https://periodicos.ufpe.br/revistas/ACADEMICA/article/view/254657. Acesso em: 1º abr. 2023.

379 GIANNETTI, Leonardo Varella. MACHADO, Luiz Fernando Dalle Luche. *Qual seria o melhor local para*

*a instauração de um tribunal arbitral no Brasil? Operacionalização e **locus** da arbitragem tributária. In:* PISCITELLI, Tathiane; MASCITO, Andréa; FERNANDES, André Luiz Fonseca (coord). Arbitragem Tributária no Brasil e em Portugal. Visões do Grupo de Pes-

Avançando sobre o tema, a autora sugere que, na medida que no Brasil o processo administrativo tributário já tramita no seio da Administração Pública,[380] a arbitragem tributária no país deve ser inserida nas câmaras institucionais privadas já existentes, para afastá-la dos processos tributários administrativos, assim como, seguir o modelo já adotado em outros conflitos arbitrais que envolvem o poder público, tal como contratuais ou mesmo no âmbito de concessões.

Leonardo Varella Giannetti e Luiz Fernando Dalle Luche Machado[381], assumindo que a arbitragem institucional é a opção mais adequada para proteger os interesses das partes envolvidas no conflito tributário, com a utilização de câmaras arbitrais para sua administração, admitem, entre os possíveis desenhos, o de vincular a arbitragem a um órgão público, a exemplo da proposta, ainda que acadêmica, existente na Espanha. Mencionando ideia similar indicada por Luís Eduardo Schoueri, os autores citam ainda outra opção, a de vincular a administração da arbitragem ao CARF, mas admitem a dificuldade prática de sua exequibilidade.

Tal dificuldade reside no elevado número de processos administrativos em curso naquele órgão julgador, o que não compactuaria com a celeridade buscada na arbitragem. Além disso, os próprios autores citados não vislumbram nessa opção a imparcialidade desejada, dada a dificuldade de afastar a influência da administração tributária no processo arbitral.

A opção de vinculação da arbitragem tributária ao CARF, em nossa opinião, esbarra também em uma questão legal. O art. 25 da Lei n.º 11.941/2009 estabelece a competência daquele conselho para julgamento de recursos de ofício e voluntários de decisão de primeira instância, relativos a processo de exigência de tributos ou contribuições administrados pela Secretaria da Receita Federal, bem como recursos de natureza especial vinculados a tais tributos.

---

quisa "Métodos Alternativos de Resolução de Disputa em Matéria Tributária" do Núcleo de Direito Tributário da FGV DIREITO SP. São Paulo: Blucher, 2022, p.88-89. ISBN: 978-65-5506-516-9.

**380** Cite-se como exemplo, na esfera federal, o Conselho Administrativo de Recursos Fiscais – CARF, ligado ao Ministério da Economia.

**381** GIANNETTI, Leonardo Varella. MACHADO, Luiz Fernando Dalle Luche. *Qual seria o melhor local para a instauração de um tribunal arbitral no Brasil? Operacionalização e* ***locus*** *da arbitragem tributária.* In: PISCITELLI, Tathiane; MASCITO, Andréa; FERNANDES, André Luiz Fonseca (coord). Arbitragem Tributária no Brasil e em Portugal. Visões do Grupo de Pesquisa "Métodos Alternativos de Resolução de Disputa em Matéria Tributária" do Núcleo de Direito Tributário da FGV DIREITO SP. São Paulo: Blucher, 2022, p. 88-89. ISBN: 978-65-5506-516-9.

Ou seja, não se vislumbra a possibilidade da vinculação do processo arbitral, que poderá envolver tributos de competência de mais de um ente político, a um órgão hierarquicamente vinculado ao Ministério da Fazenda, órgão administrativo da União. Faltaria às câmaras vinculadas ao CARF competência legal para decidir sobre matéria tributária de competência de outros entes tributantes, tais como o ICMS, de competência dos estados e do distrito federal, e o Imposto Sobre Serviços de Qualquer Natureza (ISSQN), de competência dos municípios e do distrito federal.

Leonardo Varella Giannetti e Luiz Fernando Dalle Luche Machado avaliam também outra alternativa, que seria a criação, pelo Poder Público, de um centro de arbitragem autônomo, mas lançam uma série de dúvidas quanto à natureza jurídica e vinculação deste instituto. Anteveem ainda problemas com relação à localização, funcionamento e custeio do tribunal, concluindo que um centro de arbitragem ligado ao poder público atrairia os mesmos problemas enfrentados atualmente no contencioso tributário, tais como: ineficiência, falta de agilidade, de celeridade e também barreiras orçamentárias. A conclusão dos autores é que a utilização das instituições privadas já existentes deve ser considerada como primeira opção, especialmente considerando que um dos objetivos da arbitragem tributária é desafogar o sistema estatal e fortalecer o acesso à justiça pela criação de mecanismo diverso para a solução de conflitos tributários.

De nossa parte, compactuamos com a ideia de que a arbitragem tributária deve funcionar de forma independente do poder público, considerando especialmente os requisitos da celeridade, independência e imparcialidade, sendo a opção que mais atende aos anseios da arbitragem a utilização de câmaras privadas, sejam as já existentes ou novas instituições especialmente criadas para tal fim. O fato de funcionarem de forma independente, entretanto, não afasta a necessidade de o poder público estabelecer requisitos mínimos de funcionamento.

Tomemos como exemplo o Decreto n.º 64.356, de 31 de julho de 2019, do Estado de São Paulo, que dispõe sobre o uso da arbitragem para resolução de conflitos em que a Administração Pública direta e suas autarquias sejam parte. O referido Decreto, além de estabelecer o cadastramento de câmaras arbitrais, mediante uma lista referencial das entidades que cumprem requisitos mínimos para serem indicadas para dirimir conflitos com a administração pública estadual (art. 13), cadastro este efetivado mediante resolução do Procurador Geral do Estado (art. 14), determina que a Câmara atenda ao menos aos seguintes requisitos (art. 15):

I – apresentar espaço disponível para a realização de audiências e serviços de secretariado, sem custo adicional às partes, na cidade sede da arbitragem;
II – estar regularmente constituída há, pelo menos, cinco anos;
III - atender aos requisitos legais para recebimento de pagamento pela Administração Pública;
IV – possuir reconhecida idoneidade, competência e experiência na administração de procedimentos arbitrais com a Administração Pública.
Parágrafo único – O Procurador Geral do Estado poderá, mediante resolução, estabelecer critérios adicionais para o cadastramento de câmaras arbitrais, considerando a experiência decorrente de procedimentos arbitrais enfrentados, e criar mecanismo de avaliação e exclusão do cadastro.

Apesar da regulamentação da arbitragem para com o poder público, pelo Estado de São Paulo, entendemos que melhor se ajustaria aos princípios da independência e imparcialidade que as câmaras de arbitragem tributária fossem reguladas pelo CNJ, considerando sua integração ao sistema judiciário, bem como, as orientações e recomendações do referido Conselho, suportadas pelo inciso VII do § 4º do art. 103-B da CF/1988, para a adoção de métodos adequados de solução de conflitos em matéria tributária.[382]

Leonardo Varella Giannetti já sugeria o envolvimento do CNJ, mas apenas para fins de credenciamento prévio - que, na opinião do autor, também poderia ocorrer pelo Ministério da Fazenda - dos centros ou câmaras privadas que tenham o interesse em administrar os processos arbitrais que envolvam a matéria tributária, mesmo que fosse um credenciamento sumário ou menos burocratizado, "sendo ilustrativa a previsão na Resolução 125/2010 do CNJ, que prevê o cadastro para controle da atuação dos mediadores judiciais".[383]

Propomos, contudo, um papel mais amplo do CNJ, amparado na CF/1988 e sem a possibilidade de participação da Fazenda Pública. A alternativa que vislumbramos seria o CNJ assumir toda a regulamentação do funcionamento dos tribunais arbitrais tributários, além do estabelecimento de requisitos mínimos para instalação desses tribunais, considerando que, diferentemente da arbitragem comercial, a tributária não decorrerá de cláusula arbitral, mas sim de compromisso, a partir da vinculação do ente tributante através de norma específica para esse fim. Entendemos que o fato de o CNJ ser um órgão do Poder Judiciário, criado pela EC n.º 45/2004, conhecida como reforma do Poder Judiciário, reforçaria ainda mais a credibilidade

382 Recomendação CNJ nº 120/2021 e Resolução nº 471/2022.

383 GIANNETTI, Leonardo Varella. *Arbitragem no direito tributário brasileiro: possibilidade e procedimentos*. Tese de Doutorado. Belo Horizonte. Pontifícia Universidade Católica de Minas Gerais, 2017, fls. 261: Disponível em: http://www.biblioteca.pucminas.br/teses/Direito_GiannettiLVa_1.pdf. Acesso em: 12 mar. 2023.

dos tribunais arbitrais. Como ressalta Gilmar Ferreira Mendes, "é certo que os Conselhos de Magistratura têm cumprido um relevante papel na solução dos complicados problemas relacionados à administração eficiente dos órgãos jurisdicionais."[384]

Quanto à competência, é nosso entendimento que o inciso II do § 4º do art. 103-B da CF/1988 abarcaria a regulamentação dos tribunais arbitrais pelo CNJ - cujas atribuições inclui zelar pela observância do art. 37 da CF/1988 - dado o caráter de direito público da matéria tributária. Pela da doutrina de Hely Lopes Meireles é possível sustentar a vinculação entre o interesse do Estado e a possibilidade de o CNJ regular as câmaras arbitrais tributárias, considerando a previsão expressa na CF/1988 daquele conselho zelar pela observância do art. 37. Esclarece o administrativista:

> O Estado moderno, para o completo atendimento de seus fins, atua em três sentidos - administração, legislação e jurisdição - e em todos eles pede orientação ao Direito Administrativo, no que concerne à organização e funcionamento de seus serviços, à administração de seus bens, à regência de seu pessoal e à formalização dos seus atos de administração. Do funcionamento estatal só se afasta o Direito Administrativo quando em presença das atividades especificamente legislativas (feitura da lei) ou caracteristicamente judiciárias (decisões judiciais típicas). A largueza do conceito que adotamos permite ao Direito Administrativo reger, como efetivamente rege, toda e qualquer atividade de administração, provenha ela do Executivo, do Legislativo ou do Judiciário. E, na realidade, assim é, porque o ato administrativo não se desnatura pelo só fato de ser praticado no âmbito do Legislativo ou do Judiciário, desde que seus órgãos estejam atuando como administradores de seus serviços, de seus bens, ou de seu pessoal. Dessas incursões necessárias do Direito Administrativo em todos os setores do Poder Público originam-se as suas relações com os demais ramos do Direito e até mesmo com as ciências não jurídicas [...].[385]

A composição do CNJ, que abrange a participação de pessoas que não pertencem ao Poder Judiciário, ainda que minoritária, como membros do Ministério Público, advogados indicados pelo Conselho Federal da Ordem dos Advogados do Brasil e cidadãos de notável saber jurídico e reputação ilibada, indicados pela Câmara dos Deputados e pelo Senado Federal, agregariam diversidade de experiências, necessária ao estabelecimento de regras de controle dos tribunais arbitrais tributários.

Cabe ressaltar também que o § 1º do art. 103-B da CF/1988 determina que o CNJ será presidido pelo Presidente do STF. Nesse aspecto, é importante

---

384 MENDES, Gilmar Ferreira. *Curso de direito constitucional* / Gilmar Ferreira Mendes, Paulo Gustavo Gonet Branco. – 14. ed. rev. e atual. – São Paulo : Saraiva Educação, 2019, p. 1.796. ISBN 9788553606177

385 MEIRELLES, Hely Lopes. *Direito Administrativo Brasileiro*. 23 ed., São Paulo: Malheiros, 1998, p. 36

mencionar a experiência portuguesa, onde o CAAD funciona sob a égide do CSTAF, integrante do sistema judiciário português, a quem cabe nomear o presidente do Conselho Deontológico do CAAD. Como já destacamos nesse estudo, naquele país, o referido Conselho busca garantir a independência, imparcialidade, isenção, objetividade e transparência da constituição e funcionamento do CAAD.[386] A competência do CSTAF para nomear o presidente do Conselho Deontológico do CAAD foi estabelecida por lei, cabendo ao órgão judicial superior nomear, entre juízes aposentados que tenham exercido funções nos tribunais superiores tributários, o presidente do órgão deontológico. Além disso, o Conselho Deontológico é considerado órgão chave na consolidação do CAAD e da arbitragem tributária em Portugal, pois visa assegurar o nível de qualidade técnica e idoneidade moral dos árbitros.[387]

Ou seja, no campo da regulamentação dos tribunais arbitrais, há caminhos já trilhados por Portugal, os quais o Brasil poderia utilizar como referência, para garantir que a condução dos processos arbitrais tributários seja efetuada com a máxima imparcialidade e independência, considerando, especialmente, a matéria que será objeto de julgamento por esses tribunais, fundamental para a existência do próprio Estado.

Além da questão dos tribunais arbitrais, outro tema de fundamental importância para o sucesso da arbitragem é a escolha dos árbitros, ou composição dos tribunais. Consideramos, em qualquer hipótese, os requisitos da imparcialidade, independência e especialização, como inafastáveis à atuação do árbitro. Passemos a uma breve explanação sobre esses dois requisitos.

Quanto à imparcialidade, Carlos Alberto Carmona a define como a "equidistância que o julgador deve guardar em relação às partes."[388] O autor ressalta que, assim como o juiz, o árbitro coloca-se entre as partes, mas acima

---

**386** VILLA-LOBOS, Nuno de. PEREIRA; Tânia Carvalhais. *A Implementação da Arbitragem Tributária em Portugal: origens e resultados. In*: PISCITELLI, Tathiane; MASCITTO, Andréa; MENDONÇA, Priscila Faricelli de. (coord). Arbitragem Tributária. Desafios institucionais brasileiros e a experiência portuguesa, 2. ed. São Paulo: Revista dos Tribunais, 2019, p. 35. ISBN 978-85-5321-920-9

**387** VILLA-LOBOS, Nuno de. PEREIRA; Tânia Carvalhais. *A Implementação da Arbitragem Tributária em Portugal: origens e resultados. In*: PISCITELLI, Tathiane; MASCITTO, Andréa; MENDONÇA, Priscila Faricelli de. (coord). Arbitragem Tributária. Desafios institucionais brasileiros e a experiência portuguesa, 2. ed. São Paulo: Revista dos Tribunais, 2019, p. 35. ISBN 978-85-5321-920-9

**388** CARMONA, Carlos Alberto. *Arbitragem e processo. Um comentário à Lei n. 9.307/96*. 3 ed. São Paulo: Atlas, 2009, p. 239. ISBN 978-85-224-5584-3.

delas, a fim de garantir justiça. Com base nas referências e conclusões a que chegamos nesse ponto do estudo, não é demais lembrar, como destaca Carlos Alberto Carmona, do grave erro da suposição de que o árbitro atua em favor de qualquer das partes, especialmente quando indicado por uma delas. Estendemos esse posicionamento à escolha da Câmara Arbitral.

A independência requer um julgador livre, autônomo em suas convicções, sem qualquer espécie de subordinação a qualquer dos ligantes, seja emocional, ideológica, política, econômica, financeira ou qualquer outra. Fora as dependências econômica e financeira, que são objetivas e mais facilmente identificáveis, as demais, ainda que consideradas objetivas, porém menos visíveis, devem ser objeto do dever de revelação do árbitro, sob pena de nulidade da decisão.

Sobre a imparcialidade, Carlos Alberto Carmona a classifica como uma "predisposição de espírito", enquanto a "independência pode ser apreciada objetivamente". "A imparcialidade só pode ser avaliada pela prática."[389] Já Carlos Alberto de Salles fala em neutralidade do árbitro, como característica fundamental à arbitragem, como garantia da imparcialidade e independência. Segundo o autor, é a neutralidade, como posição de equidistância e independência em relação às partes, que efetivamente importa na produção de efeitos processuais.[390]

Para efeito deste estudo, tomamos como base ainda o art. 14, § 1º, da LA, que estabelece que "as pessoas indicadas para funcionar como árbitro têm o dever de revelar, antes da aceitação da função, qualquer fato que denote dúvida justificada quanto à sua imparcialidade e independência". Ainda assim, considerando, em nosso entendimento, o elevado grau de subjetividade e abrangência o dever de revelação, é importante destacar as diretrizes (*guidelines*) lembradas Leonardo Varella Giannetti e Luiz Fernando Dalle Luche Machado, editadas pela *International Bar Association* (IBA), acerca do tema:

> As diretrizes (*Guidelines*) editadas pela IBA estabelece, além de orientações e explicações sobre princípios gerais de conduta e controle ético doa árbitros, uma listagem não taxativa de situações assim divididas: aquelas em que os árbitros estariam impedidos de atuar (lista vermelha); aquelas em que os árbitros estariam obrigados a revelar, mas não impedem, a princípio, sai escolha

389 CARMONA, Carlos Alberto. *Arbitragem e processo. Um comentário à Lei n. 9.307/96*. 3 ed. São Paulo: Atlas, 2009, p. 242. ISBN 978-85-224-5584-3.

390 SALLES, Carlos Alberto de; LORENCINI, Marco Antônio Garcia Lopes; SILVA, Paulo Eduardo Alves da. *Introdução. Negociação, Mediação, Conciliação e Arbitragem. Curso de Métodos Adequados de Solução de Controvérsias, 3. ed.* Rio de Janeiro: Forense, 3.d. 2020, p. 336. ISBN 978-85-309-8811-1.

> (lista laranja); e as hipóteses em que o árbitro não teria sequer o dever de revelar (lista verde). Entre as situações descritas na lista verde consta a de o árbitro ter publicado um artigo acadêmico relativo a uma matéria que tangencia o objeto da arbitragem, mas que não se refere especificamente ao caso objeto da arbitragem.[391]

Leonardo Varella Giannetti e Luiz Fernando Dalle Luche Machado ainda enfatizam, de outro lado, que o caso de produção anterior de um árbitro indicado, de trabalho específico sobre o tema objeto do conflito não passou despercebido pelo IBA, que o incluiu na lista laranja. Nessa hipótese surgirá o dever de revelação, mas que não implicará necessariamente a existência de um conflito de interesses, nem que o árbitro será automaticamente considerado parcial. Se após exame das partes, a conclusão for pela inexistência de dúvida justificável, o árbitro poderá atuar.

Quanto às pessoas que não podem ser árbitros, Cesar Calo Peghini e Bruno Furtado Silveiradestacam o seguinte:

> Apesar dessa ampla possibilidade de escolha do árbitro, algumas pessoas não podem ser árbitros por expressa vedação legal. É o que ocorre, por exemplo, com os magistrados, que não podem exercer outra função, salvo uma de professor (art. 95, I, da Constituição Federal e art. 26, II, a, da Lei Complementar nº 35/1979 [...]. Também são impedidos de atuar como árbitros aqueles que tenham intervindo anteriormente como mediadores na mesma lide (art. 7º, da Lei nº 13.140/2015 - Lei de Mediação). [...]. Existe divergência na doutrina acerca da possibilidade de pessoas jurídicas atuarem como árbitro. Para Scavone Júnior, por exemplo, é possível que uma pessoa jurídica seja árbitro, desde que ela esteja devidamente representada e siga as disposições do seu contrato ou estatuto social . Para este jurista, a pessoa jurídica pode deter a confiança das partes que firmaram a cláusula ou o compromisso arbitral, além de possuir a capacidade de exercer atos personalíssimos, como o julgamento de um processo arbitral. [...]. Já para Carlos Alberto Carmona, uma pessoa jurídica não poderia atuar como árbitro em razão da arbitragem ser uma atividade jurisdicional personalíssima.[..][392]

Com relação à concordância dos autores de que pessoas jurídicas não podem atuar como árbitro, compactuamos da mesma opinião, pelas razões

---

391 Adaptado de: SANTOS, Reginaldo Angelo dos. Instituição da arbitragem tributária no Brasil como método adequado de solução de conflitos. *Revista Acadêmica da Faculdade de Direito do Recife. v. 94, n. 2* (2022). p. 148-168. Recife: PPGD/UFPE. ISSN(eletrônico): 2448-2307. DOI: 10.51359/2448-2307.2022.254657. Disponível em: https://periodicos.ufpe.br/revistas/ACADEMICA/article/view/254657. Acesso em: 12 abr. 2023.

392 Adaptado de: SANTOS, Reginaldo Angelo dos. Instituição da arbitragem tributária no Brasil como método adequado de solução de conflitos. *Revista Acadêmica da Faculdade de Direito do Recife. v. 94, n. 2* (2022). p. 148-168. Recife: PPGD/UFPE. ISSN(eletrônico): 2448-2307. DOI: 10.51359/2448-2307.2022.254657. Disponível em: https://periodicos.ufpe.br/revistas/ACADEMICA/article/view/254657. Acesso em: 12 abr. 2023.

expostas, e acrescentamos que a atuação de um árbitro pessoa jurídica no processo arbitral, representado por pessoa física a ela vinculado, poderia levantar suspeitas quanto à sua atuação com independência.

Por fim, vale ressaltar também o impedimento estabelecido pela lei de arbitragem, para atuação como árbitros pessoas que tenham, com as partes ou com o litígio, algumas das relações que caracterizam os casos de impedimento ou suspeição de juízes, citando, especificamente, os arts. 144 e 145 do CPC/2015, sendo que aos árbitros devem ser aplicados no que couber, os mesmos deveres e responsabilidades do Código.[393]

Além dos aspectos relacionados à imparcialidade e independência, aliados ao dever de revelação do árbitro, outros deverão ser verificados, para o bom funcionamento da arbitragem tributária. Nos referimos aos requisitos técnicos. O relatório *Doing Subnacional Brasil 2021*, do Banco Mundial, aponta que diversos fatores afetam a eficiência dos tribunais judiciais no Brasil. "Alguns estão relacionados com a demanda por serviços judiciais, outros estão vinculados à especialização das varas, à produtividade e aos recursos (humanos e tecnológicos)."[394]

Além da demanda, representada pela litigiosidade latente no Brasil, objeto do capítulo desse estudo que traz como título *Uma visão crítica do contencioso tributário brasileiro*, assim como as limitações materiais e humanas do judiciário, que também já foram abordadas, é necessário pontuar a falta de especialização dos juízes, desembargadores e ministros dos tribunais superiores, para a solucionar assuntos tributários mais complexos.

Temas que exigem, além do conhecimento jurídico, também a prática contábil e fiscal, encontram dificuldade de solução pela justiça estatal. Citamos como exemplo litígios que tratam de preços de transferência (*transfer pricing*), *mergers and aquisitions* (*M&A*), amortização de ágio para fins de imposto de renda, créditos de PIS e COFINS, tributação de novas tecnologias, preenchimento e entrega do SPED fiscal, cumprimento de deveres

---

**393** Adaptado de: SANTOS, Reginaldo Angelo dos. Instituição da arbitragem tributária no Brasil como método adequado de solução de conflitos. *Revista Acadêmica da Faculdade de Direito do Recife. v. 94, n.* 2 (2022). p. 148-168. Recife: PPGD/UFPE. ISSN(eletrônico): 2448-2307. DOI: 10.51359/2448-2307.2022.254657. Disponível em: https://periodicos.ufpe.br/revistas/ACADEMICA/article/view/254657. Acesso em: 12 abr. 2023.

**394** INTERNATIONAL BANK FOR RECONSTRUCTION AND DEVELOPMENT/THE WORLD BANK. ***Doing Business*** *Subnacional Brasil* 2021. Washington, DC: The World Bank, 2021. Visão Geral, p. 118. Disponível em: https://subnational.doingbusiness.org/content/dam/doingBusiness/media/Subnational/DB2021_SNDB_Brazil_Full-report_Portuguese.pdf. Acesso em: 8 abr. 2023.

instrumentais, diferencial de alíquotas e substituição tributária no ICMS, entre outros.

A dificuldade se justifica em parte pelo fato de, no Poder Judiciário, os julgadores, em geral, possuírem uma visão limitada de microjustiça e serem desprovidos de conhecimentos técnicos específicos. "Dessa forma, o Judiciário deve deferência a uma decisão resultado de um processo administrativo ou legislativo pautado em estudos e pareceres técnicos."[395]

Imaginemos um conflito onde o juiz tenha que dar uma resposta acerca da comparabilidade de preços para aplicação do princípio *arms length*[396], ou que seja necessário decidir sobre a composição do balanço de duas entidades numa operação de incorporação, ou julgar com base no valor do ágio considerado dedutível para o imposto de renda da pessoa jurídica, ou tenha que avaliar elementos da escrita fiscal do sujeito passivo a fim de declarar válidos, nos termos da lei, créditos de PIS e COFINS, ou decidir acerca da caracterização como serviço ou cessão de uso de uma tecnologia ainda desconhecida do mercado brasileiro, ou julgar um litígio cujo objeto seja o preenchimento da Escrituração Contábil Fiscal (ECF), ou sentenciar sobre a existência ou não de débito fiscal, sob alegação de cálculo incorreto do diferencial de alíquotas ou da substituição tributária.

Nestes casos, o juiz pode recorrer ao art. 156 do CPC/2015, que estabelece que "o juiz será assistido por perito quando a prova do fato depender de conhecimento técnico ou científico". Nelson Nery Junior e Rosa Maria de Andrade Nery assim se posicionam sobre o tema:

---

**395** NASCIMENTO, João Paulo Melo do. *O ativismo judicial no Sistema Tributário Nacional.* Revista de Direito da Procuradoria Geral, Rio de Janeiro, (74), 2018, p. 90-91. Disponível em: https://pge.rj.gov.br/comum/code/MostrarArquivo.php?C=MTU5MDc%2C. Acesso em: 20 abr. 2023.

**396** O princípio *arm's length* está oficialmente estabelecido no parágrafo 1º do artigo 9º da Convenção Tributária Modelo da OCDE, que constitui a base dos tratados tributários bilaterais envolvendo países membros da OCDE e um número crescente de países não-membros. Estabelece que o valor cobrado, em transações de importação e/ou exportação, realizada entre partes relacionadas (ou vinculadas), referente a determinado bem, serviço ou direito, deve ser o mesmo que seria cobrado caso as partes não fossem relacionadas. O *arm´s length price* de uma transação é, portanto, o preço de mercado que seria cobrado pela mesma transação nas mesmas condições, em mercado aberto. *In*: THORSTENSEN, Vera. MATHIAS, Maria Isabel da Cunha. *A OCDE e a questão do transfer pricing*. Working Paper 516 – CCGI Nº 20. Novembro de 2019. Escola de Economia de São Paulo da Fundação Getulio Vargas FGV EESP. p. 6-7. Disponível em: https://bibliotecadigital.fgv.br/dspace/bitstream/handle/10438/28462/TD%20516%20-%20A%20OCDE%20e%20a%20quest%C3%A3o%20do%20Transfer%20Pricing.pdf?sequence=1&isAllowed=y. Acesso em: 8 abr. 2023.

2. Nomeação do perito. Como normalmente o juiz possui conhecimentos jurídicos, quando o esclarecimento do fato probando depender de conhecimento técnico em outra área., o juiz pode servir-se de auxiliar especialista na matéria, se a controvérsia dos pontos versar sobre tema que demande conhecimentos de outra área do saber. Mesmo que o juiz tenha conhecimentos técnicos em determinada área do conhecimento, que não seja a do direito, deve ser assistido por perito especializado na matéria, para o esclarecimento do fato, probando. Assim agindo, proporcionará oportunidade às partes para que possam criticar o laudo, por meio da atividade de seus assistentes técnicos.[397]

Para temas mais complexos em matéria tributária, o sujeito passivo encontra, no mais das vezes, julgadores mais especializados nos tribunais administrativos, compostos por auditores da receita federal, agentes fiscais estaduais e advogados privados, todos, por norma, especializados nos assuntos em questão. O problema, como antes mencionado, reside na independência desses tribunais, como meros revisores do lançamento tributário e inteiramente vinculados à administração tributária.

Priscila Faricelli de Mendonça[398] acrescenta que a especialidade do tribunal arbitral, assim como sua capacidade de julgar de forma adequada e célere causas complexas, que envolvem fatos cuja análise demanda provas técnicas, são aspectos frequentemente citados como principais vantagens da arbitragem tributária, quando comparada ao juízo estatal.

Há ainda o fato de a arbitragem permitir a atuação como árbitro de operadores especializados provenientes de diversas formações, não apenas advogados, fazendo com que a adoção de um sistema multiportas de solução de conflitos seja "vista por muitos como uma opção viável à maior celeridade e especialidade das decisões de natureza tributária."[399]

Sendo assim, o árbitro deverá ter, necessariamente, conhecimento técnico na matéria, adquirido em razão de sua prática acadêmica ou profissio-

---

**397** NERY Junior, Nelson. NERY, Rosa Maria de Andrade. *Código de Processo Civil comentado*. 18 ed. rev. atual. E ampl. São Paulo: Thomson Reuters Brasil, 2019. p. 587, 588. ISBN 978-85-5321-731-1.

**398** MENDONÇA, Priscila Faricelli de. *Arbitragem tributária: como replicar o modelo português na realidade brasileira – Ideias resultantes da comparação das realidades brasileira e portuguesa. In:* PISCITELLI, Tathiane; MASCITO, Andréa; FERNANDES, André Luiz Fonseca. Arbitragem Tributária no Brasil e em Portugal. Visões do Grupo de Pesquisa "Métodos Alternativos de Resolução de Disputa em Matéria Tributária" do Núcleo de Direito Tributário da FGV DIREITO SP. São Paulo: Blucher, 2022, p. 213. ISBN: 978-65-5506-516-9.

**399** FORBES, Carlos. MARAGON, Raquel. *A arbitragem institucional no brasil nos últimos vinte anos. In:* VILLA-LOBOS, Nuno. PEREIRA, Tânia Carvalhais (coord.). FGV Projetos e CAAD. Arbitragem em Direito Público. São Paulo: FGV Projetos, 2019, p. 106. ISBN 978-85-64878-62-4. Disponível em: https://fgvprojetos.fgv.br/sites/fgvprojetos.fgv.br/files/fgv_publicacao_arbitragem_miolo.pdf. Acesso em: 8 abr.2023.

nal, podendo ser especialista em um ou mais tributos, escrituração fiscal e contabilidade, aumentando, assim, o nível de segurança e legitimidade da decisão arbitral tributária.[400]

Fiel à linha de pesquisa deste estudo, novamente recorremos ao modelo português, onde Tânia Carvalhais Pereira[401], ao reforçar a importância do Conselho Deontológico do CAAD, lembra que a esse conselho foi atribuída competência de designação, supervisão e até substituição dos árbitros, visando promover a confiança da arbitragem como meio idôneo, justo e célere para a solução de conflitos em matéria sensível, como é a tributária. Também neste aspecto, da escolha dos árbitros, entendemos haver conexão entre o papel do Conselho Deontológico em Portugal e a possível atuação do CNJ no Brasil.

Ainda com referência a Portugal, os requisitos para designação dos árbitros é tema de Lei, sendo regulado pelo art. 7.º do RJAT. Abordamos o tema na seção 3.3 deste estudo, dedicado aos aspectos materiais e processuais da arbitragem tributária no país europeu. Merece destaque também a rigidez do RJAT no que diz respeito aos impedimentos (art. 8.º) e deveres dos árbitros (art. 9.º), principalmente no que se refere à exigência de qualidades técnicas e sentido de interesse público, com requisitos rígidos de seleção e uma ampla lista de hipóteses de impedimentos e deveres, que foram ainda ampliados e intensificados pelo Código Deontológico e pelo Regulamento de Seleção e Designação de árbitros do CAAD.

No Brasil, encontramos disposição semelhante na lei n.º 14.133, de 1º de abril de 2021, que trata das licitações e contratos administrativos, ao reconhecer a importância do critério técnico para escolha dos árbitros. No Capítulo XII, que dispõe sobre *meios alternativos de prevenção e resolução de*

---

400 GIANNETTI, Leonardo Varella. MACHADO, Luiz Fernando Dalle Luche. *Quem pode figurar como árbitro*

*na arbitragem tributária? O difícil tema da escolha do árbitro.* In: PISCITELLI, Tathiane; MASCITO, Andréa; FERNANDES, André Luiz Fonseca (coord). Arbitragem Tributária no Brasil e em Portugal. Visões do Grupo de Pesquisa "Métodos Alternativos de Resolução de Disputa em Matéria Tributária" do Núcleo de Direito Tributário da FGV DIREITO SP. São Paulo: Blucher, 2022, p. 96. ISBN: 978-65-5506-516-9.

401 PEREIRA, Tânia Carvalhais. *Arbitragem tributária em Portugal: subsídios para criação da arbitragem tributária no Brasil.* In: PISCITELLI, Tathiane; MASCITO, Andréa; FERNANDES, André Luiz Fonseca. Arbitragem Tributária no Brasil e em Portugal. Visões do Grupo de Pesquisa "Métodos Alternativos de Resolução de Disputa em Matéria Tributária" do Núcleo de Direito Tributário da FGV DIREITO SP. São Paulo: Blucher, 2022, p. 187. ISBN: 978-65-5506-516-9.

*controvérsias*[402] nos contratos administrativos, o art. 154 estabelece que "o processo de escolha dos árbitros, dos colegiados arbitrais e dos comitês de resolução de disputas observará critérios isonômicos, *técnicos* e transparentes." (destacamos)

Questão relevante é lembrada por Leonardo Varella Giannetti[403], que o tribunal arbitral pode ter composição singular ou unitária, e que a causa julgada por árbitro único se justifica como forma de reduzir os custos e conferir mais celeridade à arbitragem. Pondera ainda que, dependendo do valor em disputa, um colegiado tornaria a arbitragem mais onerosa, sendo essa uma questão relevante no Direito Tributário, pois a arbitragem não deve ser pensada apenas para causas milionárias. Destaca, porém, que causas mais complexas que justifiquem a participação de profissionais de outras áreas, como contadores, economistas e administradores, podem exigir a formação de um tribunal colegiado.

Cesar Calo Peghini e Bruno Furtado Silveira,[404] entendem ser recomendável que o árbitro individual ou pelo menos um dos árbitros do órgão colegiado arbitral tenha formação em Direito, em razão do processo arbitral envolver o conhecimento de aspectos formais previstos em diversas normas jurídicas. Considerando as restrições já conhecidas, tais como as listadas pela lei de arbitragem brasileira, pelo CPC/2015 e pelo IBA, é possível a realização de um exercício sobre quem poderia compor o quadro de árbitros tributários no Brasil. Neste ponto, seguimos as ponderações de Leonardo Varella Giannetti segundo o qual:

> [...] sendo instituída a arbitragem tributária no Brasil, certamente figurarão com árbitros ex-conselheiros do CARF e de outros Conselhos de Contribuintes, além de servidores públicos aposentados, outra vinculados aos órgãos de fiscalização e às procuradorias, bem como advogados tributaristas, consultores de empresas de auditoria, professores universitários e magistrados aposentados. Todos eles irão se candidatar para figurar em listas de árbitros

402 Entendemos que a denominação mais correta seria *meios adequados*, mas a lei se refere a *meios alternativos*.

403 Adaptado de: SANTOS, Reginaldo Angelo dos. Instituição da arbitragem tributária no Brasil como método adequado de solução de conflitos. *Revista Acadêmica da Faculdade de Direito do Recife. v. 94, n.* 2 (2022). p. 148-168. Recife: PPGD/UFPE. ISSN(eletrônico): 2448-2307. DOI: 10.51359/2448-2307.2022.254657. Disponível em: https://periodicos.ufpe.br/revistas/ACADEMICA/article/view/254657. Acesso em: 12 abr. 2023.

404 Adaptado de: SANTOS, Reginaldo Angelo dos. Instituição da arbitragem tributária no Brasil como método adequado de solução de conflitos. *Revista Acadêmica da Faculdade de Direito do Recife. v. 94, n.* 2 (2022). p. 148-168. Recife: PPGD/UFPE. ISSN(eletrônico): 2448-2307. DOI: 10.51359/2448-2307.2022.254657. Disponível em: https://periodicos.ufpe.br/revistas/ACADEMICA/article/view/254657. Acesso em: 12 abr. 2023.

> vinculadas às instituições credenciadas para administrar as arbitragens que envolvam a matéria tributária e, uma vez aprovados pelos referidos centros e nomeados para um caso particular, deverão cumprir com rigor o dever de revelação dos vínculos anteriores.[405]

O autor sugere que haja um período de quarentena a fim de evitar que os árbitros atuem, antes um prazo a ser fixado em lei, para qualquer das partes com a qual já possuíram relação profissional duradoura, citando o regime português, onde este período é de dois anos. Lembra, entretanto, que o art. 95, parágrafo único, V, da CF/1988, veda "aos juízes exercer a advocacia no juízo ou tribunal do qual se afastou, antes de decorridos três anos do afastamento do cargo por aposentadoria ou exoneração." Conclui enfatizando que, muito embora exista um prazo menor, de um ano, indicado no art. 6º da Lei n.º 13.140/2015 (Lei de Mediação)[406], num eventual modelo de arbitragem tributária no Brasil, visando conferir mais segurança e igualdade com o sistema processual, é recomendável a adoção do prazo de 3 anos previsto no citado dispositivo constitucional.

Finalizando este capítulo, entendemos que os árbitros tributários, uma vez superados os impedimentos estabelecidos por lei, e assumindo que atendam aos requisitos de independência e imparcialidade, poderiam ser ex-funcionários da administração tributária, profissionais do setor privado, técnicos, acadêmicos e professores, com vivência nos diversos temas tributários definidos pela CF/1988, dispostos em seu Título VI – Da Tributação e do Orçamento, especialmente o Capítulo I desse título: Do Sistema Tributário Nacional, juntamente com os vários desdobramentos que o referido sistema comporta, espalhados por toda a legislação infraconstitucional. Além disso, profissionais de outras áreas também poderiam ser árbitros tributários, a depender da matéria a ser apreciada, envolvendo contabilidade, economia, engenharia e outras, necessárias à solução do conflito de forma segura, especializada e célere. Ressaltamos, contudo, nosso entendimento que tais profissionais deveriam compor tribunais coletivos, juntamente com operadores do direito tributário, nunca de forma isolada, como árbitro de tribunal tributário singular.

**405** Adaptado de: SANTOS, Reginaldo Angelo dos. Instituição da arbitragem tributária no Brasil como método adequado de solução de conflitos. *Revista Acadêmica da Faculdade de Direito do Recife. v. 94, n. 2* (2022). p. 148-168. Recife: PPGD/UFPE. ISSN(eletrônico): 2448-2307. DOI: 10.51359/2448-2307.2022.254657. Disponível em: https://periodicos.ufpe.br/revistas/ACADEMICA/article/view/254657. Acesso em: 12 abr. 2023.

**406** Art. 6º O mediador fica impedido, pelo prazo de um ano, contado do término da última audiência em que atuou, de assessorar, representar ou patrocinar qualquer das partes.

# 6. DESAFIOS MATERIAIS E PROCESSUAIS PARA IMPLEMENTAÇÃO DA ARBITRAGEM TRIBUTÁRIA NO BRASIL

Conforme mencionamos no presente estudo, a implementação da arbitragem tributária no Brasil reserva grandes desafios, tanto no aspecto formal quanto no material. Já exploramos temas como a viabilidade legal da instauração do regime, a necessidade de alterações pontuais no Código Tributário Nacional, qual seria a norma adequada para inserção da arbitragem tributária no ordenamento jurídico e a vinculação da administração pública ao procedimento.

Outros assuntos que evidenciam a dificuldade do tema e também foram destacados até aqui, se referem aos tribunais arbitrais como instituições habilitadas a solução extrajudicial de conflitos tributários e quem poderia, sob o aspecto legal e capacidade técnica, atuar como árbitro tributário no Brasil.

Além dos aspectos mencionados, assume fundamental importância a definição das matérias arbitráveis, o momento para adesão à arbitragem, os possíveis custos envolvidos, a definitividade da sentença arbitral tributária e a vinculação do árbitro tributário ao sistema de precedentes vigente no Brasil, temas que serão abordados neste capítulo.

## 6.1. ARBITRABILIDADE TRIBUTÁRIA OBJETIVA NO BRASIL

A definição das matérias arbitráveis é peça chave para a implementação do regime de arbitragem tributária. Mencionamos, ao abordar os desafios normativos, que caberia a Lei Nacional definir regras gerais para implantação do instituto, mas, considerando a repartição de competências tributárias delineadas pela CF/1988, seria assegurado a cada ente tributante, além de instituir a arbitragem tributária relativa aos tributos de sua competência, regulamentar igualmente a arbitrabilidade objetiva.

Reginaldo Angelo dos Santos e Stella Bittar Segalla assinalam que, pelo fato de não haver, no Brasil, lei específica a regular a arbitragem na esfera tributária, a doutrina não avançou, "de forma suficiente, no sentido de exaurir as dúvidas sobre quais matérias poderiam ser submetidas a um eventual juízo arbitral tributário, em um contexto mais objetivo."[407]

O debate sobre a arbitrabilidade objetiva opõe aqueles que: (i) defendem uma arbitragem tributária mais restritiva e; (ii) os que defendem uma arbitragem ampla, discutindo inclusive a constituição do crédito tributário. Na segunda corrente, dividem-se aqueles que aceitam e aqueles que se opõem à ideia de que a arbitragem tributária decida inclusive questões constitucionais.

Para a corrente mais restritiva, a arbitragem tributária deveria abarcar apenas litígios anteriores à constituição do crédito tributário e, ainda assim, limitados a questões fáticas, a exemplo de conflitos instaurados por respostas a consultas tributárias, indeferimento de regimes especiais, dúvidas sobre classificação fiscal de mercadorias, perícias técnicas e laudos contábeis, entre outros. Para estes, ao tribunal arbitral tributário não caberia julgar teses jurídicas no caso concreto, mas somente temas técnicos.

Priscila Faricelli de Mendonça,[408] é uma das autoras que sustentam que o campo fértil à utilização da arbitragem tributária está justamente nas questões fáticas. Reconhece, entretanto, que os debates envolvendo matérias de

---

**407** Adaptado de: SEGALLA, Stella Bittar; SANTOS, Reginaldo Angelo dos. *Viabilidade da implementação da arbitragem tributária no Brasil: matérias tributárias arbitráveis. In:* PISCITELLI, Tathiane; MASCITO, Andréa; FERNANDES, André Luiz Fonseca. Arbitragem Tributária no Brasil e em Portugal. Visões do Grupo de Pesquisa "Métodos Alternativos de Resolução de Disputa em Matéria Tributária" do Núcleo de Direito Tributário da FGV DIREITO SP. São Paulo: Blucher, 2022, p. 38. ISBN: 978-65-5506-516-9.

**408** MENDONÇA, Priscila Faricelli de. *Questões tributárias arbitráveis. In*: PISCITELLI, Tathiane; MASCITTO, Andréa; MENDONÇA, Priscila Faricelli de. (coord). Arbitragem Tributária. Desafios institucionais brasileiros e a experiência portuguesa, 2. ed. São Paulo: Revista dos Tribunais, 2019, p. 241. ISBN: 978-85-5321-920-9.

fato acabam por permear discussões jurídicas, mas que isso não afastaria a legalidade da arbitragem tributária. Para sustentar seu entendimento, a autora destaca que, mesmo nos casos em que litígios tributários envolvem questões legais, mas que guardam relação com matérias técnicas, quando levados ao juízo estatal são definidos a partir de perícias, laudos e pareceres de profissionais especializados.

Conclui afirmando que a análise pelo tribunal arbitral seria plenamente viável na medida em que as questões fáticas da controvérsia se amoldem aos critérios legais estabelecidos, de forma que a utilização da arbitragem seria cabível para julgamento dos casos cuja solução dependa de análises técnicas.

Da mesma forma, Antonio Carlos Guidoni Filho e Thais de Laurentis[409], citando o professor Heleno Taveira Tôrres, ressaltam que para questões de direito, ou interpretação de fatos jurídicos, não caberia a arbitragem, mas apenas para questões de fato, enquadrado pelas autoras (e pelo citado professor), como "certeza da ocorrência do fato gerador".

Dessa forma, concluem que a solução seria submeter ao tribunal arbitral não as questões propriamente tributárias, que digam respeito ao sujeito passivo, base de cálculo, etc., mas sim matérias afetas a outras áreas do conhecimento jurídico, como civil e comercial, e extrajurídico, tais como questões contábeis e econômicas, destacando que essas últimas, já distantes da ordem pública, não ofereceriam entrave à arbitragem.

Preparando o terreno para os que defendem a segunda corrente, de aplicação da arbitragem de forma ampla, a abranger inclusive discussões legais acerca da validade do crédito tributário, Luís Eduardo Schoueri delimita a controvérsia em: "como definir uma questão de fato, oposta à de direito?"[410] Na visão do autor, apesar dessa distinção não ser clara, um erro de fato é apenas um erro na compreensão daquele mesmo fato, ou, ainda, um erro na verificação jurídica da hipótese de incidência prevista na lei. Ou

---

409 GUIDONI FILHO, Antonio Carlos; DE LAURENTIS, Thais. Priscila Faricelli de. *Arbitragem de questões prejudiciais de mérito aos litígios tributários: uma solução para o uso da arbitragem fiscal. In*: PISCITELLI, Tathiane; MASCITTO, Andréa; MENDONÇA, Priscila Faricelli de. (coord). Arbitragem Tributária. Desafios institucionais brasileiros e a experiência portuguesa, 2. ed. São Paulo: Revista dos Tribunais, 2019, p. 293, 306, 307. ISBN: 978-85-5321-920-9.

410 SCHOUERI, Luís Eduardo. *Ensaio para uma arbitragem tributária no Brasil. In*: PISCITELLI, Tathiane; MASCITTO, Andréa; MENDONÇA, Priscila Faricelli de. (coord). Arbitragem Tributária. Desafios institucionais brasileiros e a experiência portuguesa, 2. ed. São Paulo: Revista dos Tribunais, 2019, p. 386. ISBN: 978-85-5321-920-9.

seja, nova apreciação implica em um novo critério jurídico, trazendo nova avaliação legal do fato.

Embora reconheça a ocorrência de questões verdadeiramente fáticas em matéria de lançamento tributário, o professor enfatiza que o ato de lançamento envolve, na grande maioria dos casos, temas que extrapolam a mera validação de fatos, ou provas. A solução, segundo Luís Eduardo Schoueri, reside na legalidade, já que não se pode admitir que um lançamento contrarie a lei. Mas ressalta que dificilmente a lei será precisa, e dúvidas são inevitáveis, considerando que a legislação tributária é composta por diversas cláusulas gerais e conceitos indeterminados.

Complementa o autor afirmando que uma mesma situação fática pode admitir mais de uma solução jurídica, sem que necessariamente apenas uma delas esteja correta e as demais estejam erradas. Daí a ocorrência de outra questão, sobre a quem caberia decidir entre as várias opções corretas. Ressalta ainda que a resposta pode ser encontrada no compromisso arbitral tributário, desde que, instaurado o conflito, a administração possa, com base em lei, autorizar que sujeito passivo e Fisco, de comum acordo, acatem a decisão arbitral.

Na visão do professor, mesmo um lançamento tributário já constituído pode ser levado à arbitragem, para discutir sua validade, uma vez que o processo arbitral estaria pautado em lei. Assim como Luís Eduardo Schoueri, Tathiane Piscitelli[411] também não vislumbra óbice a que a arbitragem tributária decida questões relativas à legalidade do ato administrativo do lançamento.

Leonardo Varella Giannetti[412] acredita que a arbitragem tributária no Brasil, inicialmente, deveria ter por objeto discussões decorrentes de autos de infração. Ou seja, envolveria a discussão de créditos tributários devidamente formalizados. O autor também afirma que a arbitragem, por envolver julgadores mais especializados e por permitir procedimentos flexíveis, podendo, inclusive, aproximar as partes, não deve se limitar a questões que envolvam ou não a utilização de provas. Ressalta que o processo ar-

---

411 PISCITELLI, Tathiane. *Arbitragem no direito tributário: uma demanda do estado democrático de direito. In:* PISCITELLI, Tathiane; MASCITTO, Andréa; MENDONÇA, Priscila Faricelli de. (coord). Arbitragem Tributária. Desafios institucionais brasileiros e a experiência portuguesa, 2. ed. São Paulo: Revista dos Tribunais, 2019, p. 194. ISBN 978-85-5321-920-9.

412 GIANNETTI, Leonardo Varella. *Arbitragem no direito tributário brasileiro: possibilidade e procedimentos.* Tese de Doutorado. Belo Horizonte. Pontifícia Universidade Católica de Minas Gerais, 2017, f. 303: Disponível em: http://www.biblioteca.pucminas.br/teses/Direito_GiannettiLVa_1.pdf. Acesso em: 08 mai. 2023.

bitral é plenamente viável para solucionar conflitos que envolvam discussões jurídicas.

De nossa parte, compactuamos com a segunda corrente, que mais se aproxima à ideia de arbitragem tributária como método adequado de resolução de conflitos, ampliação do acesso à justiça e celeridade processual, seguindo a linha que o regime poderia ser utilizado antes ou depois do lançamento tributário, desde que haja conflito instaurado. De todo modo, não deve ser descartada, assim como ocorre em Portugal, reflexões acerca de limitação de valor, além da matéria, como forma de testar a viabilidade e consolidar a utilização do regime no país.

Podemos afirmar, portanto, que as discussões acerca das matérias arbitráveis no Brasil podem ser divididas entre as de caráter preventivo, que envolve matérias de fato e técnicas, e as de caráter mais amplo, já com o crédito tributário definitivamente constituído, sendo admitida limitação quanto à matéria e valor. De qualquer forma, como pondera Leonardo Varella Giannetti, cada Estado, de acordo com suas avaliações de âmbito político e econômico, deve decidir quais matérias podem ser solucionadas via arbitragem tributária.[413]

Tomando como exemplo Portugal, as matérias arbitráveis foram rigidamente fixadas pela portaria 112-A, de 201, editada pelo MFAP e MJ. A citada portaria não permitiu ao centro de arbitragem CAAD a apreciação de todas as matérias indicadas no art. 2º do RJAT, e nem por isso foi considerada ilegal ou inconstitucional, por estar no âmbito de competência do ente tributante a delimitação de tais matérias, dentre aquelas autorizadas pelo RJAT

Sendo assim, a atuação do CAAD ficou limitada à solução de disputas relativas a tributos administrados pelos Ministérios das Finanças e da Administração Pública e da Justiça. Não foram incluídos conflitos decorrentes de atos praticados por outras entidades da administração tributária, tais como, a seguridade social, bem como atos das regiões autônomas, autarquias locais e institutos públicos.[414]

No Brasil, a exemplo de Portugal, entendemos que as matérias tributárias devem ser rigidamente delimitadas, inclusive quanto a vedação à apre-

---

413 GIANNETTI, Leonardo Varella. *Arbitragem no direito tributário brasileiro: possibilidade e procedimentos*. Tese de Doutorado. Belo Horizonte. Pontifícia Universidade Católica de Minas Gerais, 2017, f. 111,112: Disponível em: http://www.biblioteca.pucminas.br/teses/Direito_GiannettiLVa_1.pdf. Acesso em: 08 mai. 2023.

414 SOUSA, Jorge Lopes de. *Comentário ao Regime Jurídico da Arbitragem Tributária*. In: VILLA-LOBOS, Nuno de; PEREIRA, Tânia Carvalhais (coord.). Guia de Arbitragem Tributária, 2. ed. Coimbra, Portugal: Almedina, 2017, p. 147. ISBN 978-972-40-7172-5.

ciação, pelo tribunal arbitral, de declaração de inconstitucionalidade, bem como, para não haver decisões contrárias a precedentes definidos em súmulas vinculantes, recursos repetitivos e repercussão geral reconhecida, como se verá na seção seguinte.[415]

## 6.2. VEDAÇÃO À ANÁLISE DE MATÉRIA CONSTITUCIONAL E VINCULAÇÃO AO SISTEMA DE PRECEDENTES PELOS TRIBUNAIS ARBITRAIS NO BRASIL

A apreciação de tema constitucional e a vinculação ao sistema de precedentes pelo tribunal arbitral tributário também é motivo de debates. Além disso, verificam-se opiniões de doutrinadores dedicados ao tema, ora entendendo que os tribunais arbitrais poderiam avaliar questões constitucionais, ora afirmando não haver vedação, exceção feita ao controle concentrado de inconstitucionalidade. Heleno Torres, em evento promovido pelo Núcleo de Estudos Fiscais da Fundação Getulio Vargas, em que se discutiu a viabilidade da instituição da arbitragem tributária no Brasil, defendeu a ideia de que discussões de matéria de mérito, de direito, pela via arbitral, merecem muita reflexão.[416]

Já Leonardo Varella Giannetti destaca que o tribunal arbitral "não poderá declarar a inconstitucionalidade de uma lei ou simplesmente deixar de aplicá-la ao caso."[417] Na visão do autor, o art. 97 da CF/1988 estabelece a reserva de plenário, de forma que "somente pelo voto da maioria absoluta de seus membros ou dos membros do respectivo órgão especial poderão

---

**415** Adaptado de: SANTOS, Reginaldo Angelo dos. *Instituição da arbitragem tributária no Brasil como método adequado de solução de conflitos*. Revista Acadêmica da Faculdade de Direito do Recife. v. 94, n. 2 (2022). p. 148-168. Recife: PPGD/UFPE. ISSN(eletrônico): 2448-2307. DOI: 10.51359/2448-2307.2022.254657. Disponível em: https://periodicos.ufpe.br/revistas/ACADEMICA/article/view/254657. Acesso em: 31 mar. 2023.

**416** Adaptado de: SEGALLA, Stella Bittar; SANTOS, Reginaldo Angelo dos. *Viabilidade da implementação da arbitragem tributária no Brasil: matérias tributárias arbitráveis. In:* PISCITELLI, Tathiane; MASCITO, Andréa; FERNANDES, André Luiz Fonseca. Arbitragem Tributária no Brasil e em Portugal. Visões do Grupo de Pesquisa "Métodos Alternativos de Resolução de Disputa em Matéria Tributária" do Núcleo de Direito Tributário da FGV DIREITO SP. São Paulo: Blucher, 2022, p. 40,41. ISBN: 978-65-5506-516-9.

**417** GIANNETTI, Leonardo Varella. *Arbitragem no direito tributário brasileiro: possibilidade e procedimentos*. Tese de Doutorado. Belo Horizonte. Pontifícia Universidade Católica de Minas Gerais, 2017, f. 304. Disponível em: http://www.biblioteca.pucminas.br/teses/Direito_GiannettiLVa_1.pdf. Acesso em: 08 mai. 2023.

os tribunais declarar a inconstitucionalidade de lei, ou ato normativo do Poder Público."[418]

Ao utilizarmos o art. 97 da CF como fundamento para avaliar se os tribunais arbitrais podem apreciar questões constitucionais, surge o debate acerca do alcance dessa limitação. Ela se daria apenas no controle concentrado de constitucionalidade ou também se estenderia ao controle difuso? O tema é controverso, estando, em nossa opinião, inserido no campo do Direito Constitucional, como adiante se verá.

André Luiz Fonseca Fernandes e Andréa Mascitto opinam quanto à impossibilidade de os tribunais arbitrais atuarem no controle concentrado ou abstrato de constitucionalidade, que somente pode ser exercido pelo Poder Judiciário, justamente com fundamento no art. 97 da CF/1988. Entendem, contudo, que em relação ao controle difuso ou concreto de constitucionalidade, a questão é diferente. Os autores enfatizam o seguinte:

> [...] o direito tributário brasileiro tem forte matriz constitucional, e descartar de antemão a possibilidade de discussão constitucional na arbitragem especial tributária implicaria enfraquecer a tutela jurisdicional ínsita ao juízo arbitral, reduzindo sua eficácia na prevenção de conflitos tributários.[419]

Em outro texto, os autores, ao lado de Tathiane Piscitelli, afirmam não haver dúvidas de que a natureza da arbitragem não autoriza o juízo arbitral a exercer controle concentrado ou abstrato de constitucionalidade, pois somente o Poder Judiciário pode fazê-lo, como determina o art. 97 da CF/1988. Mas lançam um questionamento: "Todavia, a mesma conclusão seria aplicada ao controle difuso ou concreto de constitucionalidade? Haveria vedação expressa nos arts. 948 e 949 do CPC?"[420] Mencionando a doutrina de Gustavo Justino de Oliveira e Felipe Faiwichow Estefam, os autores concluem da seguinte forma:

---

418 BRASIL. Constituição da República Federativa do Brasil de 1988. *Diário Oficial da União*. Brasília, DF, 5 out 1988. Disponível em: https://www.planalto.gov.br/ccivil_03/Constituicao/ConstituicaoCompilado.htm. Acesso em: 20 fev. 2023.

419 FERNANDES, André Luiz Fonseca; MASCITTO, Andréa. *Primeiras considerações sobre a arbitragem especial tributária do Projeto de Lei n. 4.468/2020: notas sobre a "arbitragem especial tributária"*. *In:* PISCITELLI, Tathiane; MASCITO, Andréa; FERNANDES, André Luiz Fonseca (coord). Arbitragem Tributária no Brasil e em Portugal. Visões do Grupo de Pesquisa "Métodos Alternativos de Resolução de Disputa em Matéria Tributária" do Núcleo de Direito Tributário da FGV DIREITO SP. São Paulo: Blucher, 2022, p. 142. ISBN: 978-65-5506-516-9.

420 PISCITELLI, T., MASCITTO, A., & FERNANDES, A. L. F. (2023). *Um Olhar para a Arbitragem Tributária: Comparativo das Propostas no Senado Federal, Provocações e Sugestões. Revista Direito Tributário Atual,* (48), 734–759. Recuperado de https://revista.ibdt.org.br/index.php/RDTA/article/view/1861.

> Portanto, depreende-se daí que, se um órgão julgador de primeira instância do Poder Judiciário, um juiz de fato e de direito da causa tal como o árbitro, pode afastar a aplicação de ato normativo por entendê-lo incompatível com a Constituição, a mesma competência poderia ser reconhecida ao árbitro no bojo da arbitragem [...]. Isso conferiria coerência ao sistema arbitral nele previsto, evitaria o enfraquecimento da tutela jurisdicional arbitral e acentuaria sua eficácia na prevenção de litígios tributários.[421]

Temos um entendimento oposto. Não se trata de análise sob o aspecto do enfraquecimento ou não da tutela jurisdicional arbitral, mas sim de uma questão constitucional, como citamos anteriormente. Ao contrário de Portugal, onde o art. 209.º da Constituição daquele país, inserido em seu Capítulo II do Título V (Tribunais), ao tratar da organização e categorias dos tribunais, prevê no n.º 2 que podem existir tribunais arbitrais,[422] o mesmo não ocorre no Brasil.

Nossa Constituição, no Título IV, que trata da organização dos Poderes, não estabelece a possibilidade de criação de tribunais arbitrais, como se depreende do Capítulo III, justamente onde se encontra o art. 97, que determina caber aos tribunais declararem a inconstitucionalidade de lei ou ato normativo do Poder Público. Ainda que o mencionado artigo se refira ao controle concentrado, não existe nenhuma outra previsão fora do capítulo destinado ao Poder Judiciário, para declaração de inconstitucionalidade de norma jurídica, ainda que incidental.

Talvez por essa razão, Gilmar Ferreira Mendes enfatiza que o controle de constitucionalidade, seja ele difuso, concreto, ou incidental, caracteriza-se "pela verificação de uma questão concreta de inconstitucionalidade, ou seja, de dúvida quanto à constitucionalidade de ato normativo a ser aplicado num caso submetido à apreciação do *Poder Judiciário*."[423] (destacamos). Poder Judiciário, não outro Poder ou Tribunal.

Também por isso, a apreciação de matéria constitucional é vedada aos órgãos administrativos de julgamento, vinculados que são ao Poder Exe-

---

**421** PISCITELLI, T., MASCITTO, A., & FERNANDES, A. L. F. (2023). *Um Olhar para a Arbitragem Tributária: Comparativo das Propostas no Senado Federal, Provocações e Sugestões. Revista Direito Tributário Atual,* (48), 734–759. Recuperado de https://revista.ibdt.org.br/index.php/RDTA/article/view/1861.

**422** PORTUGAL. Diário da República *Electrónico*– DRE. Constituição da República Portuguesa. Decreto de Aprovação da Constituição. *Diário da República n.º 86/1976, Série I de 1976-04-10*. Disponível em: https://dre.pt/dre/legislacao-consolidada/decreto-aprovacao-constituicao/1976-34520775. Acesso em: 26 jan. 2023

**423** MENDES, Gilmar Ferreira. *Curso de direito constitucional* / Gilmar Ferreira Mendes, Paulo Gustavo Gonet Branco. – 14. ed. rev. e atual. – São Paulo : Saraiva Educação, 2019, p. 2.001. ISBN 9788553606177.

cutivo, a exemplo do CARF, como se depreende do disposto no art. 62 do Regimento Interno do CARF (RICARF)[424] e Súmula CARF n.º 2, aprovada pelo plenário do órgão em 2006, estabelecendo que "o CARF não é competente para se pronunciar sobre a inconstitucionalidade de lei tributária."[425]

Gilmar Ferreira Mendes também ressalta que "a distinção consagrada na doutrina entre controles 'abstrato' e 'concreto', ou entre controle por via de ação e controle por via de exceção, não tem a relevância teórica que, normalmente, se lhe atribui."[426] Segundo o autor, "nos modelos concentrados, a diferenciação entre controle concreto e abstrato assenta-se, basicamente, nos pressupostos de admissibilidade."[427] Gilmar Ferreira mendes assim esclarece a questão:

> O controle concreto de normas tem origem em uma relação processual concreta, constituindo a relevância da decisão pressuposto de admissibilidade. O chamado controle abstrato, por seu turno, não está vinculado a uma situação subjetiva ou a qualquer outro evento do cotidiano." [...] Em outros termos, o controle e o julgamento levados a efeito pelo tribunal estão plenamente desvinculados do processo originário, tendo, por isso, consequências jurídicas idênticas. Assim, a característica fundamental do controle concreto ou incidental de normas parece ser o seu desenvolvimento inicial no curso de um processo, no qual a questão constitucional configura "antecedente lógico e necessário à declaração judicial que há de versar sobre a existência ou inexistência de relação jurídica.[428]

Gilmar Ferreira Mendes prossegue com seu raciocínio afirmando que o controle de constitucionalidade incidental, tal como desenvolvido no Di-

---

424 BRASIL. Ministério da Economia. *Portaria MF nº 343, de 09 de junho de 2015*. Versão multivigente atualizada em 11/abr/2022 – Até Portaria ME nº 3.125, de 7 de abril de 2022. Aprova o Regimento Interno do Conselho Administrativo de Recursos Fiscais (CARF) e dá outras providências. Disponível em: http://carf.economia.gov.br/acesso-a-informacao/institucional/ricarf-multi-11042022-alterada-ate-port-me-3125-2022.pdf. Acesso em: 13 set. 2023.

425 BRASIL. Conselho Administrativo de Recursos Ficais (CARF). Quadro Geral de Súmulas. *Súmula CARF nº 2*. Aprovada pelo Pleno em 2006. Disponível em: http://idg.carf.fazenda.gov.br/jurisprudencia/sumulas-carf/quadro-geral-de-sumulas-1. Acesso em: 13 set. 2023.

426 MENDES, Gilmar Ferreira. *Curso de direito constitucional* / Gilmar Ferreira Mendes, Paulo Gustavo Gonet Branco. – 14. ed. rev. e atual. – São Paulo : Saraiva Educação, 2019, p. 2.001. ISBN 9788553606177.

427 MENDES, Gilmar Ferreira. *Curso de direito constitucional* / Gilmar Ferreira Mendes, Paulo Gustavo Gonet Branco. – 14. ed. rev. e atual. – São Paulo : Saraiva Educação, 2019, p. 2.002. ISBN 9788553606177

428 MENDES, Gilmar Ferreira. *Curso de direito constitucional* / Gilmar Ferreira Mendes, Paulo Gustavo Gonet Branco. – 14. ed. rev. e atual. – São Paulo : Saraiva Educação, 2019, p. 2.002. ISBN 9788553606177

reito brasileiro, é exercido por qualquer *órgão judicial* durante o processo de sua competência. A decisão, "que não é feita sobre o objeto principal da lide, mas sim sobre questão prévia, indispensável ao julgamento do mérito", apenas afastará a aplicação da norma viciada. Daí recorrer-se à suspensão de execução pelo Senado de leis ou decretos declarados inconstitucionais pelo STF (CF de 1988, art. 52, X).[429]

Ainda acerca dos pressupostos de admissibilidade, Gilmar Ferreira Mendes pontua que a exigência de maioria absoluta dos votos para a declaração de inconstitucionalidade de leis pelos tribunais, "ensejou polêmica sobre a possibilidade de o juiz singular pronunciar-se sobre a inconstitucionalidade. Prevaleceu, todavia, o entendimento que afirmava a competência do juiz singular para apreciar a controvérsia constitucional."[430]

Flávio Martins Alves Nunes Junior também aponta para a aplicação do art. 97 da CF/1988 no controle difuso. Ao comparar com as CF anteriores, enfatiza que "foi mantida a cláusula de reserva de plenário (art. 97) e a participação do Senado no controle difuso (art. 52, X)." Quanto ao controle concentrado, ensina que "foi mantida a ADI interventiva (art. 34, VII) e a ADI genérica, essa última com sua legitimidade ativa bastante ampliada." [431]

Afirma o autor, que, em regra, quem analisa a constitucionalidade das leis e atos normativos é o *Poder Judiciário*, cuja competência é determinada pela própria Constituição Federal, nos termos do art. 97 e 102, I, "a". Lembra, entretanto, que haverá hipóteses de controle repressivo de constitucionalidade feito por outros órgãos, citando como exemplos o Congresso Nacional suspendendo medida provisória tida como inconstitucional (art. 62), assim como a participação do Senado no controle difuso de constitucionalidade (art. 52).[432]

Flávio Martins Alves Nunes Junior, entretanto, cita Luís Roberto Barroso, que afirma que no Brasil, onde o controle de constitucionalidade é *eminen-*

---

**429** MENDES, Gilmar Ferreira. *Curso de direito constitucional* / Gilmar Ferreira Mendes, Paulo Gustavo Gonet Branco. – 14. ed. rev. e atual. – São Paulo : Saraiva Educação, 2019, p. 2.004. ISBN 9788553606177

**430** MENDES, Gilmar Ferreira. *Curso de direito constitucional* / Gilmar Ferreira Mendes, Paulo Gustavo Gonet Branco. – 14. ed. rev. e atual. – São Paulo : Saraiva Educação, 2019, p. 2.004. ISBN 9788553606177

**431** NUNES JUNIOR, Flavio Martins Alves. *Curso de direito constitucional* / Flávio Martins Alves Nunes Júnior. – 3. ed. – São Paulo: Saraiva Educação, 2019. p. 574. ISBN 9788553611423.

**432** NUNES JUNIOR, Flavio Martins Alves. *Curso de direito constitucional* / Flávio Martins Alves Nunes Júnior. – 3. ed. – São Paulo: Saraiva Educação, 2019. p. 611, 612. ISBN 9788553611423.

*temente de natureza judicial, cabe aos órgãos do Poder Judiciário a palavra final acerca da constitucionalidade ou não de uma norma.*[433] O autor ainda ressalta o seguinte:

> Como vimos acima, é da essência do controle difuso que a apreciação da constitucionalidade das leis e atos normativos possa ser feita por todos os juízes e tribunais. Todavia, desde a Constituição de 1934, a apreciação da constitucionalidade feita pelos tribunais (estaduais ou federais) deve obedecer a um procedimento, denominado cláusula de reserva de plenário (ou regra do *full bench*), previsto no art. 97 da Constituição Federal. Segundo o art. 97 da Constituição, "somente pelo voto da maioria absoluta de seus membros ou dos membros do respectivo órgão especial poderão os tribunais declarar a inconstitucionalidade de uma lei ou ato normativo do Poder Público". A intenção do mencionado artigo da Constituição é evitar que qualquer órgão fracionário de um Tribunal (câmara ou turma), bem como um julgador, isoladamente declare a lei inconstitucional. Trata-se de uma cláusula de garantia, de proteção do princípio da presunção de constitucionalidade das leis.[434] [...] Por expressa previsão constitucional, o art. 97, ao tratar da cláusula de reserva de plenário, aplica-se somente às declarações de inconstitucionalidade feitas pelos Tribunais, não se aplicando, por óbvio, às decisões dos juízes de primeira instância. Dessa maneira, poderá o juiz (federal, estadual, do trabalho etc.) declarar, num caso concreto, a inconstitucionalidade de uma lei, desde que essa inconstitucionalidade seja matéria incidental.[435]

Visando reforçar ainda mais nosso entendimento, no sentido da impossibilidade de os tribunais arbitrais apreciarem matéria constitucional, destacamos ensinamentos de Flávio Martins Alves Nunes Junior, acerca da vedação ao Tribunal de Contas, de apreciar a constitucionalidade de norma, em caráter incidental. O autor ressalta que o art. 97 da CF/88 está inserido no Capítulo reservado ao "Poder Judiciário", criando uma regra específica para os Tribunais que integram esse Poder. "O Tribunal de Contas seguramente não é órgão do Poder Judiciário (integra o Legislativo, para alguns, ou é órgão autônomo, para outros)."[436]

---

**433** NUNES JUNIOR, Flavio Martins Alves. *Curso de direito constitucional* / Flávio Martins Alves Nunes Júnior. – 3. ed. – São Paulo: Saraiva Educação, 2019. p. 612. ISBN 9788553611423.

**434** NUNES JUNIOR, Flavio Martins Alves. *Curso de direito constitucional* / Flávio Martins Alves Nunes Júnior. – 3. ed. – São Paulo: Saraiva Educação, 2019. p. 627. ISBN 9788553611423.

**435** NUNES JUNIOR, Flavio Martins Alves. *Curso de direito constitucional* / Flávio Martins Alves Nunes Júnior. – 3. ed. – São Paulo: Saraiva Educação, 2019. p. 636. ISBN 9788553611423.

**436** NUNES JUNIOR, Flavio Martins Alves. *Curso de direito constitucional* / Flávio Martins Alves Nunes Júnior. – 3. ed. – São Paulo: Saraiva Educação, 2019. p. 637. ISBN 9788553611423.

A esse respeito, é importante mencionar a Súmula 347, do STF, proferida sob a égide da CF/1946, não revogada, porém, superada, que assim estabelece: "O Tribunal de Contas, no exercício de suas atribuições, pode apreciar a constitucionalidade das leis e dos atos do Poder Público."[437] Ocorre que o STF, em diversos julgados, tem vedado aos Tribunais de Contas a apreciação de matéria constitucional, sob a égide da CF/1988. Vejamos exemplo nesse sentido:

> A declaração incidental de inconstitucionalidade somente é permitida de maneira excepcional aos juízes e tribunais para o pleno exercício de suas funções jurisdicionais (...). Trata-se, portanto, de excepcionalidade concedida somente aos órgãos exercentes de função jurisdicional, aceita pelos mecanismos de freios e contrapesos existentes na separação de poderes e não extensível a qualquer outro órgão administrativo. (...). É inconcebível a hipótese de o Tribunal de Contas da União, órgão sem qualquer função jurisdicional, permanecer a exercer controle de constitucionalidade nos julgamentos de seus processos, sob o pretenso argumento de que lhe seja permitido em virtude do conteúdo da Súmula 347 do STF, editada em 1963, cuja subsistência, obviamente, ficou comprometida pela promulgação da Constituição Federal de 1988. [MS 35.824, voto do rel. min. Alexandre de Moraes, P, j. 13-4-2021, DJE 116 de 17-6-2021.][438]

Ao utilizarmos como fundamento para nossa posição a decisão do STF, acima, não estamos querendo dizer que os tribunais arbitrais não têm função jurisdicional. Essa função não pode ser confundida com função judicial, esta, sim, prerrogativa do Poder Judiciário. O que destacamos, como decidido pelo STF, é que a declaração incidental de inconstitucionalidade somente é permitida de maneira excepcional aos juízes e tribunais, e que no Brasil, os tribunais arbitrais não estão inseridos na estrutura dos Tribunais pela Constituição Federal, como ocorre em Portugal, e ainda, todo o arcabouço acerca da função adjudicatória no Brasil é regulado, pela CF/1988, no Capítulo reservado ao "Poder Judiciário".

No mesmo sentido no qual apontamos, Bernardo Gonçalves Fernandes acentua que, quanto ao órgão judicial que exerce o controle, este pode ser: "a) judicial difuso; b) judicial concentrado; c) judicial misto." Ao explicar o controle judicial misto, esclarece ser aquele "no qual há uma coexistência entre o controle difuso e o controle concentrado num mesmo ordenamento jurídico." Segundo o autor, é o caso do Brasil, onde há um "controle

---

437 BRASIL. Supremo Tribunal Federal. *Súmula 347*. Disponível em: https://portal.stf.jus.br/jurisprudencia/sumariosumulas.asp?base=30&sumula=2149. Acesso em: 13 set. 2023.

438 BRASIL. Supremo Tribunal Federal. *Súmula 347. Jurisprudência selecionada*. Disponível em: https://portal.stf.jus.br/jurisprudencia/sumariosumulas.asp?base=30&sumula=2149. Acesso em: 13 set. 2023.

judicial difuso (oriundo da matriz norte-americana) e também um controle judicial concentrado (oriundo da matriz austríaca) que convivem em nosso sistema constitucional."[439]

Comparando a possível implementação da arbitragem no Brasil com o regime português, é importante destacar que nem mesmo o país europeu, onde o instituto está consolidado, permite a apreciação de questões constitucionais pelo tribunal Arbitral, nos termos do art. 2º do RJAT.

Além disso, o art. 25, 2, do mesmo diploma legal dispõe, como fundamento para eventual recurso contra a decisão arbitral (ainda que em caráter excepcional), que a decisão arbitral sobre o mérito da pretensão que ponha fim ao processo arbitral é suscetível de recurso para o TC na parte em que recuse a aplicação de qualquer norma com fundamento na sua inconstitucionalidade ou que aplique norma cuja inconstitucionalidade tenha sido suscitada.

Ou seja, no regime português, não é permitido, regra geral, ao tribunal arbitral analisar questões constitucionais e, caso o faça, caberá recurso a um dos Tribunais Judiciais portugueses. Referido recurso, contudo, não analisa o mérito, tendo natureza cassatória, pois, sendo provido, os autos retornam ao tribunal arbitral a fim de que este, conforme o caso, reforme a decisão ou a mande reformar conforme a questão constitucional. Em outras palavras, ao analisar a questão constitucional, a decisão do tribunal arbitral em Portugal não será definitiva.

Como conclusão à questão da avaliação de matéria constitucional tributária pelos tribunais arbitrais, entendemos faltar a esses tribunais competência para julgar matéria constitucional. Entre outros efeitos decorrentes dessa prática, caso adotada, citamos a possibilidade de produção de norma individual e concreta antiisonômica e a insegurança jurídica quanto a definitividade da sentença arbitral, bem como, a reserva de plenário a que se refere o art. 97 da CF/1988, que não teria como ser aplicada ao processo arbitral tributário. Passamos então a analisar a vinculação dos tribunais arbitrais tributários ao sistema de precedentes, segunda e última parte desta seção.

Eduardo Maneira pontua que "as decisões judiciais têm produzido eficácia muito além das partes envolvidas no processo."[440] Segundo o autor, isso

---

439 FERNANDES, Bernardo Gonçalves. *Curso de Direito Constitucional* / Bernardo Gonçalves Fernandes 12. ed. rev., atual, e ampl. - Salvador: Ed. JusPodivm, 2020, p. 1824, 1825. ISBN 978-85-442-3469-3.

440 MANEIRA, Eduardo. *Ativismo judicial e os seus reflexos em matéria tributária.* p. 1-16. Disponível em: https://sachacalmon.com.br/wp-content/uploads/2013/01/artigo-Eduar-

ocorre considerando os efeitos vinculantes das decisões, seja no controle difuso ou no controle concentrado. Afirma que, assim, as decisões dos tribunais superiores passam a ter aplicação generalizada, condição que até recentemente era atributo exclusivo de normas oriundas do poder legislativo. O autor também ressalta o que ele entende ser ainda mais grave, que as decisões judiciais com efeito contra todos, não têm se mantido estáveis, em razão de alterações de entendimento jurisprudencial. Enfatiza que os Tribunais Superiores que julgam matéria tributária têm revisto sua própria jurisprudência, que segundo ele, ocorre com frequência fora do comum.

Por essas razões, firmamos posição pela vinculação ao sistema de precedentes pelo tribunal arbitral, pelas mesmas razões da vedação a apreciação de matéria constitucional, quais sejam, evitar a criação de norma antiisonômica, risco de transposição da insegurança jurídica para o processo arbitral e, adicionalmente, obediência ao art. 927 do CPC/2015. Além disso, cabe mencionar a vedação do julgamento por equidade[441] nos processos arbitrais envolvendo a Administração Pública, como já ocorre no âmbito da lei 9.307/96. Entendemos que o árbitro deverá necessariamente seguir os precedentes, também sob pena de, se não o fizer, permitir que a parte prejudicada exerça seu direito de recorrer ao judiciário para impugnar a decisão arbitral.

Em que pese não se referir ao processo arbitral, Guilherme Rizzo Amaral explica que o precedente reside especialmente nos "motivos determinantes e generalizáveis que podem ser aplicados no processo decisório de outros casos semelhantes." Vejamos citação completa do autor:

> Como já ressaltamos noutra oportunidade, o precedente não se confunde com a decisão judicial do qual emana. Ele deve ser dela *extraído* por quem o aplicará subsequentemente a partir da *ratio decidendi*. Na clássica definição de Salmond, 'o precedente é uma decisão judicial que contém em si mesma um princípio. O princípio subjacente que forma seu elemento de autoridade é geralmente chamado de *ratio decidendi*'. Pode-se dizer que o precedente reside fundamentalmente na *ratio decidendi* de uma decisão judicial, ou seja, nos

do-Maneira1.pdf. Acesso em: 8 mai. 2023.

441 Vale destacar a lição de Guilherme Rizzo Amaral quanto à decisão por equidade e decisão com equidade. Segundo o autor, na decisão com equidade o julgador não está autorizado a se afastar do direito positivo, porém dele mesmo extrai o poder de julgar equitativamente (vide, por exemplo, art. 928, parágrafo único, Código Civil). No julgamento por equidade, o julgador está autorizado a se afastar do direito positivo para decidir com base em seu senso de justiça. *In:* PISCITELLI, Tathiane; MASCITTO, Andréa; MENDONÇA, Priscila Faricelli de. (coord). *Arbitragem Tributária. Desafios institucionais brasileiros e a experiência portuguesa*, 2. ed. São Paulo: Revista dos Tribunais, 2019, p. 370-371. ISBN: 978-85-5321-920-9.

*motivos* determinantes e generalizáveis que podem ser aplicados no processo decisório de outros caso semelhantes. (destaques do original).[442]

O autor segue esclarecendo que a vinculação da decisão arbitral aos precedentes não provém de sua obediência ao Código de Processo Civil, nem mesmo horizontal, pois o árbitro não integra o Poder Judiciário e, portanto, não guarda relação hierárquica com esse poder, já que trataremos de entidades distintas (órgão judicial vs. órgão arbitral). Segundo Guilherme Rizzo Amaral, o fundamento da vinculação do árbitro ao sistema de precedentes decorre da própria autonomia das partes, de modo que o árbitro está vinculado também à lei que as partes elegeram.

Assim, salvo quanto à arbitragem por equidade, em nenhuma hipótese o árbitro pode trair a confiança e expectativa das partes quanto ao direito aplicável ao caso concreto. Ou seja, o árbitro não estará vinculado aos precedentes judiciais por conta da aplicação direta do Código de Processo Civil. Esta vinculação é inexistente. A decisão do árbitro obedecerá ao sistema de precedentes em razão da vontade das partes, que deram ao tribunal arbitral a missão de julgar conforme o direito.[443]

O tema da utilização dos precedentes pelos árbitros, entretanto, não é pacífica. Na Revista Brasileira de Direito Civil em Perspectiva, v.5. n.1, Flávio Couto Bernardes e Suélen Marine Silva admitem que "que a decisão arbitral vincula ao uso dos precedentes instituídos pelo artigo 927, § 5º do novo CPC caso as partes, no gozo da autonomia da vontade, optem pelo uso da legislação brasileira."[444] Ressaltam, entretanto, que o árbitro poderá utilizar as técnicas do *distinguishing* e do *overrruling* para afastar a utilização dos precedentes, tomando a cautela de mencioná-los na decisão para não

---

**442** AMARAL, Guilherme Rizzo. *O controle dos precedentes na arbitragem tributária. In*: PISCITELLI, Tathiane; MASCITTO, Andréa; MENDONÇA, Priscila Faricelli de. (coord). Arbitragem Tributária. Desafios institucionais brasileiros e a experiência portuguesa, 2. ed. São Paulo: Revista dos Tribunais, 2019, p. 366. ISBN: 978-85-5321-920-9.

**443** AMARAL, Guilherme Rizzo. *O controle dos precedentes na arbitragem tributária. In*: PISCITELLI, Tathiane; MASCITTO, Andréa; MENDONÇA, Priscila Faricelli de. (coord). Arbitragem Tributária. Desafios institucionais brasileiros e a experiência portuguesa, 2. ed. São Paulo: Revista dos Tribunais, 2019, p. 372. ISBN: 978-85-5321-920-9.

**444** BERNARDES, Flávio Couto Bernardes. SILVA, Suélen Marine. *A (não) vinculação dos precedentes às decisões proferidas em sede de arbitragem sob a ótica do novo código de processo civil.* Revista Brasileira de Direito Civil em Perspectiva | e-ISSN: 2526-0243 | Goiânia | v. 5 | n. 1 |p. 165 - 183 | Jan/Jun. 2019.Disponível em: https://repositorio.ufmg.br/bitstream/1843/40067/2/A%20%28n%C3%A3o%29%20vincula%C3%A7%C3%A3o%20dos%20precedentes%20as%20decis%C3%B5es%20proferidas%20em%20sede%20de%20arbitragem%20....pdf. Acesso em: 9 abr. 2023.

incorrer em nulidade. Wagner Arnold Fensterseifer esclarece o significado dos termos:

> Em síntese, a técnica do *distinguishing* é aquela que permite que a regra estabelecida pelo precedente sobreviva, embora seu sentido se torne menos abrangente. O julgador faz referência ao precedente, afirmando que ele seria plenamente aplicável ao caso que está sendo julgado; contudo, em virtude de uma peculiaridade que existe no caso julgado e que não existia no caso precedente, a regra deve ser reformulada para se adaptar à circunstância. Em outras palavras, "se existirem particularidades fático-jurídicas não presentes - e, por isso, não consideradas - no precedente, então é caso de distinguir o caso do precedente, recusando-lhe aplicação".
> A técnica do *overruling* é um instrumento que permite uma resposta judicial ao desgaste da dupla coerência do precedente. Essa dupla coerência consiste em: (i) congruência social e (ii) consistência sistêmica. Assim, quando o precedente carecer de dupla coerência, ele estará violando os princípios básicos que sustentam a regra do *stare decisis* - a segurança jurídica e a igualdade - deixando de autorizar a sua replicabilidade. Nesse cenário, o precedente deverá ser superado. Ao teste de dupla coerência dá-se o nome de norma básica para superação de precedente (*basic overruling principle*).[445]

Gustavo de Faria ainda acrescenta o *signaling e anticipatory overruling* à discussão. Explica que, em determinados casos, os tribunais, "antes mesmo de proceder à superação formal de um padrão decisório (*overruling/overriding*) começam a sinalizar uma mudança de entendimento, e a esse prenúncio de ruptura dá-se o nome de *signaling*."[446] O autor estaca o Enunciado 320, do Fórum Permanente dos Processualistas Civis, estabelecendo que "os tribunais poderão sinalizar aos jurisdicionados sobre a possibilidade de mudança de entendimento da corte, com a eventual superação ou a criação de exceções ao precedente para casos futuros".[447]

Sobre o *anticipatory overruling* (antecipação da superação), Gustavo de Faria justifica sua aplicação nos casos de clara tendência de superação de padrão decisório, hipótese em que os órgãos inferiores podem deixar de aplicar aquela padrão, de forma preventiva, mesmo ainda não ocorrendo a

---

**445** FENSTERSEIFERP, Wagner Arnold. ***Distinguishing*** *e* ***overruling*** *na aplicação do art. 489, § 1.º, VI, do CPC/2015*. Revista de Processo | vol. 252/2016 | p. 371 - 385 | Fev / 2016 DTR\2016\219. Thomson Reuters p. 5-6. Disponível em: https://edisciplinas.usp.br/pluginfile.php/4664993/mod_resource/content/1/FENSTERSEIFER%2C%20Wagner.pdf. Acesso em: 9 abr. 2023.

**446** FARIA, Gustavo. *Formas de não aplicação dos precedentes*. Conteúdo Jurídico. Supremo Concursos. 10/09/20. p. 1. Disponível em: https://blog.supremotv.com.br/formas-de-nao-aplicacao-dos-precedentes/. Acesso em: 08 jul. 2023.

**447** FARIA, Gustavo. *Formas de não aplicação dos precedentes*. Conteúdo Jurídico. Supremo Concursos. 10/09/20. p. 2. Disponível em: https://blog.supremotv.com.br/formas-de-nao-aplicacao-dos-precedentes/. Acesso em: 08 jul. 2023.

superação formal. Flávio Couto Bernardes e Suélen Marine Silva ressaltam a possibilidade de o árbitro não seguir os precedentes, aplicando o *distinguisinhg* e o *overruling*, pela crítica que alguns juristas fazem sobre o uso do sistema, que colocaria um fim no debate sobre os temas para não mais se debruçar sobre eles, engessando assim o direito brasileiro e acarretando a ausência de diálogo entre os membros dos órgãos judiciários, não havendo, portanto, deliberação.[448]

Entendemos de forma diversa. Não vemos o sistema de precedentes como forma de engessar o direito brasileiro. Decidir com base em precedentes também é aplicar a norma para decidir o caso concreto, para extrair uma proibição, uma faculdade ou um dever, com vistas à solução de um problema prático. Como observa Gilmar Ferreira Mendes, não se pode ter a ilusão de que os Tribunais Superiores sejam "Cortes de Justiça para cada caso concreto, o que é absolutamente impossível [...]." "De alguma forma, os diversos sistemas jurídicos acabam encontrando mecanismos de racionalização para evitar que as Cortes Superiores se ocupem de causas repetidas."[449]

Mesmo julgando com base no sistema de precedentes, é preciso ter em mente que a norma jurídica "é produzida, pelo intérprete, não apenas a partir de elementos colhidos no texto normativo (mundo do dever ser), mas também a partir de elementos do caso ao qual ela será aplicada, isto é, a partir de dados da realidade (mundo do ser)".[450] Decidir pelo sistema de precedentes não isenta o julgador de interpretar a norma conforme o caso submetido à análise. Como ensina Eros Roberto Grau, os textos normativos carecem de interpretação não apenas por serem destituídos de clareza, mas porque devem ser aplicados a casos concretos, reais ou fictícios.

Interpretando a norma em face de casos semelhantes, não se pode admitir que o árbitro aplique solução distinta daquela preconizada pelo juízo

---

448 BERNARDES, Flávio Couto Bernardes. SILVA, Suélen Marine. *A (não) vinculação dos precedentes às decisões proferidas em sede de arbitragem sob a ótica do novo código de processo civil.* Revista Brasileira de Direito Civil em Perspectiva | e-ISSN: 2526-0243 | Goiânia | v. 5 | n. 1 |p. 165 - 183 | Jan/Jun. 2019. Disponível em: https://repositorio.ufmg.br/bitstream/1843/40067/2/A%20%28n%C3%A3o%29%20vincula%C3%A7%C3%A3o%20dos%20precedentes%20as%20decis%C3%B5es%20proferidas%20em%20sede%20de%20arbitragem%20....pdf. Acesso em: 9 abr. 2023.

449 MENDES, Gilmar Ferreira. *Curso de direito constitucional* / Gilmar Ferreira Mendes, Paulo Gustavo Gonet Branco. – 14. ed. rev. e atual. – São Paulo : Saraiva Educação, 2019, p. 1.737. ISBN 9788553606177.

450 GRAU, Eros Roberto. *Ensaio e discurso sobre a interpretação/aplicação do direito*, São Paulo: Malheiros, 2003. p. 25.

estatal, quando ambos estiverem obrigados a obedecer ao mesmo ordenamento jurídico, sob pena de provocar decisões conflitantes no juízo arbitral e judicial, acerca da mesma situação jurídica, já decidida sob o rito do sistema de precedentes. No mesmo sentido é a Recomendação n.º 134, de 9 de setembro de 2022, do CNJ, que dispõe sobre o tratamento dos precedentes no Direito brasileiro e traz a seguinte definição acerca do sistema de precedentes, logo em seu art. 1º:

> Art. 1º O sistema de precedentes representa uma nova concepção de jurisdição, em que o Poder Judiciário procura não apenas resolver de modo atomizado e repressivamente os conflitos já instaurados, mas se preocupa em fornecer, de modo mais estruturado e geral, respostas às controvérsias atuais, latentes e potenciais, de modo a propiciar a efetiva segurança jurídica.[451]

Apoiados na doutrina de Gilmar Ferreira Mendes e na Recomendação do CNJ, acima citada, entendemos que, assumindo uma função decisiva, o sistema que forma o núcleo de controle de constitucionalidade e legitimidade de leis ou atos normativos vai além do caráter subjetivo, ou de defesa do interesse apenas das partes envolvidas no conflito, atuando em defesa da ordem jurídica objetiva.[452] Por essa e as demais razões expostas, nossa posição é pela obediência ao sistema de precedentes pelo tribunal arbitral tributário

Tema correlato, porém, distinto, é a aplicação das técnicas do *distinguisinhg* e do *overruling*. "Via de regra, o magistrado faz atuar a lei, aplicando-a ao caso concreto trazido pelas partes, exercendo a jurisdição. Aplica, portanto, o conjunto de regras e normas positivadas."[453] Havendo diferença entre a argumentação e a norma jurídica utilizada para solução do litígio, ou mesmo no objeto e causa de pedir, ou quando o caso exigir do julgador uma resposta ao desgaste da dupla coerência do precedente, quais sejam, a congruência social e a consistência sistêmica, o *distinguisinhg* e o *overruling*

---

451 BRASIL. Conselho Nacional de Justiça - CNJ. *Recomendação CNJ nº 134, de 9 de setembro de 2022*. Dispõe sobre o tratamento dos precedentes no Direito brasileiro. Disponível em: https://atos.cnj.jus.br/files/original1946282022091263 1f8c94ea0ab.pdf Acesso em: 08 mai. 2023.

452 MENDES, Gilmar Ferreira. *Curso de direito constitucional* / Gilmar Ferreira Mendes, Paulo Gustavo Gonet Branco. – 14. ed. rev. e atual. – São Paulo : Saraiva Educação, 2019, p. 1729, 1738, 1739. ISBN 9788553606177.

453 OLIVEIRA, Raquel de. *Interpretação e Aplicação do Ordenamento Jurídico pelo Magistrado à Luz dos Princípios e Critérios Socionormativos*. Série Aperfeiçoamento de Magistrados 11. Curso de Constitucional - Normatividade Jurídica. p. 244 Disponível em: https://www.emerj.tjrj.jus.br/serieaperfeicoamentodemagistrados/paginas/series/11/normatividadejuridica_244.pdf. Acesso em: 9 abr. 2023.

deverão ser obrigatoriamente avaliados pelo julgador para efeito de aplicação ao caso concreto, a partir da sua convicção.

A Recomendação n.º 134/2022, do CNJ, também faz referência às técnicas do *distinguish* e do *overruling*, nos seguintes termos:

> Art. 14. Poderá o juiz ou tribunal, excepcionalmente, identificada distinção material relevante e indiscutível, afastar precedente de natureza obrigatória ou somente persuasiva, mediante técnica conhecida como distinção ou *distinguishing*.
> § 1o Recomenda-se que, ao realizar a distinção (*distinguishing*), o juiz explicite, de maneira clara e precisa, a situação material relevante e diversa capaz de afastar a tese jurídica (*ratio decidendi*) do precedente tido por inaplicável.
> § 2o A distinção (*distinguishing*) não deve ser considerada instrumento hábil para afastar a aplicação da legislação vigente, bem como estabelecer tese jurídica (*ratio decidendi*) heterodoxa e em descompasso com a jurisprudência consolidada sobre o assunto.[454]
> § 3o Recomenda-se que o *distinguishing* não seja confundido e não seja utilizado como simples mecanismo de recusa à aplicação de tese consolidada.
> § 4o Recomenda-se considerar imprópria a utilização do *distinguishing* como via indireta de superação de precedentes (*overruling*).
> § 5o A indevida utilização do *distinguishing* constitui vício de fundamentação (art. 489, § 1º, VI, do CPC/2015), o que pode ensejar a cassação da decisão.[455] (Destacamos)

Como conclusão, firmamos posição quanto à necessidade de vinculação ao sistema de precedentes pelo tribunal arbitral - com as ressalvas para o *distinguisinhg* e o *overruling*, que deverão ser cabalmente demonstrados - pelas mesmas razões da vedação à apreciação de matéria constitucional, quais sejam, evitar a criação de norma anti-isonômica e a transposição da insegurança jurídica para o processo arbitral, além de obediência ao direito posto em razão da vedação ao julgamento por equidade. Sendo assim, entendemos que o árbitro deverá necessariamente seguir o sistema de precedentes sob pena de, não o fazendo permitir que a parte prejudicada exerça seu direito de recorrer ao judiciário para impugnar a decisão arbitral.

---

**454** BRASIL. Conselho Nacional de Justiça - CNJ. *Recomendação CNJ nº 134, de 9 de setembro de 2022*. Dispõe sobre o tratamento dos precedentes no Direito brasileiro. Disponível em: https://atos.cnj.jus.br/files/original1946282022091263lf8c94ea0ab.pdf Acesso em: 08 mai. 2023.

**455** BRASIL. Conselho Nacional de Justiça - CNJ. *Recomendação CNJ nº 134, de 9 de setembro de 2022*. Dispõe sobre o tratamento dos precedentes no Direito brasileiro. Disponível em: https://atos.cnj.jus.br/files/original1946282022091263lf8c94ea0ab.pdf Acesso em: 08 mai. 2023.

## 6.3. DEFINITIVIDADE DA DECISÃO ARBITRAL TRIBUTÁRIA NO BRASIL

Pelo fato de não existir, em nosso ordenamento jurídico, lei específica autorizando a arbitragem tributária, fundamentamos esse capítulo na lei 9.307/1996. Sendo assim, cabe iniciar destacando que a definitividade das decisões é um importante valor a orientar a arbitragem como integrante dos MASCs. "Em direta oposição à jurisdição estatal, na qual a disponibilidade de recurso é um traço característico, o árbitro decide de maneira final, isto é, não passível de ser atacada pela interposição de um recurso."[456]

A citada lei prescreve que o árbitro é juiz de fato e de direito, e a sentença que proferir não fica sujeita a recurso ou a homologação pelo Poder Judiciário (art. 18). A sentença arbitral, por sua vez, produz, entre as partes e seus sucessores, os mesmos efeitos da sentença proferida pelos órgãos do Poder Judiciário e, sendo condenatória, constitui título executivo. (art. 31).

Carlos Alberto Carmona pondera que, no art. 18, "o intuito da lei foi o de ressaltar que a atividade do árbitro é idêntica à do juiz togado, conhecendo o fato e aplicando o direito". Falando sobre os sistemas de controle judicial das sentenças arbitrais, o autor pontua que "a opção do legislador brasileiro foi por um sistema mais ágil de controle da atividade do árbitro, qual seja, o da ação de anulação." [457]

Para Fernando Luis Guerrero, o art. 18 não quer dizer que "o árbitro detém todas as prerrogativas de um membro do Judiciário ou que pode ser equiparado a ele. O que se equipara, na verdade, é o julgamento proferido por um árbitro e um juiz, este sim tem o mesmo efeito", destacando que na arbitragem há um deslocamento da jurisdição daquele caso, do juiz togado para o árbitro ou painel arbitral.[458]

Quanto ao artigo 31, Carlos Alberto Carmona afirma que não haverá contato do juiz estatal com o mérito da causa submetida à arbitragem, e que seria nula de pleno direito convenção no sentido de submeter a decisão à

---

**456** SALLES, Carlos Alberto de; LORENCINI, Marco Antônio Garcia Lopes; SILVA, Paulo Eduardo Alves da. *Negociação, Conciliação, Mediação e Arbitragem - Curso de Métodos Adequados de Solução de Controvérsias.* São Paulo: Forense, 2020, p. 340. ISBN 978-85-309-8811-1.

**457** CARMONA, Carlos Alberto. *Arbitragem e processo. Um comentário à Lei n. 9.307/96.* 3 ed. São Paulo: Atlas, 2009, p. 269, 272. ISBN 978-85-224-5584-3.

**458** GUERRERO, Fernando Luis. *In:* SALLES, Carlos Alberto de; LORENCINI, Marco Antônio Garcia Lopes; SILVA, Paulo Eduardo Alves da. *Negociação, Conciliação, Mediação e Arbitragem - Curso de Métodos Adequados de Solução de Controvérsias.* São Paulo: Forense, 2020, p. 371, 379. ISBN 978-85-309-8811-1.

revisão do judiciário, que não tem esta competência, sendo que a vontade das partes não pode ser vinculada aos órgãos judiciais estatais.[459]

Carlos Alberto de Salles enfatiza que a liberdade de as partes moldarem a disciplina procedimental da arbitragem, mesmo com a instituição de instâncias arbitrais de recurso, não deve atentar contra a definitividade da sentença arbitral. O autor ainda elucida que, como regra, deve prevalecer a decisão em instância única, deixando-se a possibilidade de recursos para excepcional necessidade de atender a interesses específicos das partes. Explica também que eventual *error in judicando* deve ser creditado à opção das partes, que escolheram a arbitragem cientes da definitividade de suas sentenças, não sujeitas a recurso ou revisão.[460]

No entendimento do professor Fabiano Robalinho Cavalcanti, a sentença arbitral é o ato por meio do qual o árbitro ou tribunal arbitral põe fim ao procedimento, seja por meio do julgamento do mérito ou não. A Lei de Arbitragem equiparou as sentenças arbitrais às sentenças judiciais (art. 18), que possuem, basicamente, as mesmas características e efeitos das decisões dos juízes togados, não estando sujeitas à homologação pelo Poder Judiciário.[461]

O professor Fabiano Robalinho Cavalcanti também evidencia que, "no plano da eficácia das sentenças arbitrais estrangeiras, assim consideradas pelo parágrafo único do art. 34 as proferidas fora do território nacional, merece destaque a regra do art. 35", determinando que, para ser reconhecida ou executada no Brasil, a sentença arbitral estrangeira está sujeita, unicamente, à homologação do STJ.[462]

Não obstante, é necessário analisar quão segura se encontra a previsão legal acerca da definitividade da sentença arbitral, considerando as hipóteses de anulação da referida decisão, previstas em lei, bem como, quanto a interferência de eventuais situações não descritas na norma, mas que poderiam violar questões de direito, colocando em dúvida a manutenção da sentença proferida pelo tribunal arbitral.

---

459 CARMONA, Carlos Alberto. *Arbitragem e processo. Um comentário à Lei n. 9.307/96*. 3 ed. São Paulo: Atlas, 2009, p. 270, 272. ISBN 978-85-224-5584-3.

460 SALLES, Carlos Alberto de; LORENCINI, Marco Antônio Garcia Lopes; SILVA, Paulo Eduardo Alves da. *Negociação, Conciliação, Mediação e Arbitragem – Curso de Métodos Adequados de Solução de Controvérsias*. São Paulo: Forense, 2020, p. 414. ISBN 978-85-309-8811-1

461 CAVALCANTI, Prof. Fabiano Robalinho. *Arbitragem. Roteiro de Curso*. FGV Direito Rio. 2014.2, p. 137.

462 CAVALCANTI, Prof. Fabiano Robalinho. *Arbitragem. Roteiro de Curso*. FGV Direito Rio. 2014.2, p. 138.

A lei de arbitragem, a rigor, dispõe sobre a nulidade da sentença arbitral nas hipóteses elencadas no artigo 32, cabendo à parte interessada pleitear ao órgão do Poder Judiciário competente a declaração de nulidade (art. 33).

O §2º do art. 33 prevê que a sentença que julgar procedente o pedido declarará a nulidade da sentença arbitral, nos casos do art. 32, e determinará, se for o caso, que o árbitro ou o tribunal profira nova sentença arbitral. O §3º do mesmo artigo estabelece que a decretação da nulidade da sentença arbitral também poderá ser requerida na impugnação ao cumprimento da sentença, nos termos dos arts. 525 e seguintes do CPC/2015, se houver execução judicial. O §1º, por sua vez, fixa o prazo de 90 dias para que a demanda para a declaração de nulidade da sentença arbitral, parcial ou final, seja proposta, a contar do recebimento da notificação da respectiva sentença, parcial ou final, ou da decisão do pedido de esclarecimentos.

Ocorre que, não apenas os artigos 32 e 33 da lei de arbitragem remetem à submissão de questões arbitrais ao judiciário. No que respeita ao processo arbitral, o § 2º do art. 20 determina que, não sendo acolhidas arguições relativas à competência, suspeição ou impedimento do árbitro, ou dos árbitros, bem como nulidade, invalidade ou ineficácia da convenção de arbitragem, o processo terá normal prosseguimento, sem prejuízo de ser examinada a decisão pelo órgão do Poder Judiciário competente, quando da eventual propositura da demanda visando a declaração de nulidade da sentença arbitral pelo judiciário.

Carlos Alberto Carmona ressalta que o direito de impugnar a sentença arbitral por *error in procedendo* não pode ser renunciado pelas partes e que, embora a Lei de Arbitragem não tenha estabelecido expressamente esta irrenunciabilidade, ela pode ser deduzida do texto constitucional, que veda o impedimento à submissão ao Poder Judiciário de lesão ou ameaça a lesão de direito. O autor entende, entretanto, que "a irrenunciabilidade aqui tratada é genérica, anterior à prolação da sentença arbitral que, uma vez proferida, pode a parte sucumbente renunciar à utilização da via impugnativa."[463]

Carlos Alberto Carmona também afirma que as partes não podem criar outras hipóteses de impugnação à sentença arbitral, fora, portanto, daquelas previstas no art. 32 da Lei de Arbitragem. Constata-se, então, o impedimento de pronunciamento, pelo judiciário, quanto ao mérito da questão

463 CARMONA, Carlos Alberto. *Arbitragem e processo. Um comentário à Lei n. 9.307/96*. 3 ed. São Paulo: Atlas, 2009, p. 423, 424. ISBN 978-85-224-5584-3.

discutida na arbitragem, uma vez que os dispositivos citados limitam e restringem as possibilidades de impugnação à validade da sentença arbitral.[464]

Discussão que vem sendo travada na doutrina e no Judiciário diz respeito à taxatividade do rol estabelecido no art. 32 da Lei de Arbitragem para ser considerada nula a sentença arbitral. Pela relevância do tema, é necessário transcrever a lista de nulidades da lei, que assim estabeleceu:

> Art. 32. É nula a sentença arbitral se:
> I - for nulo o compromisso;
> I - for nula a convenção de arbitragem; (Redação dada pela Lei nº 13.129, de 2015)
> II - emanou de quem não podia ser árbitro;
> III - não contiver os requisitos do art. 26 desta Lei;
> IV - for proferida fora dos limites da convenção de arbitragem;
> V - (Revogado pela Lei nº 13.129, de 2015)
> VI - comprovado que foi proferida por prevaricação, concussão ou corrupção passiva;
> VII - proferida fora do prazo, respeitado o disposto no art. 12, inciso III, desta Lei; e
> VIII - forem desrespeitados os princípios de que trata o art. 21, § 2º, desta Lei.[465]

Carlos Alberto Carmona, antes de adentrar na questão do rol de nulidades, destaca que a dicção do art. 32 é inexata, uma vez que a maior parte dos casos apontados na Lei é de anulabilidade, e não de nulidade. Isso porque, enquanto não houver êxito na ação de que trata o artigo 33 da Lei de Arbitragem, "permanece íntegra a decisão arbitral".[466] Na visão do mencionado autor, os casos de nulidade da sentença arbitral são taxativos, sendo defeso às partes ampliarem os motivos de impugnação ou estabelecer na convenção de arbitragem novas formas de revisão da sentença arbitral.

Carlos Alberto Carmona reconhece, porém, haver casos excepcionais, hipótese em que será necessário reconhecer a prevalência da via declaratória ou desconstitutiva para atacar a decisão arbitral. Cita como exemplo o caso de não ser arbitrável determinado litígio, situação não prevista no art. 32. Neste caso, seria cabível a utilização da via impugnativa. Destaca, entretanto, que o tratamento excepcional preconizado para situações ex-

---

**464** SALLES, Carlos Alberto de; LORENCINI, Marco Antônio Garcia Lopes; SILVA, Paulo Eduardo Alves da. *Negociação, Conciliação, Mediação e Arbitragem – Curso de Métodos Adequados de Solução de Controvérsias*. São Paulo: Forense, 2020, p. 340. ISBN 978-85-309-8811-1.

**465** O § 2º do artigo 21 estabelece que serão, sempre, respeitados no procedimento arbitral os princípios do contraditório, da igualdade das partes, da imparcialidade do árbitro e de seu livre convencimento.

**466** CARMONA, Carlos Alberto. *Arbitragem e processo. Um comentário à Lei n. 9.307/96*. 3 ed. São Paulo: Atlas, 2009, p. 398. ISBN 978-85-224-5584-3.

cepcionais é justificado para manter a validade do sistema imaginado pela Lei da Arbitragem, não para prejudicá-lo.

De tal forma, o autor afirma não se permitiria uma "perpétua e oficiosa perquirição, pelo juiz togado, acerca da nulidade da sentença arbitral, o que simplesmente destruiria a segurança e estabilidade imaginadas pelo legislador"[467], quando estabeleceu prazo e hipóteses delimitadas para anular a decisão final arbitral.

Fernando Luis Guerrero pondera que o Judiciário nunca poderá rever o mérito da decisão arbitral. "Todavia, algumas situações que podem ser configuradas em sentenças arbitrais não são toleradas pelo nosso sistema e, nesse caso, podem levar à anulação da sentença arbitral". Mas tudo, na dicção do autor, "nos termos do art. 32 da Lei de Arbitragem".[468]

Outra expressão é utilizada por Carlos Alberto de Salles, referindo-se ao "isolamento do processo arbitral", que "coloca-se como um princípio essencial para a compreensão das relações entre o processo arbitral e a jurisdição estatal." O autor reconhece, no entanto, que "esse isolamento não está estatuído de maneira expressa na vigente Lei de Arbitragem, mas se extrai das opções normativas por ele realizadas, devendo ser analisado com algum cuidado."[469]

E é nesse contexto que Carlos Alberto de Salles aborda a questão do rol descrito no art. 32 da lei 9.307/96, ao destacar que a lei restringe as hipóteses de intervenção judicial na arbitragem à impugnação da decisão arbitral e, mesmo assim, nos casos citados no artigo 32. Justifica sua posição pela taxatividade do rol, citando outro artigo da Lei, o 33, que estabelece que "a parte interessada poderá pleitear ao órgão do Poder Judiciário competente a declaração de nulidade da sentença arbitral, nos casos previstos nesta lei".

De nossa parte, entendemos que as hipóteses de nulidade da sentença arbitral não podem ir além daquelas previstas no já citado art. 32 da Lei de

---

**467** CARMONA, Carlos Alberto. *Arbitragem e processo. Um comentário à Lei n. 9.307/96*. 3 ed. São Paulo: Atlas, 2009, p. 399. ISBN 978-85-224-5584-3.

**468** GUERRERO, Fernando Luis. *In:* SALLES, Carlos Alberto de; LORENCINI, Marco Antônio Garcia Lopes; SILVA, Paulo Eduardo Alves da. *Negociação, Conciliação, Mediação e Arbitragem – Curso de Métodos Adequados de Solução de Controvérsias*. São Paulo: Forense, 2020, p. 382. ISBN 978-85-309-8811-1.

**469** SALLES, Carlos Alberto de; LORENCINI, Marco Antônio Garcia Lopes; SILVA, Paulo Eduardo Alves da. *Negociação, Conciliação, Mediação e Arbitragem – Curso de Métodos Adequados de Solução de Controvérsias*. São Paulo: Forense, 2020, p. 399. ISBN 978-85-309-8811-1.

Arbitragem. Além disso, somente poderá ser pleiteado pelas partes a nulidade da sentença, não de outro ato do processo arbitral.

Carlos Alberto de Salles ainda enfatiza que a disponibilidade de meios de impugnação da sentença é inversamente proporcional à estabilidade de uma decisão. Ou seja, quanto maior a possibilidade de impugnação, menor sua estabilização. Citando o regime anterior à lei 9.307/96, onde a validade do laudo arbitral dependia de homologação do Poder Judiciário, fazendo com que fossem necessariamente abertos à impugnação judicial e por esse motivo, com possibilidade de estabilização reduzidas, o autor ressalta que uma das grandes transformações da lei 9.307/96, e que trouxe efetividade à arbitragem, foi a redução das possibilidades de ataque à decisão arbitral.[470]

Um contra-argumento à posição sustentada por Carlos Alberto de Salles seria a equiparação da sentença arbitral à judicial, como prescreve o art. 31 da Lei de Arbitragem. O autor, entretanto, não se furtou ao debate, pontuando que as hipóteses de ação rescisória não podem ser aplicadas à sentença arbitral, regida por regime jurídico específico, com hipóteses próprias de anulação que também devem ser interpretadas de forma estrita. Por outro lado, reconhecendo, em certa medida, situações em que a sentença arbitral poderia ser anulada em casos não previstos no art. 32, Carlos Alberto de Salles enumera as seguintes hipóteses, contempladas no artigo 966 do CPC/2015:

> (a.) dolo ou coação da parte vencedora, simulação ou colusão das partes com a finalidade de fraudar a lei (inc. III); (b.) ofensa à coisa julgada (inc. IV); (c.) violar manifestamente norma jurídica (inc. V); (d.) se fundar em prova falsa (inc. VI); (e.) prova nova (inc. VII); (f.) erro de fato (inc. VIII).[471]

Reafirmando sua posição, entretanto, Carlos Alberto de Salles destaca que pode causar complexidade o fato de situações graves não previstas no art. 32 não poderem ser objeto de nulidade. Defende, porém, que as partes, ao decidirem pela arbitragem, escolhem uma modalidade jurisdicional com possibilidades expressivamente menores de impugnação da decisão. Prossegue pontuando o que os litigantes necessariamente "deixam vícios graves, que podem estar presentes na sentença arbitral, de fora da pos-

---

470 SALLES, Carlos Alberto de; LORENCINI, Marco Antônio Garcia Lopes; SILVA, Paulo Eduardo Alves da. *Negociação, Conciliação, Mediação e Arbitragem – Curso de Métodos Adequados de Solução de Controvérsias.* São Paulo: Forense, 2020, p. 409. ISBN 978-85-309-8811-1.

471 SALLES, Carlos Alberto de; LORENCINI, Marco Antônio Garcia Lopes; SILVA, Paulo Eduardo Alves da. *Negociação, Conciliação, Mediação e Arbitragem – Curso de Métodos Adequados de Solução de Controvérsias.* São Paulo: Forense, 2020, p. 411. ISBN 978-85-309-8811-1.

sibilidade de impugnação", concluindo que "nessa situação, arca com o risco de sua escolha, pois a sentença arbitral se estabilizará mesmo com esses vícios."[472]

A conclusão a que chegam Aldemar Motta Junior e Asdrubal Nascimento Lima Junior não é diferente. Segundo os autores, definido pelas partes que a arbitragem será a via eleita para a solução do conflito, estar-se-á excluindo da apreciação do Poder Judiciário, por expressa opção das partes, a jurisdição estatal sobre o mérito da demanda. Contudo, indicam ainda permanecer a competência do Poder Judiciário para avaliar a forma e a validade jurídica do processo de arbitragem, exclusivamente nas hipóteses do art. 32 da Lei.[473]

Além disso, conforme ensina Carlos Alberto de Salles, há que se considerar o *isolamento do processo arbitral*, que deve ser colocado a salvo de intervenções judiciais capazes de prejudicar a funcionalidade da arbitragem. O autor sustenta que, por premissa, a arbitragem constitui um campo jurisdicional específico, instituído pela vontade das partes funcionando de forma autônoma em relação ao Judiciário.[474] Carlos Alberto de Salle conclui, com o que concordamos, que as hipóteses de intervenção judicial no desenvolvimento e na validade de suas decisões devem ser as mínimas possíveis, sob pena de comprometimento do funcionamento e efetividade do processo arbitral.

No âmbito do Poder Judiciário, o STJ, no REsp nº 1900136/SP, decidiu, em 2021, que o art. 32 da Lei n.º 9.307/1996 prevê, em rol taxativo, as hipóteses de invalidade da sentença arbitral, e o art. 26, os requisitos que esta deve possuir, representando ambos os dispositivos os fundamentos legais da ação de nulidade.[475] Também merece destaque caso apreciado pela

472 SALLES, Carlos Alberto de; LORENCINI, Marco Antônio Garcia Lopes; SILVA, Paulo Eduardo Alves da. *Negociação, Conciliação, Mediação e Arbitragem - Curso de Métodos Adequados de Solução de Controvérsias*. São Paulo: Forense, 2020, p. 411. ISBN 978-85-309-8811-1.

473 MOTTA JUNIOR, Aldemar; LIMA JUNIOR, Asdrúbal Nascimento. *Reforma da Lei de Arbitragem*. CEMCA - Comissão Especial de Mediação, Conciliação e Arbitragem do Conselho Federal da OAB; COPREMA - Colégio de Presidentes das Comissões de Mediação e Arbitragem das Seccionais da OAB e Entidades Nacionais. s.d., p. 72

474 SALLES, Carlos Alberto de; LORENCINI, Marco Antônio Garcia Lopes; SILVA, Paulo Eduardo Alves da. *Negociação, Conciliação, Mediação e Arbitragem - Curso de Métodos Adequados de Solução de Controvérsias*. São Paulo: Forense, 2020, p. 417. ISBN 978-85-309-8811-1.

475 BRASIL. Superior Tribunal de Justiça (Terceira Turma). *REsp nº 1900136 / SP* [...] aplicação (...) restrita ao direito de obter a declaração de nulidade devido à ocorrência de qualquer dos vícios taxativamente elencados no art. 32 [...] . Rcte: Barra Sol Shopping

Terceira Turma do STJ, no REsp n.º 2001912-GO[476], ao julgar em 2022 ação de impugnação ao cumprimento de sentença arbitral, na qual se alegou a nulidade do processo por cerceamento de defesa, em razão do indeferimento da produção de prova pericial e deficiência na instrução da ação. A relatora, ministra Nancy Andrighi, ressaltou que a ação de cumprimento de sentença arbitral foi ajuizada após o decurso do prazo decadencial de 90 dias, fixado para o ajuizamento da ação de nulidade de sentença arbitral.

No caso, a recorrente suscitou a nulidade da sentença arbitral em razão de suposto cerceamento de defesa, fundamentando seu pedido no artigo 32, VIII, da Lei 9.3071996, que determina o respeito aos princípios do contraditório, da igualdade das partes, da imparcialidade do árbitro e de seu livre convencimento. Entretanto, ao manter o acórdão do Tribunal de Justiça de SP (TJSP), a relatora destacou que o cerceamento de defesa não é uma das hipóteses previstas no parágrafo 1º do artigo 525 do CPC/2015, o que impede o reconhecimento da validade da impugnação à sentença arbitral. Ainda segundo a relatora, muito embora a turma tenha reconhecido que a nulidade pode ser suscitada em sede de impugnação ao cumprimento de sentença arbitral, se a execução for ajuizada após o decurso do prazo decadencial de 90 dias, a defesa da executada fica limitada às matérias listadas no art. 525, § 1º, do CPC/2015, sendo defeso à parte, nesta fase processual, suscitar nulidade da sentença com base nas matérias definidas no art. 32 da Lei 9.307/1996.

O Tribunal também destacou que da mesma forma que no processo judicial, a formação da coisa julgada na arbitragem está sujeita à imutabilidade da decisão proferida após as etapas necessárias do procedimento, sendo limitadas as possibilidades de afastá-la. Após transitar em julgado, a decisão proferida pelo juízo arbitral faz coisa julgada material e constitui, por força de lei, título executivo judicial, nos termos do art. 525, VII, do CPC/2015.

---

Centers S/A. Rcdo: Gaudi Empreendimentos e Participações Ltda. Relatora: Min. Nancy Andrighi, 15 de abril de 2021. Disponível em: https://scon.stj.jus.br/SCON/GetInteiroTeorDoAcordao?num_registro=202000345991&dt_publicacao=15/04/2021 . Acesso em: 08 mai. 2023.

476 BRASIL. Superior Tribunal de Justiça (Terceira Turma). *REsp nº 2001912 - GO* [...] Se a declaração de nulidade com fundamento nas hipóteses taxativas previstas no art. 32 da Lei de Arbitragem for pleiteada por meio de ação própria, impõe-se o respeito ao prazo decadencial de 90 (noventa) dias, contado do recebimento da notificação da respectiva sentença, parcial ou final, ou da decisão do pedido de esclarecimentos [...] . Rcte: Rhaine Nunes Cardoso; Viviane Quirino de Souza. Rcdo: Genesi de Jesus Melo. Relatora: Min. Nancy Andrighi, 21 de junho de 2022. Disponível em: https://scon.stj.jus.br/SCON/GetInteiroTeorDoAcordao?num_registro=202200451762&dt_publicacao=23/06/2022. Acesso em: 08 mai. 2023.

Fazendo breve menção, nesta seção, ao regime de arbitragem tributária em Portugal, assim como na arbitragem comercial no Brasil, no país europeu o DL 10/11 (RJAT) determina que a decisão arbitral tem o mesmo valor jurídico que as sentenças judiciais (art. 22.º, n.º 2). Também como no Brasil, o mérito da decisão arbitral tributária em Portugal é, regra geral, irrecorrível. Entretanto, a Lei de Arbitragem Tributária portuguesa prevê a possibilidade de recurso para o TC, nos casos em que a sentença arbitral recuse a aplicação de qualquer norma com fundamento na sua inconstitucionalidade ou aplique uma norma cuja constitucionalidade tenha sido suscitada (art. 25.º, n.º 1). Da mesma forma, caberá recurso para o STA quando a decisão arbitral esteja em oposição, quanto à mesma questão fundamental de direito, com acórdão proferido pelo TCA ou pelo STA (art. 25.º, n.º 2).

Por fim, nos casos em que o tribunal arbitral seja a última instância de decisão de litígios tributários em Portugal, a decisão é suscetível de reenvio prejudicial em cumprimento do § 3º do artigo 267.º do TFUE. Como já destacamos na seção 3.3 deste estudo, o processo das questões prejudiciais é um instrumento de cooperação entre o TJUE e os tribunais dos Estados-Membros, enquanto promove o diálogo entre os juízes nacionais e o juiz da união europeia, visando afastar divergências na aplicação do direito vigente no bloco europeu.

Observa-se, portanto, que a sentença arbitral tributária em Portugal prevê uma gama e hipóteses de recursos mais ampla que o sistema de arbitragem comercial no Brasil, por vícios na decisão arbitral, sendo, um deles, obrigatório inclusive perante o Tribunal de Justiça da União Europeia, visando afastar divergências na aplicação do direito, em razão do país integrar o bloco europeu.

Como conclusão a esta seção, voltando ao Brasil, somos pela posição que defende o processo arbitral com instância única. A prática tem mostrado, entretanto, diversos recursos judiciais contra decisões arbitrais. Sendo assim, em que pese serem - na opinião de parte da doutrina e conforme entendimento do STJ - bastante restritas as possibilidades de impugnação da sentença arbitral pelo Poder Judiciário, é certo que, considerando a dinâmica dos conflitos, não se pode negar que o tema está em constante evolução, uma vez que novas situações classificadas como problemáticas para se manter a definitividade da decisão arbitral poderão se apresentar. A irrecorribilidade da sentença arbitral, contudo, deve seguir como regra.

## 6.4. QUANDO OPTAR PELA ARBITRAGEM TRIBUTÁRIA NO BRASIL

Partindo da premissa que os desafios acerca da implementação de um regime de arbitragem tributária no Brasil fossem superados e o referido instituto fosse efetivamente implementado no país, caberia ainda o debate acerca do momento da opção pela arbitragem tributária. Em outras palavras, a questão que se coloca é se, diante da exigência decorrente de lançamento de ofício, o sujeito passivo deveria optar pelo regime de arbitragem antes da constituição definitiva do crédito tributário, renunciando às vias administrativa e judicial ou, uma vez optando pela via administrativa, poderia ele, ao término dessa discussão e sobrevindo decisão desfavorável, submeter o pleito à arbitragem, em substituição à discussão na via judicial.

O tema é controverso. Aqueles que defendem que uma exigência oriunda de lançamento de ofício poderia ser impugnada no âmbito administrativo e, posteriormente, em caso de derrota, submetida à arbitragem, o fazem sob o argumento da garantia de tutela jurisdicional efetiva. Argumentam, que, sem a possibilidade de uma ampla liberdade, incluindo o período entre o fim do processo administrativo e o início do judicial, de fazer a opção pelo instituto, a arbitragem teria pouquíssima eficácia no que concerne à redução de pendências na esfera judicial, exercendo uma função pouco relevante na realização da justiça tributária, argumentando, ainda, a inconstitucionalidade da violação ao direito de petição do sujeito passivo, uma vez vedada sua opção à via administrativa.

Uma das vozes que defendem a adoção da arbitragem tributária após o sujeito passivo percorrer todo o processo administrativo, mesmo que já tivesse naquele momento inicial a opção da arbitragem, é Leonado Varella Giannetti, argumentando que "a opção pela arbitragem não deve estar condicionada à renúncia à defesa por meio do processo administrativo."[477] Para o autor, vincular o uso da arbitragem à renúncia da via administrativa ou, excluir o direito do sujeito passivo de utilizar essa via para possibilitar a opção da arbitragem importaria em exigir do particular pesado ônus para se valer do processo arbitral, incorrendo em inconstitucionalidade da Lei, por violação ao princípio democrático, por ferir o direito de petição, a ampla defesa e por estabelecer restrição a direito fundamental, concluindo que a

---

477 GIANNETTI, Leonardo Varella. *Arbitragem no direito tributário brasileiro: possibilidade e procedimentos*. Tese de Doutorado. Belo Horizonte. Pontifícia Universidade Católica de Minas Gerais, 2017, f. 311: Disponível em: http://www.biblioteca.pucminas.br/teses/Direito_GiannettiLVa_1.pdf. Acesso em: 26 fev. 2023.

doutrina e a jurisprudência do STF entendem tais violações por "proibição ao excesso".[478]

Todavia, pensamos de forma diversa. A opção pela arbitragem como mais uma possibilidade ao processo administrativo, com renúncia às demais formas de solução do litígio, não afastaria a garantia de tutela jurisdicional ampla e efetiva ao sujeito passivo. Ou seja, mesmo que a arbitragem tributária exigisse abdicar da via administrativa ou judicial, ela ainda seria uma faculdade dentre as alternativas legais postas à disposição do sujeito passivo na busca da tutela jurisdicional, considerando o propósito e os fins desse método adequado de solução de conflitos.

Importa ressaltar que consideramos a arbitragem tributária como direito potestativo do sujeito passivo, mas desde que haja vinculação prévia da administração pública ao instituto. Contudo, defendemos que tal direito somente estaria presente se cumpridos, pelo sujeito passivo, todos os requisitos estabelecidos pelas normas que regulam o regime.

É o que ocorre em Portugal, como ensina Jorge Lopes de Sousa[479], ao defender que o que foi reconhecido pelo RJAT aos contribuintes portugueses não foi um direito potestativo, uma vez que a Lei entrou em vigor e ficou na dependência da possibilidade de utilização dos tribunais arbitrais pela administração tributária de forma apenas genérica, cabendo a um ato administrativo essa confirmação. No entendimento do autor, somente nos termos desta vinculação é que se pode admitir algum direito potestativo dos contribuintes.

Em que pese sua existência, o direito potestativo do sujeito passivo à arbitragem não impede que, na primeira oportunidade que as partes tenham para decidir sobre como dirimir o conflito, a lei estabeleça que haverá renúncia à discussão da matéria por qualquer outra via, caso a opção seja pela arbitragem tributária. A questão ganha relevância considerando que o processo tributário no Brasil pode percorrer diversas instâncias, sendo esse um fator importante quando nos referimos à morosidade na solução de disputas tributárias. Utilizando como exemplo a discussão de um tributo

---

**478** O autor menciona doutrina de Gilmar Mendes, que aduz que "uma lei será inconstitucional, por infringente ao princípio da proporcionalidade ou da proibição de excesso [...]". Nota de rodapé. In: GIANNETTI, Leonardo Varella. *Arbitragem no direito tributário brasileiro: possibilidade e procedimentos.* Tese de Doutorado. Belo Horizonte. Pontifícia Universidade Católica de Minas Gerais, 2017, f. 312: Disponível em: http://www.biblioteca.pucminas.br/teses/Direito_GiannettiLVa_1.pdf. Acesso em: 26 fev. 2023.

**479** SOUSA, Jorge Lopes de. *Comentário ao Regime Jurídico da Arbitragem Tributária. In:* VILLA-LOBOS, Nuno de; PEREIRA, Tânia Carvalhais (coord.). Guia de Arbitragem Tributária, 2. ed. Coimbra, Portugal: Almedina, 2017, p. 146, 147. ISBN 978-972-40-7172-5.

federal, a partir do lançamento de um ofício, estão à disposição do sujeito passivo que pretenda se defender, as seguintes alternativas:

TABELA 3 – IMPUGNAÇÕES E RECURSOS NA ESFERA ADMINISTRATIVA

| Bloco 1 - Via Administrativa | |
|---|---|
| Espécie | Base legal |
| 1. Impugnação perante a DRJ | Art. 10 Decr. 70.235/72 |
| 2. Recurso o CARF | Art. 33 Decr. 70.235/72 |
| 3. Recurso Especial o Câmara Superior do CARF | Art. 37, § 2º Decr. 70.235/72 |
| 4. Agravo, Embargos de Declaração e Requerimentos | RICARF |

Fonte: Reginaldo Angelo dos Santos

TABELA 4 – MEDIDAS JUDICIAIS

| Bloco 2 - Via Judicial | |
|---|---|
| Espécie | Base legal |
| 1. Mandado de Segurança | Lei 12.016/09 e art. 38 da Lei de Execução Fiscal (LEF) |
| 2. Ação Anulatória | Art. 20 do CPC/2015 e art. 38 da LEF |
| 3. Ação de Consignação em Pagamento | Art. 61 do CPC/2015 |
| 4. Ação de Repetição de Indébito | Arts. 165 a 169 do CTN, e art. 38 da LEF |
| 5. Exceção de Pré Executividade | Art. 16, § 1º da LEF, c/c CPC/2015 |
| 6. Embargos à Execução Fiscal | Art. 16, § 1º e art. 38 da LEF, c/c CPC/2015 |
| 7. Apelação | Arts. 994, 1.009 e seguintes CPC/2015 |
| 8. Embargos de Declaração | Arts. 994, 1.022 e seguintes CPC/2015 |
| 9. Agravo de Instrumento | Arts. 994, 1.015 e seguintes CPC/2015 |
| 10. Agravo Interno | Arts. 994 e 1.021 CPC/2015 |
| 11. Recurso Especial para o STJ | Art. 105 CF/1988 e arts. 994, 1.027 e 1.029 CPC/2015 |
| 12. Recurso Extraordinário para o STF | Art. 102 CF/1988 e arts. 994, 1.027, 1.029 e 1035, § 1º CPC/2015 |
| 13. Agravo em Recurso Especial ou Extraordinário | Arts. 994, 1030 e 1.042 CPC/2015 |
| 14. Embargos de Divergência | Arts. 994, 1043 e 1044 CPC/2015 |
| 15. Reclamação | Art. 988 CPC/2015 |
| 16. Recurso Adesivo | Art. 997 §§ 1º e 2º CPC/2015 |

Fonte: Reginaldo Angelo dos Santos

É importante ressaltar que as alternativas dos blocos 1 e 2 não são excludentes. O sujeito passivo pode percorrer todas as etapas do primeiro bloco e, não obtendo êxito, querendo, fazer uso das ações e recursos judiciais citados no bloco 2. Ou, à sua escolha, o contribuinte optar diretamente pela via judicial. O que a legislação processual tributária não admite é a utilização concomitante da via administrativa e judicial para discutir o mesmo objeto. Sobre o processo judicial, o excesso e de recursos e movimentação da máquina estatal, Maria Rita Ferragut faz o seguinte apontamento:

> [..]. O excesso de recursos permitidos durante o processo contribui para acúmulo de ações e a morosidade da justiça, conforme interessante pesquisa efetuada por Eduardo Perez Salusse para cada litígio tributário, até 75 pessoas podem se envolver. Para ele, "a eficiência na administração pública impõe que sistemas sobremaneira redundantes e carregados sejam revistos, dando leveza e celeridade sem prejudicar a qualidade da prestação jurisdicional que se espera de um Estado democrático e republicano". É exatamente isso. Burocracia, excesso de recursos e causas que poderiam ser resolvidas fora das Cortes Judiciais. Dentro desse contexto, as formas alternativas de solução de litígio se mostram imprescindíveis [...] [480]

Sendo assim, verifica-se que o caminho que a solução de um conflito pelas vias tradicionais poderá percorrer é extenso e, como consequência, moroso. Entendemos que a opção pela arbitragem tributária, onde se busca a celeridade, menos formalismo e especialidade por parte dos julgadores, não se coaduna com a possibilidade de o sujeito passivo percorrer toda a via administrativa, e, no caso de insucesso, optar pela arbitragem apenas como alternativa à via judicial. A opção pela arbitragem tributária, considerando sua natureza como mais uma porta a ser utilizada pelo contribuinte, em substituição aos sistemas tradicionais de solução do litígio, deveria se dar na primeira oportunidade do sujeito passivo de buscar a resolução da disputa, afirmando de maneira inequívoca sua pretensão de discussão da matéria única e exclusivamente pela via arbitral.

Tomando como base o regime português, verifica-se que a introdução da arbitragem tributária no ordenamento jurídico daquele país, como forma alternativa de resolução de conflitos no domínio fiscal, visa três objetivos principais: por um lado, reforçar a tutela eficaz dos direitos e interesses legalmente protegidos dos sujeitos passivos; por outro lado, imprimir uma maior celeridade na resolução de litígios que opõem a administração tributária ao sujeito passivo e, finalmente; reduzir a pendência de processos nos tribunais administrativos e fiscais.

---

**480** FERRAGUT, Maria Rita. *Procedimento administrativo de reconhecimento de responsabilidade de terceiros (PARR) e a redução do contencioso judicial. In*: PISCITELLI, Tathiane; MASCITTO, Andréa; MENDONÇA, Priscila Faricelli de. (coord). Arbitragem Tributária. Desafios institucionais brasileiros e a experiência portuguesa, 2. ed. São Paulo: Revista dos Tribunais, 2019. p. 390, 391. ISBN: 978-85-5321-920-9.

Ainda sobre a arbitragem tributária em Portugal, a Lei estabelece que o processo arbitral tributário deve constituir um meio processual alternativo ao processo de impugnação judicial e à ação para o reconhecimento de um direito ou interesse legítimo em matéria tributária (art. 124º, item, da Lei 3-B/2010). Determina ainda o art. 13º, n.º 4. do DL 10/2011:

> 4 - A apresentação dos pedidos de constituição de tribunal arbitral preclude o direito de, com os mesmos fundamentos, reclamar, impugnar, requerer a revisão, incluindo a da matéria *colectável*, ou a promoção da revisão oficiosa, ou suscitar pronúncia arbitral sobre os *actos objecto* desses pedidos ou sobre os consequentes actos de liquidação, *excepto* quando o procedimento arbitral termine antes da data da constituição do tribunal arbitral ou o processo arbitral termine sem uma pronúncia sobre o mérito da causa.

O Conselheiro do CAAD em Lisboa, Jorge Lopes de Souza, observa que o artigo 13 do RJAT trata de efeito de preclusão de direitos de impugnação durante a pendência de processo arbitral, tendo alcance equivalente à litispendência, mas dando-se sempre preferência ao processo arbitral.

No Brasil, a despeito de ainda não existir um regime de arbitragem tributária, verifica-se questão semelhante no âmbito da LEF, onde o parágrafo único do art. 38 determina que a propositura, pelo contribuinte, da ação judicial prevista no dispositivo da lei importa em renúncia ao poder de recorrer na esfera administrativa e desistência do recurso acaso interposto.

O Parecer Normativo COSIT n.º 7/2014, amparado em dispositivos do CTN, da própria LEF, do decreto que regula o processo administrativo fiscal federal e do CPC então vigente, entre outras normas, estabelece que a propositura pelo contribuinte de ação judicial de qualquer espécie contra a Fazenda Pública com o mesmo objeto do processo administrativo fiscal implica renúncia às instâncias administrativas. O Parecer Normativo em questão traz a seguinte redação no seu item 5.3, aqui reproduzida como forma de melhor ilustrar o entendimento acerca do tema:

> 5.3. Depreende-se que a propositura pelo contribuinte de ação judicial de qualquer espécie contra a Fazenda Pública (o que inclui mandado de segurança, ação de repetição de indébito, ação declaratória ou ação anulatória), em qualquer momento, com o mesmo objeto que está sendo discutido na esfera administrativa, implica renúncia às instâncias administrativas, ou desistência de eventual recurso de qualquer espécie interposto. Aponta-se, como ressalva, a adoção da via judicial com o mero fim de correção de procedimentos adjetivos ou processuais da Administração Tributária, tais como questões sobre rito, prazo e competência.[481]

---

481 BRASIL. Secretaria da Receita Federal. *Parecer Normativo Cosit nº 7, de 22 de agosto de 2014*. Disponível em: http://normas.receita.fazenda.gov.br/sijut2consulta/link.action?idAto=55496. Acesso em: 08 jul. 2023.

O CARF editou a Súmula Vinculante n.º 1, firmando o posicionamento de que importa renúncia às instâncias administrativas a propositura pelo sujeito passivo de ação judicial por qualquer modalidade processual, antes ou depois do lançamento de ofício, com o mesmo objeto do processo administrativo, sendo cabível apenas a apreciação, pelo órgão de julgamento administrativo, de matéria distinta da constante do processo judicial.[482]

Já o § 5º do art. 17 da Portaria PGFN n.º 33, de 8 de fevereiro de 2018, ao tratar do pedido de revisão de dívida inscrita (PRDI), estabelece que "importa renúncia ao direito de revisão administrativa a propositura, pelo contribuinte, de qualquer ação ou exceção cujo objeto seja idêntico ao do pedido."[483] Da mesma forma, o § 5º do art. 6º da Portaria PGFN n.º 948, de 15 de setembro de 2017, que o regulamenta o Procedimento Administrativo de Reconhecimento de Responsabilidade Tributária (PARR), ao tratar do recurso administrativo contra o indeferimento da impugnação por imputação de responsabilidade, determina que importará renúncia à instância recursal e o não conhecimento do recurso interposto, a propositura, pelo interessado, de qualquer ação judicial cujo objeto coincida total ou parcialmente com o do PARR.[484]

Leandro Paulsen, René Bergmann Ávila e Ingrid Schroder Sliwka trazem voto do ministro Joaquim Barbosa (relator para o acórdão), no RE 234.277-9/RS, de relatoria do ministro Marco Aurélio, no qual se discutiu a prejudicialidade do recurso administrativo em razão do ajuizamento de ação judicial com o mesmo objeto:

> Sr. Presidente, é bastante interessante porque todos sabemos que o recurso à via administrativa é, sem dúvida alguma, manifestação do velho direito de petição. Por outro lado, não vejo, na linha do que disse o Ministro Cezar Peluso, nesse dispositivo, uma exigência de esgotamento da via jurisdicional. Quase sempre procuro me pautar por um certo pragmatismo, de modo que não vejo como, num país em que se clama pela racionalização da burocracia e dos meios de solução de conflito, num país com as características do nosso, se possa oferecer, se possa propugnar uma solução como essa: de deixar ao contribuinte algo parecido como uma loteria; ele tenta na via administrativa, se

482 BRASIL. Ministério da Economia. *Conselho Administrativo de Recursos Fiscais*. Quadro Geral de Súmulas. Súmula Carf nº 1. Disponível em: http://idg.carf.fazenda.gov.br/jurisprudencia/sumulas-carf/quadro-geral-de-sumulas-1. Acesso em: 08 jul. 2023.

483 BRASIL. Procuradoria Geral da Fazenda Nacional. *Portaria PGFN nº 33, de 09/02/2018*. Disponível em: http://normas.receita.fazenda.gov.br/sijut2consulta/link.action?idAto=90028. Acesso em: 08 jul. 2023.

484 BRASIL. Procuradoria Geral da Fazenda Nacional. *Portaria PGFN nº 948, de 15/09/2017*. Disponível em: http://normas.receita.fazenda.gov.br/sijut2consulta/link.action?idAto=86309&visao=anotado. Acesso em: 08 jul. 2023.

não funcionar, ele recorre à judicial. Não obstante eu reconheça a importância do dispositivo constitucional que assegura o direito de petição, não vejo esse dispositivo como algo gritantemente inconstitucional. [...] [485]

Tathiane Piscitelli e Andréa Mascitto, em artigo transcrito na Revista de Arbitragem Tributária do CAAD, em 2018, ponderam que na hipótese do lançamento tributário já realizado, a arbitragem se revelaria como meio alternativo aos processos administrativo e judicial. Ou seja, "em qualquer dos casos, a escolha pelo processo arbitral deve resultar na renúncia das outras vias possíveis de resolução de disputa em matéria tributária e a decisão dela resultante é irrecorrível para ambas as partes."[486]

Como se observa, são diversas as formas, seja por meio de dispositivos e infralegais, manifestações do tribunal constitucional e doutrina, a demonstrar que o direito brasileiro convive de forma harmônica com a renúncia às esferas administrativa e judicial, na medida que o sujeito passivo tem a faculdade de optar por outro regime, via de defesa ou impugnação do crédito tributário. Sendo assim, é possível afirmar que, sob a ótica da garantia de tutela jurisdicional efetiva e do amplo acesso à justiça, não haveria ofensa em se estabelecer que o sujeito passivo renunciasse às esferas administrativa e judicial, quando da opção pela arbitragem tributária.

Não se trata de discutir o direito potestativo do sujeito passivo à arbitragem tributária. Uma vez presentes todos os requisitos estabelecidos em lei para utilização do instituto, esse direito estaria presente. O que discutimos nesta seção é o exercício de uma opção dentre as alternativas colocadas à disposição dos litigantes, para solucionar a disputa.

A celeridade buscada pelo sujeito passivo para dirimir o conflito, ao optar pela arbitragem tributária, também não encontra guarida em eventual regime que permitisse percorrer toda a via administrativa e, posteriormente, em caso de derrota, recorrer a esse método adequado de solução de conflitos. Segundo dados publicados na página do CARF na internet em 07/02/2019[487], o estoque de processos naquela data era de 122.371 casos, destacando que seriam necessários 77 anos para julgar todo o volume.

---

**485** PAULSEN, Leandro; ÁVILA, René Bergmann; SLIWKA Ingrid Schroder. *Direito Processual Tributário, Processo Administrativo Fiscal e Execução Fiscal à luz da doutrina e da jurisprudência.* 8 ed. Livraria do Advogado: Porto Alegre, 2014, p. 560. ISBN 978-85-7348-910-1.

**486** PISCITELLI, Tathiane. MASCITTO, Andréa. Desafios e limites da arbitragem tributária no direito brasileiro. *Revista Arbitragem Tributária nº 8 CAAD.* VILLA-LOBOS, Nuno. PEREIRA, Tania Carvalhais (coord). Lisboa, Portugal, 2018, p. 10.

**487** BRASIL. Ministério da Economia. Conselho Administrativo de Recursos Fiscais. *CARF esclarece informações com dados gerenciais.* Disponível em: http://idg.carf.fazenda.gov.br/noticias/situacao-do-atual-estoque-do-carf. Acesso em 8 mai. 2023.

Ressalta ainda o tribunal administrativo que o tempo de julgamento das Câmaras Superiores é de 1 ano e 2 meses, das Turmas Ordinárias, de 2 anos e 10 meses, e das Turmas Extraordinárias, 6 anos e 1 mês. Ou seja, em qualquer caso, percorrer toda a via administrativa para então optar pela arbitragem, além de contribuir para o esgotamento do já assoberbado sistema de contencioso administrativo federal, tornaria ao final a solução do litígio muito mais demorada que qualquer processo arbitral razoável.

São muitas as questões a serem debatidas acerca da implantação de um regime de arbitragem no Brasil, sendo o momento da opção pelo regime, apenas uma delas. Considerando a linha de argumentação desse estudo, entendemos que a opção pela arbitragem deve representar renúncia a qualquer outro método de solução de conflitos, seja na via administrativa ou judicial, ressalvado o direito de impugnação judicial da decisão arbitral por vício formal ou material, nos termos estabelecidos em lei.

## 6.5. PONDERAÇÕES ACERCA DOS CUSTOS DA ARBITRAGEM TRIBUTÁRIA NO BRASIL

O tema relativo ao custo da arbitragem envolve a discussão não apenas acerca dos valores de emolumentos, despesas, honorários e outros dispêndios necessários à utilização do regime, mas também a relação custo e benefício, os valores atualmente suportados por toda a sociedade para manter a máquina judiciária e, principalmente, o objetivo de proporcionar efetiva tutela jurisdicional, de forma célere e especializada.

Como destacam Leonardo Varella Giannetti Luiz Fernando Dalle Luche Machado[488], a arbitragem tributária não pode representar certo grau de elitização do procedimento, arriscando termos uma nova forma do que foi denominado por José Casalta Nabais como "apartheid fiscal", onde apenas os contribuintes com mais recursos financeiros teriam capacidade de arcar com os custos do processo arbitral. Iniciemos, então, este capítulo, tratando do custo do processo judicial no Brasil.

488 GIANNETTI, Leonardo Varella. MACHADO, Luiz Fernando Dalle Luche. *Qual seria o melhor local para*

*a instauração de um tribunal arbitral no Brasil? Operacionalização e **locus** da arbitragem tributária. In:* PISCITELLI, Tathiane; MASCITO, Andréa; FERNANDES, André Luiz Fonseca (coord). Arbitragem Tributária no Brasil e em Portugal. Visões do Grupo de Pesquisa "Métodos Alternativos de Resolução de Disputa em Matéria Tributária" do Núcleo de Direito Tributário da FGV DIREITO SP. São Paulo: Blucher, 2022, p.92. ISBN: 978-65-5506-516-9.

O relatório denominado Diagnóstico do Contencioso Judicial Tributário Brasileiro, (Insper – CNJ, 2022, 5ª edição, p. 271, aponta no item 7 – Conclusões), menciona a busca pela identificação de dados que se refiram ao prazo de tramitação dos processos judiciais, a redundância em procedimentos do Judiciário, os instrumentos processuais ineficientes e os incentivos ao litígio ou ausência de incentivos à composição amigável. O relatório aponta a metodologia de trabalho ao esclarecer:

> Foram analisadas diversas etapas de tramitação dos processos judiciais tributários, de modo a buscar verificar quais delas são mais céleres ou contribuem de modo mais significativo para a demora na solução dos litígios tributários. [...] a equipe identificou que nas execuções fiscais o tempo médio de tramitação até o julgamento final, assim entendido como a data do trânsito em julgado, é de 771 dias. Foi verificado ainda o tempo médio de (i) 201 dias entre o ajuizamento e o despacho inicial, (ii) 508 dias entre o ajuizamento e a penhora e (iii) 218 dias entre a penhora e a expropriação dos bens.[489]

A pesquisa abrangeu, ainda, a análise de ações antiexacionais[490] e o tempo de tramitação médio de cada classe processual, constatando-se que o mandado de segurança é o tipo de ação antiexacional julgada mais rapidamente. Neste aspecto, relatório indica que:

> [...] "com base em uma amostra de 3.726 processos autuados em 2020 na Seção Judiciária do Distrito Federal nas classes "Mandado de Segurança" e "Procedimento Comum", ajuizados contra a Fazenda Nacional, foi constatado que 2.386 processos — 64,04% do total — foram propostos por pessoas físicas ou jurídicas com endereços cadastrais em outras unidades da Federação. Esse percentual comparativamente alto se justifica pela previsão constitucional, expressa no art. 109, § 2º, que autoriza aos jurisdicionados ajuizarem ações contra a União, alternativamente, "na seção judiciária em que for domiciliado o autor, naquela onde houver ocorrido o ato ou fato que deu origem à demanda ou onde esteja situada a coisa, ou, ainda, no Distrito Federal". Tal circuns-

489 BRASIL. Conselho Nacional de Justiça - CNJ. *Diagnóstico do contencioso judicial tributário brasileiro : relatório final de pesquisa* / Conselho Nacional de Justiça; Instituto de Ensino e Pesquisa. – Brasília: CNJ, 2022. p. 271. ISBN: 978-65-5972-044-6. Disponível em: https://www.cnj.jus.br/wp-content/uploads/2022/02/relatorio-contencioso-tributario-final-v10-2.pdf. Acesso em: 31 mar. 2023.

490 Sobre ações exacionais e antiexacionais, Paulo Cesar Conrado esclarece que as manifestações exacionais são as demandadas por provocação do Fisco, partindo da premissa de que crédito posto não foi adimplido. As medidas antiexacionais são as demandadas por iniciativa do sujeito passivo, operando em sentido bem diverso: tomam o tributo (posto, pressuposto ou pago) como algo juridicamente eivado de vício. Ver em: https://www.conjur.com.br/2021-mai-04/paulo-conrado-medidas-exacionais-antiexacionais. Acesso em: 08 mai. 2023.

tância, que ocorre também nas capitais dos estados, pode indicar um acúmulo de processos nesses locais e ocasionar atraso na tramitação processual.[491]

Por sua vez, o relatório Justiça em Números de 2023, do CNJ, p. 57, divulgou o total de despesas do judiciário em 2022 (fig. 20 do relatório). Reproduzimos os números na tabela 5, abaixo, consideramos apenas órgãos que julgam temas tributários).

**TABELA 5 – DESPESA DO PODER JUDICIÁRIO EM 2022 – ÓRGÃOS QUE JULGAM MATÉRIA TRIBUTÁRIA**

| RAMO DA JUSTIÇA | DESPESA |
|---|---|
| Justiça Estadual | R$ 70.844.608.061 |
| Justiça Federal | R$ 12.509.571.432 |
| Tribunais Superiores | R$ 3.913.960.292 |
| TOTAL | R$ 87.268.139.785 |

Fonte: Justiça em números – CNJ. Quadro elaborado por Reginaldo Angelo dos Santos

As despesas totais do Poder Judiciário, que correspondem a 1,2% do PIB nacional, ou a 2,23% dos gastos totais da União, dos estados, do Distrito Federal e dos municípios[492], é suportada por toda a sociedade. Segundo o CNJ em 2022, o custo pelo serviço de Justiça foi de R$ 540,06 por habitante, R$ 24,70 a mais do que em 2021, o que representa aumento de 4,8%."[493] Ainda no que se refere à sociedade, esta deve arcar, além dos gastos estatais, também com seus próprios custos para administração da carteira de contencioso, especialmente com advogados e custas judiciais.

Priscilla Faricelli de Mendonça já chamava a atenção para a ineficiência e ineficácia do sistema tradicional de solução de conflitos em matéria tributária, apontando dois aspectos: a notória morosidade do judiciário e os ele-

491 BRASIL. Conselho Nacional de Justiça - CNJ. *Diagnóstico do contencioso judicial tributário brasileiro : relatório final de pesquisa* / Conselho Nacional de Justiça; Instituto de Ensino e Pesquisa. – Brasília: CNJ, 2022. p. 273. ISBN: 978-65-5972-044-6. Disponível em: https://www.cnj.jus.br/wp-content/uploads/2022/02/relatorio-contencioso-tributario-final-v10-2.pdf. Acesso em: 31 mar. 2023.

492 BRASIL, Conselho Nacional de Justiça. *Justiça em Números 2023* / Conselho Nacional de Justiça – Brasília: CNJ, 2023, p. 57. 326 p. Disponível em: https://www.cnj.jus.br/wp-content/uploads/2023/09/justica-em-numeros-2023-010923.pdf. Acesso em: 2 out. 2023. ISBN: 978-65-5972-116-0.

493 BRASIL, Conselho Nacional de Justiça. *Justiça em Números 2023* / Conselho Nacional de Justiça – Brasília: CNJ, 2023, p. 58. 326 p. Disponível em: https://www.cnj.jus.br/wp-content/uploads/2023/09/justica-em-numeros-2023-010923.pdf. Acesso em: 2 out. 2023. ISBN: 978-65-5972-116-0.

vados custos do processo estatal, que compreendem não apenas as custas e emolumentos, mas também os dispêndios com: (i) honorários advocatícios e; (ii) despesas e ações decorrentes da medida judicial.[494]

Maria Rita Ferragut, ao discorrer sobre o procedimento de responsabilização de terceiros por débitos tributários e seus impactos na redução do contencioso judicial, destaca o seguinte ponto acerca do custo do Poder Judiciário.

> [...] segundo o CNJ, o custo da máquina judiciária brasileira é de aproximadamente 85 bilhões de reais, embora apenas 11% desse total seja custeado por meio de taxas judiciárias, custas e emolumentos, vale dizer, 89% da atuação judiciária é subsidiada pela sociedade. Os litigantes pagam pequena fração da conta, enquanto o restante é sustentado com dinheiro que, ao invés de ir para a sociedade saúde, educação, infraestrutura, segurança, etc, direciona-se a resolução de conflitos.[495]

Priscila Faricelli de Mendonça lembra que estudo inédito do Instituto de Pesquisa Econômica Aplicada - IPEA e CNJ, produzido em 2011, apontou que o custo unitário de um processo de execução fiscal federal, à época, considerando apenas a máquina judiciária estatal, excluindo a remuneração dos advogados públicos, chegava a R$ 4.368,00 (custo ponderado da remuneração dos servidores, que são incorridos inclusive no período em que não há movimentação nos processos).[496] Atualizando o valor mencionado pelo Índice Geral de Preços – Mercado (IGP-M), calculado mensalmente pelo Instituto Brasileiro de Economia da Fundação Getulio Vargas (FGV IBRE), no período entre julho/2011 e junho/2023 chegaríamos em R$

---

494 MENDONÇA, Priscila Faricelli de. *Transação e Arbitragem nas Controvérsias Tributárias*. Dissertação de Mestrado. São Paulo. Faculdade de Direito da Universidade de São Paulo, 2013, f. 23. Disponível em: https://www.teses.usp.br/teses/disponiveis/2/2137/tde-12022014-135619/publico/dissertacao_mestrado_final_Priscila_Faricelli_de_Mendonca.pdf. Acesso em 26 fev. 2023.

495 FERRAGUT, Maria Rita. *Procedimento administrativo de reconhecimento de responsabilidade de terceiros (PARR) e a redução do contencioso judicial*. *In*: PISCITELLI, Tathiane; MASCITTO, Andréa; MENDONÇA, Priscila Faricelli de. (coord). Arbitragem Tributária. Desafios institucionais brasileiros e a experiência portuguesa, 2. ed. São Paulo: Revista dos Tribunais, 2019. p. 390. ISBN: 978-85-5321-920-9.

496 MENDONÇA, Priscila Faricelli de. *Transação e Arbitragem nas Controvérsias Tributárias*. Dissertação de Mestrado. São Paulo. Faculdade de Direito da Universidade de São Paulo, 2013, f. 22. Disponível em: https://www.teses.usp.br/teses/disponiveis/2/2137/tde-12022014-135619/publico/dissertacao_mestrado_final_Priscila_Faricelli_de_Mendonca.pdf. Acesso em 26 fev. 2023.

10.431,65 de custo da estrutura judiciária por processo de execução fiscal, conforme demonstrado pela figura 13, abaixo:[497]

**FIGURA 9 – ATUALIZAÇÃO DO CUSTO UNITÁRIO POR PROCESSO (EXECUÇÃO FISCAL)**

| Dados básicos da correção pelo IGP-M (FGV) | |
|---|---|
| Dados informados | |
| Data inicial | 07/2011 |
| Data Final | 06/2023 |
| Valor nominal | R$ 4.368,00 (REAL) |
| Dados calculados | |
| Índice de correção no período | 2,38819880 |
| Valor percentual correspondente | 138,819880% |
| Valor corrigido na data final | R$ 10.431,65 (REAL) |

Fonte: Banco Central do Brasil – Calculadora do cidadão.

Frise-se que no âmbito da PGFN, diversas medidas foram adotadas visando amenizar o problema do contencioso judicial, especialmente no âmbito das execuções fiscais, tais como: o Regime diferenciado de Cobrança de Créditos – RDCC (Portaria PGFN 396/2016), onde débitos abaixo de R$ 1.000.000,00 (um milhão de reais) deixam de ser cobrados judicialmente, para serem exigidos por meio de medidas administrativas, como o protesto, no que foi seguida por alguns estados e municípios, variando apenas os valores envolvidos.[498] Destacam-se ainda as Portarias PGFN 360/2018 e 742/2018, que autorizam e disciplinam a realização de modalidades específicas de negócio jurídico processual, e a Lei n.º 13.988/2020, que instituiu a transação tributária na resolução de litígios.

Estas medidas são louváveis, mas levam em consideração o crédito tributário já constituído e inscrito em dívida ativa e não afastam da apreciação do poder estatal as ações antiexacionais, tampouco as exacionais, em sua plenitude. A arbitragem tributária, por outro lado, poderia ser implementada para discutir o próprio lançamento tributário, podendo o tribunal

**497** BANCO CENTRAL DO BRASIL. *Calculadora do cidadão*. Disponível em: https://www3.bcb.gov.br/CALCIDADAO/publico/exibirFormCorrecaoValores.do?method=exibirFormCorrecaoValores#. Acesso em: 09 jul. 2023.

**498** Em 28/11/2018, o Superior Tribunal de Justiça, ao julgar o REsp 1686659/SP, sob o rito dos recursos repetitivos (tema 777), decidiu que a Fazenda pública possui interesse e pode efetivar o protesto da CDA, documento de dívida, na forma do art. 1º, parágrafo único, da Lei 9.492/1997, com a redação dada pela Lei 12.767/2012. Relator: HERMAN BENJAMIN. Afetação: 23/03/2018. Julgado em 28/11/2018.Trânsito em Julgado: 10/05/2019. Acórdão publicado em11/03/2019.

arbitral, além de evitar a judicialização da matéria, colaborar para a desoneração do judiciário e, em determinados casos, a própria atuação das Procuradorias, no sentido de evitar longos e custosos processos judiciais.

Não há dúvida, portanto, especialmente se considerarmos a experiência brasileira na arbitragem comercial, que os custos do processo podem ser impeditivos para sua adoção em determinadas situações. Há de se avaliar não apenas os benefícios oriundos do processo arbitral, mas também o valor que esse método de solução de disputas demandará. Para conflitos de valor elevado para os padrões do sujeito passivo, a arbitragem poderá ser a melhor alternativa, desde que as despesas possam ser suportadas pelo contribuinte.

Outros casos, entretanto, de valor isoladamente reduzido, podem não ter o atrativo da resolução pela arbitragem, ao se analisar custo e benefício. Caberá ao litigante, em cada caso, fazer essa avaliação. O ponto que traz mais segurança em comparação ao sistema judicial, entretanto, é saber de antemão como o custo será repartido e o prazo de solução do conflito.

Neste sentido, o artigo 27 da LA, em que pese não se aplicar a matéria tributária, pode ser utilizado como parâmetro ao estabelecer que a sentença arbitral decidirá sobre a responsabilidade das partes acerca das custas e despesas com a arbitragem. Em outra ponta, o artigo 23 da mesma lei estabelece que a sentença arbitral será proferida no prazo estipulado pelas partes. Nada tendo sido convencionado, o prazo para a apresentação da sentença é de seis meses, contado da instituição da arbitragem ou da substituição do árbitro.

Outro argumento favorável à arbitragem, que aproveita a toda a sociedade, é que os custos do processo arbitral são suportados somente pelas partes que dele participam, sendo, portanto, um sistema mais justo se considerarmos que os custos do judiciário são suportados por todos, mesmo não sendo parte do processo.

Andréa Mascitto, Tathiane Piscitelli e Priscila Faricelli de Mendonça destacam questão importante decorrente de um dos PL de arbitragem tributária em tramitação, acerca dos custos, que em nossa opinião poderá ser debatido e aproveitado em outros projetos, como forma de se evitar que o processo se torne inviável. Pontuam as autoras:

> [...] É de conhecimento geral que as arbitragens comerciais têm custo elevado, o que faz com que alguns sejam descrentes da sua efetividade no direito tributário, seja da perspectiva do acesso à jurisdição, seja em relação ao desafogamento do Poder Judiciário. A proposta, nesse ponto, é bastante razoável e indica que as despesas do processo arbitral serão adiantadas pelo contribuinte devedor e não poderão exceder o montante fixado a título de honorários advo-

catícios, os quais, por sua vez, serão limitados à metade do que seria definido em processo judicial, com base nas regras do art. 85 do Código de Processo Civil (CPC).[499]

Leonardo Varella Giannetti aponta na mesma direção ao enfatizar que o custo da arbitragem é relevante para a construção do modelo do regime em matéria tributária. Valores elevados farão com que a arbitragem seja utilizada somente para conflitos de montantes igualmente elevados, que ultrapassem a casa dos milhões de reais. Entretanto, a adoção de custas e despesas mais próximas daquelas praticadas pelo modelo judicial podem tornar a arbitragem tributária mais atrativa e fomentar sua utilização em conflitos de valores menores, auxiliando no efetivo acesso à justiça.[500]

Conforme destacamos na seção 3.3 deste estudo, o custo do processo arbitral tributário em Portugal está diretamente vinculado à forma de composição do tribunal, que incentiva a sua formação através da escolha dos árbitros pelo Conselho Deontológico do CAAD, hipótese em que o valor inicial das custas, para além de redução em 50%, são fixados a partir de uma tabela com valores menores em relação à opção de escolha dos árbitros pelas partes. Além disso, não há previsão legal de reembolso ao sujeito passivo das custas arbitrais, no caso de optar pela escolha do árbitro, mesmo sendo vencedor na demanda. Para mais informações acerca do sistema de custas em Portugal, ver seção 3.3, onde abordamos aspectos materiais e processuais da arbitragem tributária no país europeu.

Como conclusão a essa seção, podemos afirmar que a arbitragem tributária pressupõe a autonomia das partes, de forma que os litigantes saberão, de forma antecipada, senão de forma precisa, com relativa certeza, o custo do total do processo, além do prazo de duração, informações impossíveis de mensurar no processo judicial. É necessário que a arbitragem tributária, uma vez implementada, não seja estruturada para elitizar o processo. O espírito público deve permear as ações de todos que se proponham a atuar no tema, sejam árbitros, câmaras de arbitragem, advogados e auxiliares do processo arbitral.

---

**499** MASCITTO, Andréa. PISCITELLI, Tathiane. MENDONÇA, Priscilla Faricelli de. *Arbitragem tributária brasileira está no forno: iniciativa legislativa de 2019 abre espaço para a arbitragem tributária*. *In*: PISCITELLI, Tathiane; MASCITO, Andréa; FERNANDES, André Luiz Fonseca. Arbitragem Tributária no Brasil e em Portugal. Visões do Grupo de Pesquisa "Métodos Alternativos de Resolução de Disputa em Matéria Tributária" do Núcleo de Direito Tributário da FGV DIREITO SP. São Paulo: Blucher, 2022, p. 37. ISBN: 978-65-5506-516-9.

**500** GIANNETTI, Leonardo Varella. *Arbitragem no direito tributário brasileiro: possibilidade e procedimentos*. Tese de Doutorado. Belo Horizonte. Pontifícia Universidade Católica de Minas Gerais, 2017, f. 319,320: Disponível em: http://www.biblioteca.pucminas.br/teses/Direito_GiannettiLVa_1.pdf. Acesso em: 12 mar. 2023.

# 7.
# PRINCIPAIS PROJETOS DE ARBITRAGEM TRIBUTÁRIA NO BRASIL

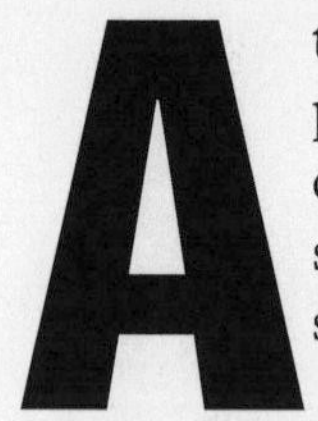

té a data de finalização deste estudo, são quatro os principais projetos de lei em tramitação no Congresso Nacional que visam a implementação da arbitragem tributária no Brasil. Em razão de suas especificidades, trataremos cada um separadamente.

## 7.1. PROJETO DE LEI ORDINÁRIA (PL) 4.257/2019

Apresentado em 06/08/2019, de iniciativa do Senador Antonio Anastasia (PSDB/MG), este projeto é resultado do trabalho realizado pela Procuradoria do Distrito Federal, pela Consultoria do Senado e pela assessoria legislativa do gabinete. Desde 02/02/2034, o Projeto encontra-se na Comissão de Constituição e Justiça do Senado Federal, aguardando distribuição e designação do relator.[501]

O texto sugere a arbitragem para devedores inscritos em dívida ativa, propondo alteração na LEF. A crítica a este projeto é que ele seria muito amplo, sem qualquer delimitação acerca da arbitragem objetiva, também chamada de matérias arbitráveis. Outro ponto considerado desfavorável

---

501 BRASIL. Senado Federal. *Projeto de Lei nº 4257, de 2019*. Modifica a Lei nº 6.830, de 22 de setembro de 1980, para instituir a execução fiscal administrativa e a arbitragem tributária, nas hipóteses que especifica. Disponível em: https://www25.senado.leg.br/web/atividade/materias/-/materia/137914. Acesso em: 11 jul. 2023.

nesse projeto é sua aplicação apenas a devedores, com débitos já inscritos em dívida ativa, uma vez que seria inserido na LEF, cuja utilização tem sido evitada pelos entes tributantes, dada a sua comprovada ineficiência na recuperação de créditos tributários.

Por fim, questão que pode comprometer sua aprovação e o fato dele trazer, em seu bojo, a figura da execução administrativa para tributos sobre o patrimônio, o que está longe de ser consenso. Em seu texto inicial, portanto, considerando a natureza para o qual foi proposto (utilização no âmbito da execução fiscal), o projeto prevê que, se o executado garantir a execução por depósito em dinheiro, fiança bancária ou seguro garantia, pode optar pela adoção de juízo arbitral para julgar os embargos ofertados, respeitados os requisitos da Lei 9.307/96[502], e os definidos no projeto, na forma do regulamento de cada entidade da Federação.

O projeto trata, portanto, de mais uma possibilidade, qual seja, a arbitragem tributária, para defesa do devedor em execução fiscal, além dos embargos à execução fiscal, do mandado de segurança, da ação de repetição do indébito e da ação anulatória do ato declarativo da dívida, previstos, respectivamente, nos artigos 16 e 38 da Lei 6.830/80 (LEF), desde que garantida a dívida por depósito em dinheiro, fiança bancária ou seguro garantia (art. 16-A).

Emenda a este artigo 16-A, de n.º 2 (CAE – substitutivo), foi proposta pelo Senador Otto Alencar (PSD/BA). A emenda acrescenta o parágrafo único ao art. 16-A, para estabelecer que, "na hipótese de haver pluralidade de executados, a opção feita por um destes, não vincula aos demais que poderão ofertar embargos a serem recebidos e apreciados pelo juiz."[503]

O parágrafo causa preocupação e poderá provocar questionamento judicial, caso aprovado, tanto pela autoridade tributária como pelo sujeito passivo, considerando não ser razoável o mesmo objeto ser discutido em instâncias distintas, que poderá gerar, igualmente, decisões distintas para o mesmo caso, ainda que para diferentes sujeitos passivos, levando a decisões que provoquem tratamento antiisonômico no âmbito do mesmo conflito.

---

**502** A lei 9.307/96 Dispõe sobre a arbitragem, mas há relativo consenso entre tributaristas que ela não se aplica a matéria tributária.

**503** BRASIL. Senado Federal. *Emenda modificativa – CAE 2. Projeto de lei nº4257, de 2019. p. 8.* Disponível em: https://legis.senado.leg.br/sdleg-getter/documento?dm=8028147&ts=1675351675473&disposition=inline&ts=1675351675473&_gl=1*1j5pwko*_ga*MTUxMzAwMDkwNi4xNjg5MTk0MTYz*_ga_CW3ZH25XMK*MTY4OTIwMjA4OC4yLjEuMTY4OTIwMzAzNy4wLjAuMA..#Emenda2. Acesso em: 12 jul. 2023.

Questão que merece ser debatida vem disposta no art. 16-B, que veda a um mesmo árbitro decidir mais de um processo do mesmo particular ou do grupo econômico do qual este faça parte o particular por ano, sendo que a emenda 2 aumenta esse limite para dois anos. Embora seja compreensível a preocupação com a independência e imparcialidade do árbitro, não vemos a restrição do número de casos julgados tendo relação direta com a atuação do árbitro. Já expusemos na seção 6.4 deste estudo a função pública exercida pelo julgador tributário, que deve encontrar na lei sua responsabilidade, inclusive pessoal, para com as decisões que proferir, sendo esta medida mais efetiva que a limitação dos casos a serem julgados.

Pontos importantes para o funcionamento da arbitragem tributária foram objeto de endereçamento pela redação original do projeto nos arts. 16-C a 16-E a da LEF. O primeiro revela preocupação com o tribunal arbitral, ao estabelecer que ele será conduzido por órgão arbitral institucional, de reconhecida idoneidade, competência e experiência na administração de processos arbitrais. De certa forma, esse dispositivo afasta qualquer possibilidade de que a arbitragem tributária seja conduzida de forma “ad hoc”, ou seja, com árbitros indicados pelas partes, com a segurança de uma instituição idônea e experiente na condução de processo arbitral, com seus regulamentos e procedimentos próprios, considerando que a arbitragem envolvendo a administração pública deve ser sempre de direito.

O Projeto recebeu ainda a emenda 1-T (CAE), do Senador Weverton (PDT/MA), que insere dois parágrafos no art. 16-C, a seguir analisados, lembrando que o texto original do projeto previa a inserção do referido artigo, munido apenas do “caput”. O parágrafo 1º, que propõe alterações ao art. 16-C, sugere a realização de processos arbitrais em matéria tributária, além de órgãos arbitrais institucionais, por entidades especializadas escolhidas pelo contribuinte, “desde que a matéria litigiosa tenha repercussão econômica ou valor de causa inferior aos parâmetros normativos mínimos fixados por cada entidade da Federação para inscrição do débito em dívida ativa, ou ajuizamento da execução fiscal.”[504]

Entendemos que a emenda poderia ser mais bem debatida. A possibilidade de o contribuinte escolher a entidade que irá conduzir a arbitragem aproxima o instituto da arbitragem “ad hoc”, que não traz a segurança necessária para a solução de temas ligados ao direito público, como a matéria

---

**504** BRASIL. Senado Federal. *Emenda modificativa – CAE 001-T. Projeto de lei nº4257, de 2019*. Disponível em: https://legis.senado.leg.br/sdleg-getter/documento?dm=7990556&ts=1675351675463&disposition=inline&ts=1675351675463&_gl=1*1rdw1b2*_ga*MTUxMzAwMDkwNi4xNjg5MTkoMTYz*_ga_CW3ZH25XMK*MTY4OTE5NDE2Mi4xLjAuMTY4OTE5NDE2Mi4wLjAuMA.. Acesso em: 12 jul. 2023.

tributária. Além disso, deixar a cargo apenas do contribuinte essa escolha viola o princípio da autonomia da vontade, presente na arbitragem.

Vale mencionar artigo de Marcela Kohl Bach de Faria e Igor Richa Alves, publicado em 3 de novembro de 2022. No texto, os autores lembram que "a tradução para a expressão latina *ad hoc* é ´para esta finalidade` ou ´para este efeito`, indicando que algo foi constituído especialmente para uma única finalidade."[505] Prosseguem afirmando que no modelo de arbitragem *ad hoc*, o processo é conduzido pelas partes e pelos árbitros, sem qualquer ingerência de uma instituição - o que concede às partes, mais autonomia na elaboração de regras procedimentais, por não haver vinculação a um regulamento de uma instituição arbitral.

Nesse sentido, reforçamos nossa posição de que a arbitragem *ad hoc* não se coaduna com a solução de conflitos oriundos das relações tuteladas pelo Direito Público, pois essa deverá, em qualquer hipótese, ser direito, sendo vedada a arbitragem por equidade, em razão da submissão do poder público ao princípio da legalidade, que dele não deve se afastar.

Outra questão que requer atenção nesse parágrafo 1º da emenda 1, é que a condição para escolha da instituição arbitral pelo contribuinte seja desde que a disputa tenha repercussão econômica ou valor de causa inferior aos parâmetros normativos mínimos fixados por cada entidade da Federação para inscrição do débito em dívida ativa, ou ajuizamento da execução fiscal.

Essa parte da emenda também conflita com a autonomia da vontade, uma vez que, independentemente do projeto aprovado, a administração tributária deverá estar vinculada à arbitragem tributária por ato legal ou infralegal (preferimos o primeiro), e, necessariamente, estabelecer as matérias arbitráveis nos limites da sua competência constitucionalmente estabelecida, o que implica também fixar parâmetros de valor. Sendo assim, além de duvidoso sob o aspecto da legalidade, a escolha da instituição pelo contribuinte poderá nunca acontecer, se não for interesse do ente público, fixado por ato competente, promover a cobrança do débito fiscal pela via heterocompositiva da arbitragem.

A emenda n.º 2 toca no mesmo ponto, propondo, entretanto, alteração no caput do art. 16-C, para estabelecer, adicionalmente, que "o processo arbitral será de direito, respeitará o princípio da publicidade, conduzido por órgão arbitral institucional ou entidade especializada previamente cre-

**505** FARIA, Marcela Kohl Bach de; ALVES, Igor Richa. *A dualidade dos modelos de arbitragem Institucional e Ad Hoc no cenário marítimo.* Disponível em: https://www.migalhas.com.br/coluna/migalhas-maritimas/376446/dualidade-dos-modelos-de-arbitragem-institucional-e-ad-hoc-maritimo. Acesso em: 12 jul. 2023.

denciado por cada unidade da Federação."[506] O princípio da publicidade é corolário da atuação da administração pública, com o que concordamos integralmente (art. 37 da CF/1988). Já o fato da emenda reforçar a arbitragem de direito e sugerir que a escolha de entidade especializada se dará dentre aquelas previamente credenciadas, afasta em grande medida a adoção da arbitragem *ad hoc*, mas segue ferindo o princípio da autonomia das partes, ao propor que, não sendo administrada por instituição, a arbitragem tributária o será mediante entidade credenciada pela unidade da federação. Foi esquecida, nesse ponto, a participação da União nesse credenciamento, para fins dos tributos federais.

O parágrafo 2º da emenda 1 ao art. 16-C sugere que, na hipótese de processo arbitral, a administração pública será notificada sobre a instauração do processo e a celebração da convenção de arbitragem pela autoridade competente.

A crítica com relação a este parágrafo também se relaciona à ideia de instauração do processo arbitral idealizado pelo projeto. Com fundamento no princípio da legalidade, já mencionado, a celebração do que preferimos chamar de compromisso arbitral deverá necessariamente ser previamente estabelecido por lei do ente tributante, cabendo à administração tributária, por ato vinculado, aderir à arbitragem, desde que obedecidos previamente os requisitos estabelecidos pelo ente público a que esteja vinculada.

A notificação, no nosso entendimento, seria no sentido de dar ciência à administração tributária do desejo do contribuinte em solucionar aquele conflito específico através da arbitragem tributária, cabendo à autoridade apenas avaliar se estão presentes todos os requisitos previstos em lei e atos normativos, descabendo qualquer análise discricionária.

O parágrafo 1º da emenda 2 também trata do tema da comunicação, no mesmo sentido da emenda 1, o que nos leva a reiterar os comentários já efetuados. Acrescenta ainda, no parágrafo 2º, que será assegurada a confidencialidade dos documentos considerados sigilosos pela legislação brasileira.

A questão da confidencialidade é bastante ampla, da forma como colocado na emenda, ao fazer referência à legislação brasileira, e não somente

---

**506** BRASIL. Senado Federal. *Emenda modificativa – CAE 2. Projeto de lei nº4257, de 2019. p. 8.* Disponível em: https://legis.senado.leg.br/sdleg-getter/documento?dm=8028147&ts=1675351675473&disposition=inline&ts=1675351675473&_gl=1*1j5pwko*_ga*MTUxMzAwMDkwNi4xNjg5MTk0MTYz*_ga_CW3ZH25XMK*MTY4OTIwMjA4OC4yLjEuMTY4OTIwMzAzNy4wLjAuMA..#Emenda2. Acesso em: 12 jul. 2023.

à tributária, podendo ensejar a nulidade de todo o processo no caso de qualquer norma que trata da confidencialidade seja violada.

Melhor seria se o texto fizesse referência à legislação tributária brasileira, cujos contornos acerca do sigilo de informações são delineados pelos arts. 198 e 199 do CTN e pelos artigos 6º e 7º da Lei Complementar n.º 105, de 10 de janeiro de 2001, no que respeita ao exame de documentos, livros e registros de instituições financeiras.

Embora não faça parte do texto, chama a atenção a última parte do quinto parágrafo da justificativa da emenda 1, ao afirmar que a previsão legal da adoção da arbitragem para solucionar conflitos tributários "se revela como uma solução adequada para minimizar o alto índice de ineficiência estatal na recuperação de seus créditos tributários, restringindo, ainda, o alto percentual de inadimplência e evasão fiscal."[507]

É necessário afastar a premissa que a arbitragem tributária se presta somente à recuperação de créditos em favor do fisco. Esta pode ser uma das consequências, sendo a outra, o conflito se resolver a favor do sujeito passivo, como ocorre no processo judicial estatal, de natureza heterocompositiva, onde um terceiro ou terceiros imparciais decidem o litígio, assim como no processo arbitral.

Os artigos 16-D e 16-E propostos para a LEF no texto original do projeto, reforçados pela emenda 2, que estende o tratamento às despesas, buscam vincular os honorários arbitrais ao mecanismo do art. 85 do CPC/2015, bem como, limitá-los à metade do que seria fixado no processo judicial, sendo que as despesas do processo arbitral devem ser adiantadas pelo executado e não podem exceder o montante fixado a título de honorários advocatícios. São dispositivos extremamente importantes para que a arbitragem tributária seja acessível também a pequenos contribuintes e utilizada em casos de menor valor.

O art. 16-E da emenda 2 trata da questão abordada no capítulo 5.3 deste estudo, seguindo na mesma direção, qual seja, que a decisão arbitral deverá obedecer ao sistema de precedentes. A questão que difere da nossa opinião limita-se ao momento da existência do precedente, pois a emenda sugere que elas sejam anteriores ao recebimento da notificação arbitral ou da decisão do pedido de esclarecimentos.

---

**507** BRASIL. Senado Federal. *Emenda modificativa – CAE. Projeto de lei nº4257, de 2019.* Disponível em: https://legis.senado.leg.br/sdleg-getter/documento?dm=7990556&ts=1675351675463&disposition=inline&ts=1675351675463&_gl=1*1rdw1b2*_ga*MTUxMzAwMDkwNi4xNjg5MTkoMTYz*_ga_CW3ZH25XMK*MTY4OTE5NDE2Mi4xLjAuMTY4OTE5NDE2Mi4wLjAuMA.. Acesso em: 12 jul. 2023.

Entendemos que, tratando-se de decisão que implique prestação continuada, o precedente também deve ser aplicado mesmo se posterior à sentença arbitral, evitando-se, assim, que a sentença arbitral resulte em regime especial, diferenciado ou individual de tributação. Em linhas gerais, é importante ressaltar que somos contrários a que o tribunal arbitral aprecie questões constitucionais, como explorado na seção 6.2 desse trabalho.

Embora represente um avanço no sentido de implantação da arbitragem tributária no Brasil, o projeto precisa ser aperfeiçoado. Para mais dos pontos já mencionados, ele é considerado bastante aberto, dando margem a que qualquer matéria e qualquer valor seja decidido pela via da arbitragem, na fase de execução fiscal. Além disso, a proposta determina a obediência aos requisitos da Lei 9.307/1996, que trata da arbitragem comercial, sendo que há relativo consenso entre os tributaristas, que esta lei não é adequada para regular a arbitragem tributária.

Pelo fato de propor alterações na LEF, trata-se de proposta de lei ordinária, e dessa forma, não permite que se proponha alterações no CTN, que podem ser fundamentais para termos uma arbitragem tributária que tenha menos possibilidade de ser contestada no judiciário. Na seção 5.2 citamos os artigos do CTN que, em nosso entendimento, deveriam ser alterados para uma implantação segura da arbitragem tributária, entre eles, o art. 151, para inserção de um inciso prevendo a suspensão da exigibilidade do crédito tributário durante o processo arbitral, e o art. 156, para inserir entre as hipóteses de extinção do crédito tributário a sentença arbitral.

Como conclusão a essa seção, cabe enfatizar o fato de o PL 4.257 sugerir a arbitragem tributária para devedores inscritos em dívida ativa, propondo alteração na LEF. Não obstante, há um claro movimento dos entes tributantes, especialmente a União, em utilizar a execução fiscal quase que como última alternativa, dando preferência a métodos como a transação tributária e o negócio jurídico processual, além da execução seletiva e do RDCC, visando justamente evitar ou pôr fim à discussão judicial do crédito tributário.

## 7.2. PROJETO DE LEI ORDINÁRIA (PL) 4.468/2020

Apresentado em 03/09/2020, de iniciativa da Senadora Daniella Ribeiro (PP/PB),[508] o projeto tem como origem a proposta apresentada pelos Profes-

508 BRASIL. Senado Federal. *Projeto de Lei n° 4468, de 2020*. Institui a arbitragem especial tributária e dá outras providências. Disponível em: https://legis.senado.leg.br/sdleg-getter/documento?dm=8886181&ts=1599168037085&disposition=inline. Acesso em: 14 jul. 2023.

sores Heleno Torres, Selma Lemes e pela advogada Priscila Faricelli. Como principais pontos do projeto, destacamos a determinação de que a arbitragem tributária poderá ser instaurada no curso da fiscalização, mediante solicitação do contribuinte ou provocação da Administração, para prevenir conflitos sobre matérias de fato.

Além disso, o projeto sugere que a arbitragem não será permitida nos casos de crédito tributário constituído, e veda a discussão sobre constitucionalidade e discussão sobre lei em tese (art. 1º e parágrafo único, c/c art. 2º, caput). Daniella Zagari e Julia Mendes também destacam a questão, ao pontuar que o PL 4.468/2020 prevê a instituição de arbitragem especial tributária para prevenir litígios, ou seja, "em momento anterior à constituição do crédito tributário (no curso da fiscalização, em processos de consulta ou para fins de apuração de valores a compensar), mediante a solução de controvérsias relativas exclusivamente a matéria de fato."[509]

Verifica-se caráter conservador e restritivo do projeto ao não permitir discussão do crédito tributário e determinar a utilização da tributária arbitragem apenas as matérias de fato. Em nosso entendimento, haveria certa dificuldade em discutir somente matéria de fato perante a Fazenda Pública, haja vista o Princípio da Legalidade a que se submete a Administração, uma vez que as questões de Direito sempre estarão presentes nessas discussões. Segundo a justificativa dos seus autores, apresentar um projeto mais modesto seria uma forma de evitar questionamentos acerca de sua legitimidade por falta de previsão no CTN, que deveria se dar por alteração via lei complementar.

Stella Bittar Segalla e Reginaldo Angelo dos Santos pontuam que o professor Heleno Torres, um dos autores do projeto, em evento promovido pelo Núcleo de Estudos Fiscais da Fundação Getúlio Vargas, em que se discutiu a viabilidade da instituição da arbitragem tributária no Brasil,[510] defendeu a ideia da não aplicação da arbitragem para discutir créditos tributários já constituídos, utilizando-a apenas para prevenir litígios. Segundo o professor Heleno, discussões de matéria de mérito, de direito, pela via

---

**509** ZAGARI, Daniella. MENDES, Julia. *Garantia integral do crédito tributário e arbitragem tributária: as garantias e o acesso à instância arbitral tributária. In:* PISCITELLI, Tathiane; MASCITO, Andréa; FERNANDES, André Luiz Fonseca. Arbitragem Tributária no Brasil e em Portugal. Visões do Grupo de Pesquisa "Métodos Alternativos de Resolução de Disputa em Matéria Tributária" do Núcleo de Direito Tributário da FGV DIREITO SP. São Paulo: Blucher, 2022, p. 85. ISBN: 978-65-5506-516-9.

**510** FGV DIREITO SP: *Viabilidade de implementação da arbitragem tributária no Brasil.* 12/09/2019. Disponível em: https://www.youtube.com/watch?v=bbrav5eoss8. Acesso em: 14 jul. 2023.

arbitral, merecem muita reflexão. Para ilustrar, menciona o seguinte caso hipotético: uma sentença arbitral declara a inconstitucionalidade e posteriormente o STF declara constitucional o tributo. O caso poderia instaurar uma série de discussões, tais como o cabimento ação rescisória ou não, e como seria a revisão da coisa julgada, concluindo ser uma questão que deve ser muito bem avaliada.

Heleno Torres frisou ainda que no Brasil, este problema deve ser resolvido envolvendo três entes da federação: União, Estados e Municípios. Também destacou a necessidade de lei complementar "para dar conforto aos procuradores e juízes, a fim de evitar discussões de direito mais complexas que leve anos para serem resolvidas pelo judiciário, como ocorreu com a Lei de Arbitragem (9.307/96)."[511]

Em nossa opinião, limitar um instituto tão importante como a arbitragem tributária a possíveis matérias de fato seria sub utilizar esse instituto. Entendemos ser justificáveis as razões dos autores do anteprojeto, começando de uma forma mais modesta para depois consolidar o regime no Brasil, mas acreditamos haver espaço para um escopo mais amplo.

Nos incisos I a III do art. 2º propõe a vedação à arbitragem tributária discutir matéria constitucional, lei em tese e decidir de forma contrária ao sistema de precedentes. Trataremos cada vedação separadamente. Quanto à discussão de matéria constitucional pela via arbitral, já manifestamos nossa posição desfavorável a tal prática, na seção 6.2 desse trabalho. Entre outras razões, como a possibilidade de produção de norma individual e concreta antiisonômica e a insegurança jurídica quanto à definitividade da sentença arbitral, entendemos que a restrição decorre do texto constitucional, que vincula a apreciação de tais temas à análise do Poder Judiciário. Somos favoráveis, portanto, à vedação proposta pelo projeto.

Faltaria ao tribunal arbitral tributário competência para julgar matéria constitucional. Independentemente de outros efeitos decorrentes dessa prática, caso adotada, tais como a possibilidade de produção de norma individual e concreta antiisonômica e a insegurança jurídica quanto à definitividade da sentença arbitral, nos pautamos objetivamente na vedação expressa do artigo 97 da CF/1988, já mencionado.

---

**511** SEGALLA, Stella Bittar; SANTOS, Reginaldo Angelo dos. *Viabilidade da implementação da arbitragem tributária no Brasil: matérias tributárias arbitráveis. In:* PISCITELLI, Tathiane; MASCITO, Andréa; FERNANDES, André Luiz Fonseca. Arbitragem Tributária no Brasil e em Portugal. Visões do Grupo de Pesquisa "Métodos Alternativos de Resolução de Disputa em Matéria Tributária" do Núcleo de Direito Tributário da FGV DIREITO SP. São Paulo: Blucher, 2022, p. 41. ISBN: 978-65-5506-516-9.

O tema relativo ao sistema de precedentes na arbitragem tributária também foi objeto da seção 6.2 desse estudo. Em linha com o PL 4.468, firmamos posição quanto à necessidade de vinculação ao sistema de precedentes pelo tribunal arbitral - com as ressalvas para o *distinguisinhg* e o *overruling*, que deverão ser cabalmente demonstrados - pelas mesmas razões da vedação à apreciação de matéria constitucional, quais sejam, evitar a criação de norma anti-isonômica e a transposição da insegurança jurídica para o processo arbitral. Além disso, respeitar os precedentes significa obedecer ao direito posto em razão da vedação ao julgamento por equidade na arbitragem perante a administração pública.

Sobre vedar a discussão de lei em tese, entendemos que seria necessário maior esclarecimento por parte do projeto. Se não há conflito instaurado, concordamos que haja vedação à discussão da lei apenas em tese pela via da arbitragem, sobre um potencial conflito, que ainda não se efetivou. Ocorre que esse mesmo projeto propõe em seu art. 12, propõe a introdução do art. 48-A à Lei 9.430/1996, para que as consultas que envolvam questões fáticas e sua qualificação jurídica possam ser solucionadas por arbitragem especial tributária.

Entendemos que esse art. 12 contradiz em parte a vedação do inciso II do art. 2º, uma vez que, no processo de consulta, pode ocorrer a discussão de lei em tese, quando ainda não há um conflito instaurado, hipótese em que o sujeito passivo, de forma conservadora, prefere agir preventivamente, obtendo o entendimento da autoridade tributária antes de realizar a operação.

O art. 46 do Decreto 70.235/1972 sugere essa interpretação, pois, embora determine que o sujeito passivo possa formular consulta sobre dispositivos da legislação tributária aplicáveis a fato determinado, não veda a consulta de caráter preventivo. Seria, portanto, recomendável uma ressalva no inciso II do art. 2º, que tal vedação não se aplica ao art. 12, deixando clara a possibilidade de submissão à arbitragem de consultas tributárias, de forma preventiva, antes da instauração do conflito, com o intuito de evitá-lo.

No art. 3º, XII, do projeto, veda a realização da arbitragem tributária *ad hoc*, ao estabelecer que a arbitragem especial será necessariamente institucional. Já nos manifestamos ao longo desse estudo, nosso posicionamento contrário à arbitragem *ad hoc*, onde os árbitros são escolhidos em comum acordo entre as partes e conduzem o processo sem a participação de uma câmara arbitral. Como já mencionado, esse regime não traz a segurança necessária que a arbitragem em matéria tributária requer.

Já o art. 4º do PL determina que o tribunal arbitral será necessariamente formado por três árbitros. Nossa opinião é que a imposição de três árbitros pode elevar o custo da arbitragem e afastar o processo para casos de pequeno valor e menor complexidade. Uma sugestão seria a Lei estabelecer hipótese de utilização de árbitro individual, em razão da matéria ou valor, como ocorre no regime português.

Se a decisão proferida pelo Tribunal Arbitral não for unânime, o §7º do art. 4º do PL prevê ainda a figura do árbitro desempatador. A denominação em princípio causa-nos estranheza, uma vez que, sendo um tribunal composto por três árbitros, não haveria empate. A figura é reforçada pelo art. 9º do projeto que assim vem redigido:

> Art. 9º Na hipótese de decisão não unânime entre os três árbitros, será designado árbitro desempatador no prazo de 30 dias, se assim estiver previsto pelas partes no compromisso arbitral. Parágrafo único. O árbitro desempatador analisará toda a documentação do processo e emitirá decisão **adotando uma das posições anteriores,** justificando-as, sendo vedada a reabertura da instrução processual para determinar a realização de novas provas e diligências. (**destacamos**)

Esclarecendo a questão em evento sobre o tema, a Professora Selma Lemes, uma das coautoras do projeto, explicou não se tratar de um desempatador, e que o nome veio da tradução literal de uma expressão utilizada no sistema norte americano, importada do direito francês, o *impai*.[512] Ainda segundo a coautora do projeto, trata-se, na verdade, de árbitro que servirá para reforçar e dar mais certeza à decisão arbitral, uma segunda opinião que decide o caso e não o desempate, sendo que esta figura não é obrigatória, pois vai depender do compromisso arbitral celebrado.

Cabe destacar que a figura do árbitro desempatador, que seria obrigado a adotar uma das posições dos árbitros anteriores, não é desconhecida do ordenamento jurídico pátrio. O CPC/1939, ao tratar, no Livro IX, do Juízo Arbitral, previa no *caput* do art. 1.037 que o laudo seria deliberado em conferência, por maioria de votos, e, em seguida, reduzido a escrito por um dos árbitros. Em seguida, no § 1º, determinava: "Havendo empate, o Árbitro desempatador será convocado para, no prazo de vinte (20) dias, **adotar uma das decisões.**" (grifamos)[513]

---

512 Segundo o dicionário online francês-português e buscador de traduções Linguee, o termo pode ser traduzido para o português como ímpar. Ex. Se a convenção arbitral previr um número par de árbitros, o Tribunal Arbitral será composto por um número ímpar de árbitros superiores ( *Si la Convention d'arbitrage prévoit un nombre pair d'arbitres, le Tribunal Arbitral est composé du nombre* ***impair*** *supérieur d'arbitres*). aryme.com.

513 BRASIL. Presidência da República. Decreto-Lei nº 1.608, de 18 de setembro de 1939. *Código de Processo Civil.* Rio de Janeiro: CLBR de 31.12.1939. Disponível em: http://www.

O tema, entretanto, se colocava em situação distinta, qual seja, no caso de empate no julgamento. Ainda assim, o professor Alfredo Buzaid, em prova escrita para o concurso à cátedra de Direito Judiciário Civil, iniciado a 15 de março de 1958, em texto denominado *Do juízo arbitral*, já chamava a atenção para a seguinte questão, com relação ao citado art. 1.037:

> O texto legal parece indicar a obrigação de o terceiro desempatador adotar um dos votos. Pode ocorrer, porém, que não esteja convencido da procedência de nenhum. A lei não pode impor que alguém julgue contra a sua convicção. Embora não estivesse tal caso indicado entre os que acarretam a extinção do compromisso, parece-nos que essa é a conseqüência lógica.[514]

Entendemos que não depõe a favor do processo arbitral a necessidade de um quarto árbitro para confirmar a decisão tomada pelos anteriores. José Eduardo Toledo opina da seguinte maneira acerca da proposta de árbitro desempatador pelo PL 4.468:

> Outra figura inovadora no projeto de lei em estudo (e não menos polêmica) é a do "árbitro desempatador", no caso de o laudo arbitral não ser unânime e se assim estiver previsto no compromisso arbitral. Essa pessoa sui generis (não existente em qualquer outra legislação que trate verdadeiramente sobre arbitragem), aparece com a missão de analisar os documentos do processo para emitir uma decisão adotando uma das posições anteriores (vencedora ou vencida). Veja-se que se o "árbitro desempatador" concordar com a posição vencedora, estar-se-á diante de uma nova decisão não unânime; de outro lado, se concordar com a posição vencida, haverá novo empate, sem qualquer previsão de como deverá ocorrer o desempate. A existência desse "desempatador" somente servirá para aumento em custos, além de dilatar o prazo para a obtenção da "sentença arbitral".[515]

Em que pese ser opção das partes, no PL 4.468, por não se referir a hipótese de empate no julgamento, a questão poderia ser mais bem esclarecida, pois as razões que levaram à sua inclusão poderiam ser superadas pelos critérios na escolha, especialidade e pela própria autonomia dos árbitros.

O art. 12 do projeto propõe ainda a inclusão dos §§ 19 a 21 ao art. 74 da lei 9.430/1996, para tratar da quantificação do crédito decorrente de decisão judicial transitada em julgado por meio da arbitragem. Aqui há uma inversão dos fatos. Uma vez que o conflito fora decidido favoravelmente

---

planalto.gov.br/ccivil_03/decreto-lei/1937-1946/del1608.htm. Acesso em: 15 jul. 2023.

514 BUZAID, Alfredo. *Do juízo arbitral*. Prova escrita no concurso à cátedra de Direito Judiciário Civil, iniciado a 15 de março de 1958. p. 194. Disponível em: https://www.revistas.usp.br/rfdusp/article/download/66347/68957/87734. Acesso em: 15 jul. 2023.

515 TOLEDO, José Eduardo. *Arbitragem tributária e o PL 4468/2020*. Fonte – JOTA, 09/09/2020. Disponível em: https://www.ibet.com.br/arbitragem-tributaria-e-o-pl-4468-2020/. Acesso em: 15 jul. 2023.

ao sujeito passivo, caberia à administração tributária homologar o valor do crédito passível de restituição ou compensação. A questão tem relevância inclusive para a extinção do crédito tributário pela compensação, nos termos do art. 156, II, do CTN.

Além disso, todo o contexto do art. 74 da lei 9.430/1996, ao tratar da restituição, ressarcimento ou compensação de crédito pelo sujeito passivo, inclusive os judiciais com trânsito em julgado, são pautados pela expressa homologação dos valores, que fica a cargo da Secretaria da Receita Federal. Marcelo Ricardo Wydra Escobar[516] ressalta, neste aspecto, que o PL 4468 estabelece "uma forma de 'quantificação de crédito reconhecido judicialmente e passível de compensação', ou, na verdade, um processo de arbitramento — e não arbitragem — na esteira do que previa o Decreto n.º 2.647/1860 em seus artigos 559, 565, 566 e 570." [517] A quantificação do crédito a ser restituído não nos parece, portanto, matéria que poderia ser submetida à arbitragem. Mesmo o art. 150 do CTN, ao se referir à homologação para extinção do crédito tributário, determina essa tarefa à autoridade administrativa.

O projeto ainda traz, no art. 13, como aplicação subsidiária a lei n.º 13.988/2020, que trata da transação tributária. Ainda segundo a Professora Selma Lemes, esta referência não foi pauta de discussão dos autores, já que foi adicionada depois da apresentação do projeto, e que é trazer o exemplo positivo da transação ao instituto da arbitragem. Neste aspecto é possível argumentar, de forma contrária, que, uma vez prevista em lei, a aplicação de um regime autocompositivo como subsidiário à arbitragem, que é heterocompostivo, poderia causar confusão entre os institutos, prejudicando especialmente a arbitragem, que garante neutralidade à solução do conflito.

## 7.3. PROJETO DE LEI COMPLEMENTAR (PLP) 17/2022

O referido projeto foi apresentado em 10/03/2022, de autoria dos Deputados Felipe Rigoni - UNIÃO/ES, Tiago Mitraud - NOVO/MG, Josivaldo Jp - PODE/MA e outros parlamentares, e visa precipuamente implantar um

516 ESCOBAR, Marcelo Ricardo Wydra. *Um devaneio noturno, o PL nº 4.468/20 e a 'arbitragem' especial tributária.* Revista eletrônica Consultor Jurídico. 04/09/2020. Disponível em: https://www.conjur.com.br/2020-set-04/marcelo-escobar-arbitragem-especial-tributaria. Acesso em: 15 jul. 2023.

517 O Decreto 2.647, de 1860, estabelecia em sua ementa: "Manda executar o Regulamento das Alfandegas e Mesas de Rendas." Os arts. 559, 565, 566 e 570 estabeleciam formas de solução de conflitos em casos de dúvidas sobre tributos a recolher nos despachos de mercadorias, cuja solução recaía no arbitramento.

Código de Defesa do Contribuinte. Para efeito deste estudo, utilizaremos a versão aprovada no plenário da Câmara dos Deputados em 0811/2022 e enviada ao Senado Federal em 17/11/2022.[518] O projeto, no entanto, vem sofrendo críticas por abranger outros temas, relevantes, porém controversos, tal como, a alteração do prazo de prescrição do crédito tributário de 5 (cinco) para 3 (três) anos, entre outras disposições, havendo quem o considere como código de defesa do contribuinte e outros, como código de defesa do sonegador.[519]

Por receber trinta emendas, e também por tratar, sob o prisma principal, da implementação de um Código de Defesa do Contribuinte, é importante fazer um recorte sobre o que tratará esse estudo, com relação a esse projeto. No que interessa ao tema da arbitragem tributária, objeto desse estudo, trabalharemos com a redação final, aprovada no Plenário da Câmara dos Deputados em 08/11/2022 (ainda não há movimentação no Senado Federal) e nos concentraremos no Capítulo VII – Das demais alterações legislativas, mais especificamente no art. 60, no que respeita às propostas de alteração no CTN.

Em artigo publicado no Jornal Valor Econômico, reproduzido pela Associação Paulista de Estudos Tributários – APET, Tathiane Piscitelli aborda a questão das alterações necessárias no CTN para viabilizar a arbitragem tributária, da seguinte forma:

> Nesse aspecto, o primeiro ponto fundamental se situa em torno da necessidade de alteração do Código Tributário Nacional, para que a instauração da arbitragem seja hipótese de suspensão da exigibilidade do crédito tributário e, ainda, para que a sentença arbitral seja incluída dentre as causas de extinção do crédito tributário. A partir disso, considerando a competência legislativa da União para tratar de temas processuais, poderíamos ter um modelo geral de arbitragem, que poderia, inclusive, ser replicado em Estados e municípios.[520]

---

518 BRASIL. Câmara dos Deputados. *Projeto de lei complementar 17/2022*. Estabelece normas gerais relativas a direitos, garantias e deveres do contribuinte, principalmente quanto a sua interação perante a Fazenda Pública e dispõe sobre critérios para a responsabilidade tributária. https://www.camara.leg.br/proposicoesWeb/prop_mostrarintegra?codteor=2213458&filename=PEP%201%20CCJC%20=%3E%20PLP%2017/2022. Acesso em: 17 jul. 2023.

519 SCAFF, Fernando Facury. *Código de defesa do pagador de impostos entre Holmes e Marshall.* Revista eletrônica Consultor Jurídico. 25/07/2022. Disponível em: https://www.conjur.com.br/2022-jul-25/justica-tributaria-codigo-defesa-pagador-impostos-entre-holmes-marshall. Acesso em 16 jul. 2023.

520 PISCITELLI, Tathiane. *Métodos adequados de resolução de conflitos na reforma processual tributária.* Disponível em: https://apet.org.br/artigos/metodos-adequados-de-resolucao-de-conflitos-na-reforma-processual-tributaria/. Acesso em: 16 jul. 2023.

Assim, no que se refere à arbitragem tributária, suprindo as lacunas dos projetos anteriormente citados, o PLP 17/2022 traz maior segurança quanto a eventuais questionamentos judiciais justamente por abordar três artigos-chave do CTN para implantação do regime de arbitragem tributária no Brasil, quais sejam:

a. Altera o art. 151, para incluir a instauração da arbitragem como causa de suspensão da exigibilidade do crédito tributário;
b. Altera o art. 156, para prever a sentença arbitral transitada em julgado como causa de extinção do crédito tributário e;
c. Introduz o art. 172-A, para estabelecer que a Lei autorizará a arbitragem para a prevenção ou resolução jurisdicional de controvérsias tributárias, e que a sentença arbitral produzirá os mesmos efeitos que a decisão judicial.

Na seção 5.2, ao tratarmos dos desafios normativos para a implantação da arbitragem tributária no país, citamos a necessidade de alteração dos artigos 151 e 156 do CTN, tal qual propõe o PLP 17/2022. O primeiro para garantir a suspensão da exigibilidade do crédito tributário a partir da manifestação expressa do sujeito passivo de que utilizará a via arbitral para solução do conflito. O segundo, por sua vez, assegura que a sentença arbitral, assim como a decisão administrativa irreformável e a decisão judicial transitada em julgado, que já constam do dispositivo, tivessem a mesma força coercitiva para extinguir o crédito tributário submetido ao processo arbitral.

Completando a tríade de alterações propostas pelo CTN pelo PLP 17/2022, relativas à arbitragem tributária, há a inserção do art. 172-A, no capítulo que trata da extinção do crédito tributário, na seção IV, destinada a outras modalidades de extinção para autorizar a lei a instituir a arbitragem para a prevenção ou a resolução de controvérsia tributária.

O referido PLP, embora supra as necessidades de segurança jurídica para assegurar a previsão no CTN da figura da arbitragem tributária, não garante sua implementação, deixando a critério da Lei a criação do regime. Tecnicamente, somos da opinião que não há necessidade de que a instituição da arbitragem tributária se dê mediante Lei Complementar. Nesse aspecto, o projeto está correto.

A questão é que, ao deixar a cargo da Lei sua implantação, sem estar acompanhado de um Projeto de Lei Nacional que assegure a implementação, o PLP pode se tornar, a curto prazo, ineficaz. Como exemplo, citamos a transação tributária, que apesar de constar no CTN desde sua publicação, em 1966, só foi criada em 2020, com a Lei 13.988, cinco décadas depois de sua previsão no CTN. Assim, para ter efetividade, o PLP necessita que seja aprovado projeto de Lei Ordinária Nacional para implementar a arbitragem tributária, em obediência ao art. 22, I, da CF/1988.

Considerando ser o caminho que nos parece mais acertado, caberia então a cada unidade federada editar normas complementares visando instituir a arbitragem tributária nos seus respectivos territórios, com base no art. 24, XI, e para os municípios, no art. 30, II ambos da CF/1988. Quanto ao fundamento constitucional para implementação da arbitragem tributária, não há consenso se este seria o art. 22, I (competência privativa da União), ou art. 24, XI (competência concorrente). Para Leonardo Varella Giannetti[521], essa competência seria da União Federal, por se tratar de tema relacionado ao Direito Processual, e não necessariamente de direito tributário.

Entendemos presentes os dois ramos do Direito. Assim, ainda que fundamentada no art. 24, XI, caberia a edição de Lei Nacional para fundamentar a existência de normas dos entes federados a criar a arbitragem tributária no âmbito dos seus respectivos territórios. Como já destacamos no capítulo 5.2 deste estudo, Estados e Municípios não têm competência para instituir um regime jurídico da arbitragem tributária inteiramente desassociado da norma nacional. Esses entes tributantes, ao criarem a arbitragem dentro de suas competências tributárias, deverão partir da legislação federal existente para, então, estabelecer regras procedimentais. O que não se pode prescindir, visando integrar a arbitragem tributária ao Sistema Tributário Nacional, é que sejam alterados dispositivos do CTN, como pretende o PLP 17/2022, para fazer constar das normas gerais em matéria tributária o uso da arbitragem tributária.

## 7.4. PROJETO DE LEI ORDINÁRIA (PL) 2486/2022

Ato Conjunto dos Presidentes do Senado Federal e do Supremo Tribunal Federal n.º 1, de 11/03/2022, instituiu a Comissão de Juristas responsável pela elaboração de anteprojetos de proposições legislativas que dinamizem, unifiquem e modernizem o processo administrativo e tributário nacional.[522]

---

521 GIANNETTI, Leonardo Varella. *Arbitragem no direito tributário brasileiro: possibilidade e procedimentos*. Tese de Doutorado. Belo Horizonte. Pontifícia Universidade Católica de Minas Gerais, 2017, f. 205: Disponível em: http://www.biblioteca.pucminas.br/teses/Direito_GiannettiLVa_1.pdf. Acesso em: 26 fev. 2023.

522 BRASIL. Senado Federal. *Ato Conjunto dos Presidentes do Senado Federal e do Supremo Tribunal Federal nº 1, de 2022*. Institui Comissão de Juristas responsável pela elaboração de anteprojetos de proposições legislativas que dinamizem, unifiquem e modernizem o processo administrativo e tributário nacional. Disponível em: https://legis.senado.leg.br/sdleg-getter/documento?dm=9087234&ts=1671478755198&disposition=inline&_gl=1*-

Em 09/09/22022, foi publicado o Ofício n.º 46, de 2022,[523] comunicando o encerramento dos trabalhos do colegiado e encaminhando o Relatório Final aprovado, que concluiu pela apresentação de minutas de proposições, autuados em 16/09/2022, com assunção da autoria pelo Presidente do Senado, como PLP n.º 124 e 125, de 2022; e PL n.º 2.481, 2.483 a 2.486, e 2.488 a 2.490, de 2022.

Entre as propostas, destacam-se as soluções extrajudiciais de solução de conflitos, tal como a arbitragem tributária, que segundo a Comissão, poderá ser utilizada pela União, estados e municípios, pela Ordem dos Advogados do Brasil e demais conselhos profissionais e por autarquias e fundações, sendo vedada a apreciação da constitucionalidade de leis. No que se refere ao objeto deste estudo, destacamos o PL nº 2486/2022,[524] que dispõe sobre a arbitragem em matéria tributária e aduaneira. O Texto da Comissão de Juristas recebeu 6 emendas, 1-T a 6-T,[525] que serão abordadas na medida que forem destacados os pontos do projeto a que se refiram.

Além disso, no que for compatível, as disposições deste PL serão analisadas em conjunto com o PLP 124/2022[526], também objeto do trabalho efe-

---

1j4c85v*_ga*Mzk3NjU2MTA4LjE2ODk2MzY0NDM.*_ga_CW3ZH25XMK*MTY4OTYzNjQ0My4xLjEuMTY4OTYzNjQ5MC4wLjAuMA.. Acesso em: 17 jul. 2023.

523 BRASIL. Senado Federal. *Ofício nº 46/2022 – CJADMTR*. Encerramento dos trabalhos da Comissão de Juristas responsável pela

elaboração de anteprojetos de proposições legislativas que dinamizem, unifiquem e

modernizem o processo administrativo e tributário nacional. Disponível em: https://legis.senado.leg.br/sdleg-getter/documento?dm=9198530&ts=1671478755836&disposition=inline&_gl=1*14cep6p*_ga*Mzk3NjU2MTA4LjE2ODk2MzY0NDM.*_ga_CW3ZH25XMK*MTY4OTYzNjQ0My4xLjEuMTY4OTYzNzQwMS4wLjAuMA.. Acesso em: 17 jul. 2023.

524 BRASIL. Senado Federal. *Projeto de Lei nº 2486, de 2022*. Dispõe sobre a arbitragem em

matéria tributária e aduaneira. Disponível em: https://legis.senado.leg.br/sdleg-getter/documento?dm=9199175&ts=1686866412216&disposition=inline&_gl=1*1was1jd*_ga*MjM0OTQxMDg5LjE2ODk4MTExOTE.*_ga_CW3ZH25XMK*MTY4OTgxMTE5MC4xLjEuMTY4OTgxMTIxOC4wLjAuMA.. Acesso em: 17 jul. 2023.

525 Adaptado de: SANTOS, Reginaldo Angelo dos. RAFAEL, Marcus. *As emendas ao PL da Arbitragem Tributária. PL 2486 foi elaborado por comissão de juristas e recebeu seis emendas.* Portal JOTA. 30.7.2023. Disponível em: https://www.jota.info/opiniao-e-analise/colunas/pauta-fiscal/as-emendas-ao-pl-da-arbitragem-tributaria-30072023. Acesso em: 30 jul. 2023.

526 BRASIL. Senado Federal. *Projeto de Lei Complementar nº 124, de 2022*. Dispõe sobre normas gerais de prevenção de litígio, consensualidade e processo administrativo, em matéria tributária. Disponível em: https://legis.senado.leg.br/sdleg-getter/documento?dm=9199183&ts=1686866452845&disposition=inline&_gl=1*105bp7j*_ga*MjM0OTQxMD-

tuado pela Comissão, que altera o CTN para dispor sobre normas gerais de prevenção de litígio, consensualidade e processo administrativo, em matéria tributária, especialmente as alterações dos artigos 151, 156 e 174, bem como, a introdução dos artigos 171-A 171-B.

O caput do art. 1º do PL 2486 chama a atenção por estabelecer que a arbitragem será utilizada para, *prioritariamente*, promover a prevenção do litígio e, *subsidiariamente*, resolver aqueles já instaurados. A abordagem ampla é positiva, considerando as duas principais correntes que defendem a arbitragem, uma para matérias de fato apenas, e outra de forma mais ampla, para discussão do crédito tributário.

Não obstante, a determinação expressa de aplicação *apenas subsidiária* do instituto para resolver conflito *já existente* pode dar margem a interpretações e regulamentações restritivas da lei pelos entes tributantes, face à disposição do art. 2º, que determina à Fazenda Pública estabelecer, por ato próprio, o rol de hipóteses gerais em relação às quais o ente tributante optará pelo uso da arbitragem tributária.

Por outro lado, a exposição de motivos 6/2022/CJADMTR (exposição de motivos), esclarece que "a arbitragem poderá ocorrer em qualquer fase da existência do crédito público, ou seja, desde a ciência do auto de infração até a sua judicialização; não há restrição"[527], claramente se referindo ao crédito tributário já constituído e, portanto, o conflito instaurado, diferentemente do que dispõe o caput do art. 1º, que considera prioritária a arbitragem preventiva.

Nas discussões acerca do projeto, promovidos pelo Grupo de Pesquisa "Métodos Adequados de Solução de Disputas em Matéria Tributária", do Núcleo de Mestrado Profissional de Direito Tributário da FGV/SP, realizadas durante o mês de outubro de 2022, a professora da instituição, Tathiane Piscitelli, assim se pronunciou sobre o tema:

> Eu tenho dúvidas sobre "promover a prevenção do litígio", já que a arbitragem, parece-me, seria uma forma de resolver o litígio. Tenho a impressão de que a ideia do legislador foi a de afastar o litígio administrativo e judicial (os "tradicionais"), o que não significa a ausência de litígio em razão da arbitra-

g5LjE2ODk4MTExOTE.*_ga_CW3ZH25XMK*MTY4OTgxMTE5MC4xLjEuMTY4OTgxMjkxNi4wLjAuMA.. Acesso em: 19 jul. 2023.

527 BRASIL. Senado Federal. *Parecer SF 1, de 2022*. p. 126,127. Disponível em: https://legis.senado.leg.br/sdleg-getter/documento?dm=9198213&ts=1671478755788&disposition=inline. Acesso em: 20 fev. 2023.

gem. Acho que causa confusão em relação ao instituto, correndo-se o risco de equipará-lo aos métodos autocompositivos.[528]

O § 1º do art. 1º do projeto estabelece ser o árbitro é juiz de fato e de direito, inclusive para os fins estabelecidos nos artigos 151, inciso V e 156, inciso X do CTN, e que a sentença que proferir não fica sujeita a recurso ou a homologação pelo Poder Judiciário. O inciso V do art. 151 do CTN, citado, determina a suspensão da exigibilidade do crédito tributário "a concessão de medida liminar ou de tutela antecipada, em outras espécies de ação judicial". Já o inciso X do art. 156, prevê a extinção do crédito tributário com "a decisão judicial passada em julgado."

Possivelmente por medida de cautela, o PL trabalha com a redação atual do CTN, em que pese a existência do PLP 124, que introduz incisos específicos nos arts. 151 e 156 para fazer referência à arbitragem tributária. Confira-se, para conhecimento, a redação da proposta:

> Art. 151. Suspendem a exigibilidade do crédito tributário:
> [...]
> VII – a instauração da arbitragem, quando da nomeação do(s) árbitro(s), nos termos da legislação específica;
> Art. 156. Extinguem o crédito tributário:
> [...]
> XII – a sentença arbitral favorável ao sujeito passivo transitada em julgado.

A cautela se justifica em razão da incerteza quanto à aprovação do PLP 124. Do contrário, melhor seria vincular o § 1º do art. 1º do projeto ao inciso VII do art. 151, e inciso XII do art. 156, já considerando as alterações propostas para o CTN. Consideramos que o fato de o projeto fazer referência à redação atual dos arts. 151 e 156 do CTN não o prejudica, uma vez que a redação do § 1º do art. 1º do PL deixa expresso que "o árbitro é juiz de fato e de direito, inclusive para os fins estabelecidos nos artigos 151, inciso V e 156, inciso X do CTN." Apesar da menção do texto original do CTN não prejudicar a proposta, entendemos recomendável, caso seja aprovado o PLP 124, propor alterações neste § 1º do art. 1º do projeto para fazer remissão aos novos incisos dos arts. 151 a 156 do CTN.

Especificamente em relação à proposta de alteração no CTN, notadamente a do inciso XII do art. 156, no que se refere à extinção do crédito tributário pela sentença arbitral, Tathiane Piscitelli, em reunião do Grupo de Pesquisa, já mencionado, aponta ser problemática por mencionar sentença arbitral favorável ao contribuinte. Na opinião da professora, a redação pode

528 Reunião do subgrupo de Arbitragem Tributária do Grupo de Pesquisa "Métodos Adequados de Solução de Disputas em Matéria Tributária", do Núcleo de Mestrado Profissional de Direito Tributário da FGV DIREITO – SP. Outubro de 2022.

gerar discussões por não especificar se a sentença também pode ser parcialmente procedente, concluindo que seria mais adequado a redação do inciso prever apenas *sentença arbitral.*

Relativamente à suspensão da exigibilidade do crédito tributário, o caput da emenda 4-T ao PL 2486 prevê que "a instituição da arbitragem suspende a exigibilidade do crédito tributário"[529]. Uma rápida leitura da proposição da emenda 4-T poderia levar a um questionamento acerca da constitucionalidade do dispositivo, em razão do estabelecido no artigo 146, inciso III, da CF/88, que estabelece caber à lei complementar estabelecer normas gerais em matéria de legislação tributária.

No entanto, conforme a justificação da emenda, "qualquer especulação sobre o assunto, por mais aprofundada, acabaria por esbarrar na interpretação do Supremo Tribunal Federal, que já analisou a matéria ao julgar a Ação Direta de Inconstitucionalidade 2.405/RS [...]".[530]

De fato, o item 2 da ementa do acórdão menciona não haver reserva de Lei Complementar Federal para tratar de novas hipóteses de suspensão e extinção de créditos tributários, sustentando o relator, no voto vencedor, que "a Constituição Federal não reservou à lei complementar o tratamento das modalidades de extinção e suspensão dos créditos tributários, à exceção da prescrição e decadência, previstos no art. 146, III, b, da CF."[531]

O art. 2º do PL determina que a Fazenda Pública estabelecerá por ato próprio o rol de hipóteses gerais em relação às quais poderá optar pelo uso da arbitragem tributária ou aduaneira. Esse artigo trata das matérias arbitráveis, ou arbitrabilidade objetiva. Já nos manifestamos na seção 6.1 em

---

**529** BRASIL. Senado Federal. *Emenda CAE (ao Projeto de Lei nº 2.486/2022) 00004-T*. p. 1. Disponível em: https://legis.senado.leg.br/sdleg-getter/documento?dm=9302436&ts=1686866412099&disposition=inline&_gl=1*3jyt30*_ga*MjMoOTQxMDg5LjE2ODk4MTExOTE.*_ga_CW3ZH25XMK*MTY4OTgxNTUoMi4yLjEuMTY4OTgxNTYoNy4wLjAuMA.. Acesso em: 19 jul. 2023.

**530** BRASIL. Senado Federal. *Emenda CAE (ao Projeto de Lei nº 2.486/2022) 00004-T*. p. 2. Disponível em: https://legis.senado.leg.br/sdleg-getter/documento?dm=9302436&ts=1686866412099&disposition=inline&_gl=1*3jyt30*_ga*MjMoOTQxMDg5LjE2ODk4MTExOTE.*_ga_CW3ZH25XMK*MTY4OTgxNTUoMi4yLjEuMTY4OTgxNTYoNy4wLjAuMA.. Acesso em: 19 jul. 2023.

**531** BRASIL. Supremo Tribunal Federal. Tribunal Pleno. *Ação Direta de Inconstitucionalidade - ADI 2.405/RS- Rio Grande do Sul*. Recte.: Governador do Estado do Rio Grande do Sul. Intdo.: Assembleia Legislativa do Estado do Rio Grande do Sul. Ementa: Ação Direta de Inconstitucionalidade. Direito tributário. Lei do estado do Rio Grande do Sul 11.475/2000. [...] Relator(a): Min. Alexandre de Moraes. Julg. 20/09/2019. Publ. 03/09/2019. Disponível em: https://jurisprudencia.stf.jus.br/pages/search/sjur412242/false. Acesso em: 20 jul. 2023.

que as discussões acerca das matérias arbitráveis no Brasil estão centradas entre aqueles que defendem a arbitragem de caráter preventivo, envolvendo matérias de fato e técnicas, e os que advogam a implantação do instituto com caráter mais amplo, já com o crédito tributário definitivamente constituído.

Ainda na seção 6.1, destacamos não ver problemas no fato de as matérias arbitráveis serem expressamente previstas em ato normativo, considerando que, após a vinculação da administração pública à arbitragem tributária, preferencialmente por lei, caberia ao ente tributante, através da administração tributária, por ato infralegal, fixar as matérias arbitráveis, no limite de sua competência.

O inciso IV do §1º deste art. 2º propõe que cada ente estabeleça por ato próprio regras para escolha da câmara de arbitragem ou para a opção devidamente justificada pela arbitragem *ad hoc*. A crítica a esse dispositivo se concentra na sua parte final. Na seção 3.1 do estudo destacamos nossa divergência quanto à possibilidade de utilização da arbitragem ad hoc no Direito Público, especialmente o Tributário.

Na arbitragem *ad hoc*, os árbitros são escolhidos em comum acordo com as partes litigantes e conduzem o processo sem a participação de uma câmara arbitral. Independentemente de a arbitragem tributária ser sempre de direito, vedado o recurso à equidade, é nosso entendimento que esse regime não traz a segurança necessária que a arbitragem em matéria tributária reclama. Nesse sentido, a emenda 1-T ao PL 2486, entre outras disposições, parece afastar a possibilidade da arbitragem *ad hoc*, ao estabelecer os "requisitos da instituição que processará a arbitragem tributária"[532], para conferir eficiência e segurança ao processo, como exposto na justificação. A proposição é acertada, considerando as razões acima expostas, aliadas aos argumentos que desenvolvemos na seção 5.4.

Cabe ainda, no mesmo contexto, destacar a emenda 6-T[533] ao PL, cujo objetivo é afastar qualquer possibilidade de arbitragem ad hoc, em linha com

532 BRASIL. Senado Federal. *Emenda CAE (ao Projeto de Lei nº 2.486/2022) 00001-T*. p. 3, 5. Disponível em: https://legis.senado.leg.br/sdleg-getter/documento?dm=9302422&ts=1686866411871&disposition=inline&_gl=1*3jyt3o*_ga*MjMoOTQxMDg5LjE2ODk4MTExOTE.*_ga_CW3ZH25XMK*MTY4OTgxNTUoMi4yLjEuMTY4OTgxNTYoNy4wLjAuMA.. Acesso em: 20 jul. 2023.

533 BRASIL. Senado Federal. *Emenda CAE (ao Projeto de Lei nº 2.486/2022) 00006-T*. Disponível em: https://legis.senado.leg.br/sdleg-getter/documento?dm=9303355&ts=1686866411819&disposition=inline&_gl=1*3jyt3o*_ga*MjMoOTQxMDg5LjE2ODk4MTExOTE.*_ga_CW3ZH25XMK*MTY4OTgxNTUoMi4yLjEuMTY4OTgxNTYoNy4wLjAuMA.. Acesso em: 20 jul. 2023.

o entendimento já expressado no comentário à emenda 1-T. O art. 3º do projeto deixa a critério da Fazenda Pública concordar com a arbitragem, ao prever a aceitação do requerimento de submissão do litígio à arbitragem, como etapa preliminar à pactuação de compromisso arbitral.

Entendemos, como já manifestado na seção 5.3 deste estudo, que a arbitragem seria direito potestativo do sujeito passivo, desde que obedecidos os critérios fixados em Lei. Ou seja, não parece isonômico deixar a critério da Fazenda Pública concordar com a arbitragem em cada caso, se foram atendidos os requisitos estabelecidos pela norma local para submeter o conflito tributário a esse método extrajudicial de solução. Desde que obedecidas as condições determinadas pela lei, há direito subjetivo do sujeito passivo à arbitragem tributária, sendo a adesão da administração pública ato administrativo vinculado, sem margem para discricionariedade.

Nesse sentido, a emenda 3-T[534] ao PL é positiva, pois afasta a apreciação discricionária da Fazenda Pública para adesão à arbitragem tributária. Conforme mencionado, cumpridos os requisitos, o ato seria vinculado, sem prejuízo de o ente tributante fixar as matérias arbitráveis, nos limites da sua competência. Por essa razão, discordamos do estabelecido na emenda 1-T ao projeto, quando sugere que a arbitragem tributária tenha início com requerimento do sujeito passivo, cabendo aos entes federativos regulamentarem os meios para sua submissão. É necessário ressaltar que o sujeito passivo estaria somente autorizado a requerer a instauração do processo arbitral após prévia vinculação da administração pública ao instituto, que se daria por meio de lei ou ato infralegal do ente tributante.

O § 2º do art. 5º propõe que a assinatura do compromisso arbitral interrompe a prescrição, para todos os efeitos. Entendemos que o dispositivo extrapola a competência de lei ordinária, ao tratar de tema afeto à lei complementar, qual seja, a prescrição. Reiteramos o exposto neste capítulo, ao tratar da suspensão do crédito tributário, que o STF, no julgamento da ADI 2.405/RS, entendeu que a CF/1988 reservou à lei complementar dispor sobre prescrição e decadência, nos termos previstos no art. 146, III, b, da CF.

Importa ressaltar ainda o entendimento defendido por esse estudo, na parte que tratamos das alterações necessárias no CTN, contrário ao PLP 124/2022 no que diz respeito à alteração do parágrafo único do art. 174 do CTN, dispondo que a prescrição se interrompe “pela assinatura do com-

---

**534** BRASIL. Senado Federal. *Emenda CAE (ao Projeto de Lei nº 2.486/2022) 00003-T.* Disponível em: https://legis.senado.leg.br/sdleg-getter/documento?dm=9302432&t-s=1686866412024&disposition=inline&_gl=1*t4eyvi*_ga*MjMoOTQxMDg5LjE2ODk4M-TExOTE.*_ga_CW3ZH25XMK*MTY4OTgxNTUoMi4yLjEuMTY4OTgxNTYoNy4wLjAuMA.. Acesso em: 20 jul. 2023.

promisso arbitral."[535] Nos manifestamos no sentido de que o prazo inicial de interrupção da prescrição na arbitragem tributária deveria se dar pelo despacho do tribunal arbitral que ordenar a intimação da fazenda pública da sua constituição. Nosso entendimento se fundamenta no fato de que o processo arbitral tributário não terá início com a assinatura do compromisso, mas sim com a instauração do tribunal arbitral.

Compreende-se que o processo arbitral tem início, efetivamente, com a constituição do tribunal, sendo os demais atos, como a assinatura do compromisso, mero ato preparatório do processo, devendo ser assegurado tratamento isonômico relativo à prescrição na execução fiscal, independentemente de a oposição à exigência ocorrer via processo arbitral ou por medidas judiciais como os embargos à execução, mandado de segurança, ação de repetição do indébito ou ação anulatória do ato declarativo da dívida. Sendo assim, deveria ser acrescentado inciso ao parágrafo único ao artigo 174 do CTN para estabelecer que a prescrição se interrompe *pelo despacho do tribunal arbitral que ordenar a intimação da fazenda pública da sua constituição.*

Passando agora para o art. 10 do PL, seu texto estabelece que as custas e as despesas relativas ao processo arbitral, inclusive honorários, serão antecipadas pelo sujeito passivo e, quando for o caso, restituídas conforme deliberação final na instância arbitral. Concordamos com a antecipação das custas. Porém, exigir a antecipação de honorários pelo sujeito passivo poderá desestimular a utilização da arbitragem, uma vez que a restituição pela Fazenda Pública, quando vencida, se dará pela via do precatório, conforme estabelece o art. 16 do PL.

O § 1º do art. 16 propõe que cabe à parte vencedora requerer o cumprimento da sentença perante o juízo competente. Na prática, essa obrigatoriedade poderá descaracterizar a celeridade da arbitragem, quando o crédito não for passível de compensação por parte do sujeito passivo e, no caso da Fazenda Pública, quando esta for vencedora na arbitragem. O inciso III do artigo 15 poderia ser suficiente, ao determinar o prazo para cumprimento da decisão pela parte vencida, ressalvada obediência ao art. 100 da CF.

Os arts. 17 e 25 do PL também merecem ser destacados. O primeiro prevê que Lei específica do ente tributante estabeleça hipóteses de redução de

---

**535** BRASIL. Senado Federal. *Projeto de Lei Complementar nº 124, de 2022*. Dispõe sobre normas gerais de prevenção de litígio, consensualidade e processo administrativo, em matéria tributária. Disponível em: https://legis.senado.leg.br/sdleg-getter/documento?dm=9199183&ts=1686866452845&disposition=inline&_gl=1*105bp7j*_ga*MjM0OTQxMDg5LjE2ODk4MTExOTE.*_ga_CW3ZH25XMK*MTY4OTgxMTE5MC4xLjEuMTY4OTgxMjkxNi4wLjAuMA.. Acesso em: 19 jul. 2023.

multas para que a opção pela arbitragem promova, prioritariamente, a prevenção do litígio e, subsidiariamente, solucione aqueles já instaurados no contencioso tributário, administrativo e judicial.

O segundo artigo, por sua vez, estabelece o prazo de dois anos para a União, Distrito Federal, Estados e Municípios atualizar a sua legislação tributária para dispor sobre as hipóteses de redução das multas a que se refere o art. 17, repetido as disposições acerca da priorização da prevenção do litígio e, de forma subsidiária, solucione os já instaurados.

Adicionalmente, o § 3º do art. 25 determina que a sentença arbitral que concluir pela existência de tributo devido poderá reduzir as multas, de qualquer natureza, nos seguintes percentuais de 60%, 30% ou 10%, a depender do momento do requerimento da arbitragem.

Os dois artigos, analisados em conjunto, reforçam o caráter prioritário da arbitragem preventiva, estabelecendo como incentivo a redução de multas, incluindo a redução para os conflitos já instaurados no contencioso tributário. Na reunião do subgrupo da FGV/SP de outubro de 2022, Tathiane Piscitelli destaca causar certo incômodo a expressão "prevenção do litígio", referindo-se ao ponto em que a arbitragem é igualmente importante na solução do conflito.

Acrescenta ainda que, a despeito de o dispositivo ser interessante na parte que trata da redução de multa, possível conflito com o artigo art. 24, que estabelece que a submissão de controvérsia à arbitragem não caracteriza renúncia de receita para fins do disposto no art. 14 da lei de responsabilidade fiscal (LC 101/2000), considerando que redução de multa é renúncia de receita. Sobre o artigo 24, aliás, a professora lembra que, além de conflitar com a possibilidade de redução das multas prevista no artigo 17, pode ser lido como uma lei ordinária afastando a aplicação de uma lei complementar.

Leonardo Varella Giannetti, em participação no mesmo subgrupo, vê a redução de multas como incentivo ao uso da arbitragem. Observa ainda que, pela celeridade e capacidade técnica dos julgadores, as duas partes ganham com a redução. Segundo o advogado, a ideia de prevenção está associada a utilização da arbitragem tão logo o conflito surja, ou seja, que não exista um processo administrativo ou judicial anterior.

O § 1º do art. 20 sugere que a sentença judicial que julgar procedente o pedido de nulidade da sentença arbitral declarará a nulidade da sentença arbitral e determinará, se for o caso, que o árbitro ou o tribunal profira nova sentença arbitral. Em linhas gerais, concordamos com a redação, exceto com relação à expressão "se for o caso". Isso porque, ao declarar a nulidade de sentença arbitral, não vemos outro caminho a não ser o juiz determinar a prolação de nova sentença arbitral.

A emenda 1-T ao PL ainda estabelece prazo de 90 dias para que as partes assinem o compromisso arbitral, sugerindo a judicialização pelo sujeito passivo, visando a elaboração do compromisso, caso o prazo não seja observado pelo ente tributante, com fundamento no art. 7º da lei 9.307/96, que faz referência à cláusula compromissória. A crítica a esse dispositivo é que, ao contrário da arbitragem comercial, em matéria tributária não haveria cláusula compromissória, mas sim ato administrativo vinculado, obrigando o agente público a aderir à arbitragem tributária, desde que presentes os requisitos legais. Não parece correto, portanto, o fundamento no art. 7º da lei de arbitragem.

Além disso, negativa de instauração da arbitragem pela administração tributária, se passível de judicialização, melhor seria pela via do mandado de segurança, uma vez presente ato ilegal ou com abuso de poder, evitando-se assim o procedimento comum, mais custoso e moroso, como sugere o § 6º e seguintes da emenda 1.

A necessidade de três árbitros, também proposta pela emenda, pode elevar o custo da arbitragem e afastar o processo para casos de pequeno valor e menor complexidade. Em que pese o § 6º do capítulo relativo ao Tribunal Arbitral permitir árbitro único, a proposta deixa a critério do ente tributante essa possibilidade, havendo o risco de ela não encontrar guarida na norma local da arbitragem. Situação que traria mais previsibilidade de adesão à arbitragem tributária seria a própria lei nacional estabelecer os requisitos para utilização de árbitro individual, em razão da matéria ou valor, a exemplo da lei portuguesa.

A emenda 2-T[536] trata de tema controverso, pois autoriza a discussão arbitral de matéria constitucional, de forma indireta. Em que pese haver opiniões em sentido contrário, a análise de tema constitucional poderia trazer insegurança à decisão arbitral, considerando também o sistema de precedentes, ainda que tema seja analisado posteriormente pelo Tribunal Superior, especialmente nos casos de prestação continuada.

Não assiste competência ao tribunal arbitral tributário para julgar matéria constitucional. Independentemente de outros efeitos decorrentes dessa

---

**536** BRASIL. Senado Federal. *Emenda CAE (ao Projeto de Lei nº 2.486/2022) 00002-T*. Disponível em: https://legis.senado.leg.br/sdleg-getter/documento?dm=9302426&t-s=1686866411934&disposition=inline&_gl=1*3jyt30*_ga*MjM0OTQxMDg5LjE2ODk4M-TExOTE.*_ga_CW3ZH25XMK*MTY4OTgxNTU0Mi4yLjEuMTY4OTgxNTY0Ny4wLjAuMA.. Acesso em: 20 jul. 2023.

prática, caso adotada, tais como a possibilidade de produção de norma individual e concreta antiisonômica e a insegurança jurídica quanto à definitividade da sentença arbitral, a vedação decorre do artigo 97 da CF/1988. Ou seja, o artigo em questão determina a forma pela qual os tribunais poderão declarar a inconstitucionalidade de lei ou ato normativo do Poder Público, estando inserido no capítulo reservado ao Poder Judiciário e constituindo, portanto, reserva daquele Poder da República. Vale mencionar ainda que o § 2º do art. 4º da redação original do projeto veda a prolação de sentença arbitral cujos efeitos prospectivos resultem em regime especial, diferenciado ou individual de tributação.

Já a emenda 5-T[537] propõe alteração do fundamento constitucional da arbitragem. Originalmente, o projeto se funda no artigo 22, I, da CF/1988, que atribui à União competência privativa para legislar sobre o tema. A Emenda sugere que a arbitragem encontre fundamento no artigo 24, X, da CF/1988. Cabe destacar, inicialmente, que há equívoco na indicação do inciso no caput da emenda, quando comparada à justificação. Corrigindo o equívoco, a emenda indica o inciso XI do art. 24 da CF/1988, que dispõe sobre a competência concorrente para legislar sobre procedimentos em matéria processual, como fundamento da arbitragem tributária.

Quanto à competência, não há consenso se este seria o art. 22, I (privativa da União), ou o art. 24, XI (concorrente). A proposta da emenda pode ser acertada se considerarmos que caberá a cada ente tributante disciplinar sua própria arbitragem tributária, desde que fundamentada em lei nacional, justificando, assim, a fundamentação no art. 24, XI, c/c os § § 1º e 2º, da CF/1988. Certo é que alguns aspectos da arbitragem tributária devem ser disciplinados por lei complementar que estabeleça normas gerais sobre o tema, na forma do art. 146, III, da CF/1988. Essa competência seria privativa da União. Cabe ainda, uma última observação acerca da emenda 5-T. Embora os municípios não constem da redação do caput art. 24 da CF/1988, a competência suplementar desses entes políticos vem expressa no art. 30, II, que garante sua competência para suprir a legislação federal e a estadual no que couber.

---

**537** BRASIL. Senado Federal. *Emenda CAE (ao Projeto de Lei nº 2.486/2022) 00005-T*. Disponível em: https://legis.senado.leg.br/sdleg-getter/documento?dm=9303351&ts=1686866411762&disposition=inline&_gl=1*3jyt30*_ga*MjM0OTQxMDg5LjE2ODk4MTExOTE.*_ga_CW3ZH25XMK*MTY4OTgxNTU0Mi4yLjEuMTY4OTgxNTY0Ny4wLjAuMA.. Acesso em: 20 jul. 2023.

# 8. CONCLUSÃO

Esse estudo teve como objetivo sustentar a viabilidade da implementação da arbitragem tributária no Brasil, partindo do fato de não existir no país lei específica autorizando a utilização do instituto para solucionar conflitos tributários, aliado a ineficiência dos sistemas estatais, administrativo e judicial, a crescente demanda por soluções céleres e especializadas de litígios em matéria tributária e, especialmente, a necessidade de ampliação do acesso à justiça por meio de métodos adequados de resolução de conflitos.

O trabalho utilizou como base empírica o regime de arbitragem tributária em Portugal, que apesar da necessidade de aperfeiçoamento, tem se mostrado adequado aos objetivos para os quais foi instituído, podendo ser considerado ponto de partida para estudo em outros ordenamentos jurídicos que pretendam adotá-lo.

O estudo não desconsiderou, contudo, as diferenças geográficas, constitucionais, tributárias e econômicas entre os dois países. Ao contrário, demonstrou as particularidades do sistema brasileiro que deverão ser enfrentadas para implementação da arbitragem tributária, enfatizando as dificuldades em cada uma das situações apresentadas, para então apontar solução viável, com base no estudo, para superação do desafio.

Questão chave, igualmente enfrentada e superada por Portugal e que consideramos também resolvida no Brasil, é a suposta indisponibilidade da receita tributária, no mais das vezes objeto do conflito nesse ramo do direito. O trabalho demonstrou que, como método heterocompositivo de resolução de conflitos, não há concessão das partes quanto ao objeto do litígio. A solução é dada por um terceiro imparcial, assim como ocorre no Poder Judiciário.

Ao optarem por submeter o conflito ao tribunal arbitral, mediante lei previamente estabelecida, as partes não estão dispondo do direito objeto do litígio, mas apenas renunciando à solução jurisdicional pelo juiz estatal. Não há concessões ao direito em discussão.

Os litigantes definem, apenas, que a disputa será decidida por uma corte não estatal e que a decisão será vinculante entre as partes. O resultado poderá ser no sentido de conferir o direito integralmente a uma das partes, ou parcialmente a ambas.

Afirma-se, portanto, que do ponto de vista do dogma da indisponibilidade do crédito tributário para efeito de submissão de matéria tributária à arbitragem, este se encontra superado. Questão crucial para entender essa superação está na diferença entre interesse público primário (interesse coletivo), e interesse público secundário (interesse da administração tributária).

Visando reforçar essa diferenciação, o estudo demonstrou que, num Estado Democrático de Direito, para se atingir o principal interesse do Estado, o coletivo, podem ser adotadas medidas contrárias à arrecadação e até mesmo decidir de forma contrária à Fazenda Pública, obedecidos, em qualquer caso, os princípios constitucionais e a unidade da Constituição.

Ressaltando essa posição, o trabalho apontou que, no Brasil, desde 2010, diversas iniciativas têm incentivado a adoção de métodos extrajudiciais de solução de conflitos, notadamente para a promoção da conciliação, mediação, transação e arbitragem, inclusive no âmbito do Poder Público. O estudo aponta como marco desse movimento a Resolução do Conselho Nacional de Justiça - CNJ 125/10, que entre outras razões, considerou que o direito de acesso à justiça, previsto no art. 5º, XXXV da CF/1988, além da vertente formal perante os órgãos judiciários, implica acesso à ordem jurídica justa.

O trabalho enfatizou, entretanto, a referência aos métodos extrajudiciais de solução de disputas como complemento à justiça estatal, e não como alternativa ou competição com o sistema judicial, considerando que, na essência, cabe ao Estado garantir a tutela jurisdicional constitucionalmente assegurada ao cidadão.

Apesar dessa responsabilidade do Estado, as recomendações e legislação incentivando o movimento de métodos extrajudiciais de solução de conflitos, para além de ampliar o acesso à justiça mediante sistema multiportas de resolução de disputas, encontra respaldo também nas limitações materiais e humanas da justiça estatal. Dito de outra forma, se de um lado o Estado não pode deixar de exercer a função jurisdicional, colocando à disposição dos cidadãos serviços relativos à justiça, não significa que essa seja a única via de solução de todo e qualquer litígio.

Afastando eventual alegação acerca da ilegalidade da arbitragem tributária, o trabalho destacou aprovação, pelo Conselho da Justiça Federal, na I Jornada de Direito Tributário (2022), do ENUNCIADO 3, concluindo que a arbitragem é meio legítimo de solução de conflitos entre Fisco e contribuintes, desde que seja legalmente instituída.

Outra questão de relevo favorável à arbitragem tributária explorada pelo estudo é que, sendo inerentes ao Estado Democrático de Direito, os métodos adequados de solução de conflitos representam, antes de tudo, medida de justiça tributária, sendo essa uma causa mais relevante que o esgotamento dos atuais sistemas de solução de litígios.

O trabalho defende, portanto, que é dessa forma que devemos lançar luzes sobre os métodos extrajudiciais, independentemente do esgotamento dos atuais sistemas de solução de litígios. Por essa razão, eles devem ser aplicados também ao direito tributário, independentemente do congestionamento dos órgãos julgadores, administrativos e judiciais.

Nesse sentido, a arbitragem tributária também se apresenta como de interesse público. A CF/1988 consagra, dentre outros, o princípio da eficiência da administração pública e estabelece, como direito fundamental, a todos, a razoável duração do processo e os meios que garantam a celeridade de sua tramitação.

Significa dizer que a administração pública tem o dever de adotar ações para com seus cidadãos que resultem em resultados rápidos e precisos. O trabalho destacou que o processo arbitral em matéria tributária teria o efeito de produzir resultados mais ágeis em benefício do próprio Estado. Assim, não permitir ao administrador público a utilização de alternativas à morosa justiça estatal seria o mesmo que não observar o princípio da eficiência na administração pública, em prejuízo da própria consecução do interesse público primário.

O estudo também apresentou dados, oriundos do Conselho Nacional de Justiça e da Receita Federal do Brasil, que demonstram o atual cenário do contencioso tributário no país, demonstrando que a situação exige o debate acerca da instituição de métodos adequados de solução de conflitos tributários fora do âmbito estatal, como forma de se alcançar a resolução efetiva de disputas entre o poder público e o particular num prazo adequado, com redução da incerteza e da insegurança jurídica que permeiam o sistema estatal de solução de disputas.

Há, entretanto, desafios normativos para a implementação da arbitragem tributária no país. De forma geral, entendemos que seria acertada a edição de lei nacional para regular a arbitragem tributária, cabendo a cada ente tributante suplementá-la com aspectos específicos de direito material aplicáveis em seu território, em linha com a competência tributária estabelecida pela CF/1988.

Embora nosso entendimento seja no sentido de que a instituição da arbitragem tributária possa ser efetuada por meio de Lei Ordinária nacional, o estudo demonstrou a necessidade de alteração, prévia ou concomitante, dos dispositivos do Código Tributário Nacional (CTN), Lei Ordinária recepcionada pela CF/1988 com status de Lei Complementar para dispor sobre normas gerais em matéria tributária.

O trabalho abordou ainda a vinculação da administração pública à arbitragem tributária, enfatizando que a atuação da administração pública deve obedecer, além dos primados da legalidade geral (art. 5º, II, da CF/1988) e da legalidade da administração pública (art. 37 da CF/1988) também as disposições constitucionais que regem o Sistema Tributário Nacional (art. 150 a 162 da CF/1988).

Assim, considerando o princípio da legalidade a que se submete a administração pública, o estudo defende que tal vinculação deveria se dar por Lei Nacional e suplementada por lei de cada ente tributante, em linha com a competência tributária estabelecida na CF/1988 para cada entre político instituir seus respectivos tributos.

Sobre os Tribunais arbitrais tributários e sua composição (quem poderia figurar como árbitro), o trabalho aponta alternativas viáveis, extraídas da pesquisa. Esclarece, de pronto, a função pública do árbitro, caracterizando-o como agente público em razão de sua função, ficando sujeito, portanto, às mesmas regras de conduta e disciplinares dos julgadores estatais.

O estudo suporta a ideia de que a arbitragem tributária deve funcionar de forma independente do poder público, considerando especialmente os requisitos da celeridade, independência e imparcialidade, sendo a opção que mais atende aos anseios da arbitragem a utilização de câmaras privadas, sejam as já existentes ou novas instituições especialmente criadas para tal fim. O fato de funcionarem de forma independente, entretanto, não afasta a necessidade de o poder público estabelecer requisitos mínimos de funcionamento.

Não obstante, o estudo defende que melhor se ajustaria aos princípios da independência e imparcialidade que as câmaras de arbitragem tributária fossem reguladas pelo Conselho Nacional de Justiça – CNJ, considerando as orientações e recomendações do referido Conselho, suportadas pelo inciso VII do § 4º do art. 103-B da CF/1988, para a adoção de métodos adequados de solução de conflitos em matéria tributária.

Para além da questão dos tribunais arbitrais, outro tema de fundamental importância para o sucesso da arbitragem é a escolha dos árbitros, ou composição dos tribunais. Consideramos, em qualquer hipótese, os requisitos da imparcialidade, independência e especialização, como inafastáveis à atuação do árbitro.

O estudo aponta que os árbitros tributários, uma vez superados os impedimentos estabelecidos por lei, e assumindo que atendam aos requisitos de independência e imparcialidade, seriam ex-funcionários da administração tributária, profissionais do setor privado, técnicos, acadêmicos e professores, com vivência nos diversos temas tributários definidos pela CF/1988.

Além disso, profissionais de outras áreas também poderiam ser árbitros tributários, a depender da matéria a ser apreciada, envolvendo contabilidade, economia, engenharia e outras áreas, necessárias à solução do conflito de forma segura, especializada e célere. O estudo ressalta, contudo, que tais profissionais deveriam compor tribunais coletivos, juntamente com operadores do direito tributário, nunca de forma isolada, como árbitro de tribunal tributário singular.

Como desafios processuais a serem superados, o trabalho abordou a definição das matérias arbitráveis, o momento para adesão à arbitragem, os possíveis custos envolvidos, a definitividade da sentença arbitral tributária e a vinculação do árbitro tributário ao sistema de precedentes vigente no Brasil.

Quanto às matérias arbitráveis, o trabalho destacou as duas correntes principais, uma que defende a arbitragem tributária de caráter preventivo, que envolve matérias de fato e técnicas, e outra que defende o processo com caráter mais amplo, já com o crédito tributário definitivamente constituído, sendo admitida, entretanto, limitação quanto à matéria e valor.

O estudo defende a segunda corrente, que mais se aproxima da ideia de arbitragem tributária como método adequado de resolução de conflitos, ampliação do acesso à justiça e celeridade processual, seguindo a linha que o regime poderia ser utilizado antes ou depois do lançamento tributário, desde que haja conflito instaurado. De todo modo, o trabalho não descarta, assim como ocorre em Portugal, limitação de valor, além da matéria, como forma de testar a viabilidade e consolidar a utilização do regime no país.

Sobre a definitividade da decisão arbitral tributária, o trabalho abordou a questão sobre quão segura se encontraria previsão legal acerca da definitividade da sentença arbitral, considerando as hipóteses de anulação da referida decisão, além das previstas em Lei, mas que poderiam violar questões de direito, colocando em dúvida a manutenção da sentença proferida pelo tribunal arbitral.

O estudo alertou sobre como possíveis novas situações, não previstas na norma - ainda que esta defina situações de anulação como taxativas - poderiam levar ao questionamento da decisão arbitral, tendo em vista a dinâmica das relações jurídicas e a interpretação do direito conforme a Constituição.

Além disso, o trabalho apontou outra questão que poderia, ou fortalecer, ou desafiar o laudo, numa eventual implementação da arbitragem tributária, que se refere à possibilidade, ou não, da apreciação de matéria constitucional pelo tribunal arbitral tributário, bem como a submissão de seus julgados ao sistema de precedentes.

Este estudo conclui que faltaria ao tribunal arbitral tributário competência para julgar matéria constitucional. Independentemente de outros efeitos decorrentes dessa prática, caso adotada, tais como a possibilidade de produção de norma individual e concreta antiisonômica e a insegurança jurídica quanto à definitividade da sentença arbitral, nos pautamos objetivamente na vedação expressa do artigo 97 da CF/1988, demonstrando se tratar de tema afeto ao Direito Constitucional, que, ao contrário de Portugal, não traz os tribunais tributários como integrantes da estrutura dos tribunais.

O estudo também firma posição quanto à necessidade de vinculação do tribunal arbitral ao sistema de precedentes - com as ressalvas para o *distinguisinhg* e o *overruling*, que deverão ser cabalmente demonstrados - pelas mesmas razões da vedação à apreciação de matéria constitucional, quais sejam, evitar a criação de norma anti-isonômica e a transposição da insegurança jurídica para o processo arbitral, além de obediência ao direito posto em razão da vedação ao julgamento por equidade.

Sendo assim, o trabalho defende que o árbitro deverá necessariamente seguir o sistema de precedentes sob pena de, não o fazendo, permitir que a parte prejudicada exerça seu direito de recorrer ao judiciário para impugnar a decisão arbitral.

Outra questão fundamental apontada pelo estudo para implementação da arbitragem tributária no Brasil é o momento da opção pelo regime. Aqueles que defendem que uma exigência oriunda de lançamento de ofício poderia ser impugnada no âmbito administrativo e, posteriormente, em caso de derrota, submetida à arbitragem, o fazem sob o argumento da garantia de tutela jurisdicional efetiva, elemento indispensável para concretização do Estado Social e Democrático de Direito.

A opção pela arbitragem como mais uma possibilidade ao processo administrativo, com renúncia às demais formas de solução do litígio, não afastaria a garantia de tutela jurisdicional ampla e efetiva ao sujeito passivo. Na linha de pesquisa adotada pelo trabalho, a opção pela arbitragem tributária não foi considerada como renuncia à via administrativa ou judicial, mas sim uma faculdade dentre as alternativas legais postas à disposição do sujeito passivo, na busca da tutela jurisdicional, considerando o propósito e os fins do regime de arbitragem, num sistema tributário propenso ao litígio, como o brasileiro. Com isso, o estudo defende posição diversa.

Com relação aos custos da arbitragem tributária, o estudo demonstrou que os custos do Poder Judiciário são suportados por toda a sociedade, tornando o sistema judicial extremamente oneroso, especialmente na medida que os processos em tramitação vão se acumulando, ano a ano, sem que se tenha uma solução em tempo razoável.

Ainda no que se refere à sociedade, esta deve arcar, além dos gastos estatais, também com seus próprios custos para administração da carteira de contencioso, especialmente com advogados e custas judiciais. O trabalho expôs que a arbitragem tributária, por outro lado, além de evitar a judicialização da matéria, poderia colaborar para a desoneração do judiciário e, em determinados casos, a própria atuação das Procuradorias, no sentido de evitar longos e custosos processos judiciais.

Aponta, entretanto, especialmente se considerarmos a experiência brasileira na arbitragem comercial, que os custos do processo podem ser impeditivos para sua adoção em determinadas situações. Para conflitos de valor elevado para os padrões do sujeito passivo, a arbitragem poderá ser a melhor alternativa, desde que as despesas possam ser suportadas pelo contribuinte. Outros casos, entretanto, de valor isoladamente reduzido, podem não ter o atrativo da solução pela arbitragem, ao se analisar custo e benefício.

Caberá ao litigante, em cada caso, fazer essa avaliação. O ponto que traz mais segurança em comparação ao sistema judicial, entretanto, é saber de antemão como o custo será repartido e o prazo de solução do conflito. Outro argumento favorável à arbitragem apontado pelo estudo, que aproveita a toda a sociedade, é que os custos do processo arbitral são suportados somente pelas partes que dele participam, sendo, portanto, um sistema mais justo se considerarmos que os custos do judiciário são suportados por todos, mesmo não sendo parte do processo.

Por fim, o trabalho aborda os projetos de lei em tramitação no Congresso Nacional, até a data de apresentação do estudo, que visam a implementação da arbitragem tributária no Brasil. O estudo trata os projetos separadamente, em razão de suas características e especificidades, destacando pontos de atenção, incongruências e possíveis melhorias em suas redações, para contribuir com o aperfeiçoamento do instituto, caso aprovado por algum dos projetos abordados.

Quanto aos projetos em tramitação, consideramos como mais adequado o PL 4286/2022, ressalvadas as considerações efetuadas por esse estudo para seu aprimoramento. Um dos principais diferenciais desse projeto é que ele foi elaborado como parte de um projeto mais amplo, juntamente com sete outras proposições, visando a modernização de todo o processo tributário, incluindo o administrativo, de consulta, a execução fiscal, a arbitragem tributária, entre outros, e principalmente, alterações mínimas necessárias no CTN, objeto do PLP 124/2022, que, embora exija rito mais regido de aprovação, deve ser conduzido simultaneamente ao PL 2486, por se complementarem.

A ressalva feita pelo estudo ao PLP 124, contudo, é que diversos outros artigos do CTN deveriam ser alterados, além dos três propostos pelo Projeto, como forma de trazer a segurança necessária para implementação da arbitragem tributária e atender o disposto no art. 146, III, da CF/1988. O trabalho aponta quais são esses artigos, juntamente com a justificativa para alteração de cada um, na seção 5.2.

A proposta dessa obra, portanto, é contribuir para os estudos, debates e pesquisas acerca da arbitragem tributária entre acadêmicos e operadores do direito no setor privado e no poder público, visando a implementação desse método adequado de solução de disputas em matéria tributária. O trabalho considerou mais adequados o PL 2486/2022 e o PLP 124/2022 para implementação da arbitragem tributária no Brasil, dentre os quatro projetos analisados, mas recomenda que eles sejam aprimorados, sendo que a presente obra poderá contribuir nesse quesito. O estudo não descarta, entretanto, a elaboração de novo(s) projeto(s) para o(s) qual(is) este trabalho também pode auxiliar, considerando a abrangência da pesquisa e os temas enfrentados. Por fim, o estudo pode proporcionar elementos para os entes tributantes adotarem a arbitragem tributária, e para as câmaras arbitrais a implementarem, tão logo ela seja aprovada em âmbito nacional, ainda que através dos projetos em tramitação, no sentido da correta aplicação do instituto no Brasil.

# REFERÊNCIAS

AGRELLOS, Miguel Durham. *O Regime de Arbitragem Português = The Portuguese Tax Arbitration Regime. Actualidad Jurídica* Uría Menéndez, *Espanã* / n. 29-2011. Disponível em: https://www.uria.com/documentos/publicaciones/3084/documento/articuloUM.pdf?id=2990_pt&forceDownload=true. Acesso em: 26 jan. 2023.

ALVIM, Leonardo de Andrade Rezende. *Arbitragem Tributária no Brasil: os motivos pelos quais ela é necessária, mas sua implantação deve ser gradual. In*: PISCITELLI, Tathiane; MASCITTO, Andréa; MENDONÇA, Priscila Faricelli de. (coord). Arbitragem Tributária. Desafios institucionais brasileiros e a experiência portuguesa, 2. ed. São Paulo: Revista dos Tribunais, 2019. ISBN: 978-85-5321-920-9.

AMARAL, Guilherme Rizzo. *O controle dos precedentes na arbitragem tributária. In*: PISCITELLI, Tathiane; MASCITTO, Andréa; MENDONÇA, Priscila Faricelli de. (coord). Arbitragem Tributária. Desafios institucionais brasileiros e a experiência portuguesa, 2. ed. São Paulo: Revista dos Tribunais, 2019, ISBN: 978-85-5321-920-9.

ANJOS, Maria do Rosário. *Reenvio Prejudicial por Tribunal Arbitral Tributário e Imposto de Selo dobre Aumentos de Capital - Comentário ao Acórdão do Tribunal de Justiça da União Europeia de 12 de Junho de 2014 - «Acórdão Ascendi»*. v. 5 n. 5 (2014): Revista da Faculdade de Direito da Universidade Lusófona do Porto. Porto, Portugal. Publicado: 2015-04-14. Disponível em: https://revistas.ulusofona.pt/index.php/rfdulp/article/view/4981. pp. 107-108. Acesso em: 23 jan. 2023.

ANJOS, Maria do Rosário; AZEVEDO, Patrícia Anjos. *Arbitragem Administrativa e Tributária: a solução adotada em Portugal.* Disponível em: http://repositorio.uportu.pt:8080/bitstream/11328/2377/1/Arbitragem%20Administrativa%20e%20Tribut%C3%A1ria_a%20solu%C3%A7%C3%A3o%20adotada%20em%20Portugal.pdf. [s.d.] Acesso em: 6 fev. 2023.

ARAÚJO, Profª Evelyn Cintra. *Teoria Geral do Processo*. PUC Goiás. 2018.

ATALIBA, Geraldo. *Normas gerais de direito financeiro e tributário e autonomia dos estados e municípios. Limites à norma geral — Código Tributário Nacional.* Disponível em: https://edisciplinas.usp.br/pluginfile.php/1894565/mod_

resource/content/0/03%20ATALIBA.%20Normas%20gerais%20de%20 direito%20financeiro%20e%20tributario.pdf. Acesso em: 31 mar. 2023.

BANCO CENTRAL DO BRASIL. *Calculadora do cidadão*. Disponível em: https://www3.bcb.gov.br/CALCIDADAO/publico/exibirFormCorrecaoValores.do?method=exibirFormCorrecaoValores#. Acesso em: 09 jul. 2023.

BANCO INTERAMERICANO DE DESENVOLVIMENTO. *Relatório Final de Pesquisa. Diagnóstico Do Contencioso Tributário Administrativo. São Paulo*: BID, 2022. Disponível em: https://www.gov.br/receitafederal/pt-br/centrais-de-conteudo/publicacoes/estudos/diagnostico-do-contencioso-tributario-administrativo/relatorio_final.pdf. Acesso em: 20 fev. 2023.

BANDEIRA DE MELLO, Celso Antônio. *Conceito jurídico de interesse público*. Disponível em: https://edisciplinas.usp.br/pluginfile.php/5686359/mod_resource/content/1/BANDEIRA%20DE%20MELLO%2C%20Celso%20Ant%C3%B4nio%20-%20 Curso%20de%20direito%20administrativo%2C%20cap%C3%ADtulo%20 I%2C%20t%C3%B3picos%20VIII%20e%20IX.pdf. Acesso em: 12 mar. 2023.

BANDEIRA DE MELLO, Celso Antônio. *Curso de Direito Administrativo*, 32. ed. São Paulo: Malheiros, 2014, p. 73. ISBN: 978-85-392-0273-7.

BARACHO, José Alfredo de Oliveira. *Processo constitucional*. Disponível em: https://www.trt3.jus.br/escola/download/revista/rev_55_56/Jose_Baracho.pdf. Acesso em: 31 mar. 2023.

BARBOSA, Rui. *Barbosa, Ruy, 1849-1923. Oração aos moços / Rui Barbosa* ; prefácios de senador Randolfe Rodrigues, Cristian Edward Cyril Lyuch. – Brasília : Senado Federal, Conselho Editorial, 2019. 74 p. . -- (Edições do Senado Federal ; v. 271) Edição comemorativa dos 170 anos do nascimento de Rui Barbosa. Disponível em: https://www2.senado.leg.br/bdsf/bitstream/handle/id/564558/Oracao_aos_mocos_Rui_Barbosa.pdf

BARRETO, Paulo Ayres. *Processo Administrativo II: Questões Atuais. Disciplina: Tributos Estaduais, Municipais e Processo Tributário* (DEF0530). Professor Associado Paulo Ayres Barreto. Arbitragem Em Matéria Tributária. p. 24. Disponível em: https://edisciplinas.usp.br/pluginfile.php/4995564/mod_resource/content/0/Aula%2010%20-%20DEF0530%20-%20 Processo%20Administrativo%20II.pdf. Acesso em: 13 mar. 2023.

BERNARDES, Flávio Couto Bernardes. SILVA, Suélen Marine. *A (não) vinculação dos precedentes às decisões proferidas em sede de arbitragem sob a ótica do novo código de processo civil*. Revista Brasileira de Direito Civil em Perspectiva | e-ISSN: 2526-0243 | Goiânia | v. 5 | n. 1 |p. 165 - 183 | Jan/Jun. 2019. Disponível em: https://repositorio.ufmg.br/bitstream/1843/40067/2/A%20 %28n%C3%A3o%29%20vincula%C3%A7%C3%A3o%20dos%20 precedentes%20as%20decis%C3%B5es%20proferidas%20em%20 sede%20de%20arbitragem%20....pdf. Acesso em: 9 abr. 2023.

BORGES, José Souto Maior. *Normas Gerais de Direito Tributário: Velho Tema sob Perspectiva Nova*. REVISTA DIALÉTICA DE DIREITO TRIBUTÁRIO (RDDT) 213. Junho 2013. São Paulo: Dialética. ISSN 1413-7097. Disponível em: https://edisciplinas.usp.br/pluginfile.php/7528674/mod_resource/content/0/Leitura%20 Complementar%20da%20aula%20-%20Jorge%20Souto%20Maior%20

Borges%20Normas%20gerais%20de%20direito%20tribut%C3%A1rio%20-%20velho%20tema%20sob%20perspectiva%20nova.pdf. Acesso em: 31 mar. 2023.

BOSSA, Gisele Barra. VASCONCELLOS, Mônica Pereira Coelho de. *Arbitragem Tributária e a reconstrução do interesse público*. *In*: PISCITELLI, Tathiane; MASCITTO, Andréa; MENDONÇA, Priscila Faricelli de. (coord). Arbitragem Tributária. Desafios institucionais brasileiros e a experiência portuguesa, 2. ed. São Paulo: Revista dos Tribunais, 2019. ISBN 978-85-5321-920-9.

BRAGA, Paula Sarno. *Norma de processo e norma de procedimento: O problema da repartição de competência legislativa no Direito Constitucional brasileiro*. Tese de Doutorado. Salvador. Universidade Federal da Bahia. Faculdade de Direito. Programa de Pós-Graduação em Direito. Doutorado – Direito Público, 2015: Disponível em: https://repositorio.ufba.br/bitstream/ri/17749/5/PAULA%20SARNO%20BRAGA%20-%20Norma%20de%20processo%20e%20norma%20de%20procedimento%20o%20problema%20da%20reparti%c3%a7%c3%a3o%20de%20compet%c3%aancia%20legislativa%20no%20direito%20constitucional%20brasileiro.pdf. Acesso em: 31 mar. 2023.

BRASIL. Câmara dos Deputados. *Projeto de lei complementar 17/2022*. Estabelece normas gerais relativas a direitos, garantias e deveres do contribuinte, principalmente quanto a sua interação perante a Fazenda Pública e dispõe sobre critérios para a responsabilidade tributária. Disponível em: https://www.camara.leg.br/proposicoesWeb/prop_mostrarintegra?codteor=2213458&filename=PEP%201%20CCJC%20=%3E%20PLP%2017/2022. Acesso em: 17 jul. 2023.

BRASIL, Congresso Nacional. *Projeto de Lei Complementar - PLP nº 17/2022*. Estabelece normas gerais relativas a direitos, garantias e deveres do contribuinte, principalmente quanto a sua interação perante a Fazenda Pública e dispõe sobre critérios para a responsabilidade tributária. Brasília, DF. Disponível em: https://www.camara.leg.br/proposicoesWeb/fichadetramitacao?idProposicao=2317563. Acesso em: 20 fev. 2023.

BRASIL. Congresso Nacional. *Projeto de Lei nº 2486, de 2022*. Dispõe sobre a arbitragem em matéria tributária e aduaneira. Disponível em: https://www.congressonacional.leg.br/materias/materias-bicamerais/-/ver/pl-2486-2022#:~:text=Ementa%3A,em%20mat%C3%A9ria%20tribut%C3%A1ria%20e%20aduaneira. Acesso em: 20 fev. 2023.

BRASIL. Conselho da Justiça Federal. Centro de Estudos Judiciários. *I Jornada Direito Tributário : enunciados aprovados*. – Brasília : Conselho da Justiça Federal, Centro de Estudos Judiciários, 2022. 20 p. Evento realizado pelo Centro de Estudos Judiciários (CEJ). Enunciado 3, p. 15. Disponível em: https://www.cjf.jus.br/cjf/corregedoria-da-justica-federal/centro-de-estudos-judiciarios-1/publicacoes-1/jornada-de-direito-tributario. Acesso em: 23 fev. 2023.

BRASIL. Conselho Nacional de Justiça - CNJ. *Diagnóstico do contencioso judicial tributário brasileiro : relatório final de pesquisa / Conselho Nacional de Justiça; Instituto de Ensino e Pesquisa*. – Brasília: CNJ, 2022. ISBN: 978-65-5972-044-6. Disponível em: https://www.cnj.jus.br/wp-content/uploads/2022/02/relatorio-contencioso-tributario-final-v10-2.pdf. Acesso em: 31 mar. 2023.

BRASIL. Conselho Nacional de Justiça. *Justiça em números 2022* / Conselho Nacional de Justiça. – Brasília: CNJ, 2022. Disponível em: https://www.

cnj.jus.br/wp-content/uploads/2022/09/justica-em-numeros-2022-1.pdf. ISBN: 978-65-5972-493-2. Acesso em: 20 fev. 2023.

BRASIL. Conselho Nacional de Justiça. *Justiça em Números 2023* / Conselho Nacional de Justiça. – Brasília: CNJ, 2023. Disponível em: https://www.cnj.jus.br/wp-content/uploads/2023/09/justica-em-numeros-2023-010923.pdf. ISBN: 978-65-5972-116-0. Acesso em: 02 out. 2023.

BRASIL. Conselho Nacional de Justiça - CNJ. *Resolução nº 125, de 29 de novembro de 2010*. Dispõe sobre a Política Judiciária Nacional de tratamento adequado dos conflitos de interesses no âmbito do Poder Judiciário e dá outras providências. Brasília, DF. Disponível em: https://www.cnj.jus.br/wp-content/uploads/2011/02/Resolucao_n_125-GP.pdf. Acesso em: 20 fev. 2023.

BRASIL. Conselho Nacional de Justiça - CNJ. *Recomendação CNJ nº 120, de 28 de outubro de 2021*. Recomenda o tratamento adequado de conflitos de natureza tributária, quando possível pela via da autocomposição, e dá outras providências. Disponível em: https://atos.cnj.jus.br/files/original2329372021110361831b61bdfc3.pdf. Acesso em: 20 fev. 2023.

BRASIL. Conselho Nacional de Justiça - CNJ. *Recomendação CNJ nº 134, de 9 de setembro de 2022*. Dispõe sobre o tratamento dos precedentes no Direito brasileiro. Disponível em: https://atos.cnj.jus.br/files/original1946282022091263 1f8c94ea0ab.pdf Acesso em: 08 mai. 2023.

BRASIL. Conselho Nacional de Justiça – CNJ. *Resolução nº 471, de 31 de agosto de 2022*. Dispõe sobre a Política Judiciária Nacional de Tratamento Adequado à Alta Litigiosidade do Contencioso Tributário no âmbito do Poder Judiciário e dá outras providências. Disponível em: https://atos.cnj.jus.br/files/original235257202209056316 8bd92af9c.pdf Acesso em: 23 fev. 2023.

BRASIL. Conselho Nacional de Justiça - CNJ. *Sistematização do diagnóstico do contencioso tributário nacional: contencioso judicial tributário*. Brasília: CNJ, 2022. Disponível em: https://www.cnj.jus.br/wp-content/uploads/2022/08/sistematizacao-do-diagnostico-do-contencioso-tributario-nacional-v-eletronica.pdf. Acesso em: 20 fev. 2023.

BRASIL. Conselho Nacional de Política Fazendária - Confaz. *Competência*. Disponível em: https://www.confaz.fazenda.gov.br/menu-de-apoio/competencias. Acesso em: 26 fev. 2023.

BRASIL. Conselho Nacional de Política Fazendária - Confaz. *Contribuinte por tipo de regime*. Disponível em: https://app.powerbi.com/view?r=eyJrIjoiNzFmMDRlMjAtNDg0Mi00NjE0LWI3ZGYtMWU4NGRhN2NmNjkzIiwidCI6IjNlYzkyOTY5LTVhNTEtNGYxOC04YWM5LWVmOThmYmFmYTk3OCJ9 . Acesso em: 26 fev. 2023.

BRASIL. Constituição da República Federativa do Brasil de 1988. *Diário Oficial da União*. Brasília, DF, 5 out 1988. Disponível em: https://www.planalto.gov.br/ccivil_03/Constituicao/ConstituicaoCompilado.htm. Acesso em: 20 fev. 2023.

BRASIL. Despacho do Presidente da República nº 185, de 4 de maio de 2023. *Diário Oficial*. Brasília: 05 mai. 2023. Encaminhamento ao Congresso Nacional do texto do projeto de lei que "Disciplina a proclamação de resultados de julgamentos, na hipótese de empate na votação no âmbito do Conselho Administrativo de Recursos Fiscais [...]. Disponível em: https://www.in.gov.br/web/dou/-/despachos-do-presidente-da-republica-481241695. Acesso em: 08 mai. 2023.

BRASIL. Governo Provisório da República dos Estados Unidos do Brasil. Decreto nº 20.910, de 6 de janeiro de 1932. Regula a prescrição quinquenal. *Diário Oficial da União*. Rio de Janeiro, 6 de janeiro de 1932. Disponível em: https://www.planalto.gov.br/ccivil_03/decreto/antigos/d20910.htm. Acesso em: 3 set. 2023.

BRASIL. Mesa do Congresso Nacional. *Ofício nº 161, de 16 de junho de 2023*. Término de prazo de Medida Provisória. Disponível em: https://www.camara.leg.br/proposicoesWeb/prop_mostrarintegra?codteor=2290873&filename=Tramitacao-MPV%201160/2023. Acesso em: 21 jul. 2023.

BRASIL. Ministério da Economia. Conselho Administrativo de Recursos Fiscais. *CARF esclarece informações com dados gerenciais*. Disponível em: http://idg.carf.fazenda.gov.br/noticias/situacao-do-atual-estoque-do-carf. Acesso em 8 mai. 2023.

BRASIL. Ministério da Economia. Conselho Administrativo de Recursos Fiscais. Quadro Geral de Súmulas. *Súmula Carf nº 1*. Disponível em: http://idg.carf.fazenda.gov.br/jurisprudencia/sumulas-carf/quadro-geral-de-sumulas-1. Acesso em: 08 jul. 2023.

BRASIL. Ministério da Economia. Conselho Administrativo de Recursos Ficais (CARF). Quadro Geral de Súmulas. *Súmula CARF nº 2*. Aprovada pelo Pleno em 2006. Disponível em: http://idg.carf.fazenda.gov.br/jurisprudencia/sumulas-carf/quadro-geral-de-sumulas-1. Acesso em: 13 set. 2023.

BRASIL. Ministério da Economia. *Portaria MF nº 343, de 09 de junho de 2015*. Versão multivigente atualizada em 11/abr/2022 – Até Portaria ME nº 3.125, de 7 de abril de 2022. Aprova o Regimento Interno do Conselho Administrativo de Recursos Fiscais (CARF) [...]. Disponível em: http://carf.economia.gov.br/acesso-a-informacao/institucional/ricarf-multi-11042022-alterada-ate-port-me-3125-2022.pdf. Acesso em: 13 set. 2023.

BRASIL. Presidência da República. Decreto-Lei nº 1.608, de 18 de setembro de 1939. *Código de Processo Civil*. Rio de Janeiro: 18.9.1939. CLBR de 31.12.1939. Disponível em: http://www.planalto.gov.br/ccivil_03/decreto-lei/1937-1946/del1608.htm. Acesso em: 15 jul. 2023.

BRASIL. Presidência da República. Lei nº 4.657, de 4 de setembro de 1942. Lei de Introdução às normas do Direito Brasileiro. *Diário Oficial*. Rio de Janeiro: 9 set.1942, ret. em 8 out. 1942 e ret. em 17 jun. 1943. Disponível em: https://www.planalto.gov.br/ccivil_03/decreto-lei/del4657compilado.htm. Acesso em: 08 jul. 2023.

BRASIL. Presidência da República. Lei nº 5.172, de 25 de outubro de 1966. Dispõe sobre o Sistema Tributário Nacional e institui normas gerais de direito tributário aplicáveis à União, Estados e Municípios. *Diário Oficial*. Brasília: 27 out. 1966 e republicado em 31 out. 1966. Disponível em: https://www.planalto.gov.br/ccivil_03/leis/l5172compilado.htm. Acesso em: 20 fev. 2023.

BRASIL. Presidência da República. Lei nº 5.869, de 11 de janeiro de 1973. Institui o Código de Processo Civil. *Diário Oficial*. Brasília: 17 jan. 1973 e republicado em 27 jul. 2006. Disponível em: https://www.planalto.gov.br/ccivil_03/leis/l5869impressao.htm. Acesso em: 20 fev. 2023.

BRASIL. Presidência da República. Decreto nº 70.235, de 6 de março de 1972. Dispõe sobre o processo administrativo fiscal, e dá outras providências.

*Diário Oficial*. Brasília: 7 mar. 1972. Disponível em: https://www.planalto.gov.br/ccivil_03/decreto/D70235Compilado.htm. Acesso em: 14 jul. 2023.

BRASIL. Presidência da República. Lei nº 6.830, de 22 de setembro de 1980. Dispõe sobre a cobrança judicial da Dívida Ativa da Fazenda Pública, e dá outras providências. *Diário Oficial*. Brasília: 24 set. 1980. Disponível em: https://www.planalto.gov.br/ccivil_03/leis/l6830.htm . Acesso em: 11 jul. 2023.

BRASIL. Presidência da República. Lei nº 9.307, de 23 de setembro de 1996. Dispõe sobre a arbitragem. *Diário Oficial*. Brasília: 24 set. 1996.Disponível em: https://www.planalto.gov.br/ccivil_03/leis/l9307.htm. Acesso em: 08 jul. 2023.

BRASIL. Presidência da República. Lei Complementar nº 101, de 4 de maio de 2000. Estabelece normas de finanças públicas voltadas para a responsabilidade na gestão fiscal e dá outras providências. *Diário Oficial*. Brasília: 4 de maio de 2000. Disponível em: https://www.planalto.gov.br/ccivil_03/leis/lcp/lcp101.htm. Acesso em: 14 mar. 2023.

BRASIL. Presidência da República. Lei Complementar nº 105, de 10 de janeiro de 2001. Dispõe sobre o sigilo das operações de instituições financeiras e dá outras providências. *Diário Oficial*. Brasília: 11 de janeiro de 2001. Disponível em: https://www.planalto.gov.br/ccivil_03/leis/lcp/lcp105.htm. Acesso em: 12 jul. 2023.

BRASIL. Presidência da República. Lei Complementar nº 123, de 14 de dezembro de 2006. Institui o Estatuto Nacional da Microempresa e da Empresa de Pequeno Porte; [...]. *Diário Oficial da União*. Brasília, DF, 15 dez. 2006, republicado em: 31 jan.2009, 31 jan. 2012 e 6 mar. 2012. Disponível em: https://www.planalto.gov.br/ccivil_03/leis/lcp/lcp123.htm. Acesso em: 26 fev. 2023.

BRASIL, Presidência da República. Lei nº 11.941, de 27 de maio de 2009. Altera a legislação tributária federal [...] a partir da instalação do Conselho Administrativo de Recursos Fiscais. *Diário Oficial da União*. Brasília, DF, 28 mai. 2009. Disponível em: https://www.planalto.gov.br/ccivil_03/_ato2007-2010/2009/lei/l11941.htm. Acesso em: 10 abr. 2023.

BRASIL, Presidência da República. Lei nº 13.105, de 16 de março de 2015. Código de Processo Civil. *Diário Oficial da União*. Brasília, DF, 17 mar. 2015. Disponível em: https://www.planalto.gov.br/ccivil_03/_ato2015-2018/2015/lei/l13105.htm. Acesso em: 20 fev. 2023.

BRASIL. Presidência da República. Lei nª 13.129, de 26 de março de 2015. Altera a Lei nº 9.307, de 23 de setembro de 1996, [...]. *Diário Oficial da União*. Brasília, DF, 27 mai. 2015. Disponível em: https://www.planalto.gov.br/ccivil_03/_ato2015-2018/2015/lei/l13129.htm. Acesso em: 20 fev. 2023.

BRASIL. Presidência da República. Lei nº 13.140, de 26 de junho de 2015. Dispõe sobre a mediação entre particulares como meio de solução de controvérsias e sobre a autocomposição de conflitos no âmbito da administração pública; [...]. *Diário Oficial da União*. Brasília, DF, 29 jun. 2015. Disponível em: https://www.planalto.gov.br/ccivil_03/_ato2015-2018/2015/lei/l13140.htm. Acesso em: 20 fev. 2023.

BRASIL. Presidência da República. Lei nº 13.655, de 25 de abril de 2018. Inclui no Decreto-Lei nº 4.657, de 4 de setembro de 1942 (Lei de Introdução às Normas do Direito Brasileiro), disposições sobre segurança jurídica e eficiência na criação e na aplicação do direito público. *Diário Oficial da*

*União*. Brasília, 26 abr. 2018. Disponível em: https://www.planalto.gov.br/ccivil_03/_Ato2015-2018/2018/Lei/L13655.htm#art1. Acesso em: 01 set. 2023.

BRASIL. Presidência da República. Medida Provisória nº 899, de 16 de outubro de 2019. Dispõe sobre a transação nas hipóteses que especifica. *Diário Oficial da União*. Brasília, 17 de out. 2019. Disponível em: https://www.planalto.gov.br/ccivil_03/_ato2019-2022/2019/Mpv/mpv899.htm. Acesso em: 20 fev. 2023.

BRASIL. Presidência da República. Lei nº 13.988, de 14 de abril de 2020. Dispõe sobre a transação nas hipóteses que especifica [...]. *Diário Oficial da União*. Brasília, 14 abr. 2020 – Edição Extra. Disponível em: https://www.planalto.gov.br/ccivil_03/_ato2019-2022/2020/lei/l13988.htm Acesso em: 20 fev. 2023.

BRASIL. Presidência da República. Lei nº 14.133, de 1º de abril de 2021. Lei de Licitações e Contratos Administrativos. *Diário Oficial da União*. Brasília, 1º abr. 2021 – Edição Extra-F. Disponível em: https://www.planalto.gov.br/ccivil_03/_ato2019-2022/2021/lei/l14133.htm Acesso em: 27 abr. 2023.

BRASIL. Presidência da República. *EM nº 00016/2023 MF, de 10 de janeiro de 2023*. Disponível em: http://www.planalto.gov.br/ccivil_03/_Ato2023-2026/2023/Exm/Exm-1160-23.pdf. Acesso em: 26 fev.2023.

BRASIL. Presidência da República. *Medida Provisória nº 1.160, de 12 de janeiro de 2023*. Dispõe sobre a proclamação do resultado do julgamento, na hipótese de empate na votação no âmbito do Conselho Administrativo de Recursos Fiscais, [...]. Disponível em: http://www.planalto.gov.br/ccivil_03/_Ato2023-2026/2023/Mpv/mpv1160.htm#:~:text=Disp%C3%B5e%20sobre%20a%20proclama%C3%A7%C3%A3o%20do,14%20de%20abril%20de%202020%2C. Acesso em: 26 fev. 2023.

BRASIL. Procuradoria Geral da Fazenda Nacional. *Portaria PGFN nº 948, de 15/09/2017*. Disponível em: http://normas.receita.fazenda.gov.br/sijut2consulta/link.action?idAto=86309&visao=anotado. Acesso em: 08 jul. 2023.

BRASIL. Procuradoria Geral da Fazenda Nacional. *Portaria PGFN nº 33, de 09/02/2018*. Disponível em: http://normas.receita.fazenda.gov.br/sijut2consulta/link.action?idAto=90028. Acesso em: 08 jul. 2023.

BRASIL. Secretaria da Receita Federal. *Parecer Normativo Cosit nº 7, de 22 de agosto de 2014*. Disponível em: http://normas.receita.fazenda.gov.br/sijut2consulta/link.action?idAto=55496. Acesso em: 08 jul. 2023.

BRASIL. Secretaria Especial da Receita Federal do Brasil. *Portaria RFB nº 309, de 31 de março de 2023*. Dispõe sobre o funcionamento do Contencioso Administrativo no âmbito da Receita Federal do Brasil. (Publicado(a) no DOU de 03/04/2023, seção 1, página 49). Disponível em: http://normas.receita.fazenda.gov.br/sijut2consulta/link.action?idAto=129873. Acesso em: 05 mai. 2023.

BRASIL. Senado Federal. *Ato do Presidente do Senado Federal nº 1, de 2022*: Institui a Comissão de Juristas responsável pela elaboração de anteprojetos de proposições legislativas que modernizem o processo administrativo e tributário. Disponível em: https://www25.senado.leg.br/web/atividade/materias/-/materia/152139 . Acesso em: 20 fev. 2023.

BRASIL. Senado Federal. *Ato Conjunto dos Presidentes do Senado Federal e do Supremo Tribunal Federal nº 1, de 2022*. Institui Comissão de Juristas responsável pela elaboração de anteprojetos de proposições legislativas que dinamizem, unifiquem e modernizem o processo administrativo e tributário nacional. Disponível em: https://legis.senado.leg.br/sdleg-getter/documento?dm=9087234&ts=1671478755198&disposition=inline&_gl=1*1j4c85v*_ga*Mzk3NjU2MTA4LjE2ODk2MzY0NDM.*_ga_CW3ZH25XMK*MTY4OTYzNjQ0My4xLjEuMTY4OTYzNjQ5MC4wLjAuMA.. Acesso em: 17 jul. 2023.

BRASIL. Senado Federal. *Emenda CAE (ao Projeto de Lei nº 2.486/2022) 00001-T.* https://legis.senado.leg.br/sdleg-getter/documento?dm=9302422&ts=1686866411871&disposition=inline&_gl=1*3jyt3o*_ga*MjM0OTQxMDg5LjE2ODk4MTExOTE.*_ga_CW3ZH25XMK*MTY4OTgxNTU0Mi4yLjEuMTY4OTgxNTY0Ny4wLjAuMA.. Acesso em: 20 jul. 2023.

BRASIL. Senado Federal. *Emenda CAE (ao Projeto de Lei nº 2.486/2022) 00002-T.* Disponível em https://legis.senado.leg.br/sdleg-getter/documento?dm=9302426&ts=1686866411934&disposition=inline&_gl=1*3jyt3o*_ga*MjM0OTQxMDg5LjE2ODk4MTExOTE.*_ga_CW3ZH25XMK*MTY4OTgxNTU0Mi4yLjEuMTY4OTgxNTY0Ny4wLjAuMA. Acesso em: 20 jul. 2023.

BRASIL. Senado Federal. *Emenda CAE (ao Projeto de Lei nº 2.486/2022) 00003-T.* Disponível em: https://legis.senado.leg.br/sdleg-getter/documento?dm=9302432&ts=1686866412024&disposition=inline&_gl=1*t4eyvi*_ga*MjM0OTQxMDg5LjE2ODk4MTExOTE.*_ga_CW3ZH25XMK*MTY4OTgxNTU0Mi4yLjEuMTY4OTgxNTY0Ny4wLjAuMA.. Acesso em: 20 jul. 2023.

BRASIL. Senado Federal. *Emenda CAE (ao Projeto de Lei nº 2.486/2022) 00004-T.* Disponível em: https://legis.senado.leg.br/sdleg-getter/documento?dm=9302436&ts=1686866412099&disposition=inline&_gl=1*3jyt3o*_ga*MjM0OTQxMDg5LjE2ODk4MTExOTE.*_ga_CW3ZH25XMK*MTY4OTgxNTU0Mi4yLjEuMTY4OTgxNTY0Ny4wLjAuMA.. Acesso em: 19 jul. 2023.

BRASIL. Senado Federal. *Emenda CAE (ao Projeto de Lei nº 2.486/2022) 00005-T.* Disponível em: https://legis.senado.leg.br/sdleg-getter/documento?dm=9303351&ts=1686866411762&disposition=inline&_gl=1*3jyt3o*_ga*MjM0OTQxMDg5LjE2ODk4MTExOTE.*_ga_CW3ZH25XMK*MTY4OTgxNTU0Mi4yLjEuMTY4OTgxNTY0Ny4wLjAuMA.. Acesso em: 20 jul. 2023.

BRASIL. Senado Federal. *Emenda CAE (ao Projeto de Lei nº 2.486/2022) 00006-T.* Disponível em: https://legis.senado.leg.br/sdleg-getter/documento?dm=9303355&ts=1686866411819&disposition=inline&_gl=1*3jyt3o*_ga*MjM0OTQxMDg5LjE2ODk4MTExOTE.*_ga_CW3ZH25XMK*MTY4OTgxNTU0Mi4yLjEuMTY4OTgxNTY0Ny4wLjAuMA.. Acesso em: 20 jul. 2023.

BRASIL. Senado Federal. *Emenda modificativa – CAE. Projeto de lei nº4257, de 2019.* Disponível em: https://legis.senado.leg.br/sdleg-getter/documento?dm=7990556&ts=1675351675463&disposition=inline&ts=1675351675463&_gl=1*1rdw1b2*_ga*MTUxMzAwMDkwNi4xNjg5MTk0MTYz*_ga_

CW3ZH25XMK*MTY4OTE5NDE2Mi4xLjAuMTY4OTE5NDE2Mi4wLjAuMA..
Acesso em: 12 jul. 2023.

BRASIL. Senado Federal. *Emenda modificativa – CAE 2. Projeto de lei nº4257, de 2019. p. 8.* Disponível em: https://legis.senado.leg.br/sdleg-getter/documento?dm=8028147&ts=1675351675473&disposition=inline&ts=1675351675473&_gl=1*1j5pwko*_ga*MTUxMzAwMDkwNi4xNjg5MTk0MTYz*_ga_CW3ZH25XMK*MTY4OTIwMjA4OC4yLjEuMTY4OTIwMzAzNy4wLjAuMA..#Emenda2. Acesso em: 12 jul. 2023.

BRASIL. Senado Federal. *Ofício nº 46/2022 – CJADMTR.* Encerramento dos trabalhos da Comissão de Juristas responsável pela elaboração de anteprojetos de proposições legislativas [...] Disponível em: https://legis.senado.leg.br/sdleg-getter/documento?dm=9198530&ts=1671478755836&disposition=inline&_gl=1*14cep6p*_ga*Mzk3NjU2MTA4LjE2ODk2MzY0NDM.*_ga_CW3ZH25XMK*MTY4OTYzNjQ0My4xLjEuMTY4OTYzNzQwMS4wLjAuMA..
Acesso em: 17 jul. 2023.

BRASIL. Senado Federal. *Projeto de Lei n° 4257, de 2019.* Modifica a Lei nº 6.830, de 22 de setembro de 1980, para instituir a execução fiscal administrativa e a arbitragem tributária, nas hipóteses que especifica. Disponível em: https://www25.senado.leg.br/web/atividade/materias/-/materia/137914. Acesso em: 11 jul. 2023.

BRASIL. Senado Federal. *Projeto de Lei n° 4468, de 2020.* Institui a arbitragem especial tributária e dá outras providências. Disponível em: https://legis.senado.leg.br/sdleg-getter/documento?dm=8886181&ts=1599168037085&disposition=inline.
Acesso em: 14 jul. 2023.

BRASIL. Senado Federal. *Projeto de Lei nº 2486, de 2022.* Dispõe sobre a arbitragem em matéria tributária e aduaneira. Disponível em: https://legis.senado.leg.br/sdleg-getter/documento?dm=9199175&ts=1686866412216&disposition=inline&_gl=1*1was1jd*_ga*MjM0OTQxMDg5LjE2ODk4MTExOTE.*_ga_CW3ZH25XMK*MTY4OTgxMTE5MC4xLjEuMTY4OTgxMTIxOC4wLjAuMA..
Acesso em: 17 jul. 2023.

BRASIL. Senado Federal. *Projeto de Lei Complementar nº 124, de 2022.* Dispõe sobre normas gerais de prevenção de litígio, consensualidade e processo administrativo, em matéria tributária. Disponível em: https://legis.senado.leg.br/sdleg getter/documento?dm=9199183&ts=1686866452845&disposition=inline&_gl=1*105bp7j*_ga*MjM0OTQxMDg5LjE2ODk4MTExOTE.*_ga_CW3ZH25XMK*MTY4OTgxMTE5MC4xLjEuMTY4OTgxMjkxNi4wLjAuMA..
Acesso em: 19 jul. 2023.

BRASIL. Senado Federal. *Parecer SF 1, de 2022.* Disponível em: https://legis.senado.leg.br/sdleg-getter/documento?dm=9198213&ts=1671478755788&disposition=inline.
Acesso em: 20 fev. 2023.

BRASIL. Superior Tribunal de Justiça. Notícias. Especial. *Princípio do juiz natural, uma garantia de imparcialidade.* 21/06/2020. Disponível em: https://www.stj.jus.br/sites/portalp/Paginas/Comunicacao/Noticias/Principio-do-juiz-natural--uma-garantia-de-imparcialidade.aspx#:~:text=Segundo%20a%20doutrina%2C%20o%20princ%C3%ADpio,exce%C3%A7%C3%A3o%20constitu%C3%ADdos%20ap%C3%B3s%20os%20fatos.

BRASIL. Superior Tribunal de Justiça. Notícias. Eventos. *Presidente do STJ defende incentivo a métodos alternativos para conflitos em meio à crise do coronavírus.*

Disponível em: https://www.stj.jus.br/sites/portalp/Paginas/Comunicacao/Noticias/17112020-Presidente-do-STJ-defende-incentivo-a-metodos-alternativos-para-conflitos-em-meio-a-crise-do-coronaviru.aspx. Acesso em: 23 fev. 2023.

BRASIL. Superior Tribunal de Justiça. Notícias. Eventos. *Presidente do STJ propõe mediação e conciliação para atender a demandas no pós-pandemia.* Disponível em: https://www.stj.jus.br/sites/portalp/Paginas/Comunicacao/Noticias/08122020-Presidente-do-STJ-propoe-mediacao-e-conciliacao-para-atender-a-demandas-no-pos-pandemia.aspx. Acesso em: 23 fev. 2023.

BRASIL. Superior Tribunal de Justiça. Terceira Turma. *REsp 904813 / PR. Recurso Especial 2006/0038111-2* . Processo Civil. Recurso Especial. Licitação. Arbitragem [...]. Relator(a): Ministra Nancy Andrighi (1118), 20 de outubro de 2011. Disponível em: https://processo.stj.jus.br/SCON/SearchBRS . Acesso em: 1º abr. 2023.

BRASIL. Superior Tribunal de Justiça. Terceira Turma. *REsp 1.550.260-RS*. Direito Processual Civil. Recurso Especial. Cláusula compromissória. Competência. Juízo arbitral. Aplicação do princípio kompetenz-kompetenz. Afastamento do juízo estatal. Relator(a): Rel. Min. Paulo de Tarso Sanseverino, Rel. Acd. Min. Ricardo Villas Bôas Cueva. Julgado em 12/12/2017, DJe 20/03/2018. Disponível em: https://processo.stj.jus.br/jurisprudencia/externo/informativo/?aplicacao=informativo&acao=pesquisar&livre=@COD=%270622%27+E+@CNOT=%27016613%27. Acesso em: 06 set. 2023.

BRASIL. Superior Tribunal de Justiça (Terceira Turma). *REsp nº 1900136 / SP* [...] aplicação (...) restrita ao direito de obter a declaração de nulidade devido à ocorrência de qualquer dos vícios taxativamente elencados no art. 32 [...] . Rcte: Barra Sol Shopping Centers S/A. Rcdo: Gaudi Empreendimentos e Participações Ltda. Relatora: Min. Nancy Andrighi, 15 de abril de 2021. Disponível em: https://scon.stj.jus.br/SCON/GetInteiroTeorDoAcordao?num_registro=202000345991&dt_publicacao=15/04/2021 . Acesso em: 08 mai. 2023.

BRASIL. Superior Tribunal de Justiça (Terceira Turma). *REsp nº 2001912 - GO* [...] Se a declaração de nulidade com fundamento nas hipóteses taxativas previstas no art. 32 da Lei de Arbitragem for pleiteada por meio de ação própria, impõe-se o respeito ao prazo decadencial de 90 (noventa) dias, contado do recebimento da notificação da respectiva sentença, parcial ou final, ou da decisão do pedido de esclarecimentos [...] . Rcte: Rhaine Nunes Cardoso; Viviane Quirino de Souza. Rcdo: Genesi de Jesus Melo. Relatora: Min. Nancy Andrighi, 21 de junho de 2022. Disponível em: https://scon.stj.jus.br/SCON/GetInteiroTeorDoAcordao?num_registro=202200451762&dt_publicacao=23/06/2022. Acesso em: 08 mai. 2023.

BRASIL. Supremo Tribunal Federal. *Súmula 473*. Data de Aprovação: Sessão Plenária de 03/12/1969. DJ de 10/12/1969, p. 5929; DJ de 11/12/1969, p. 5945; DJ de 12/12/1969, p. 5993. Republicação: DJ de 11/06/1970, p. 2381; DJ de 12/06/1970, p. 2.405; DJ de 15/06/1970, p. 2437. Disponível em: https://jurisprudencia.stf.jus.br/pages/search/seq-sumula473/false. Acesso em: 1º abr. 2023.

BRASIL. Supremo Tribunal Federal. Primeira Turma. *Recurso Extraordinário – RE 253885/MG* . Poder Público. Transação. Validade. [...]. Recte.: Município de Santa Rita do Sapucaí. Recda.: Lázara Rodrigues Leite e outras. Relator(a): Min. Ellen Gracie, 04 de junho de 2002. Disponível em: https://jurisprudencia.stf.jus.br/pages/search/sjur99342/false. Acesso em: 28 fev. 2023.

BRASIL. Supremo Tribunal Federal. Tribunal Pleno. *Ação Direta de Inconstitucionalidade - ADI 2405/RS- Rio Grande do Sul.* Recte.: Governador do Estado do Rio Grande do Sul. Intdo.: Assembleia Legislativa do Estado do Rio Grande do Sul. Ementa: Ação Direta de Inconstitucionalidade. Direito tributário. Lei do estado do Rio Grande do Sul 11.475/2000. [...] Relator(a): Min. Alexandre de Moraes. Julg. 20/09/2019. Publ. 03/09/2019. Disponível em: https://jurisprudencia.stf.jus.br/pages/search/sjur412242/false. Acesso em: 20 jul. 2023.

BRASIL. Supremo Tribunal Federal. Tribunal Pleno. *Ação Direta de Inconstitucionalidade - ADI 2435 / RJ - Rio de Janeiro.* [...]. Recte.: Confederação Nacional do Comércio - CNC. Intdo.(a/s).: Governador do Estado do Rio de Janeiro e Assembleia Legislativa do Estado do Rio de Janeiro. Relator(a): Min. Cármen Lúcia, 21 de dezembro de 2020. Disponível em: https://jurisprudencia.stf.jus.br/pages/search/sjur443085/false. Acesso em: 31 mar. 2023.

BRASIL. Supremo Tribunal Federal. Tribunal Pleno. *Recurso Extraordinário - RE 1420691/RG* Ementa: [...]. 3. Fixada a seguinte tese: Não se mostra admissível a restituição administrativa do indébito reconhecido na via judicial, sendo indispensável a observância do regime constitucional de precatórios, nos termos do art. 100 da Constituição Federal. Rcte: União. Rcdo: GE Power & Water Equipamentos e Serviços de Energia e Tratamento de Água Ltda. e Outro (A/S). Relatora: Ministra Presidente, 21/08/2023. Disponível em: https://portal.stf.jus.br/processos/downloadPeca.asp?id=15360434212&ext=.pdf . Acesso em: 02 set 2023.

BRASIL. Tribunal de Contas da União. *TC 000.723/2020-7.* 25/11/2020. Disponível em: https://www.conjur.com.br/dl/tcu-arbitragem-camara-privada-setor.pdf. Acesso em: 27 fev. 2023.

BRASIL. Tribunal de Justiça do Distrito Federal e dos Territórios. *Trânsito em julgado.* Modificação: 27/09/2022 15:50. Disponível em: https://www.tjdft.jus.br/informacoes/significado-dos-andamentos/andamentos/848#:~:text=Significa%20que%20um%20julgamento%2C%20como,mais%20como%20modificar%20o%20julgamento. Acesso em: 2 set. 2023.

BRITTO MACHADO, Hugo de. In: Tópico 7. *Crédito tributário.* eDisciplinas USP. Disponível em: https://edisciplinas.usp.br/pluginfile.php/1392242/mod_resource/content/1/T%C3%93PICO%207.pdf. acesso em: 27 ago. 2023.

BUZAID, Alfredo. *Do juízo arbitral.* Prova escrita no concurso à cátedra de Direito Judiciário Civil, iniciado a 15 de março de 1958. Disponível em: https://www.revistas.usp.br/rfdusp/article/download/66347/68957/87734. Acesso em: 15 jul. 2023.

CARACIOLA, Andrea Boari. *Fundamentação das decisões judiciais na perspectiva do direito fundamental a tutela jurisdicional adequada. Justification of judicial decisions in the context of the fundamental right to appropriate judicial protection. In*: STUDI SUI DIRITTI EMERGENTI (Estudos sobre os Direitos Emergentes). GONÇALVES, Rubén Miranda; VEIGA, Fábio da Silva (coord.). Reggio Calabria, Italia: Mediterranea International Centre for Human Rights Research (Università degli Studi Mediterranea) & Instituto Iberoamericano de Estudos Jurídicos, 2019, p. 352. ISBN: 978-84-09-04894-6.

CARAMELO, António Sampaio. A disponibilidade do direito como critério de arbitrabilidade do litígio. *Revista da Ordem dos Advogados* (ROA) *Ano 2006 Ano 66 - Vol. III - Dez. 2006.* Disponível em: https://portal.oa.pt/publicacoes/

revista-da-ordem-dos-advogados-roa/ano-2006/ano-66-vol-iii-dez-2006/doutrina/antonio-sampaio-caramelo-a-disponibilidade-do-direito-como-criterio-de-arbitrabilidade-do-litigio/#:~:text=arbitrabilidade%20do%20lit%C3%ADgio-,Ant%C3%B3nio%20Sampaio%20Caramelo%20%2D%20A%20disponibilidade%20do%20direito,crit%C3%A9rio%20de%20arbitrabilidade%20do%20lit%C3%ADgio&text=1.,de%20Arbitragem%20Volunt%C3%A1ria%20(Lei%20n. Acesso em: 31 jan. 2023.

CARAMELO, António Sampaio. *Critérios de arbitrabilidade dos litígios. Revisitando o tema.* Disponível em: https://edisciplinas.usp.br/pluginfile.php/5702935/mod_resource/content/1/Caramelo%20-%20Crite%CC%81rios%20de%20arbitrabilidade%20dos%20liti%CC%81gios.pdf. Acesso em: 31 jan. 2023.

CARMONA, Carlos Alberto. *Arbitragem e processo. Um comentário à Lei n. 9.307/96.* 3 ed. São Paulo: Atlas, 2009. ISBN 978-85-224-5584-3.

CARRAZZA, Roque Antonio. *Curso de Direito Constitucional Tributário.* 31. Ed. São Paulo: Malheiros, 2016. ISBN 978-85-392-0342-0.

CAVALCANTE, Diogo Lopes. *Direito tributário e arbitragem no Brasil.* Disponível em: https://apet.org.br/artigos/direito-tributario-e-arbitragem-no-brasil/. Acesso em: 1º abr. 2023.

CAVALCANTI, Prof. Fabiano Robalinho. *Arbitragem. Roteiro de Curso.* FGV Direito Rio. 2014.2.

CONRADO, Paulo Cesar; SANTOS, Reginaldo Angelo dos; LEITE, Renata Ferreira. *A prestação de garantia no processo arbitral tributário:* [...]. *In:* PISCITELLI, Tathiane; MASCITO, Andréa; FERNANDES, André Luiz Fonseca. Arbitragem Tributária no Brasil e em Portugal. Visões do Grupo de Pesquisa "Métodos Alternativos de Resolução de Disputa em Matéria Tributária" do Núcleo de Direito Tributário da FGV DIREITO SP. São Paulo: Blucher, 2022. ISBN: 978-65-5506-516-9.

CONRADO, Paulo Cesar; CARNEIRO, Júlia Silva Araújo; FERNANDES, André Luiz Fonseca; FROTA, Phelipe Moreira Souza. *Sentença arbitral em litígios tributários – vinculação a precedentes e judicialização: seria desejável o controle judicial da sentença arbitral? In:* PISCITELLI, Tathiane; MASCITO, Andréa; FERNANDES, André Luiz Fonseca. Arbitragem Tributária no Brasil e em Portugal. Visões do Grupo de Pesquisa "Métodos Alternativos de Resolução de Disputa em Matéria Tributária" do Núcleo de Direito Tributário da FGV DIREITO SP. São Paulo: Blucher, 2022. ISBN: 978-65-5506-516-9.

COSTA, Alcides Jorge. *Normas gerais de Direito Tributário: visão dicotômica ou tricotômica. In:* Direito Tributário Contemporâneo. Estudos em homenagem a Geraldo Ataliba. BARRETO, Aires Fernandino (coord). São Paulo: Malheiros, 2011.

CUNHA, Leonardo Carneiro da. *A Fazenda Pública em Juízo.* 17. ed. Rio de Janeiro: Forense, 2020, p. 894.

DI PIETRO, Maria Sylvia Zanella. *Direito administrativo.* 33. ed. Rio de Janeiro: Forense, 2020. ISBN 978-85-309-8972-9.

DOMINGOS, Francisco Nicolau. p. 343. A Superação Do Dogma Da Incompatibilidade Da Arbitragem Com Os Princípios Da Legalidade, Tutela Jurisdicional Efetiva E Indisponibilidade Do Crédito Tributário. *Economic Analysis of Law Review. EALR, V. 9, nº 1, Jan-Abr.* Brasília, DF, 2018, p. 343. Disponível em: https://repositorio.ipl.pt/bitstream/10400.21/9742/1/ealr.pdf. Acesso em: 31 jan. 2023.

DOMINGOS, Francisco Nicolau. *Estrutura do Centro de Arbitragem Administrativa (CAAD): Funcionamento, escolha dos árbitros e limites institucionais. In:* PISCITELLI, Tathiane; MASCITTO, Andréa; MENDONÇA, Priscila Faricelli de. (coord). Arbitragem Tributária. Desafios institucionais brasileiros e a experiência portuguesa, 2. ed. São Paulo: Revista dos Tribunais, 2019. ISBN 978-85-5321-920-9.

DOMINGOS, Francisco Nicolau. *É possível limitar o direito ao recurso na arbitragem tributária?* O *RJAT e o recurso da decisão arbitral portuguesa. In:* PISCITELLI, Tathiane; MASCITO, Andréa; FERNANDES, André Luiz Fonseca. Arbitragem Tributária no Brasil e em Portugal. Visões do Grupo de Pesquisa "Métodos Alternativos de Resolução de Disputa em Matéria Tributária" do Núcleo de Direito Tributário da FGV DIREITO SP. São Paulo: Blucher, 2022. ISBN: 978-65-5506-516-9.

DOMINGOS, Francisco Nicolau; MACHADO, Carlos Henrique. *A indisponibilidade do crédito tributário: obstáculo à arbitragem no Brasil? uma análise luso-brasileira = The unavailability of the tax credit: an obstacle to arbitration in Brazil? a portuguese-brazilian analysis.* In: STUDI SUI DIRITTI EMERGENTI (Estudos sobre os Direitos Emergentes). GONÇALVES, Rubén Miranda; VEIGA, Fábio da Silva (coord.). Reggio Calabria, Italia: Mediterranea International Centre for Human Rights Research (Università degli Studi Mediterranea) & Instituto Iberoamericano de Estudos Jurídicos, 2019. ISBN: 978-84-09-04894-6.

DOURADO, Ana Paula. *A Arbitragem Tributária e o Atraso nas Reformas da Justiça Pública.* Expresso 50. Opinião. Paço dos Arcos, Portugal, 2 novembro 2021, 10:16 Disponível em: https://expresso.pt/opiniao/2021-11-02-A-Arbitragem-Tributaria-e-o-Atraso-nas-Reformas-da-Justica-Publica-6500f9f3. Acesso em: 25 jan. 2023.

DOURADO, Ana Paula (coord). ***Tax Litigation in Portugal. Legal And Empirical Assessments.*** *Resultados Sobre A Litigância Fiscal no CAAD. Decisões arbitrais publicadas de 2016 a 2021 (valor do litígio acima de 100 mil euros).* CIDEEFF - Centre for Research in European, Economic, Fiscal and Tax Law. Faculdade de Direito da Universidade de Lisboa. [s.d.]. Disponível em: https://www.cideeff.pt/xms/files/Arquivo/2022/e-book_3_RelatorioLitiganciaFiscal_CAAD_2016-2021100milEuros_CIDEEFF_11-11-2022.pdf. Acesso em: 7 fev. 2023. ISBN: 978-989-53795-2-1.

ESCOBAR, Marcelo Ricardo Wydra. *Um devaneio noturno, o PL nº 4.468/20 e a 'arbitragem' especial tributária.* Revista eletrônica Consultor Jurídico. 04/09/2020. Disponível em: https://www.conjur.com.br/2020-set-04/marcelo-escobar-arbitragem-especial-tributaria. Acesso em: 15 jul. 2023.

FADIGAS, Thiago Pimenta Nascimento. *Arbitragem e TCU: Uma análise da segurança jurídica sob a perspectiva da Análise Econômica do Direito.* Artigo Científico de conclusão de curso submetida ao Instituto Serzedello Corrêa do Tribunal de Contas da União como requisito parcial para a obtenção do grau de especialista. Orientador: Prof. Dr. Luciano Benetti Timm. Brasília: 2022.

FARIA, Gustavo. *Formas de não aplicação dos precedentes.* Conteúdo Jurídico. Supremo Concursos. 10/09/20. p. 2. Disponível em: https://blog.supremotv.com.br/formas-de-nao-aplicacao-dos-precedentes/. Acesso em: 08 jul. 2023.

FARIA, Marcela Kohl Bach de; ALVES, Igor Richa. *A dualidade dos modelos de arbitragem Institucional e Ad Hoc no cenário marítimo.* Disponível em: https://www.migalhas.com.br/coluna/migalhas-maritimas/376446/dualidade-dos-modelos-de-arbitragem-institucional-e-ad-hoc-maritimo. Acesso em: 12 jul. 2023.

FARICELLI, Priscila; MASCITTO, Andréa; PISCITELLI, Tathiane. *Arbitragem tributária brasileira está no forno: iniciativa legislativa de 2019 abre espaço para a arbitragem tributária. In:* PISCITELLI, Tathiane; MASCITO, Andréa; FERNANDES, André Luiz Fonseca (coord). Arbitragem Tributária no Brasil e em Portugal. Visões do Grupo de Pesquisa "Métodos Alternativos de Resolução de Disputa em Matéria Tributária" do Núcleo de Direito Tributário da FGV DIREITO SP. São Paulo: Blucher, 2022. ISBN: 978-65-5506-516-9.

FERNANDES, André Luiz Fonseca; MASCITTO, Andréa. *Primeiras considerações sobre a arbitragem especial tributária do Projeto de Lei n. 4.468/2020: notas sobre a "arbitragem especial tributária". In:* PISCITELLI, Tathiane; MASCITO, Andréa; FERNANDES, André Luiz Fonseca (coord). Arbitragem Tributária no Brasil e em Portugal. Visões do Grupo de Pesquisa "Métodos Alternativos de Resolução de Disputa em Matéria Tributária" do Núcleo de Direito Tributário da FGV DIREITO SP. São Paulo: Blucher, 2022. ISBN: 978-65-5506-516-9.

FERNANDES, Bernardo Gonçalves. *Curso de Direito Constitucional* / Bernardo Gonçalves Fernandes 12. ed. rev., atual, e ampl. - Salvador: Ed. JusPodivm, 2020. ISBN 978-85-442-3469-3.

FERNANDES, Luísa. *Avanços e desafios da arbitragem na administração pública. In:* VILLA-LOBOS, Nuno. PEREIRA, Tânia Carvalhais (coord.). FGV Projetos e CAAD. Arbitragem em Direito Público. São Paulo: FGV Projetos, 2019. ISBN 978-85-64878-62-4 Disponível em: https://fgvprojetos.fgv.br/sites/fgvprojetos.fgv.br/files/fgv_publicacao_arbitragem_miolo.pdf. Acesso em: 26 jan. 2023.

FERRAGUT, Maria Rita. *Procedimento administrativo de reconhecimento de responsabilidade de terceiros (PARR) e a redução do contencioso judicial. In:* PISCITELLI, Tathiane; MASCITTO, Andréa; MENDONÇA, Priscila Faricelli de. (coord). Arbitragem Tributária. Desafios institucionais brasileiros e a experiência portuguesa, 2. ed. São Paulo: Revista dos Tribunais, 2019. ISBN: 978-85-5321-920-9.

FENSTERSEIFERP, Wagner Arnold. ***Distinguishing** e **overruling** na aplicação do art. 489, § 1.º, VI, do CPC/2015*. Revista de Processo | vol. 252/2016 | p. 371 - 385 | Fev / 2016 DTR\2016\219. Thomson Reuters p. 5-6. Disponível em: https://edisciplinas.usp.br/pluginfile.php/4664993/mod_resource/content/1/FENSTERSEIFER%2C%20Wagner.pdf. Acesso em: 9 abr. 2023.

FGV DIREITO SP: *Viabilidade de implementação da arbitragem tributária no Brasil.* 12/09/2019. Disponível em: https://www.youtube.com/watch?v=bbrav5eoss8. Acesso em: 14 jul. 2023.

FERRAZ JUNIOR, Tércio Sampaio. *Normas gerais e competência concorrente. Uma exegese do art. 24 da Constituição Federal.* Revista Da Faculdade De Direito, Universidade De São Paulo, 90, 245-251. 1995. Disponível em https://www.revistas.usp.br/rfdusp/article/view/67296. Acesso em: 1º abr. 2023.

FERREIRA, Rogério M. Fernandes. *A Arbitragem tributária em Portugal.* Estudos em comemoração do quinto aniversário do instituto superior de ciências jurídicas e sociais. Praia, Portugal. Set. 2012. Disponível em: https://rfflawyers.com/xms/files/archive-2022-03/KNOW_HOW/Publicacoes/2013/6.2.61._-_A_arbitragem_tributaria_em_Portugal-173954_1-.PDF. Acesso em: 11 fev. 2023.

FERREIRA, Rogério M. Fernandes. *Prefácio Português. In:* PISCITELLI, Tathiane; MASCITTO, Andréa; MENDONÇA, Priscila Faricelli de. (coord). Arbitragem

Tributária. Desafios institucionais brasileiros e a experiência portuguesa, 2. ed. São Paulo: Revista dos Tribunais, 2019. ISBN: 978-85-5321-920-9.

FERREIRA NETO, Telles. *A arbitrabilidade nos contratos administrativos*. *In*: VILLA-LOBOS, Nuno. PEREIRA, Tânia Carvalhais (coord.). FGV Projetos e CAAD. Arbitragem em Direito Público. São Paulo: FGV Projetos, 2019.ISBN 978-85-64878-62-4. Disponível em: https://fgvprojetos.fgv.br/sites/fgvprojetos.fgv.br/files/fgv_publicacao_arbitragem_miolo.pdf . Acesso em: 28 fev. 2023.

FIGUEIRAS, Cláudia Sofia Melo. *Regime jurídico da arbitragem em matéria administrativa*. *In*: FIGUEIRAS, Cláudia Sofia Melo. Arbitragem em Matéria Tributária: à semelhança do modelo Administrativo? 2011. Dissertação (Mestrado em Direito Tributário e Fiscal) - Universidade do Minho. Escola de Direito, Braga, Portugal, 2011, f. 85-88. Disponível em: https://repositorium.sdum.uminho.pt/bitstream/1822/19318/1/Cl%C3%A1udia%20Sofia%20Melo%20Figueiras.pdf. Acesso em: 26 jan. 2023.

FORBES, Carlos. MARAGON, Raquel. *A arbitragem institucional no brasil nos últimos vinte anos*. *In:* VILLA-LOBOS, Nuno; PEREIRA, Tânia Carvalhais (coord.). FGV Projetos e CAAD. Arbitragem em Direito Público. São Paulo: FGV Projetos, 2019. ISBN 978-85-64878-62-4. Disponível em: https://fgvprojetos.fgv.br/sites/fgvprojetos.fgv.br/files/fgv_publicacao_arbitragem_miolo.pdf. Acesso em: 8 abr.2023.

GAMA, João Taborda da. *As virtudes escondidas da arbitragem fiscal*. Arbitragem Newsletter Fiscal CAAD. Lisboa, Portugal. out. 2011. Disponível em: https://www.caad.org.pt/files/documentos/newsletter/Newsletter-CAAD_out_2011.pdf. Acesso em: 26 jan. 2023.

GIANNETTI, Leonardo Varella. *Arbitragem no direito tributário brasileiro: possibilidade e procedimentos*. Tese de Doutorado. Belo Horizonte. Pontifícia Universidade Católica de Minas Gerais, 2017: Disponível em: http://www.biblioteca.pucminas.br/teses/Direito_GiannettiLVa_1.pdf. Acesso em: 25 jul. 2022.

GIANNETTI, Leonardo Varella; MACHADO, Luiz Fernando Dalle Luche. *Quem pode figurar como árbitro na arbitragem tributária? O difícil tema da escolha do árbitro*. In: PISCITELLI, Tathiane; MASCITO, Andréa; FERNANDES, André Luiz Fonseca (coord). Arbitragem Tributária no Brasil e em Portugal. Visões do Grupo de Pesquisa "Métodos Alternativos de Resolução de Disputa em Matéria Tributária" do Núcleo de Direito Tributário da FGV DIREITO SP. São Paulo: Blücher, 2022, ISBN: 978-65-5506-516-9.

GIANNETTI, Leonardo Varella; MACHADO, Luiz Fernando Dalle Luche. *Qual seria o melhor local para a instauração de um tribunal arbitral no Brasil? Operacionalização e* ***locus*** *da arbitragem tributária*. In: PISCITELLI, Tathiane; MASCITO, Andréa; FERNANDES, André Luiz Fonseca (coord). Arbitragem Tributária no Brasil e em Portugal. Visões do Grupo de Pesquisa "Métodos Alternativos de Resolução de Disputa em Matéria Tributária" do Núcleo de Direito Tributário da FGV DIREITO SP. São Paulo: Blucher, 2022. ISBN: 978-65-5506-516-9.

GODOY, Luciano de Souza. *A teoria da imprevisão: uma releitura para as arbitragens em tempos de guerra*. The theory of unpredictability: a re-reading for arbitrations in times of war. *In:* Desafios da arbitragem com a administração pública. ALENCAR, Aristhéa Totti Silva Castelo Branco de. SACRAMENTO, Júlia Thiebaut. FÉRES, Marcelo Andrade. MARASCHIN, Márcia Uggeri. NUNES, Tatiana Mesquita (coord.). Publicações da Escola da AGU / Escola da Advocacia-Geral da União Ministro Victor Nunes Leal. - Brasília : EAGU, 2009, p. 216-230. ISSN 2236-4374.

GONET BRANCO, Paulo Gustavo. In: MENDES, Gilmar Ferreira *Curso de direito constitucional* / Gilmar Ferreira Mendes, Paulo Gustavo Gonet Branco. – 14. ed. rev. e atual. – São Paulo : Saraiva Educação, 2019. – (Série IDP). p. 196. ISBN 9788553606177.

GRAU, Eros Roberto. *Ensaio e discurso sobre a interpretação/ aplicação do direito*, São Paulo: Malheiros, 2003.

GRUPENAMCHER, Betina Treiger. *Arbitragem e transação em matéria tributária. In:* PISCITELLI, Tathiane; MASCITTO, Andréa; MENDONÇA, Priscila Faricelli de. (coord). Arbitragem Tributária. Desafios institucionais brasileiros e a experiência portuguesa, 2. ed. São Paulo: Revista dos Tribunais, 2019.ISBN 978-85-5321-920-9.

GUERRERO, Fernando Luis. *In:* SALLES, Carlos Alberto de; LORENCINI, Marco Antônio Garcia Lopes; SILVA, Paulo Eduardo Alves da. *Negociação, Conciliação, Mediação e Arbitragem – Curso de Métodos Adequados de Solução de Controvérsias.* São Paulo: Forense, 2020, p. 371, 379. ISBN 978-85-309-8811-1.

GUIDONI FILHO, Antonio Carlos; DE LAURENTIS, Thais; MENDONÇA, Priscila Faricelli de. *Arbitragem de questões prejudiciais de mérito aos litígios tributários: uma solução para o uso da arbitragem fiscal. In:* PISCITELLI, Tathiane; MASCITTO, Andréa; MENDONÇA, Priscila Faricelli de. (coord). Arbitragem Tributária. Desafios institucionais brasileiros e a experiência portuguesa, 2. ed. São Paulo: Revista dos Tribunais. ISBN: 978-85-5321-920-9.

JOTA. *Saiba quais são os 18 tributos mais discutidos no Judiciário. Veja a lista.* Brasília. 15/02/2022. Disponível em: https://www.jota.info/tributos-e-empresas/tributario/saiba-quais-sao-os-18-tributos-mais-discutidos-no-judiciario-veja-a-lista-15022022#:~:text=O%20maior%20volume%20de%20processos,base%20de%20contribuintes%20do%20imposto. Acesso em: 31 mar. 2023.

JUSTEN FILHO, Marçal. *A indisponibilidade do interesse público e a disponibilidade dos direitos subjetivos da Administração Pública.* Cadernos Jurídicos, São Paulo, ano 22, nº 58, p. 79-99, Abril-Junho/2021. Disponível em: https://www.tjsp.jus.br/download/EPM/Publicacoes/CadernosJuridicos/cj_n58_06_a%20indisponibilidade%20do%20interesse%20p%C3%BAblico_3p.pdf?d=637605061347184367. Acesso em: 12 mar. 2022.

HONDA, Helcio. *Desafios para adoção da arbitragem tributária no Brasil. In:* VILLA-LOBOS, Nuno. PEREIRA, Tânia Carvalhais (coord.). FGV Projetos e CAAD. Arbitragem em Direito Público. São Paulo: FGV Projetos, 2019. ISBN 978-85-64878-62-4. Disponível em: https://fgvprojetos.fgv.br/sites/fgvprojetos.fgv.br/files/fgv_publicacao_arbitragem_miolo.pdf . Acesso em: 28 fev. 2023.

*INTERNATIONAL BANK FOR RECONSTRUCTION AND DEVELOPMENT/THE WORLD BANK.* ***Doing Business*** *Subnacional Brasil 2021.* Washington, DC: *The World Bank*, 2021. Visão Geral, p. 5. Disponível em: https://subnational.doingbusiness.org/content/dam/doingBusiness/media/Subnational/DB2021_SNDB_Brazil_Full-report_Portuguese.pdf. Acesso em: 20 fev. 2023.

LIMA, Sérgio Mourão Corrêa. *Arbitragem. Aspectos Fundamentais.* Rio de Janeiro. Forense, 2008. P. 22. ISBN 978-75-309-2054-8.

MANEIRA, Eduardo. *Ativismo judicial e os seus reflexos em matéria tributária.* p. 1-16. Disponível em: https://sachacalmon.com.br/wp-content/uploads/2013/01/artigo-Eduardo-Maneira1.pdf. Acesso em: 8 mai. 2023.

MARQUES NETO, Floriano de Azevedo. *As crises da noção de interesse público e o direito administrativo*, p; 157. Disponível em: https://edisciplinas.usp.br/pluginfile.php/5686362/mod_resource/content/1/MARQUES%20NETO%2C%20Floriano%20de%20Azevedo%20-%20Regula%C3%A7%C3%A3o%20estatal%20e%20interesses%20p%C3%BAblicos%2C%20cap%C3%ADtulo%20IV.pdf. Acesso em: 28 fev. 2023.

MARTINS, Guilherme D'Oliveira. Breve reflexão em torno da arbitragem em direito público. *Revista Arbitragem Tributária n° 1 CAAD*. VILLA-LOBOS, Nuno. PEREIRA, Tania Carvalhais (coord). Lisboa, Portugal, 2014.

MASCITTO, Andréa. *Requisitos institucionais para a arbitragem entre fisco e contribuintes no Brasil: necessidade de norma geral. In*: PISCITELLI, Tathiane; MASCITTO, Andréa; MENDONÇA, Priscila Faricelli de. (coord). Arbitragem Tributária. Desafios institucionais brasileiros e a experiência portuguesa, 2. ed. São Paulo: Revista dos Tribunais, 2019. ISBN: 978-85-5321-920-9.

MASCITTO, Andréa. *Sistema "multiportas" de disputas tributárias no Brasil: há espaço para arbitragem? In*: VILLA-LOBOS, Nuno. PEREIRA, Tânia Carvalhais (coord.). FGV Projetos e CAAD. Arbitragem em Direito Público. São Paulo: FGV Projetos, 2019. ISBN 978-85-64878-62-4. Disponível em: https://fgvprojetos.fgv.br/sites/fgvprojetos.fgv.br/files/fgv_publicacao_arbitragem_miolo.pdf . Acesso em: 28 fev. 2023.

MASCITTO, Andréa; PISCITELLI, Tathiane; FARICELLI, Priscila. *Arbitragem tributária brasileira está no forno: iniciativa legislativa de 2019 abre espaço para a arbitragem tributária. In*: PISCITELLI, Tathiane; MASCITO, Andréa; FERNANDES, André Luiz Fonseca. Arbitragem Tributária no Brasil e em Portugal. Visões do Grupo de Pesquisa "Métodos Alternativos de Resolução de Disputa em Matéria Tributária" do Núcleo de Direito Tributário da FGV DIREITO SP. São Paulo: Blucher, 2022, p. 37. ISBN: 978-65-5506-516-9.

MASTROBUONO, Cristina M. Wagner. *A evolução da convenção de arbitragem utilizada pela administração pública.* The evolution of the arbitration agreement in contracts with public entities. *In:* Desafios da arbitragem com a administração pública. ALENCAR, Aristhéa Totti Silva Castelo Branco de; SACRAMENTO, Júlia Thiebaut; FÉRES, Marcelo Andrade; MARASCHIN. Márcia Uggeri; NUNES, Tatiana Mesquita (coord.). Publicações da Escola da AGU / Escola da Advocacia-Geral da União Ministro Victor Nunes Leal. - Brasília: EAGU, 2009. ISSN 2236-4374.

MEDAUAR, Odete. *A processualidade no Direito Administrativo*. São Paulo: Revista dos Tribunais, 1993, p. 29-42. ISBN: 852031144x.

MEDAUAR, Odete. *Obsoletismos. Indisponibilidade do interesse público*. Disponível em: https://edisciplinas.usp.br/pluginfile.php/2614863/mod_resource/content/0/MEDAUAR%2C%20Odete.%20O%20direito%20administrativo%20em%20evolu%C3%A7%C3%A3o.pdf. p. 378. Acesso em: 12 mar. 2023.

MEIRELLES, Hely Lopes. *Direito Administrativo Brasileiro*. 23 ed., São Paulo: Malheiros, 1998.

MEIRELLES, Hely Lopes. *Direito Administrativo Brasileiro.* 38 ed., São Paulo: Malheiros, 2012.

MENDES, Gilmar Ferreira. *Curso de direito constitucional* / Gilmar Ferreira Mendes, Paulo Gustavo Gonet Branco. – 14. ed. rev. e atual. – São Paulo : Saraiva Educação, 2019, p. 1.679. ISBN 9788553606177.

MENDONÇA, Priscila Faricelli de. *Transação e Arbitragem nas Controvérsias Tributárias.* Dissertação de Mestrado. São Paulo. Faculdade de Direito da Universidade de São Paulo, 2013. Disponível em: https://www.teses.usp.br/teses/disponiveis/2/2137/tde-12022014-135619/publico/dissertacao_mestrado_final_Priscila_Faricelli_de_Mendonca.pdf. Acesso em: 26 fev. 2023.

MENDONÇA, Priscila Faricelli de. *Questões tributárias arbitráveis. In*: PISCITELLI, Tathiane; MASCITTO, Andréa; MENDONÇA, Priscila Faricelli de. (coord). Arbitragem Tributária. Desafios institucionais brasileiros e a experiência portuguesa, 2. ed. São Paulo: Revista dos Tribunais, 2019. ISBN: 978-85-5321-920-9.

MENDONÇA, Priscila Faricelli de. *Arbitragem tributária: como replicar o modelo português na realidade brasileira – Ideias resultantes da comparação das realidades brasileira e portuguesa. In:* PISCITELLI, Tathiane; MASCITO, Andréa; FERNANDES, André Luiz Fonseca. Arbitragem Tributária no Brasil e em Portugal. Visões do Grupo de Pesquisa "Métodos Alternativos de Resolução de Disputa em Matéria Tributária" do Núcleo de Direito Tributário da FGV DIREITO SP. São Paulo: Blucher, 2022. ISBN: 978-65-5506-516-9.

MONTEIRO, Alexandre Luiz Moraes do Rêgo. *Administração pública consensual e a arbitragem.* Revista de Arbitragem e Mediação | vol. 35/2012 | p. 107 | Out / 2012 DTR\2012\451131. Revista dos Tribunais Online. p. 3. Disponível em: https://edisciplinas.usp.br/pluginfile.php/301811/mod_resource/content/0/ADMINISTRA%C3%87%C3%83O%20P%C3%9ABLICA%20CONSENSUAL%20E%20A%20ARBITRAGEM%20-%20Alexandre%20Luiz%20Moraes%20do%20Rego%20Monteiro.pdf. Acesso em: 1º abr. 2023.

NABAIS, José Casalta. Reflexão sobre a Instituição da Arbitragem Tributária = *Thoughts on the Introduction of Tax Arbitration. Revista da PGFN / Procuradoria-Geral da Fazenda Nacional - v. 1, n. 1 (jan./jun. 2011).* – Brasília, DF: PGFN, 2011. p. 31-32. ISSN 2179-8036. Disponível em: https://www.gov.br/pgfn/pt-br/central-de-conteudo/publicacoes/revista-pgfn/ano-i-numero-i/integral.pdf. Acesso em: 26 jan. 2023.

NASCIMENTO, João Paulo Melo do. *O ativismo judicial no Sistema Tributário Nacional.* Revista de Direito da Procuradoria Geral, Rio de Janeiro, (74), 2018. Disponível em: https://pge.rj.gov.br/comum/code/MostrarArquivo.php?C=MTU5MDc%2C. Acesso em: 20 abr. 2023.

NERY Junior, Nelson; NERY, Rosa Maria de Andrade. *Código de Processo Civil comentado.* 18 ed. rev. atual. E ampl. São Paulo: Thomson Reuters Brasil, 2019. ISBN 978-85-5321-731-1.

NUNES, Tatiana Mesquita; GOMES, Cristiane Cardoso Avolio. *Autonomia da vontade e arbitragem: o caso da administração pública. Freedom of will and arbitration: the case of public administration. In:* Desafios da arbitragem com a administração pública. ALENCAR, Aristhéa Totti Silva Castelo Branco de. SACRAMENTO, Júlia Thiebaut; FÉRES, Marcelo Andrade; MARASCHIN, Márcia Uggeri; NUNES, Tatiana

Mesquita (coord.). Publicações da Escola da AGU / Escola da Advocacia-Geral da União Ministro Victor Nunes Leal. - Brasília: EAGU, 2009. ISSN 2236-4374.

NUNES JUNIOR, Flavio Martins Alves. *Curso de direito constitucional* / Flávio Martins Alves Nunes Júnior. – 3. ed. – São Paulo: Saraiva Educação, 2019. p. 547. ISBN 9788553611423.

OLIVEIRA, Raquel de. *Interpretação e Aplicação do Ordenamento Jurídico pelo Magistrado à Luz dos Princípios e Critérios Socionormativos*. Série Aperfeiçoamento de Magistrados 11. Curso de Constitucional - Normatividade Jurídica. Disponível em: https://www.emerj.tjrj.jus.br/serieaperfeicoamentodemagistrados/paginas/series/11/normatividadejuridica_244.pdf. Acesso em: 9 abr. 2023.

PASINATTO, Ana Paula; VALLE, Maurício Dalri Timm do. *Arbitragem tributária: breve análise Luso-brasileira*. Disponível em: https://www.cidp.pt/revistas/rjlb/2017/6/2017_06_1041_1073.pdf. Acesso em: 27 fev. 2023.

PAULSEN, Leandro. *Constituição e Código Tributário comentados à luz da doutrina e da jurisprudência*. 18 ed. São Paulo: Saraiva, 2017. ISBN 978-85-472-1608-5.

PAULSEN, Leandro. *Curso de direito tributário completo*. 12 ed. São Paulo: Saraiva, 2021. ISBN 978-65-5559-465-2.

PAULSEN, Leandro; ÁVILA, René Bergmann; SLIWKA Ingrid Schroder. *Direito Processual Tributário, Processo Administrativo Fiscal e Execução Fiscal à luz da doutrina e da jurisprudência*. 8 ed. Livraria do Advogado: Porto Alegre, 2014, p. 560. ISBN 978-85-7348-910-1.

PEREIRA, Gustavo Leonardo Maia; ÁVILA, Natália Resende Andrade; ALBUQUERQUE, Gustavo Carneiro. *Arbitragem e a desconfiança do TCU*. Portal Jota, 23/02/2022. Disponível em: https://www.jota.info/opiniao-e-analise/colunas/controle-publico/arbitragem-e-a-desconfianca-do-tcu-23022022#_ftn1. Acesso em: 29 ago. 2023.

PEREIRA, Tania Carvalhais. *1º Congresso Internacional de Arbitragem Tributária. Faculdade de Direito de Lisboa*. Terceiro Painel, p. 14. 7 de Novembro de 2016. Disponível em: https://www.ideff.pt/xms/files/Iniciativas/2016/I_Congresso_Internacional_de_Arbitragem_Tributaria/Artigo_Congresso_Internacional_Arbitragem_Tributaria.pdf. Acesso em: 31 jan. 2023.

PEREIRA, Tânia Carvalhais. *Arbitragem tributária em Portugal: subsídios para criação da arbitragem tributária no Brasil. In:* PISCITELLI, Tathiane; MASCITO, Andréa; FERNANDES, André Luiz Fonseca. Arbitragem Tributária no Brasil e em Portugal. Visões do Grupo de Pesquisa "Métodos Alternativos de Resolução de Disputa em Matéria Tributária" do Núcleo de Direito Tributário da FGV DIREITO SP. São Paulo: Blucher, 2022. ISBN: 978-65-5506-516-9.

PEREIRA, Tânia Carvalhais. *O regime de migração de processos para a arbitragem tributária. In:* VILLA-LOBOS, Nuno de; PEREIRA, Tânia Carvalhais (coord.). Guia de Arbitragem Tributária, 2. ed. Coimbra, Portugal: Almedina, 2017, ISBN 978-972-40-7172-5.

PISCITELLI, Tathiane. *Arbitragem no Direito Tributário: Uma demanda do Estado Democrático de Direito. In:* PISCITELLI, Tathiane; MASCITTO, Andréa; MENDONÇA, Priscila Faricelli de. (coord). Arbitragem Tributária. Desafios institucionais brasileiros e a experiência portuguesa, 2. ed. São Paulo: Revista dos Tribunais, 2019. ISBN 978-85-5321-920-9.

PISCITELLI, Tathiane. *Curso de Direito Tributário.* 2 ed. rev., atual. e ampl. São Paulo: Thomson Reuters Brasil, 2022. ISBN 978-65-260-0937-6

PISCITELLI, Tathiane. *Direito financeiro.* 6. ed. rev. e atual. – Rio de Janeiro: Forense, São Paulo: MÉTODO, 2018. ISBN 978-85-309-7740-5

PISCITELLI, Tathiane. *Há ambiente institucional para o uso de métodos alternativos de resolução de conflitos em matéria tributária? In:* VILLA-LOBOS, Nuno. PEREIRA, Tânia Carvalhais (coord.). FGV Projetos e CAAD. Arbitragem em Direito Público. São Paulo: FGV Projetos, 2019, p. 248. ISBN 978-85-64878-62-4. Disponível em: https://fgvprojetos.fgv.br/sites/fgvprojetos.fgv.br/files/fgv_publicacao_arbitragem_miolo.pdf. Acesso em: 12 mar. 2023.

PISCITELLI, Tathiane. *Métodos adequados de resolução de conflitos na reforma processual tributária.* Disponível em: https://apet.org.br/artigos/metodos-adequados-de-resolucao-de-conflitos-na-reforma-processual-tributaria/. Acesso em: 16 jul. 2023.

PISCITELLI, Tathiane. MASCITTO, Andréa. Desafios e limites da arbitragem tributária no direito brasileiro. *Revista Arbitragem Tributária n° 8 CAAD.* VILLA-LOBOS, Nuno. PEREIRA, Tania Carvalhais (coord). Lisboa, Portugal, 2018.

PISCITELLI, T., MASCITTO, A., & FERNANDES, A. L. F. (2023). *Um Olhar para a Arbitragem Tributária: Comparativo das Propostas no Senado Federal, Provocações e Sugestões.* Revista Direito Tributário Atual, (48), 734–759. Recuperado de https://revista.ibdt.org.br/index.php/RDTA/article/view/1861.

PORTUGAL. *Alto comissariado para as migrações – ACM.* Disponível em: https://www.acm.gov.pt/ru/-/como-funcionam-e-quais-as-competencias-dos-tribunais-em-portugal-. Acesso em: 15 fev. 2023.

PORTUGAL. BRP. *Business Roundtable Portugal. Fomentar o crescimento: acelerar a justiça. fiscal.* Fevereiro 2023. Disponível em: https://forbespt.fra1.digitaloceanspaces.com/wp-content/uploads/2023/02/05195345/ABRP_Expert-Paper-CAAD.pdf . Acesso em: 11 fev. 2023.

PORTUGAL. Centro de Arbitragem Administrativa – CAAD. *Apresentação.* Mensagem do Presidente. Disponível em: https://www.caad.org.pt/caad/apresentacao. Acesso em: 7 fev. 2023.

PORTUGAL. Centro de Arbitragem Administrativa. CAAD. *Novo Regulamento de Arbitragem Administrativa.* Disponível em: https://www.caad.org.pt/files/documentos/regulamentos/CAAD_AA-Regulamento_Arbitragem_Administrativa.pdf . Acesso em: 6 set. 2023.

PORTUGAL. Centro de Arbitragem Administrativa. CAAD. *Regulamento de Custas no Processo de Arbitragem Tributária.* Disponível em: https://www.caad.pt/files/documentos/regulamentos/CAAD_AT-Regulamento_de_Custas_ARBITRAGEM_TRIBUTARIA-31-08-2021.pdf. Acesso em: 13 fev. 2023.

PORTUGAL. Centro de Arbitragem Administrativa – CAAD. *Subir montante dos litígios da arbitragem seria alimentar desinformação profissional.* 3 fev. 2023. Disponível em: https://www.caad.org.pt/comunicacao/imprensa/subir-montante-dos-lit%C3%ADgios-da-arbitragem-seria-alimentar-desinforma%C3%A7%C3%A3o-profissional. Acesso em: 11 fev. 2023.

PORTUGAL. Centro de Arbitragem Administrativa. CAAD. *Tabela de custas da arbitragem tributária.* Disponível em: https://www.caad.pt/files/

documentos/regulamentos/CAAD_AT-Regulamento_de_Custas_Tabela_com_HONORARIOS_Arbs-2016-03-01.pdf. Acesso em: 13 fev. 2023.

PORTUGAL. *Conselho das Finanças Públicas* (CFP). Glossário. Receita Fiscal. Disponível em: https://www.cfp.pt/pt/glossario/receita-fiscal. Acesso em: 09 set. 2023.

PORTUGAL. Conselho Estadual da Magistratura de Portugal. Gabinete de Apoio ao Vice-Presidente e Membros do CSM. Registo GAVPM: *Pareceres externos Sumário: Parecer sobre a Proposta de Lei n.º 331/XII/4.ª* (GOV), *que procede à revisão do Estatuto dos Tribunais Administrativos e Fiscais* (ETAF), *do Código de Processo nos Tribunais Administrativos* (CPTA) *e de legislação conexa em matéria de contencioso administrativo*. Lisboa, 11 de junho de 2015, p. 12. Disponível em: 2015_06_11_parecer_revisao_etaf_cpta.pdf (csm.org.pt). Acesso em: 01 fev. 2023.

PORTUGAL. *Conselho Superior dos Tribunais Administrativos e Fiscais*. Disponível em: http://www.cstaf.pt/ . Acesso em: 11 fev. 2023.

PORTUGAL. Diário da República *Electrónico* – DRE. *Constituição da República Portuguesa. Decreto de Aprovação da Constituição*. Diário da República n.º 86/1976, Série I de 1976-04-10. Disponível em: https://dre.pt/dre/legislacao-consolidada/decreto-aprovacao-constituicao/1976-34520775. Acesso em: 26 jan. 2023.

PORTUGAL. Diário da República *Electrónico* – DRE. Assembleia da República. *Lei n.º 31/86, de 29 de agosto*. Data de Publicação: 1986-08-29. Diário da República n.º 198/1986, Série I de 1986-08-29, páginas 2259 - 2264. Arbitragem voluntária. Disponível em: https://dre.pt/dre/detalhe/lei/31-1986-218957 . Acesso em: 4 fev. 2023.

PORTUGAL. Diário da República *Electrónico* – DRE. Ministério da Justiça. *Decreto-Lei n.º 425/86, de 27 de dezembro*. Data de Publicação: 1986-12-27. Diário da República n.º 297/1986, Série I de 1986-12-27, páginas 3832 - 3833. Permite às entidades que, no âmbito da Lei n.º 31/86, de 29 de Agosto, pretendam promover, com carácter institucionalizado, a realização de arbitragens voluntárias requerer ao Ministro da Justiça autorização para a criação dos respectivos centros. Disponível em: https://dre.pt/dre/detalhe/decreto-lei/425-1986-210810 . Acesso em: 4 fev. 2023.

PORTUGAL. Diário da República *Electrónico* – DRE. *Decreto-Lei n.º 158/96, de 3 de setembro*. Ministério das Finanças. Diário da República n.º 204/1996, Série I-A de 1996-09-03, páginas 2902 - 2916. Data de Publicação: 1996-09-03. Aprova a Lei Orgânica do Ministério das Finanças. Disponível em: https://dre.pt/dre/detalhe/decreto-lei/158-1996-241227. Acesso em: 11 fev. 2023.

PORTUGAL. Diário da República *Electrónico* – DRE. *Decreto-Lei n.º 398/98*. Diário da República n.º 290/1998, Série I-A de 1998-12-17. Lei Geral Tributária. Disponível em: https://dre.pt/dre/legislacao-consolidada/decreto-lei/1998-34438775. Acesso em: 29 jan. 2023.

PORTUGAL. Diário da República *Electrónico* – DRE. *Decreto-Lei n.º 360/99, de 16 de setembro*. Ministério das Finanças. Diário da República n.º 217/1999, Série I-A de 1999-09-16, páginas 6372 - 6377. Data de Publicação: 1999-09-16. Aprova a orgânica da Direcção-Geral das Alfândegas e dos Impostos Especiais sobre o Consumo (DGAIEC). Disponível em: https://diariodarepublica.pt/dr/detalhe/decreto-lei/360-1999-570293. Acesso em: 10 set. 2023.

PORTUGAL. Diário da República *Electrónico* – DRE. *Decreto-Lei n.º 433/99*. Diário da República n.º 250/1999, Série I-A de 1999-10-26. Código de Procedimento e Processo Tributário - CPPT. Disponível em: https://dre.pt/dre/legislacao-consolidada/decreto-lei/1999-34577575. Acesso em: 10 fev. 2023.

PORTUGAL. Diário da República *Electrónico* – DRE. Assembleia da República. *Lei n.º 15/2002, de 22 de fevereiro.* Data de Publicação: 2002-02-22. Diário da República n.º 45/2002, Série I-A de 2002-02-22, páginas 1422 – 1457. Aprova o Código de Processo nos Tribunais Administrativos (revoga o Decreto-Lei n.º 267/85, de 16 de Julho) e procede à quarta alteração do Decreto-Lei n.º 555/99, de 16 de Dezembro, alterado pelas Leis nºs. 13/2000, de 20 de Julho, e 30-A/2000, de 20 de Dezembro, e pelo Decreto-Lei n.º 177/2001, de 4 de Julho. Disponível em: https://dre.pt/dre/detalhe/lei/15-2002-280920. Acesso em: 26 jan. 2023.

PORTUGAL. Diário da República *Electrónico* – DRE. Ministério da Justiça - Gabinete do Secretário de Estado da Justiça. C - Governo e Administração direta e indireta do Estado. *Despacho n.º 5097/2009, de 12 de fevereiro.* Data de Publicação: 2009-02-12. Diário da República n.º 30/2009, Série II de 2009-02-12, páginas 6113 - 6113. Autoriza a criação de um centro de arbitragem a funcionar sob a égide da Associação CAAD - Centro de Arbitragem Administrativa. Disponível em: https://dre.pt/dre/detalhe/despacho/5097-2009-1370720 . Acesso em: 4 fev. 2023.

PORTUGAL. Diário da República *Electrónico* – DRE. Assembleia da República. *Lei n.º 3-B/2010, de 28 de abril.* Data de Publicação: 2010-04-28. Diário da República n.º 82/2010, 1º Suplemento, Série I de 2010-04-28, páginas 66 - 384. Orçamento do Estado para 2010. Disponível em: https://dre.pt/dre/detalhe/lei/3-b-2010-609990. Acesso em: 29 jan. 2023.

PORTUGAL. Diário da República *Electrónico* – DRE. Assembleia da República. *Lei n.º 63/2011, de 14 de dezembro.* Data de Publicação: 2011-12-14. Diário da República n.º 238/2011, Série I de 2011-12-14, páginas 5276 - 5289. Aprova a Lei da Arbitragem Voluntária. Disponível em: https://dre.pt/dre/detalhe/lei/63-2011-145578. Acesso em: 29 jan. 2023.

PORTUGAL. Diário da República *Electrónico* – DRE. Assembleia da República. Lei n.º 24-D/2022, de 30 de dezembro. Data de Publicação: 2022-12-30. *Diário da República n.º 251/2022, 2º Suplemento, Série I de 2022-12-30, páginas 90 - 377.* Orçamento do Estado para 2023. Disponível em: https://diariodarepublica.pt/dr/detalhe/lei/24-d-2022-205557192. Acesso em: 09 set. 2023.

PORTUGAL. Diário da República *Electrónico* – DRE. Ministério das Finanças e da Administração Pública. *Decreto-Lei n.º 10/2011, de 20 de janeiro.* Data de Publicação: 2011-01-20. Diário da República n.º 14/2011, Série I de 2011-01-20, páginas 370 - 376. Regula o regime jurídico da arbitragem em matéria tributária, no uso da autorização legislativa concedida pelo artigo 124.º da Lei n.º 3-B/2010, de 28 de Abril. Disponível em: https://dre.pt/dre/detalhe/decreto-lei/10-2011-280904. Acesso em: 29 jan. 2023.

PORTUGAL. Diário da República *Electrónico* – DRE. Ministérios das Finanças e da Administração Pública e da Justiça. *Portaria n.º 112-A/2011, de 22 de março.* Data de Publicação: 2011-03-22. Diário da República n.º 57/2011, 1º Suplemento, Série I de 2011-03-22, páginas 2 - 2. Vincula vários serviços e organismos do Ministério das Finanças e da Administração Pública à jurisdição do Centro de Arbitragem Administrativa. Disponível em: https://dre.pt/dre/detalhe/portaria/112-a-2011-374642. Acesso em: 29 jan. 2023.

PORTUGAL. Diário da República *Electrónico* – DRE. Ministério da Justiça. *Decreto-Lei n.º 214-G/2015, de 2 de outubro.* Data de Publicação: 2015-10-02. Diário da República n.º 193/2015, 3º Suplemento, Série I de 2015-10-02, páginas 12 - 108. [...] revê o Código de Processo nos Tribunais Administrativos, o Estatuto dos Tribunais Administrativos e Fiscais [...]. Disponível em: https://dre.pt/dre/detalhe/decreto-lei/214-g-2015-70423756. Acesso em: 5 fev. 2023.

PORTUGAL. Diário da República *Electrónico* – DRE. *Processo das questões prejudiciais (Direito da União Europeia).* Lexionário. Disponível em: https://dre.pt/dre/lexionario/termo/processo-questoes-prejudiciais-direito-uniao-europeia. Acesso em: 23 jan. 2023.

PORTUGAL. Diário da República *Electrónico* - DRE. *Competência do tribunal arbitral (Arbitragem voluntária).* Lexionário. Disponível em: https://dre.pt/dre/lexionario/termo/competencia-tribunal-arbitral-arbitragem-voluntaria. Acesso em: 10 fev. 2023.

PORTUGAL. *Direcção-Geral* da Política da Justiça – DGPJ. *Dossiês Temáticos. Sistema de Justiça Português.* Disponível em: https://dgpj.justica.gov.pt/Dossiers-tematicos/Sistema-de-Justica-Portugues. Acesso em: 18 jan. 2023.

PORTUGAL. *Direcção-Geral* da Política da Justiça – DGPJ. *Centros de Arbitragem autorizados.* Disponível em: https://dgpj.justica.gov.pt/Resolucao-de-Litigios/Arbitragem/Centros-de-Arbitragem-autorizados . Acesso em: 4 fev. 2023.

PORTUGAL. Memorando da *troika* anotado. *Memorando de entendimento sobre as condicionalidades de política* ***económica.*** 17 de Maio de 2011. Disponível em: https://acervo.publico.pt/economia/memorando-da-troika-anotado . Acesso em: 28 jan. 2023.

PORTUGAL. *Procuradoria-Geral Distrital de Lisboa PGDL – Ministério Público.* Disponível em: https://www.pgdlisboa.pt/leis/lei_mostra_articulado.php?nid=721&tabela=leis. Acesso em: 4 fev. 2023.

PORTUGAL. República Portuguesa. Gabinete da Ministra da Justiça. *Intervenção da Ministra da Justiça, Catarina Sarmento e Castro, por ocasião da Abertura da Conferência Anual do CAAD subordinada ao tema "As perceções determinam políticas públicas? Riscos e impactos na Justiça."* – Estúdio Time Out. Lisboa, 19 out. 2022. Disponível em: https://www.portugal.gov.pt/download-ficheiros/ficheiro.aspx?v=%3d%3dBQAAAB%2bLCAAAAAAABAAzNDYyNwMANzWvwAUAAAA%3d . Acesso em: 9 fev. 2023.

RIBAS, Lídia Maria. Arbitragem Fiscal no Ambiente do CAAD – Uma proposta para o Brasil. *Revista Arbitragem Tributária nº 3 CAAD.* VILLA-LOBOS, Nuno. PEREIRA, Tania Carvalhais (coord). Lisboa, Portugal Lisboa, Portugal, 2015.

RIBEIRO, Ludmila. *A emenda constitucional 45 e a questão do acesso à justiça.* Revista Direito GV, São Paulo 4(2) | Jul-Dez 2008. ISSN 1808-2432. Disponível em: https://bibliotecadigital.fgv.br/ojs/index.php/revdireito%20gv/article/view/35160/33965 . Acesso em: 26 fev. 2023.

ROCHA, António Soares da. *A Arbitragem Tributária – Crítica ao "modus operandi" – A arrecadação inoperante de receitas.* Contencioso Tributário, Direito, Justiça. Portugal, 12 de março de 2020. Disponível em: http://antoniosoaresrocha.com/direito/a-arbitragem-tributaria. Acesso em: 25 jan. 2023.

SALLES, Carlos Alberto de; LORENCINI, Marco Antônio Garcia Lopes; SILVA, Paulo Eduardo Alves da. *Introdução. Negociação, Mediação, Conciliação e Arbitragem. Curso de Métodos Adequados de Solução de Controvérsias, 3. ed.* Rio de Janeiro: Forense, 3.d. 2020. ISBN 978-85-309-8811-1

SANTOS, Reginaldo Angelo dos. Instituição da arbitragem tributária no Brasil como método adequado de solução de conflitos. *Revista Acadêmica da Faculdade de Direito do Recife. v. 94, n. 2* (2022). *Recife:* PPGD/UFPE. ISSN(eletrônico): 2448-2307. DOI: 10.51359/2448-2307.2022.254657. Disponível em: https://periodicos.ufpe.br/revistas/ACADEMICA/article/view/254657. Acesso em: 28 jan. 2023.

SANTOS, Reginaldo Angelo dos; RAFAEL, Marcus. *As emendas ao PL da Arbitragem Tributária. PL 2486 foi elaborado por comissão de juristas e recebeu seis emendas.* Portal JOTA. 30.7.2023. Disponível em: https://www.jota.info/opiniao-e-analise/colunas/pauta-fiscal/as-emendas-ao-pl-da-arbitragem-tributaria-30072023. Acesso em: 30 jul. 2023.

SCHOUERI, Luís Eduardo. *Ensaio para uma arbitragem tributária no Brasil. In:* PISCITELLI, Tathiane; MASCITTO, Andréa; MENDONÇA, Priscila Faricelli de. (coord). Arbitragem Tributária. Desafios institucionais brasileiros e a experiência portuguesa, 2. ed. São Paulo: Revista dos Tribunais, 2019.ISBN 978-85-5321-920-9.

SCAFF, Fernando Facury. *Código de defesa do pagador de impostos entre Holmes e Marshall.* Revista eletrônica Consultor Jurídico. 25/07/2022. Disponível em: https://www.conjur.com.br/2022-jul-25/justica-tributaria-codigo-defesa-pagador-impostos-entre-holmes-marshall. Acesso em 16 jul. 2023.

SEGALLA, Stella Bittar; SANTOS, Reginaldo Angelo dos. *Viabilidade da implementação da arbitragem tributária no Brasil: matérias tributárias arbitráveis. In:* PISCITELLI, Tathiane; MASCITO, Andréa; FERNANDES, André Luiz Fonseca. Arbitragem Tributária no Brasil e em Portugal. Visões do Grupo de Pesquisa "Métodos Alternativos de Resolução de Disputa em Matéria Tributária" do Núcleo de Direito Tributário da FGV DIREITO SP. São Paulo: Blucher, 2022. ISBN: 978-65-5506-516-9

SERRA, Manuel Fernandes dos Santos. Apontamentos sobre os antecedentes da arbitragem. *Revista Arbitragem Tributária nº 3 CAAD.* VILLA-LOBOS, Nuno; PEREIRA, Tania Carvalhais (coord). Lisboa, Portugal, Jun. 2015.

SOUSA, Jorge Manuel Lopes de. Breve nota sobre a implementação da arbitragem em matéria tributária. *Arbitragem Newsletter Fiscal CAAD.* Lisboa, Portugal, out. 2011. Disponível em: https://www.caad.org.pt/files/documentos/newsletter/Newsletter-CAAD_out_2011.pdf. Acesso em: 26 jan. 2023.

SOUSA, Jorge Lopes de. *Comentário ao Regime Jurídico da Arbitragem Tributária. In:* VILLA-LOBOS, Nuno dc; PEREIRA, Tânia Carvalhais (coord.). Guia de Arbitragem Tributária, 2. ed. Coimbra, Portugal: Almedina, 2017. ISBN 978-972-40-7172-5.

SOUSA, Jorge Lopes de. *Princípio da Indisponibilidade dos créditos tributários.* In: VILLA-LOBOS, Nuno; PEREIRA, Tania Carvalhais (coord). Guia da Arbitragem Tributária, 2. ed. Coimbra, Portugal: Almedina, 2017. ISBN 978-972-40-7172-5.

THORSTENSEN, Vera. MATHIAS, Maria Isabel da Cunha. *A OCDE e a questão do transfer pricing.* Working Paper 516 – CCGI Nº 20. Novembro de 2019. Escola de Economia de São Paulo da Fundação Getulio Vargas FGV EESP. Disponível em: https://bibliotecadigital.fgv.br/dspace/bitstream/handle/10438/28462/

TD%20516%20-%20A%20OCDE%20e%20a%20quest%C3%A30%20do%20 Transfer%20Pricing.pdf?sequence=1&isAllowed=y. Acesso em: 8 abr. 2023.

TIBURCIO, Carmen. PIRES, Thiago Magalhães. Métodos Alternativos de Solução de Conflitos – ADR 1. *Arbitragem envolvendo a administração pública: notas sobre as alterações introduzidas pela Lei 13.129/2005*. Item 3.2.1 . Disponível em: http://www.mpsp.mp.br/portal/page/portal/ documentacao_e_divulgacao/doc_biblioteca/bibli_servicos_produtos/ bibli_boletim/bibli_bol_2006/RPro_n.254.21.PDF . Acesso em: 12 mar. 2023.

TIBURCIO, Carmen. *Arbitragem envolvendo a administração pública: estado atual no direito brasileiro*. DPU nº 58 – Jul-Ago/2014 – Parte Geral – Doutrina. Disponível em: file:///C:/Users/Administrador/Downloads/2559-Texto%20 do%20Artigo-9382-10077-10-20151008.pdf. Acesso em: 1º abr. 2023.

TOLEDO, José Eduardo. *Arbitragem tributária e o PL 4468/2020*. Fonte – JOTA, 09/09/2020. Disponível em: https://www.ibet.com.br/ arbitragem-tributaria-e-o-pl-4468-2020/. Acesso em: 15 jul. 2023.

TORRES, Heleno Taveira. Universidade de São Paulo. Faculdade de Direito. Graduação - Disciplina: Direito Financeiro DEF0215 (2022-1). *Aula 3: Fontes e interpretação das normas de Direito Financeiro (4 e 5 de abril de 2022)*. Slide 6. Disponível em: https://edisciplinas.usp.br/pluginfile.php/6986524/ mod_resource/content/1/PPT%20Aula%203%20-%20Fontes%20e%20 interpreta%C3%A7%C3%A30%20das%20normas%20de%20Direito%20 Financeiro%20-%20revisado%20pelo%20prof.pdf. Acesso em: 31 mar. 2023.

TORRES, Ricardo Lobo. O princípio da proteção da confiança do contribuinte. RFDT 06/09, dez. 2003. apud. PAULSEN, Leandro. *Constituição e Código Tributário comentados à luz da doutrina e da jurisprudência*. 18ª ed. São Paulo: Saraiva, 2017. ISBN 978-85-472-1608-5.

VASQUES, Sergio. Os primeiros passos da arbitragem tributária. *Arbitragem Newsletter Fiscal CAAD*. Lisboa, Portugal, 2011, p. 4-5. Disponível em: https://www.caad.org.pt/files/documentos/newsletter/ Newsletter-CAAD_out_2011.pdf. Acesso em: 26 jan. 2023.

VILLA-LOBOS, Nuno de. *A troika e a arbitragem fiscal*. Disponível em: https://www.caad.org.pt/files/documentos/noticias/CAAD-NVL_Expresso-2011-10-01.pdf. Acesso em: 19 jan. 2023.

VILLA-LOBOS, Nuno; PEREIRA, Tânia Carvalhais. "A natureza especial dos Tribunais Arbitrais Tributários". *Revista Internacional de Arbitragem e Conciliação, Vol. VII, 2014, AAVV.*, p. 112. Disponível em: https:// www.caad.org.pt/files/documentos/artigos/NUNO_VILLA-LOBOS_E_ TANIA_CARVALHAIS_PEREIRA-02.pdf. Acesso em: 29 jan. 2023.

VILLA-LOBOS, Nuno de. PEREIRA; Tânia Carvalhais. *A Implementação da Arbitragem Tributária em Portugal: origens e resultados. In:* PISCITELLI, Tathiane; MASCITTO, Andréa; MENDONÇA, Priscila Faricelli de. (coord). Arbitragem Tributária. Desafios institucionais brasileiros e a experiência portuguesa, 2. ed. São Paulo: Revista dos Tribunais, 2019. ISBN: 978-85-5321-920-9.

VILLA-LOBOS, Nuno. Dados omitidos, "falhas e contradições incompreensíveis". CAAD contesta Ana Paula Dourado. *Diário de Notícias*. Lisboa, 11 de julho de 2022. Disponível em: https://www.dn.pt/sociedade/dadosomitidos-falhas-e-contradicoes-incompreensiveis-caad-contesta-ana-paula-dourado-15011223.html. Acesso em: 9 fev. 2023.

XAVIER, Camilla Siqueira. *A arbitragem em matéria tributária no Brasil: avanços e desafios. Tax arbitration in Brazil: advances and challenges.* Revista de Finanças Públicas, Tributação e Desenvolvimento, v. 7, n. 8, janeiro/junho, 2019, p. 21-57. e-ISSN: 2317-837X. DOI: 10.12957/rfptd.2019.36609. Disponível em: https://www.e-publicacoes.uerj.br/index.php/rfptd/article/view/36609 . Acesso em: 14 mar. 2023.

ZAGARI, Daniella. MENDES, Julia. *Garantia integral do crédito tributário e arbitragem tributária: as garantias e o acesso à instância arbitral tributária. In:* PISCITELLI, Tathiane; MASCITO, Andréa; FERNANDES, André Luiz Fonseca. Arbitragem Tributária no Brasil e em Portugal. Visões do Grupo de Pesquisa "Métodos Alternativos de Resolução de Disputa em Matéria Tributária" do Núcleo de Direito Tributário da FGV DIREITO SP. São Paulo: Blucher, 2022, p. 85. ISBN: 978-65-5506-516-9.

editoraletramento
editoraletramento.com.br
editoraletramento
company/grupoeditorialletramento
grupoletramento
contato@editoraletramento.com.br
editoraletramento

editoracasadodireito.com.br
casadodireitoed
casadodireito
casadodireito@editoraletramento.com.br